全球化视野下的中国民营企业『三链』重构

王茹丹 著

上海财经大学出版社
SHANGHAI UNIVERSITY OF FINANCE & ECONOMICS PRESS

图书在版编目(CIP)数据

全球化视野下的中国民营企业"三链"重构 / 王茹丹著. -- 上海：上海财经大学出版社，2025. 1
ISBN 978-7-5642-4423-1

Ⅰ.F279.245

中国国家版本馆 CIP 数据核字第 2024J8F017 号

□ 责任编辑　石兴凤
□ 封面设计　贺加贝

全球化视野下的中国民营企业"三链"重构

王茹丹　著

上海财经大学出版社出版发行
（上海市中山北一路 369 号　邮编 200083）
网　　址：http://www.sufep.com
电子邮箱：webmaster@sufep.com
全国新华书店经销
上海天地海设计印刷有限公司印刷装订
2025 年 1 月第 1 版　2025 年 1 月第 1 次印刷

710mm×1000mm　1/16　26.75 印张　422 千字
定价：98.00 元

目　录

前　言

新冠疫情、俄乌冲突、巴以战争、南海风云、日本核污染排泄、中美贸易战……动荡冲突从国家或地区蔓延到全球。从国际到国内，形势变了、比较优势变了、全球化变了、国际贸易规则变了……

1949 年 10 月 1 日，中华人民共和国成立，“中国人民从此站起来了”，而且自立于世界民族之林。1978 年 12 月 18 日，十一届三中全会中国开始实行对内改革、对外开放的政策。经过四十几年改革开放的努力，中国创造了经济成长的奇迹，举世瞩目。以北宋为起点，中国经济占全球经济的比重逐步上升。公元 1600 年，明末达到最高峰，占全球 GDP 的 34.6%，此后逐步下降。中国人均 GDP 则从公元 985 年开始，基本没有大幅度提升，1700 年后稳步下降。西方国家第二次工业革命全部展开时，中国占全球经济活动的总量呈断崖式下降。到改革开放前，按购买力平价计算，中国经济占全球经济的总量从明末的 34.6%降到 4.9%。

改革开放 40 多年，中国经济在全球经济中具有很大的影响力，中国 GDP 在 1978 年仅占全球 GDP 的 1.7%，2022 年已升至 18%，对世界经济增长的贡献率达到 25%左右，创造制造业第一大国、货物贸易第一大国、外汇储备第一大国、商品消费第二大国、外资流入第二大国的增长奇迹，部分省市人均经济总量接近或超过中等发达国家或地区。中国 GDP 增长速度远超全球平均速度。依据国际货币基金组织(IMF)提供的数据，1980—2021 年中国经济的平均增速高达 9.2%，同期美国增速为 2.6%，日本增速为 1.7%，德国增速为 1.6%，英国增速为 2.0%。世界银行(WB)发布报告显示，2013—2021 年间中国经济对世界经济增长贡献率达到 38.6%，超 G7 国家总和(25.7%)。

但在全球化道路上“被分工”的历史境遇，却让我国付出了资源被消耗、环境被破坏的代价。当时，留给我们思考的、理性的、有战略的选择空间很小。今天，纵横产业变革、科技进步的中国民营企业，在本土化、区域化、绿色化、数字化的发展趋势下，通过国际化的产业链、价值链、供应链的重构，自主、科学、理性、智慧地融入全球化、推进全球化，成为民营企业家取得新一轮全球化成功的必要选择。

在增加民族自信的同时，我们也要反思历史。1840—1842 年的鸦片战争时期，中国的经济总量占全世界的 33%，英国仅占世界 GDP 的 5%。1894—1895 年的甲午战争时期，中国经济总量是日本的十倍。中国作为世界经济大国却遭受了历史的百年耻辱，割地赔款，任人宰割。

“中国梦”正处在实现的过程中。全球产业链、价值链、供应链的发展与重构对中国而言尤为重要。中国经济过去 40 多年的高速增长得益于积极融入全球产业分工体系。姚曦在《中国对外开放 40 年的总体收益》中写道：“如果关上开放的大门，回到封闭状态，中国国民的真实收入在 2000—2014 年间会比现实中平均降低约 79.2%。”

国际上，全球经济格局进入存量博弈时代，国际产业竞争日益激烈，外部影响因素更加复杂，我国迈向产业链高端的转型升级之路任重道远。

在国内，中国面临财政压力、产业重构、人口困境的三大挑战。地方尤其是基层财政困难突出，中国产业转型升级伴随全球产业格局深刻重构，国内低生育及老龄化阶段渐近。我国在科技创新、高端制造、金融服务、高等教育、关键核心技术、军事实力、文化传播等领域仍需提高。

在千变万化的国际环境中，坚持走有特色的社会主义道路，就成为实现中华民族伟大复兴的国家选择；开始新一轮的改革开放，就成为中国“从大国走向强国”、实现“中国梦”的国家选择；在“两个毫不动摇”的基础上，继续支持民营企业在重构“三链”中做强、做大，充分发挥民营企业在中国经济发展中的结构性作用，就成为实现“两个一百年”目标的国家选择。

王茹丹

2024 年 2 月 2 日 于伦敦

第一章　东方语境的全球化

对于全球化，目前理论界尚未形成共识。历史学家、经济学家、社会学家、哲学家基于不同的角度：自由贸易、劳动力流动、资本扩展、相互依存和渗透、地球村、世界性市场、全球扩展、世界经济体系结构变化等，众说纷纭。

罗马俱乐部开创的全球问题研究和沃勒斯坦提出的世界体系理论，标志着真正意义上的全球化理论的出现，因为两者第一次在理论上将世界作为一个整体进行了系统研究。全球化是由人、企业、国家、国际组织等多维度行为体构成的人类社会在知识与技术发展的推动下通过全球贸易、全球投资、全球移民、全球治理等多元表现形式所形成的，影响世界发展进程的经济、文化、社会等现象与秩序。

伊曼纽尔·莫里斯·沃勒斯坦(Immanuel Maurice Wallerstein)认为，不平等交换形成了“中心—半边缘—边缘”结构的世界体系，这个体系的本质是资本主义世界经济。全球化被看作资本主义的全球化或者是全球资本主义的扩张。

美国学者阿里夫·德里克(Arif Derick)进一步提出了“全球资本主义”，即在新的经济“政体”之下商品、金融交易以及生产过程前所未有地流动。

英国学者莱斯利·斯克莱尔(Leslie Sklair)则更直接地指出以资本主义为核心的全球体系正在世界范围内扩展。她认为资本主义的扩张是一个政治、经济与文化三者统一的过程。

赫尔曼·E. 德雷(Herman E. Daly)给全球化的定义是：“全球化是指通过自由贸易、资本自由流动，以及较少或完全不受限制的劳动力自由流动使世界各国经济向全球经济的整合。”德雷特别强调“全球化”不是“国际化”，其差异在于，“国际化”不过是各国间贸易往来和经济合作的加强，其基本单位将继续保持为一个个彼此独立的国家经济实体；而“全球化”则是把一个个独立的国家经济实体融合到整体的世界经济体系中，其结果将是国家作为一个独立经济实体的瓦解和消失以及一个全球经济体系的建立。德雷认为，在向全球整体经济的整合中，原有各国经济体系间的界限将会消失，每一个个体国家将丧失自己的经济独立性，成为全球经济体系中的一个组成部分或特定功能部门。

尤尔根·哈贝马斯（Jürgen Habermas）在 1998 年发表了《超越民族国家？——论经济全球化的后果问题》一文中明确界定了经济全球化的定义，认为经济全球化是“世界经济体系的结构转变”。莱斯利·斯克莱尔把全球化看成市场、资本主义的全球扩张。托马斯·弗里德曼（Thomas Friedman）曾指出，全球化是资本、技术、信息等跨越地域界限的整合，其本质是市场化、自由化、资本主义化。

美国匹兹堡大学社会学教授罗兰·罗伯森（Roland Robertson）从时空压缩和整体意识的角度解释全球化：除了全球经济日益一体化和相互依赖与渗透外，各社会之间边界日益空疏。他从四个方面构造出他思考全球化问题的理论，分别是：自我、民族国家或社会、民族国家之间的关系或社会构成的世界体系、从总体而言的人类或者说是全人类。罗伯森用这四个方面说明：全球化指的是不同生活形式的结合，尽管走向世界统一性的趋势不可抗拒，但在日趋全球化的世界中，文明的、社会的、民族的、地区的甚至个人的自我意识都有所增强。罗伯森的全球化理论在指出全球化总体趋势的同时也强调了各种文化的相对性。为此，他甚至杜撰了一个新词：全球地方化，也就是说，所有全球范围的思想和产品都必须适应当地环境的方式。

英国社会学家安东尼·吉登斯（Anthony Giddens）从现代性角度看全球化，把全球化看做现代性的全球扩展。他认为全球化的历史展开过程，就是现代性不断彰显的过程。他在理论上进一步深化了全球化概念——从制度转型的角度把全球化看作现代各项制度向全球的扩展。他主张“全球化是现代性的后果”，认为全球化是现代性从社会向世界的扩展，是现代性的基本制度特征向全球范围转变的必然结果。全球化是与“时空延伸”“地域变革”“现代制度转变”“在场与缺席”等概念联系在一起的。

马歇尔·麦克卢汉（Marshall McLuhan）在《谷登堡星汉璀璨：印刷文明的诞生》一书中首次提出“地球村”的概念，从信息通信角度看全球化，认为地球由于各国文化的交流与合作以及媒介技术的发达而日益成为“地球村”。后来，托马斯·弗里德曼认为“地球村”就是一个互相紧密连接的全球化单一市场和村落。

美国哥伦比亚大学的著名教授巴格沃蒂(Bagwati)给出了一个“最为真确的定义”，那就是“戴安娜王妃之死”。他的解释是：“一位英国的王妃，带着埃及的男朋友，开的是一辆德国车，车上安装着荷兰的发动机，在法国的一条隧道里撞车。司机是一个比利时人，喝多了苏格兰的威士忌。追赶他们的是意大利的狗仔队，骑着日本的摩托车。为她治疗的是一位美国医生，用的是巴西的药品。这个消息是一个加拿大人传出的，使用的是比尔·盖茨的技术。而你可能正在一台电脑上阅读这个消息，这台电脑用的是中国台湾造的芯片、韩国产的显示器，由一个印度的卡车司机运输，由美国硅谷的工人卸货，然后一个墨西哥非法移民运送给你……我的朋友，这就是全球化。”

人们通常把欧洲大航海时代、第一次工业革命、资本主义制度形成作为第一次全球化浪潮的开始，把第二次世界大战的结束作为第一次全球化浪潮的结束和第二次全球化浪潮的开始，把今天正在经历的第三次、第四次工业革命称之为第三次全球化浪潮。

过去的历史，一直是在书写西方政治成功、文化优势和道德胜利的颂歌。但这种历史观存在着误区。看待历史可以有其他不同的角度，而不只是从近代胜利者的立场来观察过去。从全球化历史的角度，对照西方工业革命的扩张、资源掠夺的殖民地，中国曾有过东方“古丝绸之路”的文明和辉煌。在三次全球化浪潮之前，中国就已经开始了全球化，通过陆、海双向涌向世界。

第一节　陆、海双向涌向世界的丝绸之路

2013 年 9 月和 10 月，中国国家主席习近平先后在哈萨克斯坦纳扎尔巴耶夫大学和印度尼西亚国会提出共同建设丝绸之路经济带和 21 世纪海上丝绸之路的倡议。沿着先贤的足迹开创的“一带一路”，在与“古丝绸之路”的历史交集中回顾丝绸之路的历史，找到东西方全球化发展的历史轨迹，从中汲取信心、智慧，用战略、理性指导未来的发展。

绵亘万里、延续千年的古丝绸之路，凝聚了地球上东西方先辈们对美好生

活的追求;促进了亚欧大陆各国互联互通;推动了文明交流互鉴,为人类文明发展进步作出了重大贡献;积淀了以"和平合作、开放包容、互学互鉴、互利共赢"为核心的丝路精神。

"五通"建设和"三共"原则是共建"一带一路"顶层设计的两大重要支柱。"五通"包括政策沟通、设施联通、贸易畅通、资金融通、民心相通。其中,政策沟通是重要保障,设施联通是优先领域,贸易畅通是重点内容,资金融通是重要支撑,民心相通是人文基础。"三共"原则,即共商、共建、共享,体现了相互尊重、开放协商、互利共赢的国际合作观。2016 年 3 月,联合国安理会第 2274 号决议首次纳入共建"一带一路"倡议内容。2017 年 9 月,第 71 届联合国大会将"共商、共建、共享"原则纳入"联合国与全球经济治理"决议。一种新的国际合作未来轮廓初显,并得到国际社会日益广泛的关注、支持和响应。

一、两只神鹰相会之处——大地的肚脐

据古希腊的神话传说,"众神之父"宙斯在地球两端分别放出一只鹰,令它们朝对方飞。它们分别从大西洋西岸和中国的太平洋海岸出发,环绕大地一圈后相遇。一块神石竖立在两鹰相会之地,即翁法洛斯石器(omphalos,意为"大地的肚脐"),让它们在此和天神交流。

英国历史学家彼得·弗兰科潘(Peter Frankopan)在《丝绸之路——一部全新的世界史》中论述道,"事实上,数千年来,连接着欧洲和太平洋、坐落在东西方之间的那块区域,才是地球运转的轴心""东西方之间的桥梁正是文明的交叉点,中亚和中东地区这些国家绝非处在全球事务的边缘,而是国际交往的正中心"。丝绸之路不是世界的边缘。恰恰相反,在工业革命之前,丝绸之路一直是世界的中心。

一种比较传统的认识是,以哥伦布 1492 年抵达美洲和达·伽马 1497—1499 年远航印度为标志的"大航海时代"的"地理大发现",开启了全球化进程。全球化的历史是从"欧洲中心主义"出发的,充满了欧洲的优越感。

约翰·达尔文的《帖木儿之后》、彭慕兰的《大分流》、韩森《公元 1000 年:全球化的开端》、彼得·弗兰科潘的《丝绸之路——一部全新的世界史》,抛开欧洲中心论的叙事,将视野投向中国、北欧、北美、中亚和非洲……让人们看到了传

统的"全球化"开始之前的全球化及历史发生，从而获得全球化从开端到发展的历史清晰脉络。

(一)世界人口中心

亚洲的中国、日本、印度和印度尼西亚都是主要的稻米生产国，而水稻种植也支撑起东南亚及南印度增长迅速的人口。亚洲占世界人口的大部分(超过50%，约有1.5亿人)；欧洲紧随其后，约占世界人口的20%；非洲可能占20%，而美洲只占10%或更少(大洋洲的人口从未达到世界总人口的1%)。

从周代到唐代，中国历代统治者都出台过人口刺激政策。春秋时期，为了鼓励百姓早婚多育，齐国、越国等都出台过人口刺激政策。汉朝初期，面对秦末人口锐减，刘邦也出台过人口刺激政策，甚至对超龄单身男女进行罚款。北宋末年，中国人口高达1.26亿，占世界人口的40%多。

中国除了"人口观"，还有了不起的技术支撑。中国古代天文，提供准确的"农时"。虽说苏美尔、古希腊天文极其发达，苏美尔的泥版文书、古希腊的文献典籍，记载的天文知识让人震惊，但如果从考古证明的角度看，早在9 000年前，中国先民就已长期观测天象，从而掌握了精准可信的农时，后来又总结出"二十四节气"，为农业生产提供最根本的保障。

中国除了掌握农时，还需要高效的农业工具。考古显示，早在6 500年前，中国已有类似铲子的高效农具。之后，中国又发明了很多先进农具，耒(耒耜)、犁、曲辕犁、耧车(现代播种机原型)等。尤其战国秦汉时期，铁制农具的大规模使用，更是提升了中国的农业效率。

约翰·霍布森在其书《西方文明的东方起源》中说：在农业方面，欧洲作为一个整体，直到20世纪才到达12世纪中国(宋朝)的水平。

(二)港口城市及贸易航线

只有定居的农业社会才能兴起城市。在农业蓬勃发展、人口增长的不同地区，有些人停止耕作，居住在城市里。公元1000—1348年间的欧洲城市并不是世界上最大的城市：巴黎有2万—3万人口，伊斯兰时期的科尔多瓦(Córdoba)有45万人口，两者都比宋朝的都城开封和临安人口少，当时这两个城市至少拥有100万人口。

亚洲当时已然以慵懒、奢侈的精彩生活而著称，东方世界让罗马人眼界大开。西赛罗(Cicero)这样写道，那里的富庶程度难以描述，田野的收获可谓奇迹，商品的数量令人难以置信，成群的牲畜让人目瞪口呆，产品出口量巨大。诗人塞勒斯特(Sallust)说，罗马士兵到了东方才能长大成人，这毫不奇怪，因为正是在那里，士兵们才学会了谈情说爱，学会了醉酒，学会了欣赏雕塑、绘画和艺术。

中国有许多繁荣的港口城市，但其主要贸易中心是位于中国东南沿海的广州。从广州出发的船沿着越南海岸南下，穿过马六甲海峡，向西航行，到达印度西海岸，然后继续前往阿拉伯半岛。船只一过阿曼，就会把货物卸在波斯湾港口锡拉夫(Siraf，位于今伊朗)和巴士拉(位于今伊拉克)。

公元 8 世纪和公元 9 世纪，波斯湾—中国的海上航线以及通往东非的支线已经形成。当时，沿着这条路线航行的大多数船只来自阿拉伯半岛、印度或东南亚(公元 1000 年以后，中国设计的船只是该航线上的主角)。商船将中国的陶瓷运往东非，而关于东北非的信息在新航线开辟伊始就传到了中国。

(三)中国的航海优势——造船技术与指南针

随着中国的贸易发展，中国的造船技术开始提高。中国制造的帆船，在海上贸易中发挥了更重要的作用。公元 1000 年左右，中国冶金学家在炼制铁丝和制造磁针方面取得了重大突破。他们将磁针漂浮在水面上，由此发明了一种船用指南针，使中国的海员能够找到指北的磁极。其他的导航仪器，如在整个伊斯兰世界被广泛使用的星盘，只在天空晴朗时才有用；而指南针则适用于各种天气，这赋予中国航海家巨大的优势。

中国的造船工人也用铁钉把木板钉在一起，他们的船有单独的客舱和货舱。舱壁和水密舱增加了船只的浮力，使之更能经受风暴。如果船发生了泄漏，受影响的也只是船的一部分，而不是整艘船。而在同样的情况下，无论是独桅三角帆船还是拼板船，其整个船身都会受到影响。

伊斯兰教徒伊本 · 巴图塔(Ibn Batuta)，这位来自摩洛哥的年轻法官，曾在 14 世纪游历过五十多个国家或地区。在大航海时代之前，伊本 · 巴图塔的旅行路程长达 117 000 公里，除了西欧，他走遍了欧亚大陆和非洲。以现在的国家来说，他的旅程跨越了50多个国家或地区，几乎踏遍了伊斯兰世界。这位著名的旅行家对中国船只的优势赞不绝口。在独桅三角帆船上，所有的乘客都聚集在甲板上；而在中国船只上，乘客们可以待在由木墙隔开的船舱里。伊本·巴图塔喜欢中国船只提供的实实在在的私人空间。

（四）最早的贸易规则

2 000多年前，中国手工制造的丝绸可供迦太基和地中海周围其他城市的权贵富豪们穿戴。法兰西南部生产的陶器能够出现在英格兰和波斯湾，产自印度的调味品可以用在新疆和罗马的厨房，阿富汗北部的建筑雕刻着希腊文字，中亚畜养的马匹骄傲地驰骋在千里之外的东方。

1. 国际货币——丝绸

中国和外界的主要贸易产品是丝绸。丝绸在古代还扮演着诸多重要的角色。在汉朝，丝绸与钱币、粮食一样可以用作支付军饷。从某种意义上讲，丝绸是一种最值得信赖的货币。货币在当时的中国也尚未完全普及，在支付军饷方面更成问题。饱受战火的边疆地区百姓抱怨不断，那里的铜钱一文不值，粮食也会随时间腐烂。于是，成匹的丝绸经常被用作货币，或作为军饷，或作为中亚佛教寺院惩罚犯戒僧人的罚金。丝绸作为一种奢侈品的同时，还成为一种国际货币。

2. 正规的贸易管理体系

中国为来自域外的商人制定了贸易规则，创立了一套正规的管理体系。在离敦煌不远的古代要塞悬泉置遗址中发现的一套35 000字的文献，生动地描述了这个河西走廊咽喉之地的日常商业活动。这些文字写在竹简或木板上。从其内容得知，进入中国的客商必须按规定的路线行走，他们将拿到通关文牒，也常常会被官员询问，其目的是确定这些人最终能返回故里。像当代旅店的顾客注册制度一样，这些来客的信息均被仔细记录：他们吃饭花了多少钱、来自哪个国家、什么身份、下一个目的地是哪里，特别是（考虑到关税）他们所携带的货物的价值。所有这些复杂的行政措施都为我们展示出当时的都城长安（现称西安）是如何面对一个似乎正变得越来越小的世界的。

我们通常把全球化看作是当代社会独有的现象，但早在2 000年前，全球化就已经是事实，它提供着机遇，带来了问题，也推动着技术的进步。

（五）中国——就生活在一个全球化的世界里

人口规模、农业繁荣、城市港口、国际交往、贸易中心、航海技术，使中国早就置身于全球化之中。韩森在《公元 1000 年：全球化的开端》中明确地指出：公元 1000 年，比起世界上其他民族，中国人的对外贸易联系更为广泛。他们跨越半个地球，向中东、非洲、印度和东南亚的客户出口高端陶瓷和其他制成品，而这些国家的供应商也会为中国消费者提供商品。中国的国际交往是如此频繁，以至于社会各阶层的人——不仅是中国港口城市的居民，而且还有那些生活在内陆腹地之人——都受到了影响。中国人没有经历全球化的准备阶段，他们本就生活在一个全球化的世界里。

中国人会大量购买一些常用商品，珍珠和猫眼宝石会被用于装饰首饰或衣物。经工匠们的巧手，象牙和犀牛角会变成精美的器物，摆放在家里供人欣赏；热带水果椰子和菠萝蜜会与黑胡椒、丁香、肉豆蔻以及小豆蔻一起，为菜肴佐味；中国人还大量进口藤席，而该物品产自马来半岛南端，靠近今天的新加坡。

中国人从东南亚进口最多的是沉香木。沉香树生长在东南亚陆地沿岸和印度尼西亚群岛上。当受到某种霉菌感染时，这种树就会产生一种味道芳香的树脂，而从受感染的树上取下的木材也会散发出一种宜人的气味。中国人把沉香木的木片放在金属架上，然后点燃，慢慢，燃烧的木片就会散发出香味。许多香水的配方中也开始出现大量沉香木，因为它能与其他香味很好地融合。

二、“地理大发现”之前的“发现”

西方的“大航海时代”的“地理大发现”，是站在以欧洲为中心的叙事角度。这个发现是西方人的发现。但是在发现之前，东方文明、世界各地的文明就早已存在。发现是在存在之后，所以发现一定是后来者。

（一）陆、海双向——走向世界

地球是由海洋和陆地组成的。航海探险，仅仅是通过海上冒险，开辟海上航线，从而实现了地理大发现，掀起了人类全球化的第一波浪潮。而东方的中国，却早在大航海时代之前就通过海洋和陆地的双向丝绸之路，走向世界，置身于全球化之中，使人类第一次建立起跨越大陆和海洋的全球性联系，各个大洲之间的相对孤立状态被打破，世界开始连为一个整体。

翻开历史的尘封，在古代，中国是最全球化的国家。中国人在公元1世纪和公元2世纪就与印度洋地区开始了广泛的贸易，进口的第一批商品主要是装饰性物品，如三佛齐国的珍珠、象牙和色彩鲜艳的鸟羽（蓝色翠鸟的鲜亮羽毛）。当时只有皇帝及其最富有的朝臣才买得起那些东西。500年后，人们对香木、树脂和熏香的需求增加，这表明珍稀商品拥有了更广泛的消费基础，不再以朝廷为中心。

2 000多年以前，人们今日所熟知的"丝绸之路"贸易网络就已经存在。它将中国太平洋沿岸和非洲及欧洲的大西洋海岸联系在一起，使波斯湾和印度洋之间的货物流通成为可能，同样还有穿越亚洲之脊的、连接城镇和绿洲的陆上通道。图1—1为西汉时期丝绸之路路线图。

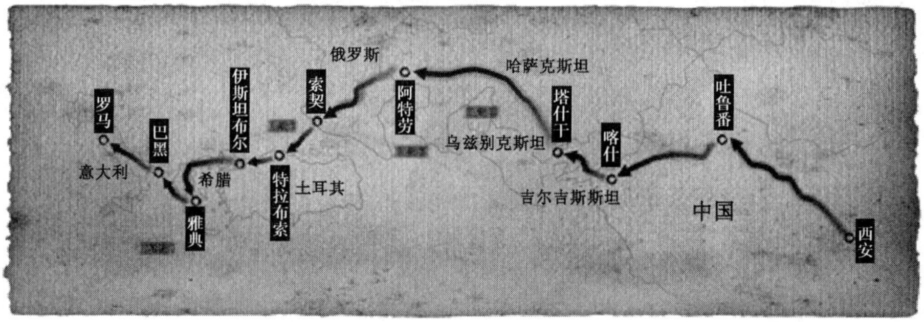

图1—1　西汉时期丝绸之路路线图

"海上丝绸之路"的出现先于"陆上丝绸之路"。秦汉之际，中央政府越来越重视对海洋疆土的管理。汉武帝通使"凿空"西域，又发舶于南海，初步形成通过陆上及海上丝绸之路与国际交流的宏伟构架。

（二）横贯亚洲，连接非洲、欧洲的——丝绸之路

丝绸之路，经中亚国家、阿富汗、伊朗、伊拉克、叙利亚等达地中海，以罗马为终点，全长6 440公里。这条路被认为是连结亚欧大陆的古代东西方文明的交汇之路，而丝绸则是最具代表性的货物。数千年来，游牧民族或部落、商人、教徒、外交家、士兵和学术考察者沿着丝绸之路四处活动。

随着时代发展，丝绸之路成为古代中国与西方所有政治经济文化往来通道的统称，有西汉时期张骞开通西域的官方通道，被称为“西北丝绸之路”；还有北向蒙古高原，再西行天山北麓，进入中亚的“草原丝绸之路”和从长安到成都再到印度的山道崎岖的“西南丝绸之路”。经过几个世纪的不断努力，丝绸之路向西伸展到地中海，横贯亚、非、欧三大洲，不仅是一条连接东西方的贸易通路，而且是贯穿和推动两千年人类文明历程的伟大道路。

如果把西方欧洲的大航海时代的地理大发现作为全球化的第一波浪潮，到第一次世界大战，只持续了 64 年，那么东方的中国，从海洋、陆地双向涌向世界的“丝绸之路”，就是在全球化海洋中汹涌澎湃，持续了几千年。

1877 年，德国著名地理学家冯·李希霍芬（F. von Richthofen，1833—1905）在其《李希霍芬中国旅行日记》一书中对丝绸之路的经典定义是：把“从公元前 114 年到公元 127 年间，中国与河中地区以及中国与印度之间，以丝绸贸易为媒介的这条西域交通路线”称为“丝绸之路”。之后因瑞典探险家斯文·赫定（Sven Hedin）以丝绸之路为名的著作而为世人瞩目，广为流传。

这个名称很快得到东西方众多学者的赞同。英国人称为“Silk Roads”，法国人称作“La Route de la Soie”，日本人则称“絹の道”或“シルクロード”，皆为“丝绸之路”一词的各种译名。其后，德国历史学家 A. 赫尔曼（A. Herrmann）于 1910 年在其名篇《中国与叙利亚之间的古代丝绸之路》中提出“我们应该把这个名称的含义延伸到通往遥远西方的叙利亚的道路上”，主张将“丝绸之路”的西端延伸到地中海沿岸和小亚细亚，提出丝绸之路上的文化交流不限于中国与中亚和印度之间，还存在于中国与罗马之间。赫尔曼的观点立刻得到西方一些汉学家的支持，从而逐渐被学术界接受。

19 世纪末 20 世纪初，一些西方探险家在新疆、甘肃等地进行考察时发现了古代中国与亚、非、欧交往的许多遗物，并在相关的著作中广泛使用“丝绸之路”这个名称，还把古代中原与西方以丝绸贸易为代表的文化交流所能达到的地区都包括在丝绸之路的范围之内，不仅使“丝绸之路”的概念更加深入人心，而且进一步扩大其空间、时间和承载物内涵，成为从中国出发，横贯亚洲，进而连接非洲、欧洲的陆路大动脉的总称。

丝绸之路是东西文明交流的桥梁，孕育了美索不达米亚文明、埃及文明、花剌子模文明、印度河文明、中国文明等许多古代文明。袄教、基督教、佛教、摩尼教、伊斯兰教等宗教的传播，极大地影响了人类文化。丝绸之路是民族融合凝聚的走廊，促进了统一多民族国家的发展。丝绸之路，激荡起各民族文明的碰撞与交融，是世界文明进程中最为辽阔壮丽的一道风景。两千多年过去了，丝绸之路对人类文明的奉献及对历史进程的推进依然令世人惊叹和赞赏。

三、追随圣贤者的足迹

古丝绸之路见证了人类历史的一段繁盛时光。不同生产方式、宗教信仰、文化传统的族群借由绸缎的织纹、香料的气味、圣贤的典籍，展开对彼此的想象，形成跨越地域的精神鸣响。商品的流通避免了兵戈之争，文化的流动带来了新知与启蒙。这是人类建构世界秩序的一次伟大尝试，它缔造了和平，创造了富足。

“丝绸之路”不单是一条古代中国与西方世界进行丝绸贸易的通道。牛津大学拜占庭研究中心主任彼得·弗兰科潘认为，丝绸之路远不止一条连接东西方的贸易道路，更是贯穿推动两千年人类文明历程和世界史的伟大道路，“丝绸之路之于人类历史的重要性，就像一个人的动脉和静脉”。

当19世纪德国地理学家李希霍芬将其命名为“丝绸之路”时，或许不会想到，这一名词会在21世纪成为擘画全球发展蓝图使用频率最高的词汇之一。绵亘万里、延续千年的古丝绸之路，凝聚了地球上东西方先辈们对美好生活的追求，促进了亚欧大陆各国互联互通，推动了文明交流互鉴，为人类文明发展进步作出了重大贡献，积淀了以“和平合作、开放包容、互学互鉴、互利共赢”为核心的丝路精神。

当习近平主席于2013年宣布“一带一路”的创想之时，他是在重新唤起人们对于那段很久之前就已经熟悉的繁荣回忆。他的有关促进贸易发展、投资海陆通道并与各国建立合作交流关系的想法，就是要打造将中国与欧洲、里海、高加索山脉、波斯湾和东南亚各个角落连接在一起的新的交通干道和贸易通道。

从古丝绸之路的历史中汲取精神养分，主张文明因交流而多彩、因互鉴而丰富，寻求通过开放合作创造新机遇，拓展新空间，追随的正是当年那些带着货物和信仰四处奔波的旅行者和圣贤者的足迹。

150 多个国家或地区、30 多个国际组织已加入其中，签署 200 多份共建“一带一路”合作文件。2016 年 3 月，联合国安理会第 2274 号决议首次纳入共建“一带一路”倡议内容。2017 年 9 月，第 71 届联合国大会将“共商、共建、共享”原则纳入“联合国与全球经济治理”决议。一种新的国际合作未来轮廓初显，并得到国际社会日益广泛的关注、支持和响应。作为国际公共产品，相关合作理念和主张还写入二十国集团、亚太经合组织、上海合作组织重要成果文件。“一带一路”推动平等互利的国际合作，完善全球治理体系，促建“以合致和”的新型国际关系，为推动全球发展提供了新路径、贡献了新方案。

第二节 “海上丝绸之路”

约翰·迈克(John Mike)的《海洋——一部文化史》写道：“大海可能早已发展为全球性的跨国空间。”海洋，在秦汉社会意识中，是仙人居所、财富资源，也是交通条件、进取路径，同时又是未知空间、神秘世界。

海上丝绸之路先于陆上丝绸之路，形成于秦汉时期。随着航海和造船技术的改进，商船远航和货运能力大大提升，“海上丝绸之路”使得中国同世界其他国家进行直接的商贸往来成为可能，并在“陆上丝绸之路”因战乱中断的时候，能保证持续对外开展贸易活动。

在隋唐以前，海上丝绸之路只是陆上丝绸之路的一种补充形式。到了宋代，伴随着我国造船、航海技术的发展，中国通往东南亚、马六甲海峡、印度洋，乃至非洲大陆的航路纷纷开通与延伸，“海上丝绸之路”逐渐超越了“陆上丝绸之路”，成为中国对外交往的主要通道。那时中国的广州、泉州、宁波、杭州都是世界级的对外港口。

“海上丝绸之路”是中国与外国贸易往来和文化交流的海上大通道，并推动了沿线各国的共同发展，也把世界各地的文明传入中国，促进了中国社会经济文化的发展。如香料、珍珠、宝石、玻璃、象牙等各种特产，狮、虎、豹、大象等各种动物，棉花、番薯、玉米、花生、烟草、西红柿等各种农作物，以及世界各地的宗教、哲学、医学、天文学、化学、数学、法学、美学艺术等也都通过这条海上大动脉传入中国，这些对中国科学技术与文化艺术的发展也产生了巨大的影响。

海上丝绸之路的雏形在秦汉时期便已存在。目前，中外海路交流的最早史载来自《汉书·地理志》，繁荣于唐宋时期，唐玄宗时设立市舶司，专管海上对外贸易，宋时指南针用于海船，中国商船的远航能力大为加强。明清由于海禁政策，海上丝绸之路衰落。

1903年，法国汉学家沙畹（Edouard Chavannes）在《西突厥史料》中指出丝绸之路有海陆两道，“丝路有陆、海两道，北道出康居，南道为通印度诸港之海道”。1956年，法国印度学家让·菲利奥轧明确提出了“海上丝绸之路”的观点。1968年，日本学者三杉隆敏在《探索海上丝绸之路》一书中正式使用了“海上丝绸之路”这一名称，该书也成为专论海上丝绸之路的著作。1987—1997年，联合国教科文组织发起了“丝绸之路”综合研究项目。由世界各地专家、学者组成的“海上丝绸之路”综合考察团，乘坐“和平号”从威尼斯出发，沿着古老的海上丝绸之路，于1991年来到中国泉州——这个在马可·波罗时代被称为“刺桐港”（Zayton）的东方古港。

一、秦，开启海上丝绸之路

秦代的陆路开拓，使它的势力东至海暨朝鲜，西至临洮、羌中，南至位于北回归线以南的北响户，北据为塞，并阴山至辽东，从而形成了一个辽阔的疆域。秦始皇为求长生，掀起航海业发展的高潮，以此开辟了海上丝绸之路。

中国，从远古时期就展开了航海活动。殷朝末年，就有贵族箕子率领殷民浮海到达朝鲜。秦朝时，中国的航海活动有了新的发展。《史记》最早、最明确地记述了对东亚发展进程曾经产生积极影响的徐福东渡事迹。秦汉时期，海上丝绸之路不仅是古代东方与西方交流的代名词，而且是后世我国与世界各国交往的重要通道。

（一）徐福——东渡第一人

秦始皇统一全国后，为了威慑海内，扩大其政治影响，防止各地旧贵族叛乱，仅仅11年5次大规模巡游全国。

公元前219年（秦始皇二十八年），秦始皇第二次出巡，大队人马在泰山封禅刻石，又浩浩荡荡前往渤海。抵达海边，秦始皇登上芝罘岛，纵情浓览，只见云海之间，山川人物时隐时现，蔚为壮观，尤令秦始皇心驰神往。这种景象，本来是海市蜃楼，但方士为迎合秦始皇企望长生的心理，将其说成传说中的海上仙境。徐福乘机给秦始皇上书，说海中有蓬莱、方丈、瀛洲三座仙山，有仙人居住，可以得到长生仙药，愿意亲自前往深山为始皇寻找仙药。此举深得始皇之心，秦始皇立即便应允了徐福的请求，并赏其大量金银财宝入海求取仙药。

秦始皇三十七年(公元前 210 年)，徐福再次求见秦始皇。因为九年前他第一次入海求仙药，花费了巨额钱财未果。他对秦始皇称其在海中遇到了海神，他向海神表明来意后，海神因嫌礼薄，故只准参观神殿。为了增加可信度，他还特意描述了仙山里的景象，称仙山中的宫阙都是由灵芝生成的，宫中的仙人也神采奕奕。他还称海神说需以童男童女以及各种工匠、用具作为献礼方可得到仙药。秦始皇便相信了徐福的谎言，第二次派徐福出海。徐福于是率“童男童女三千人”和“百工”，携带“五谷子种”，乘船泛海东渡。秦始皇一直等候 3 个月，不见徐福消息，才怅然而回。其后几年中，秦始皇又派燕人卢生等入海寻求仙药，也是一无所获。

徐福东渡，成为迄今有史记载的东渡第一人，在 2 000 多年前是空前的壮举。但由于徐福第二次扬帆东渡一去不归，致使这个航海事件带有神秘色彩。徐福东渡，最早出现在司马迁《史记・秦始皇本纪》的记载中。

(二)“弥生文化”的诞生

徐福东渡日本时，日本还没有文字，也没有农耕。徐福给日本带去了文字、农耕和医药技术。13 世纪时，《神皇正统记》是日本大臣北畠亲房 1339 年(延元 4 年)在被北朝势力包围着的常陆国小田城中所写的有关皇统论的书籍，总共六卷。其中提及：“四十五年乙卯，秦始皇即位，始皇好神仙，求长生不死之药于日本，日本欲得彼国之五帝三皇遗书，始皇乃悉送之。”这个记述，进一步证实了徐福等东渡使者的官派身份和外交作用。

日本考古学界普遍认为，徐福东渡日本，促成了一代“弥生文化”的诞生。弥生文化是在日本绳纹文化之后，因在日本东京弥生町发现出土而定名。日本的“弥生文化”，起自公元前 200 多年至公元 300 多年之间，相当于中国的战国末年及秦汉时期。在“弥生文化”遗址中，出土了大量的铜剑、铜铎等。日本学者梅原末治说："铜铎之见于日本，无疑意味着中国秦汉人的东渡。"此外，在弥生町遗址中，还出土了中国古钺、古镜、秦式匕首和汉字等。

徐福东渡是携带了五谷种子和种植技术的，日本学者村新太郎曾著文说："中国传入的稻米拯救了日本列岛饥饿的人们。"中国的稻谷种植技术，结束了日本茹毛饮血的渔猎生活，宣布了农耕社会的开始。也正因为此，在日本民间，一直把徐福奉为"农神"和"医神"。

在与徐福东渡入海的河北盐山千童镇隔海相望的日本九州岛佐贺县金立町金立山上，供奉着一座至今已有 2 000 多年历史的神社，社内的祖神"金立大权观"就是徐福的再塑金身。距此不远处还有一座庙宇，供奉的是女神阿辰。传说阿辰本是当地一位土著头人的爱女，因爱恋徐福而殉情病死，后被奉为阿辰观音。

2 000 多年以来，佐贺一带民众一直保留着对徐福每年春、秋两祭，每 50 年举行一次大祭的习俗。因为参加大祭的多为"氏子"——祖神的后裔和当地信奉同一氏神的人，故称为"氏子节"。

(三)发达的造船业

徐福东渡，漂洋过海，其所乘坐的船只单从当时可以运送数千童男童女的规模，就可看出船队之大。秦始皇数次东巡，徐福两次东渡，在客观上也推动了秦朝造船业的发展。由此可见，秦朝造船技术之先进。当时番禺地区已经拥有相当规模、技术水平很高的造船业。根据出土遗物以及结合古文献的研究表明，南越国已能制造 25 吨—30 吨的木楼船。

1979 年，我国考古工作者在广州发现了一处属于秦汉时期的造船厂遗址，从其遗址可以看出这个造船厂的装备和规模已达到了相当高的水平。

随着以内河航运为主的漕运的迅速发展，造船业得到较大的发展，造船工艺水平不断提高，出现了一些体形较大且质地坚硬的航船，海上交通运输业因此得以发展起来。

(四)经济、文化交流的海上大动脉

先秦和南越国时期岭南地区海上交往，为海上丝绸之路的形成奠定了基础。主要的贸易港口有番禺(今广州)和徐闻。

南越国的输出品主要是:漆器、丝织品、陶器和青铜器。输入品正如古文献所列举的“珠玑、犀(牛)、玳瑁、果、布之凑”,极大地满足了当时贵族阶级的需求。随着对商品的需求日益增强,国人渐渐开始学习技术,促进了手工业生产技术的提高。中国对外运输的物品有丝绸、黄金等,并且有了向其他地区传播东方文明的趋势。

秦代以后,南海地方逐渐成为古代中国文化通过海路实现对外影响的强辐射带。而海外文化传入中国,也首先在这里登陆。作为中外经济、文化交流的海上大动脉,海上丝绸之路大大推动了沿线各国政治、经济、文化等方面的共同发展。其路线大体上是从我国东南沿海地区的港口出发,经过南海诸国,横渡印度洋之后,到达红海,最远可以到达东非以及欧洲的一些地区。

二、两汉,沿海上丝绸之路走向世界

汉代(公元前 206—公元 220 年),国势昌盛,缫丝织锦工艺空前提高,能织出人物、花卉、飞禽走兽等美丽复杂的花纹。湖南长沙马王堆西汉墓中出土的丝织品和新疆古“丝绸之路”上出土的“登高明望四海锦”及“大宜子孙延年益寿锦”等实物可证明。

(一)与罗马东西相望

与汉代同时,西方正当罗马帝国时代(公元前 30 年—公元 284 年),国势昌盛,经济发展。版图东达中东幼发拉底河上游,南达非洲北部。由于这两个强大国家经济的繁荣和兴盛,彼此间需要加强交往和联系,因此从公元 1 世纪起,东西方之间的海陆交通都有所发展。

东方和西方,两个经济繁荣、文化发达的古国,却被崇山峻岭、辽阔荒漠所阻隔。公元前 138 年,张骞出使西域(中亚),十多年后,又再度出使,副使还到达安息(今伊朗),自此,开辟了中国与西亚间的陆上交通路线。汉王朝与罗马帝国,东方与西方的经济、文化交流的帷幕,在悠悠的驼铃声中拉开了。

西方的罗马力图要从海上和中国进行直接交往。大约从公元 2 世纪初期起,罗马船只已越过印度洋进入南海。如永宁元年,罗马船只东达缅甸,与该地区古掸国发生联系。此后,随着航海技术的不断提高,终于“至桓帝延熹九年

(公元166年),大秦王(大秦是古代中国对罗马帝国及近东地区的称呼)安敦遣使自日南徼外献象牙、犀角、玳瑁,始乃一通焉”。至此,罗马和中国直接通航成功,标志着横贯东西的海上丝绸之路的最终形成。

汉代,中国丝绸是西方世界最喜爱和需求量很大的珍品。罗马共和国晚期,贵族、富豪皆崇尚穿着中国绸缎做的衣服。1866年,英国人亨利·裕尔(Henry Yule)在《古代中国闻见录》中有一段记载了中国丝绸生产及西销情况:“赛里斯(中国)其林中产丝,驰名宇内。丝生于树叶上,取出,湿之以水,理之成丝,后织成锦绣文绮,贩运至罗马。富豪贵族之妇女,裁成衣服,光辉夺目。由地球东端运至西端,故极其辛苦。”这一段文字中关于丝绸西运路线,显然是横贯中亚腹地的陆道。

(二)世界上最古老的海上航线

西方对丝绸的需求量不断增加,而陆道运输量少、时长,运费也多,在贸易运输的过程中会经过许多的西方国家并受到阻碍。由亚洲西部古国安息的商人转销,难免会从中克扣物资和中间价,这无疑加大了贸易所需的成本。开辟海上航线,就成为必要。中国与西方,海域通连,出南海入印度洋或西北行入红海。红海与地中海间只隔了一条狭窄的苏伊士地峡或西南行,绕过非洲南端好望角进入大西洋,北抵欧洲。

买方罗马人和卖方汉朝都希望能找到一条全新的道路。汉代曾派船只开辟出了一条以南海为中心联通了印度洋的航线,这是海上航行第一次有了清晰的路线,同时也是历史上的第一条远洋航线。

汉代是古代中国真正打开国门走向世界的时代。中国开辟的海上丝绸之路,作为世界上最古老的海上航线之一,自古便成为国际交通贸易和文化交往的海上交通大动脉。这是一条政治、外交和大型商贸之路,也是一条中外文化交流之路。这条贸易路线的横空出世,彻底打开了中原国家的海上贸易大门。海上贸易通道的开辟是一次全新的尝试。来往贸易的繁荣,也为多国之间的物质交易提供了一条全新的渠道。同时,海上丝绸之路也更好地让两个相距甚远的国家紧密相连,推动了世界经济的发展。

汉朝的强大不仅局限在亚欧大陆,而且得益于海上丝绸之路与陆上丝绸之路两条重要的对外贸易通道，汉朝的中国算得上是当之无愧的世界强国。

海上丝绸之路主要有东海航线和南海航线两条主线路。南海丝绸之路形成于秦汉时期，东海航线始自周王朝建立之初，比起陆上丝绸之路，海上丝绸之路的历史更为悠久。

西汉时期，南方南粤国与印度半岛之间海路已经开通。汉武帝灭南越国后，凭借海路拓宽了海贸规模，这时“海上丝绸之路”兴起。《汉书·地理志》记载，其航线为：从徐闻（今广东徐闻县境内）、合浦（今广西合浦县境内）出发，经南海进入马来半岛、暹罗湾、孟加拉湾，到达印度半岛南部的黄支国和已程不国（今斯里兰卡）。这是可见的有关海上丝绸之路最早的文字记载。

东汉时期还记载了与罗马帝国第一次的来往：中国商人由海路到达广州进行贸易，运送丝绸、瓷器，经海路由马六甲经苏门答腊来到印度，并且采购香料、染料运回中国。印度商人再把丝绸、瓷器经过红海运往埃及的开罗港或经波斯湾进入两河流域到达安条克，再由希腊、罗马商人从埃及的亚历山大、加沙等港口经地中海海运至希腊、罗马两大帝国的大小城邦。

这标志着横贯亚、非、欧三大洲的海上丝绸之路的形成。从中国广东番禺、徐闻、广西合浦等港口启航西行，与从地中海、波斯湾、印度洋沿海港口出发往东航行的海上航线，就在印度洋上相遇并实现了对接，广东成为海上丝绸之路的始发地。

（三）港口——与海上航线并建的“海上驿站”

就像陆上丝绸之路需要驿站一样，港口就是海上丝绸之路的“驿站”。汉朝建立的几大港口皆在海上贸易开辟后发挥出它们最大的功效。海上贸易的主要工具是船只，但船只没法上岸，所以要建设足够的港口来为船只提供停泊的场所，同时将商船统一停靠在港口，也更方便朝廷的管理。所以海上贸易通道与港口之间是相互依托的关系，即使是在科学技术极高的现在，港口依然是海上贸易必不可少的要点，有着举足轻重的地位。

闻名世界的汉代“海上丝绸之路”始发港遗址，位于今徐闻治下的二桥村的海岬腹部，前峙三墩岛，是一处较好的避风良港。徐闻位于中国大陆最南端的雷州半岛，距海南最近，也是当时中国大陆距东南亚最近的地方。汉朝时期，徐闻生产水平比较高，交通地位非常重要，是当时通向东南亚的海上出口。近年来，这一带挖掘出大量汉代遗址和物品，包括汉砖、瓦片、万岁瓦当、汉代私印等。华丰村一带还发现200多座汉墓及大量汉代物件，证明当时徐闻的繁荣和地位的重要。除徐闻外，还有合浦、广州、泉州、宁波等。

(四)“船上起宫殿”“观星定向”

汉朝时候，我国的造船技术有了更大发展。据《汉宫殿疏》中记载："豫章大船，可载万(千)人"。"船上起宫殿"(《太平御览》卷768)。汉代我国造船技术已经成熟。最能说明汉代造船技术高超的是"楼船"。楼船是水军的代称，也是对战船的通称。楼船体势高大，上面有三个楼层：庐、飞庐、雀室，每层都有防御敌人弓箭、矢石进攻的女墙。女墙上开有射击的窗口。为了防御敌人的刀枪火攻，有时船上还蒙上皮革等物。楼船上设备齐全，已使用纤绳、楫、橹、帆等行驶工具。

考古发现的资料证明，南海是目前所知的世界上最早使用船舵、船锚的地区之一。汉代番禺是南海的造船中心，所建造和使用的木板船已达到比较成熟的阶段，能在海上进行远航和作战活动，这在我国造船和航海史上达到了第一个高峰。

在航海技术方面，一是掌握了以帆舵配合的季风航海术，在风帆操纵上，已能利用不同风向的"打偏"与"掉戗"技术，利用西太平洋与北印度洋的季风提高航海能力；二是舟师用"观星定向"方法指导航行，出现了总结航海经验的著作《海中日月彗虹杂占》《海中五星顺逆》《海中二十八宿国分》《海中二十八宿臣分》等达136卷之多。足见当时航海借助星宿定位的技术已普遍使用，成为夜间导航的主要依据。

(五)罗马——一亿赛丝透司的贸易额

汉代南海"丝绸之路"输出的商品主要为黄金、釉陶器、玉器和丝绸。到了西汉中期，广州与地中海岸的罗马帝国(中国史书称为大秦国)有了交通贸易联系。亨利·裕尔在其《古代中国闻见录》中说："据最低之计算，吾国(罗马)之金钱，每年流入印度、赛里斯(中国)及阿拉伯半岛三地者，不下一万万赛丝透司(Sesterces)。"这说明贸易额之大。

汉代，中国丝绸远销西方，海路上除由斯里兰卡中转外，还由北非中转。因此，一部分丝绸出现于北非、东非市场。公元前1世纪，北非的文明古国埃及，正当托勒密王朝的著名女王克利奥帕特拉时代，这位女王身上穿的华丽的绸袍，就是用来自中国的丝绸做成的。

三、隋唐，开创了跨越100多个国家或地区的远洋航线

隋唐时期，对外贸易发展到前所未有的繁荣程度。许多典籍对当时的繁华景象予以描述。总体上看，隋唐的主要贸易伙伴集中在四大区域：一是以室利佛逝为代表的东南亚地区；二是以印度为代表的南亚地区；三是以新罗、日本为代表的东亚地区；四是以波斯、大食为首的阿拉伯地区。

隋唐时期，随着中国对外贸易的发展，采取陆路与海路并举的措施，积极发展国际贸易。陆路以京城为中心，通波斯、地中海和北印度；海路则以广州为中心，通海外各国。海上丝绸之路在隋唐以前，即6—7世纪，只是陆上丝绸之路的一种补充形式。但到隋唐时期，由于西域战火不断，陆上丝绸之路被战争所阻断，代之而兴的便是海上丝绸之路。

至唐玄宗天宝十年，大将高仙芝在怛罗斯(今哈萨克东南部江布尔城)被大食国战败，中国已无法控制中亚地区。其后中国河西走廊和陇右一带也不畅通，“陆上丝绸之路”屡遭梗阻，逐渐衰落。以广州为起点的“海上丝绸之路”，则干扰较少。因此，从唐朝中叶以后，国家更依赖海路开展对外贸易。从广州扶胥扬帆的中国商船队，满载丝绸、陶瓷等物，不仅经常往来于波斯湾地区，而且远达东非。外国商船也频繁往来广州，遂使西太平洋、印度洋、波斯湾间，风帆如织，海上丝绸之路出现了空前的繁荣。

(一)“广州通海夷道”——跨越100多个国家或地区

伴随着中国造船、航海技术的发展，中国通往东南亚、马六甲海峡、印度洋、红海及非洲大陆的航路，纷纷开通与延伸。在唐朝中期以前，中国对外主通道是陆上丝绸之路，之后由于战乱及经济重心转移等原因，海上丝绸之路便逐渐取代陆路成为中外贸易与交流的主要通道。

根据《新唐书·地理志》记载，唐时，中国东南沿海有一条通往东南亚、印度

洋北部诸国、红海沿岸、东北非和波斯湾诸国的海上航路，就是闻名中外的“广州通海夷道”，这便是中国海上丝绸之路的最早称呼。这条航线全长 1.4 万千米，航行时间为 89 天。到大食的船舶，因等候季风，需要两年才能往返，这是当时世界上最长的远洋航线，途经 100 多个国家或地区。

通过贸易，中国和西方国家建立了互信和合作的关系，推动了国际政治关系的发展和稳定。此外，隋唐时期的国际形势也为海上丝绸之路的兴起提供了有利条件。当时，东南亚地区的文化和经济发展已经粗具规模，而且中东地区阿拉伯帝国崛起，成为世界上最富裕的帝国之一。这些地区对中国的丝绸、瓷器、茶叶等商品需求量非常大，同时也提供了中国所需的贵金属、香料等许多商品。

(二)广州——中国第一大港

隋唐时期，广州成为中国的第一大港、世界著名的东方港口城市。随着海外交通贸易的扩展，广州商舶往来增多，丝绸、陶瓷、漆器等传统出口商品在广州集散，进口的海外奇珍异宝和香料也在广州集散。广州成为国际性的珠宝市场，商贾辐辏、宝货云集、市场兴旺，“雄藩夷之宝货，冠吴越之繁华”。就广州入港的外商船只来说，年达“四千余柁”。有学者估计“以每舟容载二百人计之，四千余舶当载人至八十万余。一年之中，每日有十一舶进口，二千二百余人登岸”。

广州的繁华吸引许多外商长期居留，出现了海外侨民建立的特殊居留区域——蕃坊。在处理内部事务方面，唐朝政府一般不直接插手，由地方官通过蕃长来具体管理。蕃长亦称都蕃长，经众蕃客推举选出，报唐政府同意认可。北宋朱彧在《萍洲可谈》中记载了蕃长的职责：“广州蕃坊，海外诸国人聚居，置蕃长一人，管勾蕃坊公事，专切招邀蕃商入贡，用蕃官为之，巾袍履笏如华人。”

广州、泉州、宁波、扬州成为当时的四大国际贸易港。当时通过这条通道往外输出的商品主要有丝绸、瓷器、茶叶和铜铁器四大宗；输入的主要是香料、花草等一些供宫廷赏玩的奇珍异宝。

(三)三条主要航线

1. 东洋航线——由中国东部沿海至新罗和日本

最早可以追溯到周王朝(公元前 1112 年)建立之初，武王派遣太师箕子到朝鲜传授田蚕织作技术。后来到了秦始皇统治时期，封建统治者对人民进行残酷压迫，特别是原来居住在齐、燕、赵等国的人民为逃避苦役，携带蚕种和养蚕技术来到朝鲜半岛。到了隋唐时期，为把江浙出产的丝绸运往新罗和日本，这一条航线更是成为中国与新罗及日本通商的必经之路。大量中国产的丝绸通过这条航线到达日本当时的首都奈良，使日本奈良的正仓院，因保存中国唐代的名贵丝织品而特别著名。而这些丝织品包括彩色印花锦缎、狮子唐草奏乐纹锦、莲花大纹锦、狩猎纹锦、鹿唐草纹锦、莲花纹锦等上等品种。

2. 南洋航线——由中国沿海港口至东南亚诸国

在与东南亚各国的贸易往来中，大量人员与货物往来依靠的是南洋航线。隋唐时期的南洋航线，通常是指从广州启航，经环王国沿海和军突弄山（今越南湄公河口外的昆仑岛），到达马六甲海峡。海峡分南北两岸，北岸为罗越国（今新加坡和马来西亚的柔佛），南岸为佛逝国（今印度尼西亚的苏门答腊）。

3. 西洋航线——由中国沿海港口至西亚和欧洲

由海路通往西洋的航线，是在南洋航线基础上延伸的。实际上，这条航线在功能上与陆上丝绸之路形成一定的互补关系。随着中国海外贸易的增多，印度洋中的印度、锡兰，南洋的苏门答腊，逐渐成为开展对外贸易的中转环节。古罗马、波斯的商人，从埃及的红海古港迈奥霍穆出发，抵达印度和锡兰后，与中国、印度的商人互易货物，再将中国、印度的货物运回古罗马、波斯。

（四）实行“内外有别”的非对称性外贸政策

对外——鼓励外商来中国进行贸易。隋唐时期，对于海外商人来中国进行贸易，唐朝规定：海外商人只要遵守唐律，即可自由往来，正常贸易。唐高宗时期还明文规定，外国商船到达 10 日内依法纳税后可自主销售货物。用当代人的视角回顾隋唐时期的这段历史，这样的做法在某种程度上带有放宽“市场准入”的条件导向。

对内——对民间私自出外进行海上贸易予以许多限制性规定。采用这种内外有别的非对称性管理办法，其目的就是将贸易基本垄断在统治者手中。隋唐时期的主要出口产品是纺织品和其他手工艺品。而这些产品主要出自官方的手工业作坊。由于官府占据着货源优势，因此上述贸易也很容易被官方垄断。相比之下，进口的珍珠、香料、犀角、象牙等奢侈品也主要供统治阶层使用。

此外，隋唐时期还禁止民间私造大船，对于长三丈以上的大船都要予以没收。根据《隋书・高祖纪》记载：(开皇)十八年春正月辛丑，诏曰："吴越之人，往承弊俗，所在之处，私造大船，因相聚结，致有侵害。其江南诸州，人间有船长三丈以上，悉括入官。"唐朝政府甚至还以法律形式禁止民间贸易。公元780年，唐朝《关市令》规定："不得与新罗等国从事绫锦、绵绢、金、银、铜、铁等交易。"

(五)设立外贸管理机构

当贸易路线由陆上丝绸之路逐渐向海上转移时，集中在东南沿海之地的市舶贸易受到政府更为严格的监管。按照唐代的市舶制，市舶使是专门负责外贸的官员，为国家提供重要的财政来源。据史料记载，在唐开元四年(公元716年)，"有胡人上言海南多珠翠奇宝，可往营致，因言市舶之利"，唐玄宗令"监察御史杨范臣与胡人偕往求之"。

外国舶到港后，征收下碇税称为"舶脚"。按朝廷需要，先购买其中一部分货物，谓之"收市"，送少府监，"简择进内"，供皇室享用。其余货物任由外商"列肆而市"，与百姓交易。唐朝政府除舶脚、收市、进奉外，实行"任其来往通流，自为交易，不得重加率税"的开放政策。唐市舶使主要设置在岭南，其中以广州、交州为代表。市舶使与岭南节度使共同掌理市舶贸易，负责政府优先采购、征收关税以及禁绝珍异等方面的行政事项。

唐代海外贸易繁盛的港口主要有广州、交州(安南)、泉州、扬州等。安史之乱以后，唐朝开展对外贸易的陆上丝绸之路交通受阻，海上贸易的发展重要性进一步凸显。而广州自古以来便是重要的通商港口，其地位相比之下更为突出。李肇在《唐国史补》卷下里有这样的描述："南海舶，外国船也。每岁至安南、广州。"海上贸易的繁荣，推动了对外贸易的显著发展，对社会经济和文化的空前繁荣产生了难以估计的重要作用。

四、宋元，小全球化的地域格局

海上丝路在宋朝时兴盛到顶峰。宋朝尽管给人们留下的历史印象是积弱的，但是同时代的海上丝绸之路的繁荣却盛极一时，较唐朝时期的海上贸易的繁荣程度，有过之而无不及。宋元时期就已经形成"小全球化"的地域格局。

斯塔夫利阿诺斯在其著作《全球通史》中曾描述宋代的航海图景，“宋元时代，海上丝绸之路上，展开了四通八达并且前所未有的商品及其技术交流。与此同时，生活习俗、宗教信仰、思想艺术的交流也空前提升”。

(一)经济中心的南移，导致海上丝绸之路的兴盛

公元十世纪，少数民族政权辽、西夏、金逐渐壮大，与宋朝形成分庭抗礼的局面。北方经济，因长年的战乱屡遭破坏，商品和贸易不能顺利进行。宋朝严格限制军权，实行一系列政策，统兵权和调兵权分离，造成兵不识将、将不知兵的局面，大大削弱了宋朝军队的战斗能力。且少数民族以游牧打猎为生，善骑射且弓马娴熟，垂涎北方土地，而宋朝却实施妥协退让的文化政策，逐渐其经济重心转移至南方。这时不仅南方的人口和耕地占宋朝领土、人口的 2/3，南方的赋税收入也是宋朝财政的主要来源，“南重北轻”的局面已经成型。北宋丝织重心已经南移，在发展态势上，长江流域均已超过黄河流域。南宋蒋祈《陶记》：“景德陶，昔三百余座……其视真定红瓷、龙泉青瓷相竞奇矣。”由此，经济中心的南移促使宋代海上丝绸之路的兴盛。

(二)世界上最早的“海上帝国”

经济重心向南转移后，赖以生存的小农经济因地理环境、自然灾害等逐渐势弱，取而代之的是以海路运输为主的商品经济不断发展。而且宋朝政府的主要税收收入，都来自商贸交易。宋太宗时期，商税每年约收 400 万贯，宋仁宗期间甚至达到两千万贯。

随着海上丝绸之路的不断繁盛，在对外贸易的拉动下，宋朝的经济结构开始逐渐向海外贸易转变。这个转变在经济上的体现，就是商品经济的快速发展和原有小农经济的逐步瓦解。整个社会经济结构逐渐呈现出一种新的演进方向:从小农经济转向商品经济。从单一的以农业为基础的种植经济，过渡到以交换剩余价值为基础的商品经济和小农经济的结合，使整个宋朝的经济，逐渐由封闭状态转向相对开放的对外经济模式，并且由单一结构的农业经济正在逐步转化为农业和工商业并重的局面，开始步入“农商社会”。

1. 商人团体的出现

在唐朝与五代十国的长期战乱中，出现了数量庞大的商人团体。随着海外商人逐渐进入，生活在南方的人口受到海外经商的文化影响，从而引导宋代人大量进行经商活动。宋朝的执政者对于商人的身份看法与前朝不同，并不反对商人经商，甚至支持更多的商人经商，商人可以为宋朝的国库提交大量的赋税，壮大宋朝的发展。

2. 市场与产业的结合——“前店后坊”

宋朝政府也颁布了一系列的政策来保证商品经济的发展。宋太宗特许：“开封府三鼓后夜市不禁，十字大街，灯火通明，大小货行，生意兴隆二要闹去处，通晓不绝。”在扬州、洛阳、成都、泉州等大都市中，同行的商业都组织成“商行”，商行的首领叫“行头”，由他们解决贸易之间产生的冲突。

官办的“文思院”，专门负责进口奢侈品加工，最多有数百家。宋朝的商业部门类型齐全、分工细致。相较于之前朝代，宋朝的规模更大、层次更细致。除了官办的商业部门，民营手工业也发挥着越来越重要的作用。该朝的手工业多半呈“前店后坊”的样式。而且民营手工业已经占据主导地位。其中有不少的手工业者，已经脱离小农经济的生产模式，逐渐地开始依赖市场。

随着宋朝老百姓越来越有钱，加工业得到大发展，产生了更多的能工巧匠。东南沿海和各个沿线的江湾在贸易的影响下在原本贫瘠的村落上如雨后春笋般涌现出新兴的小城，其中我们最熟悉的便是吴淞河畔的上海。

市场、手工业的发展，小城的涌现，更加带动了国际贸易和海上丝绸之路的兴盛。同时，海上丝绸之路的兴盛也推动了宋朝经济格局的变迁。

陶瓷和香药贸易是唐宋南海“丝绸之路”的重要特征之一。海上“丝绸之路”又有“陶瓷之路”“香药之路”之称。宋代瓷器品种繁多，出现不少专供大量外销出口烧造瓷器的窑场。宋代官、哥、钧、汝、定五大名窑，除官窑专供宫廷、皇室使用外，其余四窑产品均有出口。

近百年来，东从日本，西至印度洋、波斯湾沿岸和非洲东部海岸，南达爪哇及南太平洋岛屿，常有宋瓷出土，证明了这一陶瓷出口的盛况。在海外陶瓷市场的吸引和推动下，广东宋代的陶瓷业迅速发展。广东的陶瓷器还远销非洲的埃及、肯尼亚，以及伊朗、印度等地，考古学者在这些地方发掘出广东窑场生产的陶瓷器。

香药即香料，泛指龙脑、乳香、檀香、木香、丁香、沉香、安息香、肉豆蔻、没药、苏合油等，主要为奢侈品、生活用品，也有一部分可作为药用。宋人因此称为香药。香药主要从东南亚、南亚和东非等地进口，也有一部分产自海南岛。广州对外贸易的进口货中以香药为最大宗，获利最多。据梁廷楠《粤海关志》记载，北宋熙宁年间，明州、杭州和广州三地共博买乳香 354 449 斤，其中，广州市舶司所收买数量达 348 673 斤，占三地总数的 98%。

宋代对外贸易发达，也多在海上进行，朝贡贸易是世界各国海洋贸易的主要方面。为方便贸易交流、减少冲突，宋朝制定了一系列措施来管理海外贸易。其中的市舶司掌“诸国物货航舶而至者”，就是专门负责管理海外贸易的政府机构。由此宋朝成为我国历史上第一个海上贸易繁盛的王朝，也因此获得了“世界上最早的海上帝国”的美誉。

（三）古代科技史上的黄金时代

宋元是中国古代科技史上的黄金时代。宋朝皇帝非常重视科学技术的发展。宋朝实行重文政策，提升知识分子的政治地位，同时，鼓励科技发明和创造。正是因为不同于前代的高度重视，才能让享誉世界的四大发明之一的指南针产生。

英国历史学家巴兹尔·戴维逊说，“十二世纪前后，中国船就技术上来讲，已经能够航行到任何船只所能到达的地方去了”。宋元航海技术的内涵非常丰富，诸如航海地理视野的开阔、地文定位技术的深化、叙述性航路指南的成熟、航用海图的使用等，但最重要的则是全天候磁罗盘导航和大洋天文定位技术。北宋朱彧在所著的《萍洲可谈》中说：“舟师识地理，夜则观星，昼则观日，阴晦则观指南针。”这是中国历史上也是世界历史上人类利用指南针进行海上导航的最早文献记载。指南针一开始仅作为阴晦天气使用的辅助性导航仪器，但随着它在航行中展示出来的全天候测向的优点，海船已普遍使用罗盘指南针，用人工磁体代替天然磁体，磁针代替磁勺，很快就成为海员手中不可或缺的主要导航仪器。

宋船上拥有当时世界上最先进的航海设备，如罗盘针、转轴、避水舱等。经验丰富的海员通过信风、洋流、牵星术（即天文航海术）来判断天气和潮汛，以此决定出海或是返航，通过罗盘导航、针路图、更路簿等航海技术，以记录航线、计算航程，这些都奠定了坚实的航海技术保障。

宋代造船技术位于世界前列。中国古代造船业长期以来都较为发达，而宋代造船业可谓中国古代造船史中的高峰。“中国大舶”这一盛誉，是蕃商对中国船的称道。

宋代造船业主要分为官营和私营。泉州、广州和明州，成为宋代的三大造船中心。北宋官营船场主要生产纲船、座船、战船、马船等，例如，北宋真宗末年，纲船产量就达到了近三千艘，产量十分惊人。南宋时期，私营船场较为发达，能生产出世界一流的船舶。先进的造船技术，助力宋代船舶遨游在宽广的海洋上，成为海上丝绸之路的重要载体。在福建泉州，1974 年夏天出土的一艘宋代沉船，经过量算，船长 24.2 米，残宽 9.15 米，复原后长为 34 米，宽 11 米。船形扁而阔，底尖，有被横板分隔的 13 个“水密舱”，第一与第六两个水密舱，各有桅杆座，推测桅杆上悬张 3 桅或多桅。舟尾尾舵的舵杆孔，直径为 38 厘米。这是一条远洋木帆船，载重量推算在 200 吨以上，有人估计相当于唐代陆上丝绸之路上的一支 700 头驼队的载运量。

（四）新中国前从未被超越的经济巅峰

中国宋朝经济文化都达到了前所未有的巅峰局面。宋代经济文化的积累和弱小的军事实力形成了不吻合的对比。宋代是一个武力不振但经济极为繁荣的朝代。宋代的海外贸易在宋所处世界中是史无前例的，对外贸易额更是达到世界第一，无国家可比拟。

据统计，宋朝的经济实力在新中国建立以前从未被超越。宋代是中国海外贸易的大发展时期。宋代社会经济特别是商品经济的大发展，都是在海外贸易的基础上才得到了提升。而造船技术和航海技术为其提供了技术保障。海外贸易本质上是国内贸易的延伸和发展，促进宋朝的发展，让宋朝达到前所未有的经济巅峰。

（五）东方第一大港——“刺桐”

泉州，西方称之为“刺桐”（zaitun），在海上丝绸之路的高峰期（12—14 世纪），也是古代中国在中外贸易中居主导地位的时期，作为东西洋间国际贸易网的东方支撑点，占有重要独特的历史地位。古泉州港有“四湾十六港”之称。

“四湾”：泉州湾、深沪湾、围头湾、湄洲湾，每个港湾中各有四个支港。在《马可·波罗游记》里，泉州港被誉为东方第一大港。

元世祖至元十四年(1277年)，首先准许重建泉州市舶司，泉州海外交通贸易进入黄金时期。海上贸易东至日本，西达东南亚、波斯、阿拉伯、非洲，出口陶瓷、绸缎、茶叶、金银等，进口香料、胡椒、药材、金银珠贝等。

1. 外国人眼睛中的中国泉州

意大利商人雅各·德安科纳德来到泉州，被泉州繁华壮观的景象所震惊。他在多年之后对泉州仍然念念不忘，于是把自己在泉州的所见所闻写成了一本书，书名就叫《光明之城》。书中写道：整个江面充满了一艘艘令人惊奇的货船，就在我们抵达的那天，江面上至少有15 000艘船，有的来自阿拉伯，有的来自印度，有的来自锡兰，有的来自小爪哇，比我以前在任何一个港口看到的都要多，甚至超过了威尼斯。雅各行走在泉州街头时，甚至觉得这仿佛不是中国的一个城市，而是整个世界的一个城市。

著名旅行家马可·波罗在元代时也来过泉州。他说，泉州是所有外国商人常来的地方，这些商人把大量的宝石、珍珠等贵重物品运来中国。这些物品被贩卖到广袤中国的各个地方。很多阿拉伯人、波斯人来这里寻找致富的机会。这里的生活令他们乐不思蜀，很多人做完生意就留在了中国，他们在这里生活、学习，还购买土地，建花园、寺庙或墓地。泉州海外交通史博物馆里就收藏有好几百阿拉伯人、波斯人的墓碑石刻。

2. 先于WTO的国民待遇

国际社区——泉州“蕃人巷”，生活着三十几个国家、民族的人；

通婚——泉州出土的艾哈玛德墓碑石，一面写有波斯文“艾哈玛德·本·和加·哈吉姆·艾勒德死于艾哈玛德家族母亲的城市——刺桐城”，他的母亲是泉州人。

当官——外国人在泉州，不仅能经商，还能当官，很多外国人在朝廷里当官。泉州海外交通史博物馆里有一块碑石，记录着一位阿拉伯人艾密尔担任过永春县的达鲁花赤。达鲁花赤是元朝地方一种职官的名称，担任这个职位的人要管理户籍、征税、水利、治安、刑罚等很多事情。

国际学校——泉州设有专门的学院“蕃学”，教外国人学习中文，也教中国人学习外文。泉州有专门的翻译人员，人们可以在这里学到各国语言。因此，语言问题压根不用担心。当时雅各一上岸，就有人主动给他当翻译。

不同宗教的汇集——泉州街头甚至在短短100米的街道上可以见到各种不同宗教的寺庙。其中一座阿拉伯风格的清净寺建筑，就矗立在泉州的红砖古厝中。

五、明，开创洲际航海的新时代

传统中国的海外贸易主要有两种形式：一种是由王朝政府垄断经营的朝贡贸易，另一种是由民间经营的私人海外贸易。明王朝推行"朝贡贸易"，实行"市场准入"，规定外商"非入贡即不许其互市"。另外禁止国内百姓出海贸易，禁止外商以私人身份来华贸易。明代"朝贡贸易"和"海禁"的结合，形成了明朝特殊的官方贸易垄断——朝贡贸易体制。

(一)"寸板不许下海"

明朝建立不久之后，发生了所谓的"胡惟庸通倭叛国"大案。这件大案的节点是胡惟庸暗中勾结倭寇，妄图推翻明政权自立为王。虽然后世史家对此结论多有质疑，但当时倭寇作为一种威胁明朝的外部势力，直接影响到明王朝的统治。

明王朝实行海禁政策，为了防备沿海奸民与倭寇勾结，朱元璋下令"寸板不许下海"，禁止老百姓私自出海，从此拉开了明朝几百年的"海禁"序幕，也拉开了中国"闭关锁国"的序幕。

元末明初，日本封建诸侯割据，互相攻伐。在战争中失败了的封建主，就组织武士、商人、浪人(即倭寇)到中国沿海地区进行武装走私和抢掠骚扰、烧杀抢掠。明朝初年，东南沿海有元末农民起义军张士诚、方国珍的余部，盘踞近海岛屿与明王朝对抗。到明朝中后期，在中国沿海进行了武装走私和抢劫的日本倭寇，对中国北起辽东，南至浙江、福建的漫长的海疆形成重大的威胁。特别是在明嘉靖年间，倭寇与中国沿海的海盗、不法商人勾结，力量大增，甚至使明朝的军队也多次为其所灭。

为巩固新生政权，明王朝实施全面的"海禁"政策，以阻断国内外反抗势力的联系。其主要原因就是防范日本的倭寇跟中国的海盗以及沿海一些不法的商民进行勾结,威胁中央集权和皇帝专制统治。

东南沿海为明帝国的主要税收来源,倭寇犯边问题已经不是一般的边防问题,而是能够动摇明朝统治的重大问题。明朝"海禁"是十四世纪时明朝政府对海事进行的一系列限制政策的统称。"海禁"基本贯穿了明朝始终。明朝的"海禁"政策是一项国策,朱元璋将其作为"定制",不允许后世之君轻易修改或废除,是中国封建社会形成的"先安内再平天下"统治规律的体现。

明永乐年间,虽然有郑和下西洋的壮举,但是放开的只是"朝贡贸易"。民间私人仍然不准出海。而后由于倭寇之患,"海禁"政策越加严格,虽起到了自我保护的作用,但大大阻碍了中外交流的发展。在严厉"海禁"的政策下,民间私人海外贸易被视为非法行径,被迫走上畸形发展的道路,转入武装走私,并出现了一些大的海上武装走私集团。嘉靖年间,最大的武装走私集团头目王直,成为众多走私集团的公认首领,"三十六岛之夷,皆听指挥",拥众数十万,先称"靖海王",后称"徽王",甚至"南面称孤"。明王朝对这些武装走私集团进行军事打击。走私集团则团结起来并利用日本倭寇进行对抗,从而造成嘉靖四十多年间旷日持久的所谓"倭寇之乱"。倭寇之乱实际上是严禁民间海外贸易政策的必然结果,具有禁止与反禁止斗争的性质。

1."朝贡贸易"

朝贡贸易是政府垄断的非市场交换。为达到"万国来朝"的盛况和满足统治阶层对海外奇珍异物、香料等奢侈品的需求,明王朝积极推行"朝贡贸易"政策。明成祖即位后,一方面继承明太祖时期的海禁政策,另一方面则积极鼓励海外国家入明"朝贡"。公元1403年,明成祖派使臣出访朝鲜、琉球(冲绳)、日本、安南(越南)、爪哇、西洋锁里、苏门答腊、暹罗(泰国)、占城、满剌加(马六甲)、柯枝[在今印度西南部的柯钦(Cochin)一带]、古里[在今印度西南部喀拉拉邦的科泽科德(Kozhikode)一带]等国,从而恢复了明王朝与亚洲诸国的外交关系。

频繁的"朝贡贸易"固然提高了明王朝的国际威望,但也带来了沉重的财政负担。洪武五年(1372年),明王朝宣布对各国入贡次数予以限制,规定大部分国家"三年一贡"。洪武十六年(1383年),针对一些外商假冒贡使的现象,明政府又进一步实施了“勘合”制度(即“朝贡贸易”的许可证管理制度)。对“朝贡贸易”的限制,损害了“入贡”国的经济利益,中外经济联系遭到进一步破坏,海外各国对明王朝的政策极为不满。到洪武末年,中外关系已经明显恶化。

从经济上来说,明朝正德以前“朝贡贸易”的货物是免税进入我国的。但正德三年在吴廷举的建议下,政府决定仿照宋朝实行 20%的关税政策,正德四年又改为 30%。这对于贸易政策来说有着极大的积极意义,标志着明政府在经历了 100 多年的“朝贡贸易”之后拥有了真正意义上的海外税收。这一政策极大地冲击了朝贡贸易体制,从此私人海外贸易活动大大活跃起来,形成了一大批从事海外贸易的海商集团。私人海外贸易可以逃避明廷的税收,故而吸引了诸多百姓和地主豪门纷纷加入这一活动中。即便头上悬着明廷制定的严刑峻法,仍有很多人为追求高额利润铤而走险。自成化年间开始,许多家境殷实的富豪或世家大族已经开始打造大型船只,从事私人海外贸易。

“朝贡贸易”在运行中遇到了困境,朝廷集中国家力量进行声势浩大的海上航行,并扫除沿途影响中国海权的不安定因素,在实现了政治目的的同时开拓了远海海权;朝贡贸易因缺乏自由贸易的内在激励而动力不足,不得不减小规模或干脆放弃前期业已经略的海权,其本身蕴藏着短命的历史悲剧。

2. 隆庆开海

明朝的“海禁政策”自洪武年间开始到明末海禁的废弛,经历了一个多变的过程,即从明初严厉的海禁政策、永乐年间海禁的松弛、永乐后海禁政策的再强化、嘉靖年间的海禁政策高度强化。隆庆开海后,海外贸易迅速发展。

明穆宗嘉靖四十五年登基为帝,并改隆庆。他在位期间最为突出的政绩除了与蒙古议和外,便是废除传统的“海禁政策”。明后期,江南商品经济呈现出空前活跃的态势,中外商人对海禁的反抗愈益激烈。海禁政策对于福建、浙江等地的经济影响十分严重。因此,当时的福建巡抚涂泽民进谏道,“请开市舶,易私贩为公贩”。明穆宗本身就支持“开海”,但鉴于朝中众臣的反对,一时无法做出决断。而涂泽民这么一上奏,正好给了明穆宗“开海”的机会,于是明穆宗顺水推舟,下令“开海”,这就是历史上著名的“隆庆开海”。海禁的解除为中外贸易与交流打开了一个全新的局面。隆庆元年(1567 年),明王朝宣布开放海禁后,允许民间商人从福建漳州月港出海贸易,但仍禁止商人前往日本贸易。商人领取引票后出海贸易，引票最初限定为 50 张，后逐步增至 137 张。在此之前，明政府已允许外国商人以私人身份到广东贸易，由此结束了明代长达近 200 年之久的“海禁”。“朝贡贸易”独占时代结束后，民间私营的海外贸易终于合法化。

（二）先于西方的洲际航海新时代——郑和下西洋

为进一步发展中外关系，明成祖于永乐三年（1405 年）派遣郑和率领大规模船队下西洋，与亚非各国开展了广泛的政治、经济、文化交流。郑和二十八年七次下西洋，率军 2.8 万名、船 62 艘，从江苏刘家港（现浏河镇）出发，遍访三十国。

郑和下西洋是世界古代航海史上时间早、规模大、技术先进、活动范围广的洲际航海活动，比哥伦布到达美洲大陆的航行早了 87 年，比达·伽马绕过好望角到达印度的航行早了 92 年，比麦哲伦的环球航行早了 114 年。郑和下西洋时的船舶建造、天文航海、季风运用和航海气象预测等方面的技术，在当时都处于世界领先地位，是西方大航海之前的大航海。

在对外贸易上，明朝中期的郑和率船队七下西洋，开创了中国洲际远洋航海的新时代。这一时期的海上丝绸之路航线已扩展至全球，“海上丝绸之路”的南北航线达到最大限度的交融。向西航行，曾到达亚洲、非洲 39 个国家和地区，这对后来达·伽马开辟欧洲到印度的航线，以及对麦哲伦的环球航行，都具有先导作用；向东航行，开辟了“广州—拉丁美洲航线”（1575 年），此航线由广州启航，经澳门出海，至菲律宾马尼拉港，穿圣贝纳迪诺海峡，进入太平洋，到达墨西哥西海岸。

就此，开始于汉代的海上丝绸之路，经唐、宋、元日趋发达，迄于明代，达到高峰。郑和远航的成功，标志着海上丝绸之路发展到极盛时期。

在明朝，郑和航海作为合法海外贸易得到了国家的大力支持。它以宏大的政治气势，赢得“八方来朝”“大一统”的政治气象，成就了明王朝高度的国际威望。因此，中国作为宗主国，实际上已经形成了分享朝贡国海权的国际氛围。

1. 十大谜案与郑和下西洋

郑和原名马三保，出生于明洪武四年（1371 年）。洪武十三年（1380 年）冬，马三保10岁，被掳入明营，被阉割成太监，之后进入朱棣的燕王府。在“靖难之变”中，马三保在河北任丘北为燕王朱棣立下战功。永乐二年(1404年)，明成祖朱棣认为马姓不能登三宝殿，因此在南京御书“郑”字，赐马三保郑姓，改名为和，任内官监太监，官至四品。地位仅次于司礼监。宣德六年(1431年)又钦封郑和为三保太监。

朱棣发动“靖难之变”，是明朝开国皇帝朱元璋死后不久爆发的一场统治阶级内部争夺皇位的战争，起于建文元年。建文帝因削藩引起燕王朱棣的不满，以清君侧之恶的名义，联合各个藩王，举兵反抗朝廷。朱棣攻入南京之时，皇宫内已是熊熊大火，建文帝下落不明。朱棣在宫中寻迹三天，仍旧找不到建文帝的身影，只找到马皇后和朱文奎的遗骸。

建文帝生死之谜是古代十大谜案之一。这在猜忌心很重的朱棣看来，自然是一件最不放心的事。朱棣怀疑他逃到海外避难，恐怕他将来对自己构成威胁，所以有人认为派郑和下西洋，其中就有暗中侦察建文帝的踪迹，以杜绝后患的目的。范文澜的《中国通史简编》有载：“成祖疑惠帝亡海外，欲踪迹之。”但是，更重要的是洪武中后期，东南亚一带许多国家不再按期向明王朝纳贡，这使朱棣感到宗主地位正在丧失。还有些地区的首领甚至阻碍、破坏中国官方与民间的对外海上贸易，这是朱棣难以忍受的。因此，一个宏大的计划在朱棣脑际中出现，那就是派遣使节，打通海上通道，重建威严，恢复和扩大对外邦交。

当时，威胁明朝安全的主要来自三个方向：东部海上的倭寇、北方的蒙元残余势力和西北的帖木儿帝国。朱棣时期，改变了明初的被动防御战略，主动出击，陆上方向实施迁都、亲征漠北；海上方向组建了郑和舟师，震慑和打击倭寇和反明势力，并从海上实施战略包抄，对西北方向进行战略上的牵制，从而减轻明朝北部的压力。

明成祖朱棣派遣郑和率领船队下西洋，采取“内安华夏，外抚四夷，一视同仁，共享太平”的政策，缓和了各国之间的矛盾，维护了海上交通安全，从而把中国的稳定与发展同周边联系起来，试图建立一个长期稳定的国际环境。所以从明朝派遣郑和下西洋，可以看出是为了实现和平的使命。北京郑和下西洋研究会副理事长毛佩琪教授分析认为：“郑和下西洋是基于朱棣整体的政治目的，下西洋并非孤立的事件，七下西洋是朱棣对治理明帝国政治理想的体现，这是一种国家力量的显示。”

2. 郑和航海术

郑和航海术内涵非常丰富，主要体现在集航用海图与航路指南于一身的《郑和航海图》上。在地文航海上，它不但对广大的西太平洋与北印度洋航区有具体的地理位置指示及对景写实描绘，而且对沿途的导航物与碍航物，如山峰、岛屿、浅滩、礁岩、港口等进行了标识，图中还出现了具有航迹推算与修正技术意义的针路系统。这种针路技术，以磁罗盘定航向，以更数定航程，预先考虑航区的风、流压差等位移因素，使针划航迹与实际航迹相吻合，展示了中国传统航迹推算技术的特色。在天文航海上，主动汲取其他航海者的先进仪器与导航方法，将之与中国传统的量天尺观测技术融为一体，形成了中西合璧的横渡印度洋的过洋牵星系统。从附录在《郑和航海图》中的四幅过洋牵星图来看，郑和船队已经掌握了纵横印度洋的最新天文航法。

依托郑和航海术，中国航海者建设“海上丝绸之路”取得了全面进展。一是开辟了历史上航程最长的远洋航路，西北方向上直达波斯湾、阿拉伯海与红海；西南方向上越过赤道，进入东非的南半球水域。二是建立了多点纵横交叉的综合性远洋航路网络。三是将横渡印度洋航路增至七条，发展到一个新的历史阶段。

3.“海上称雄”的和平之师

朱元璋在洪武元年（1368 年），就确定了“不征异国”的国策，此后更是宣布了 15 个“不征之国”，包括朝鲜、越南、日本等。“朕以诸蛮夷小国，阻山越海，僻在一隅。彼不为中国患者，朕决不伐之”（《明太祖实录》）。明成祖虽然继承了这一传统，但并非意味着不需要“耀兵异域”。恰恰相反，“耀兵异域”的威慑作用才是确保“彼不为中国患者”的前提，而郑和的庞大舰队，就成为这种威慑力量的最好载体。

郑和下西洋的“耀兵异域”，与朱元璋倡导的海禁政策是一个硬币的两面，其本质上完全相仿，那就是将一切可能的反对势力彻底扼杀在萌芽状态，确保政权的安宁。这一表面上看十分开放的行为，其幕后实际上是保守的动机。因此，在派遣郑和的同时，朱棣颁布了对于“执迷不悛”的海外华侨“命将发兵，悉行剿戮”的全球追杀令。

七次远洋航行规模盛大，是史无前例的。据《明史》记载，郑和第一次下西洋时所率部众就有 27 000 多人，其中有掌管航行、外交、军事、贸易等重大行动机构的决策、指挥人员，有负责观察天文、预报气象、航海操作及维修的技术人员，还有翻译、医生、采购、后勤、军事护航人员等，以及少数寻访建文帝下落的密使。船舶长 44 丈、宽 18 丈的就有 62 艘，规模之大，前所未有。以后几次远航也大致保持着这个规模。

郑和船队在遍访西洋各国的过程中带有大量的金银、钱币、瓷器、丝绸和铁器（包括铁农具）等生活和生产资料。一部分作为礼品赠予各国，礼尚往来，互通有无。有赠送就有回赠，而有相当的中国特产则和各国、各地区进行互市贸易，换回了异域的明月之珠、鸦鹘之石，沉南龙速之香、麟狮孔翠、樟脑薇露、珊瑚瑶琨等奇珍异物，还有相当一部分是换取航海将士的生活用品。

贸易活动是在双方自愿平等的情况下进行的，马欢《瀛涯胜览》中古里国记载："若宝船到彼，全凭二人为主买卖。王差头目并哲地、米纳几即书算手、官牙人等，会领宗大人议择某日打价。至日，先将带去锦绮等货，逐一议价已定，随写合同价数各收，毫厘无改，分毫无差。"这段文字讲述了郑和下西洋同西洋国家的经济贸易，这是以公平为原则的交易，也是至今出现最早的签订买卖合同的交易。

李约瑟在《中国科学技术史》一书中这样评价郑和的这次壮举，在 15 世纪上半叶，在地球的东方，从波涛万顷的中国海面，知道非洲东海岸的辽阔海域，呈现出一幅中国人在海上称雄的图景。在全面分析了这一时期的世界历史之后，得出了这样的结论："明代海军在历史上可能比任何亚洲国家都出色，甚至同时代的任何欧洲国家，以致所有欧洲国家联合起来，可以说都无法与之匹敌。"人数众多、组织严密的郑和下西洋船队，是根据海上航行和担负的任务，采用军事组织形式组建的。

据李约瑟博士估计，1420 年间中国明朝拥有的全部船舶应不少于 3 800 艘，超过当时欧洲船只的总和。今天的西方学者专家们也承认，对于当时的世界各国来说，郑和所率领的舰队从规模到实力都是无可比拟的。李约瑟评价：作为东方航海家的中国人，他们从容、温顺，不记前仇，慷慨大方，从不威胁他人的生存，虽然以恩人自居，他们全副武装，却从不征服异族，也不建立要塞。

北大前副校长、史学家何川文曾经评价：“自从人类有文明以来，文明之间的交流与交汇，在整个明代的交流与交汇史上，唯以郑和为代表的中华民族对外交往最文明。因为，它是和平的。”

4.“厚往薄来”——压垮帝国的财政

由于当时封建体制的影响，郑和下西洋这种航海活动也不可避免地存在许多弊端。郑和下西洋的贸易活动主要是官方贸易，并没有和民间对外贸易有效结合起来。郑和远航将朝贡、勘合方式的对外关系推进到顶峰。“厚往薄来”，用大量的物质财富换取海外诸国形式上的藩属关系。结果开支浩繁，“库藏为虚”。在郑和航海事业如日中天的时候，朝廷内外反对声就此起彼伏。

“厚往薄来”的政策，在郑和下西洋中体现得更为淋漓尽致。每到一地，郑和便“昭示恩威”“普赉天下”，大把撒钱，同时要求各国“知正朔”“奉天道”“尊事中国”“勉图勿怠”。“厚往薄来”，当然不是平等互利的商业，而是颇具中国特色的赏赐。

郑和下西洋以及朱棣对这些外邦朝贡者的大量赏赐，引发了帝国的恐慌，仅耗费银两一说即达 600 万两，还不包括对两万官兵的嘉奖。由于船队携带铜钱出国收购，致使铜钱大量外流，造成国内“钱荒”，严重消耗了国库储备，引起钱币的大规模贬值。

5.“赉赐经济”——泰国的“碗石”和日本战刀的盈利模式

郑和下西洋也使东南亚的“朝贡者”们可以免费搭乘他的伟大舰队，到中国大做其朝贡生意。在利益驱动下，这种“赉赐经济”成为“藩属”们捞钱的工具，也成为日后明帝国的沉重负担。比如，暹罗（泰国）的“碗石”，正统二年（1437年）的“赉赐价”是每斤 250 贯，暹罗人就使劲“上贡”，七年后居然输入 8 000 斤，礼部无奈，只好降价为每斤 50 贯。之后，继续打对折，但暹罗人还是继续“上贡”，礼部最后只能明令禁止。同样，一把在日本只值 800—1 000 文的军刀，大明帝国的“赉赐价”高达 5 000 文，日本人立即将这作为好生意，前两次每次“上贡”3 000 把，第三次增至 9 968 把，到第六次竟高达 37 000 多把。大明朝民间禁止持有武器，政府只好照单全收。

朝贡使团络绎不绝地来到中国“吃大户”。明成祖在位期间（1402—1424年），总共接待了 193 个使团。

郑和先后六次率领巨大的船队浩浩荡荡驶向海洋，建立起一个跨越大洲和大洋的巨大贸易网。然而，仅仅二十多年，这场海上贸易的盛景就从繁盛走向衰落，从万邦来朝沦落到百官反对。公元 1435 年 6 月 29 日（明宣德十年六月初四日），郑和在最后一次出使任务的归途中在古里（今印度卡利卡特）病逝。遗体被船载回，葬于南京中华门外牛首山麓。这个标志性人物的离去，也基本宣告了“下西洋”时代的完结。

6. 已被改写的历史

当代美国的学者路易斯・丽瓦塞斯这样说：“郑和船队在中国和世界历史上是一支举世无双的舰队，直到第一次世界大战之前，是没有可以与之相匹敌的。”梁启超指出：“哥伦布以后，有无量数之哥伦布；维哥・达伽马之后，有无量数之维哥・达伽马；而我则郑和之后，竟无第二之郑和。”

2002 年，美国《生活》杂志在全球范围内评选 1 000 年来百位世界伟人，中国的郑和排在前二十位之中。

《1421 年中国发现了世界》是英国的退役海军指挥官加文・孟席斯用 14 年时间，走访了数十个国家，查阅了数十个国家的图书馆，包括大英图书馆，撰写出版。加文・孟席斯在英国皇家地理学会组织的会议上宣布了他的研究成果。他得出结论：发现美洲大陆的不是哥伦布，发现澳大利亚的不是库克船长，发现麦哲伦海峡的不是麦哲伦，而是中国明朝的郑和。

1421 年（明成祖永乐十九年），中国人发现美洲大陆，早于哥伦布 70 年；中国人发现澳大利亚，先于库克船长 350 年；中国人到达麦哲伦海峡，比麦哲伦的出生还早一个甲子。

六、清，闭关锁国

清朝刚建立的时候，最初并不禁海。清代广州贸易丝绸之路主要通向欧美诸国。欧洲航线由明代通向葡萄牙、西班牙、荷兰三国，扩展到与英国、法国、荷兰、丹麦、瑞典、奥地利等 7 条主要贸易航海路线，与许多个欧洲国家或地区直接通航。

欧洲航线——广州—澳门—果阿—里斯本，这是 16 世纪中通往欧洲的最长航线，全程为 11 890 海里。

东方航线——广州—澳门—长崎，这是葡萄牙人进入澳门后开辟的东方航线。通过这条航线，广彩在东亚地区得到了人们的认识和喜爱。

美洲航线——广州—澳门—马尼拉—墨西哥，这是1575年开辟的新航线，由广州经澳门至马尼拉中转，过太平洋直达墨西哥和秘鲁的利马，再往南到巴西。

东南亚航线——广州—澳门—望加锡—帝汶航线，这是广州与东南亚国家贸易的老航线，当时葡萄牙人利用这条航线，主要是到帝汉岛购檀香经澳门运入广州出售，然后购买中国的生丝和丝织品，经澳门运往世界各国。

美国航线——广州—澳门—纽约，这是一艘纽约“中国皇后”号商船起舷开启的中美贸易路线图。

俄罗斯航线——广州—澳门—俄罗斯，首次从广州返航时途经马尼拉、夏威夷，进入太平洋，绕南美洲的合恩角，再横渡大西洋，最终到达圣彼得堡。

大洋洲航线——广州—澳门—大洋洲，最终抵达澳大利亚。

清朝建立后，担心南明政权还有残余势力从海上卷土重来，为了对付东南沿海明政权的反清势力，五次颁布了禁海令 ，禁止沿海商民出海贸易，又在顺治十七年(1660年)、康熙元年(1662年)、康熙十七年(1678年)三次下达“迁海令”，让沿海居民后退去海岸线数十里不等，企图断绝大陆对台湾郑成功的支援。这些海禁政策一定程度上阻碍了海外贸易的发展。海禁时期，澳门为“化外教门”的特殊地区，准予免迁，成为我国转口贸易的基地。

(一)康熙：南洋禁海令

康熙曾经一度放开海禁，允许各国经商。康熙平定三藩之乱后，国力非常强盛，决定放开海禁，先后于二十三至二十五年间设立闽、粤、江、浙四海关，分别管理对外贸易事务。康熙年间的开海，是全方位的开海，不但东西两洋，而且一向严禁的赴日贸易也在开放范围之内，较之明代隆庆年间开始的局部开海范围和作用都要大。康熙放开海禁仅30多年，全面开海的政策就开始收缩。康熙五十五年(1716年)十月二十五日，正式实行禁海，这就是南洋禁海令，为闭关锁国埋下了伏笔。

(二)雍正：重启“海上丝绸之路”

公元1727年，雍正即位时国库亏空严重，几乎发不出官员俸禄，而偏偏这时福建沿海地区由于海禁导致饥荒，引发大规模的抢粮事件。雍正取消先皇康熙实施的“海禁”政策，重启“海上丝绸之路”，随即开放了粤、闽、江、浙四口通商口岸，让国内外民众自由通商。放开海上贸易禁令，不但有效地解决饥荒问题，而且更快速地增加国家财政收入。

（三）乾隆：广州一口通商，闭关锁国

乾隆二十二年（1757 年），乾隆南巡，在苏州目睹洋人商船只络绎不绝，引起警觉，导致乾隆对西方殖民活动严加警惕，以海防重地规范外商活动为理由，下令关闭江海关、浙海关、闽海关，指定外国商船只能在粤海关——广州一口通商，并规定洋商不得直接与官府交往，而只能由“广州十三行”办理一切有关外商的交涉事宜，从而开始实行全面防范洋人、隔绝中外的“闭关锁国”政策，并对丝绸、茶叶等传统商品的出口量严加限制，对中国商船的出洋贸易也规定了许多禁令。

广州十三行是清代专做对外贸易的牙行，是清政府指定专营对外贸易的垄断机构。在“一口通商”时期，“十三行”的发展达到了巅峰，成为“天子南库”。亚洲、欧洲和美洲几乎所有主要国家和地区都与“十三行”有直接贸易关系。它拥有通往欧洲、拉丁美洲、南亚、东方洋和大洋洲的全球贸易航线，是清政府闭关锁国政策下唯一幸存的海上贸易。

乾隆二十四年，发生了英国商人洪任辉（詹姆士·弗林特）违反广州一口通商的法令并告御状的事件。受此事件的影响，朝廷又颁布了《防夷五事》，规定外商在广州必须住在指定的会馆中，并且不许在广州过冬，不得外出游玩，甚至还特别规定“番妇”不能随同前往，外国妇女被严禁来华。而中国商人不得向外商借款或受雇于外商，不得代外商打听商业行情。此后闭关政策更加严厉，直到鸦片战争爆发。

（四）处于真空的“海权”

海禁通过行政命令手段将民间力量从海上挤出，采取海禁政策来否定民间海上贸易合法性。海上走私集团徘徊于盗与商之间。它们主导了山东、浙江、福建、广东、台湾等相连海域的经营，尤为重要的是它们一度对抗西方殖民者，维护了海上的民族权益。但是，它们最终在与政府博弈中被消灭或被招抚。继国家力量在海上退出之后，民间主体日渐从海上丝绸之路溃散。朝廷的制度安排加速了近海空间萎缩。随着海权基层维护主体的溃散，原本具有相对优势的近海海权已悄然渐失，中国近海海权处于空置状态。

正如美国历史学家斯塔夫里阿诺斯的评论：“因为中国商人缺乏西方商人所拥有的政治权力和社会地位，正是制度结构上和向外推动力方面的根本差别，在世界历史的这一重要转折关头，使中国的力量转向内部，将全世界海洋留给了西方的冒险事业。”这一历史性转折，对中国经贸制度以及世界观的形成产生重大影响，最直接的就是近海海权处于真空状态，为外来力量介入留下了空隙。

亚洲、太平洋与印度洋的海上关系、航线沿途地区、航线节点都从朝廷视线中淡出，中国对远海、近海的主导权逐渐被舍弃，明清在集体无意识中将丝绸之路上由点、线到面的海权交给了大航海时代的西方东来者。

英国正是利用其在中国远海及近海的绝对海权优势，依仗东印度公司的经营权势，对中国进行罪恶的鸦片贸易，并以中国反对鸦片贸易为借口发动了鸦片战争，其结果是英国用武力撬开了中国紧闭的国门。

第三节 陆地丝绸之路

一、两汉——丝绸之路的起源

陆地丝绸之路起源于西汉（公元前 202 至公元 8 年），比公元 1492 年哥伦布地理大发现早 1 700 余年。

汉武帝派张骞出使西域，开辟以首都长安（今西安）为起点，经甘肃、新疆，到中亚、西亚，并连接地中海各国的陆上通道。因此，陆上丝绸之路的起点是西汉时的长安，也就是今天的中国陕西省省会西安。东汉时期丝绸之路的起点在洛阳。它的最初作用是运输中国古代出产的丝绸。

在汉朝（公元前 206 年至公元 220 年），扩张的浪潮将中国的边界推进到更为广阔的疆土，并逐渐抵达当时所谓的西域，也就是今天的新疆。中国的疆域扩张，将整个亚洲连在一起。

此前，这些交通网络曾受到月氏，特别是匈奴人的阻碍。汉人十分需要马匹，却又经常得不到满足。因为他们需要装备有效的兵力以确保国内的稳定，同时还要应对匈奴或其他部落的进攻和偷袭。来自西域的马匹最为珍贵，部落酋长们可以从中赚到大笔的钱。

疆土的扩张，激起了中国人对外部世界的兴趣。官员们奉旨对帕米尔高原进行考察并将相关记录呈报朝廷，留存下来的史料之一就是《史记》。司马迁写道：这些中亚王国不通军事，却善于经商，在商业繁盛的巴克特里亚都城可以看到各类物品被交易。匈奴人驰骋在中国以北的整片蒙古大草原，他们和汉人的关系并非一直和睦友好。当时的历史学家将这些部落人群描述为蒙昧无知、茹毛饮血的野人，有位学者还说他们是"被上天遗弃的民族"。

西汉初年，汉人宁可向他们进贡也不愿他们进犯自己的城市。汉人常常派大使造访这些从小就擅长捕捉耗子、小鸟甚至狐狸和兔子的游牧民族，皇帝还会恭敬地问候匈奴大单于"无恙"。汉人要给游牧部落送去许多奢侈的礼品，包括大米、美酒和纺织品——只求换得和平。为换取和平而付出的物资总量巨大。比如在公元前 1 年，匈奴共收到 3 万匹丝绸和大约相同数量的原材料，另加 370 套衣物。

和平相处在经济和政治上都需付出巨大的代价。不断的进贡不仅是经济上的负担，也显出政治上的软弱。所以汉武帝决定一劳永逸地解决与匈奴的纠缠，首先夺取河西走廊，控制农业富庶的西域地区；接着经过近十年的多次征战（结束于公元前 119 年），将游牧部落赶回到他们原来的地方。河西走廊通向西部的帕米尔高原，高原以西就是一个崭新的世界。中国为一条横跨大陆的交流通道打开了大门——"丝绸之路"就此诞生。

二、隋唐——丝绸之路的黄金时代

隋唐时期，经济繁荣，文教昌明，是陆上丝绸之路全面发展的黄金时代。至今，外国人仍称呼中国人为"唐人"，称呼华人聚居区为"唐人街"。

随着唐朝盛世的出现，丝绸之路呈现出前所未有的繁荣景象。唐朝的丝绸之路全线贯通，中西方贸易频繁，沿线市场的发展也比较繁荣，一些沿线城市迅速崛起，成为重要的商业城镇，从长安到地中海，其中涉及多种文化之间的交流与沟通，在贸易交往的过程中，不仅将我国的丝绸、瓷器等商品带到其他国家，也同样带回其他国家和民族的食物、文化以及风土人情，实现了双向交换的过程。

唐朝不仅是世界最华美纺织品的生产和销售国，还大量输入他国纺织品，并进行融合创新。唐朝丝织技术更加精巧，主要有绢、绫、锦、罗、纱、绮等。著名的高昌故城是“丝绸之路”北路的重要交通枢纽，阿斯塔那古墓群是古代高昌王国城乡官民的公共墓地，出土的琥珀色地狩猎纹印花绢、朱红地对马纹锦都是典型的唐锦。

纺织品的交流，尤其鲜明地代表了“丝绸之路”的独特韵味和唐文化兼收并蓄的特点。丝绸一直都是中国传入西方的主要商品，西方人一度以穿着中国丝绸为富有和荣誉的象征。

丝绸的图案也融合了当地的民俗特点，除了中原地区的农业生活以外，游牧民族的畜牧生活也在丝绸文化中有所体现。中原向中亚输出了丝织技术，中亚又反过来向中原输出了丝绸文化的图案，可以说是相互吸引。当时仿制的“波斯锦”甚至可以达到以假乱真的程度。新罗的“五彩氍毹”、弥罗国的“碧玉蚕丝”、大轸国以冰蚕丝织成的“神锦衾”、鬼谷国进贡的“瑟瑟幕”及日本、波斯、大食等国的各类美丽织物在中国绽放异彩。通过丝绸之路的通商、贸易、交流，唐代对外来纺织品的吸纳，使唐朝成为世界纺织品中心。

隋唐广泛吸收了外来器物的制式和艺术。唐以前，中国的金银器皿制造业并不发达，而到了唐代，金银器皿的数量骤增，这与波斯器物的传入有关。丝绸之路沿线上已发现了大量萨珊波斯银币。唐代长杯模仿了萨珊长杯的多曲特征，部分器物出现了类似波斯器物的“徽章式”纹样装饰。

唐代更大量引进外来观赏植物、蔬菜、花卉、观赏动物和家畜等。重要的观赏植物有波斯枣（即枣椰树）、天竺娑罗树；蔬菜有波稜菜（即菠菜）、酢菜、胡芹、桂椒；花卉有泥楼婆罗花（青睡莲）、俱物头花（白睡莲）；观赏动物有南海诸国的犀和象、中亚的狮子，以及白鹦鹉、五色鹦鹉和鸵鸟等珍禽异兽；家畜有从中亚引进的骏马等；赏玩家畜如新罗国贡献的“果下马”、高昌转献的来自东罗马帝国的犬种——“猧儿狗”（即“拂林狗”），在唐代周昉的名画《簪花仕女图》中就有两只猧儿狗。

香料或香药在唐代的需求量也非常大，当时进口或使用的香料主要有天竺诸国的沉香、波斯国及拂林国的没香、东海及昆仑国的丁香、南海及大秦国的降真香、南海及波斯国的安息香、西域及昆仑国的苏合香、婆律国的龙脑香等。

唐朝是我国封建社会的极盛时期，这时的中国，与世界各国经济文化的交流更加频繁。唐朝兼蓄外来先进文化，允许佛教、伊斯兰教在中国建寺传教，并与朝鲜、越南、柬埔寨、印度、巴基斯坦、波斯、大食（哈利发帝国）、拜占庭（罗马）等国家进行经济文化交流，对中国的哲学、艺术产生很大影响。

（一）长安新罗馆

早在公元前十余世纪，中朝的交往就非常频繁。后来中国的文化典籍如五经、四史、玉篇等，在古朝鲜（新罗）曾广泛流传。由于贸易频繁，唐政府在长安设立新罗馆，专门接待新罗商人。在唐朝外国留学生中，新罗人最多，他们回国以后，对传播文化起了巨大作用。留学生归国以后，多任高官显职，并根据唐朝法制改革了本国的礼仪和法律，模仿唐制划分全国行政区为十二道，设立科举制，通过考试选拔官员。他们还设置了医官、律令、算学、通文、刻漏博士，广泛研究中国的天文、历法、医学、文史典籍等。

（二）"高丽乐"——唐朝国定的"十部乐"之一

新罗文化对唐朝也有一定影响。古新罗（朝鲜）"高丽乐"传到内地以后，受到中国人民的欢迎，后来成了唐朝国定的"十部乐"之一。

（三）真腊（柬埔寨）送来的11头驯象

贞观六年（公元632年），真腊派使者到长安，唐太宗很高兴，回赐了大量礼品。唐中宗以后，真腊划分南北两部，北部称陆真腊，又称文单。开元时期，其王子带使者至长安，玄宗封他为果毅都尉。代宗时期，真腊送来驯象11头。唐政府封其使者为试殿中监，赐名宾汉。真腊南部称水真腊，曾派使者来唐送犀、象等物，唐宪宗以锦、绢等物回赠。

（四）林邑学者在长安当高官

林邑（越南）是我国南方的邻邦，早在数千年前，两国人民就友好往来。东汉时期，中国的铁器、铜器和陶器就传到越南。他们的著名学者士燮，曾留学洛阳，研究《尚书》《左传》，后来任交趾太守四十多年。越南学者姜公辅，曾在唐朝考中进士，并在长安担任高官显职。

（五）造纸术传到天竺

西南方面的印度、巴基斯坦，唐朝称为天竺。早在两汉时期，两国就存在着贸易关系。到了唐朝，印度半岛沿岸常有唐朝商船往来。当时从天竺输入的主要是胡椒、宝石、珍珠、棉布、椰子等。唐朝输出的有丝织品、麝香、青瓷、铜钱、樟脑等。

公元 7 世纪，我国发明的纸，经中亚传到天竺，后来造纸技术也传到那里。由于天竺人学会了中国造纸法，所以从八九世纪以后，天竺便结束了用贝叶和桦树皮写字的时代。

天竺是世界文明古国之一，它们的先进文化也传入唐朝。太宗时期中国派人向天竺学习用甘蔗熬糖法，从此学会制造砂糖；到了代宗时期，又学会制冰糖。

天竺国的数学也传入内地，因为瞿昙悉达编的《开元占经》保留天竺数学的数码、圆弧的画法和弧的正弦等知识，从而使唐朝数学家学习了天竺的大数记法。

此外，佛经里关于度量衡的细微单位（如尘、埃、渺等），也被引入中国数学记数法。在医学方面，天竺的外科手术、整骨科以及眼科，对唐朝都产生一定的影响。天竺音乐也被唐人吸收，成为国定“十部乐”之一。同时天竺的琵琶七调也传入我国，对我国古代音乐产生一定的影响。

（六）玄奘参拜尼泊尔的教圣地

贞观十三年（公元 639 年），玄奘到达天竺，又由天竺进了尼泊尔平原巡礼佛迹。他到过现在尼泊尔的白塔瓦尔附近地方，参拜了释迦牟尼父母的宫殿遗址，以及释迦牟尼的诞生地，瞻仰了释迦牟尼剃发为僧和传道的遗址。最后玄奘到了现在尼泊尔的伽悉亚地方，即当时的拘尸那揭罗国，朝拜释迦牟尼在娑罗树下逝世的圣地。

（七）中国商品的转运站波斯

波斯就是今天的伊朗。早在西汉时期，中国的使者就到过安息（即波斯）。唐高宗在位时，大食进攻波斯，唐政府曾发兵声援，波斯暂时失败，其王子俾路斯投奔唐朝，唐政府留他住在长安，并授以官爵。当时两国贸易关系密切，波斯港口经常有唐朝商船停泊，同时波斯商船也常到广州。长安、扬州、广州、楚州、交州、泉州等地，都有波斯人居住。他们开设“波斯店”，经营各种商业，有一些人长期在唐朝生活。

波斯是丝绸之路必经之地，而且南北两路在此会合，现在伊朗的伊斯法罕，就是唐朝丝绸路上一个重要的转运站。中国的丝绸、工艺品、文物输入波斯以后，再向西方转运。

(八)大食、拜占庭与中国

大食(哈里发帝国)与中国往来频繁。随着两国的交流，大食的药材也输入中国，主要有乳香、没药、血竭、真球、木香、苏合、香油等。与此同时，大食医生也来中国，其中著名者有李摩珂、李珣等人。

拜占庭也称拂秣，又称东罗马。过去中国的丝织品，曾通过波斯传到拜占庭。贞观十七年(公元643年)，拜占庭遣使来唐，送来赤玻璃、石绿、金精等物。唐太宗回信答聘，并回赐礼物。唐玄宗时期，他们多次派使者到长安，并且赠送狮子和羚羊。同时拜占庭的杂技和医学也传入中国。

这些千年前的历史的碎片中，有商品流动、有国际贸易、有技术交流、有文化相融、有外交往来，恰恰像丝绸之路上的星辰，映照着中国全球化的道路向亚洲、非洲、欧洲延伸……而那时欧洲的地理大发现，还没有被“发现”。

三、元朝——形成了“世界贸易圈”

元朝，蒙古人在全人类历史上第一次打通了整个欧亚大陆。伴随着整个过程，亚洲文明的技术、制度、宗教传播到欧洲。欧洲商人马可·波罗第一次有幸游历到他们梦幻中的国度，并把整个过程写下来，打开了欧洲人的视野。

(一)从地理层面第一次打通了全世界

从地理层面第一次打通全世界——这是蒙古人给全世界留下的记忆。西起伏尔加河，东到大兴安岭，都是蒙古人建立的政权。虽然建立的过程中给沿途的各个部落和国家带来了难以承受的痛苦，欧洲人称为“黄祸”，但是，事有两面。它们也带来了这个世界史无前例的联通。当时的美洲、非洲等那些土著民族都不成气候，基本上欧亚大陆的文明就代表了全世界。蒙古人对世界交通史的贡献，除了打通陆路之外，还面向海洋。

中国元朝，拥有当时技术、制度和物质文明最先进的政权。地理上的打通带来了交通的便利和突破。蒙古人的邮驿制度，给世界带来了全方位的改变。“驿站”这个词由两个词构成，即“驿”和“站”。在元朝之前汉人建立的邮驿系统中，只有“驿”而没有“站”。把驿和站相结合，是蒙古人的发明，这是一种以交通为基础的通信制度。这种制度的分级与今天的整个快递制度已经很相似，有“特快专递”和“普通快递”的区分。不过，基本在整个古代时期，邮驿制度都是服务于官方的信息传递的，对于普通民众并不适用。驿使需要有驿符才可以入住驿站。

元朝的海上贸易是相当发达的，当时中国与世界上 140 多个国家或地区有航海往来，民间商业贸易十分繁荣。海运航线方面，忽必烈时期在沿岸的各主要港口城市都派驻了贸易官员，将中国沿岸直到波斯湾的海上交通都纳入统一管理；陆路方面，从中国经中亚到欧洲，许多税卡拆除，中亚和波斯官方的盘剥减少，甚至取消。这样大陆和海岸两条路线连接，形成了环绕欧亚大陆和非洲北部及东海岸的交通体系，真正形成了一个巨大的“世界贸易圈”。

中国的瓷器、茶叶源源不断地从国内出口到东南亚、日本等地。阿拉伯的商业文化和数字也随着这些生意在中国普及。当时历史记载中有很多阿拉伯人来到中国做生意。著名的卜寿庚家族就是其中之一。当时的全球化颇有点“各取所需，其乐融融”的味道。远没有后来，以鸦片战争和屠戮美洲土著那样血腥和残忍。

（二）史上第一次发行统一纸币

强大的军事构筑了统一的市场，这个大帝国中出现了前所未有的通畅的通商局面。为了促进统一市场的货物交换、促进税收，中统元年，元朝发行了国家货币——纸币“交钞”，这是世界上最早的统一信用货币。纸币使用和携带方便，二贯交钞等于白银一两，在全国流通。这次纸币发行的成效非常好，当时官府课税和差役都用交钞。这种纸币很坚挺，随时可以兑换白银。元世祖忽必烈建立了世界上最早实行的纯纸币制度。

这种制度在当时是非常先进的，这也让当时的西方国家非常震惊。他们第一次知道，原来没有任何价值的纸张，还有这样的功能。当时的纸币制度与现代的纸币制度已经非常相似。当时的元朝人已经意识到，只要操控得当，朝廷有全局观，不随意乱发超发，纸币就是促进商业交换和资源分配的理想工具。不过后来很可惜，几位继位的帝王不断修改纸币政策，又铸造铜钱，最终导致纸币制度的崩盘。但这种制度本身的先进性不可置疑，这是蒙古人对世界经济最值得提及的贡献。

四、明朝——“华夷兼利”的市场

据统计，明朝修建长城最为频繁的时期是隆庆年间，年均次数达 4.3 次。也恰恰在这个时期，“隆庆和议”实现，“华夷兼利”的民族贸易市场普遍建立，其多分布在长城沿线重要的关口或军事堡垒附近。

（一）长城——农耕经济和游牧经济的分界线

从生产力和生产关系的角度来看，长城是农耕经济和游牧经济的分界线；从军事斗争和政治联系的角度来看，长城是中原王朝与边疆政治力量对峙较量和协商交流的前沿阵地。同时长城也是农耕政权与游牧政权之间的交结点，一方面发挥了分隔和过渡两类政治单元的功能，在“以力为先”的逻辑下扩大了双方的战略缓冲空间；另一方面又在提高安全保障的基础上促进不同民族之间经济文化的交流与政治社会的融合。

（二）互市贸易——“华夷兼利”的市场

自此，长城两边的安定团结与稳定持久的互市贸易相辅相成，农耕与游牧双方平等互利、各取所需。到 1575 年，宣镇、大同、山西三镇官市上的马匹交易量达 3.4 万多匹，比 5 年前马市初开时增长了近 5 倍，马价银亦是水涨船高。1582 年前后，张家口以西的七镇梭布销售量每年约在百万匹，这意味着总人口为 30 万的蒙古土默特、鄂尔多斯、喀喇沁三部每人所获梭布就有 3 匹。对此，《明神宗实录》这样感叹：“俺答纳款，马市互易，边疆无警，畿辅晏然，汉唐以来所未有也。”到了明末，“塞上物阜民安，商贾辐辏，无异于中原”的和谐氛围更是呈现。

五、全球化的拓荒者

(一)张骞凿空

张骞出使西域,司马迁给了一个词称作“凿空”。意思是说张骞硬生生走出了一条原本不存在的路。司马迁在《史记》中说:“于是西北国始通于汉矣。然张骞凿空,其后使往者皆称博望侯,以为质(诚信)于国外,外国由此信之。”裴《史记集解》:“苏林曰:凿,开;空,通也。骞开通西域道。”

1. 历经13年的第一次出使

张骞是西汉时伟大的探险家。他自请出使西域,第一次出使历经13年,足迹遍及天山南北和中亚、西亚各地,是中原去西域诸国的第一人,是第一个睁眼看世界的中国人。

当时,汉朝正在准备进行一场抗击匈奴的战争。一个偶然的机会,汉武帝从一个匈奴俘虏口中了解到,西域有个大月氏,其王族被匈奴单于杀死。于是汉武帝想联合大月氏,以“断匈奴右臂”,决定派使者出使大月氏。

然而,要越过西域7 000多千米的流沙与荒漠,绝非小可,横越西域,既要有外交家的辩词,又要有探险家的胆魄。宫廷用招贤榜的方式在全国招募贤能之士。时年25岁的张骞以郎官身份应招,肩负出使大月氏的任务。

公元前139年,张骞由匈奴人堂邑父做向导,率领100多人。堂邑父,也称甘夫,《史记》记载甘夫“善射”,身强体壮,武艺傍身,根据史料记载,公元前166年(汉文帝十四年)的一场战役中被汉朝军队俘虏,并被作为奴隶赏赐给汉文帝女婿堂邑侯陈午做家奴。公元前138年,汉武帝任命甘夫为张骞出使大月氏国的向导翻译 。

张骞一行一路逐水草、篝野火,躲避一切可疑的乱蹄踪迹,提防着随时可能发生的明攻暗袭。可是即便如此小心,他们还是一出甘肃临洮就与一队匈奴马队遭遇。除张骞和堂邑父被俘外,其他人无一幸免。

匈奴单于知道了张骞西行的目的之后,自然不会轻易放过他。张骞和堂邑父被迫分开去放羊牧马,并由匈奴人严加管制。

匈奴单于为软化、拉拢张骞,打消其出使月氏的念头,进行了种种威逼利诱，让张骞娶了匈奴的女子为妻，生了孩子，一是监视他，二是诱使他投降。但是，张骞坚贞不屈，虽被软禁放牧，度日如年，但他一直在等待时机逃跑。他“不辱君命”“持汉节不失”，始终没有忘记汉武帝交给自己的神圣使命，没有动摇为汉朝通使月氏的意志和决心。张骞等人在匈奴一直留居了十年之久。

整整过了 11 个春秋。一个月黑之夜，张骞带上匈奴妻子和向导甘父，趁匈奴不备，逃离匈奴。由于他们仓促出逃，没有准备干粮和饮用水，一路上只能忍饥挨饿，干渴难耐，随时都会倒在荒滩上。好在堂邑父射得一手好箭，沿途常射猎一些飞禽走兽，饮血解渴，食肉充饥，才躲过了死神之手。

大惊初定，张骞依然初衷不改，又继续担起“出使西域”的重大使命。他们沿天山南麓，经过焉耆、龟兹、疏勒，终于越过沙漠戈壁，翻过冰冻雪封的葱岭(今帕米尔高原)，来到大宛国(今费尔干纳盆地)。这里是中亚的一个富裕之邦，人口数十万，有 70 余个城镇，盛产“天马”。大宛王早有通汉之念，所以欣然派出向导、翻译，护送张骞来到大月氏国，但是，此时大月氏的国情已发生很大变化。大月氏已在大夏建立了新王朝，改称“小月氏”，事农耕，国富民强，时过境迁，对匈奴已无图报之志。张骞仔细考察了西域诸国的山川地理、城网市镇和民风民俗。他还来到这一带的大邦大夏国都蓝氏城，发现这里有高度集权的王室，民多事商贾，兵弱怯战。这些情况，张骞一一记在心上。

张骞在大夏等地考察了一年多后启程回国。归途中，张骞为避开匈奴控制的地区，改道向南。他们翻过葱岭，沿昆仑山北麓而行，经莎车(今新疆莎车)、于阗(今新疆和田)、鄯善(今新疆若羌)等地，进入羌人居住地区。途中又为匈奴骑兵所获，被扣押一年多。

张骞出使历经 13 年后，公元前 126 年，38 岁的他回到了阔别 13 年的长安。出使时 100 多人，这时张骞的身边，只有甘父一人了。

这次出使，虽然没有达到原来的目的，但对于西域的地理、物产、风俗习惯有了比较详细的了解，为汉朝开辟通往中亚的交通要道提供了宝贵的资料。汉武帝详细地听取了他对西域情况的汇报后，十分高兴，封他为博望侯。

2. 第二次出使，开辟 36 国往来

公元前 119 年，张骞第二次奉派出使西域。这时，汉朝业已控制了河西走廊。张骞率领 300 人组成的使团，每人备两匹马，带牛羊万头，金帛货物价值

“数千巨万”，到了乌孙，游说乌孙王东返，没有成功。他又分遣副使持节到了大宛、康居、月氏、大夏等国。元鼎二年（前 115 年），张骞回来，乌孙派使者几十人随同张骞一起到了长安。此后，汉朝派出的使者还到过安息（波斯）、身毒（印度）、奄蔡（在咸海与里海间）、条支（安息属国）、犁轩（附属大秦的埃及亚历山大城），中国使者还受到安息专门组织的两万人的盛大欢迎。安息等国的使者也不断来长安访问和贸易。从此，汉与西域的交通建立起来，取得了外交进展。

张骞二次出使西域，总共到过三十六国。此后，汉武帝每年都派使节去访问西域各国，汉朝和西域各国建立了友好交往。西域派来的使节和商人也络绎不绝。中国的丝和丝织品经过西域运到西亚，再转运到欧洲。

元鼎二年（前 115 年），张骞回到汉朝后，拜为大行令。公元 114 年，也就是二次出使西域后一年，张骞病逝于长安。人们以“张骞凿空”四字概括了他出使西域的贡献和传奇的一生。

（二）班超投笔从戎出使西域

东汉末年，随着北方少数民族匈奴的力量日益强大，之前西汉统治的大部分西域地区被匈奴占领和控制，著名的丝绸之路被迫中断。班超出使西域，再次打通了已经衰落的丝绸之路，将丝绸之路从亚洲延伸到欧洲。

1. 投笔从戎

班超是东汉时期的军事家，投笔从戎，由一个“文弱书生”变成一个百战百胜的将军。在班超出使西域的 31 年里，他收服了 50 多个国家，为西域的回归做出了巨大的贡献。

班超（公元 32—102 年），字仲升，东汉时期扶风郡平陵县（今陕西省咸阳市）人。班超是史学家班彪的幼子，其长兄班固、妹妹班昭也是著名史学家，在哥哥班固的引荐下做了掌管奏章和文书的兰台令史。做兰台令史不久，班超就被陷害免职，所以借着这次免职的机会，班超投笔从戎。

2. 出使西域

公元前 73 年，班超随奉车都尉窦固等人出兵攻打北匈奴（东汉时期，西域诸属国自王莽篡汉后脱离汉王朝，被北匈奴所控制）。这次军旅，班超显示了与众不同的才能，窦固很赏识他的才干，于是派他和从事郭恂一起出使西域。

班超这次出使西域，使他走上了一条神奇的使者之路。刚开始，班超出使西域只带 36 名随从。班超在西域进行的军事行动，主要依靠的是当地兵力，队伍越打越壮大，最后更是成了七万军队的总司令，而其中汉军只有 1 000 人。他正确地执行了东汉王朝“断匈奴右臂”的战略。在出使西域的 31 年里，班超与自己的将士们收复了五十多个国家，并且一直保护着城都，他也因此被封为定远侯。

班超贯通西域，对于东汉，有了西域各国作为屏障，形成一道多民族联合的防线，免除了匈奴对边境的骚扰，保证了边境的安稳与河西走廊的安定。

对于西域，班超帮助他们摆脱匈奴的奴役与压迫。匈奴将西域作为自己的资源产地，所以对他们进行残酷剥削，征收苛捐杂税，极大地影响了西域的经济发展。班超贯通西域后，汉朝为了彰显大汉物产丰富，地大物博，赏赐各国许多财物。同时，西域也有了一个较为稳定的发展环境进行生产活动。此外，西域贯通也促进了民族之间的经济文化交流和西域的经济文化发展。

班超通西域，贯通了断绝的丝绸之路，促进了中西方国家之间的交流，与沿途国家建立了良好的联系。班超在西域的时间里，丝绸之路的贸易往来十分频繁，中亚、印度、波斯以及中国的使者往来不绝，其中大多数使者也兼顾商人。商人也是使者，他们的活动，不仅促进了各国之间的政治交往，而且促进了贸易往来。

3. 商人参战

班超统一西域得到商人的支持，在永元六年班超攻打焉耆时，军队中就有 14 000 余名商人参战。而由于汉朝在丝绸之路沿线设置驿站，西域也成为各国客商的临时落脚点，有西域都护的保护，保障使者商人的安全，保证了汉朝与西方国家经济贸易的安定发展。

中国出口西方的主要是丝绸，现代考古就曾在尼雅发现大量的丝织品遗迹和汉朝的古钱币。而从西方进入中国的主要有马匹、香料、珠玉等，还引进了一些农作物。同时，中西方文化上的交流也是不可忽视的，西域的美术、音乐、舞蹈等传入中国，还有佛教的传入，都是通过西域的商路。中西方之间的经济文化交流，也为中西方各国经济文化的发展增添了活力。直至今日，班超贯通西域，重开丝绸之路也是有深远意义和影响的。

第四节 全球化的时光隧道

中国的闭关锁国，关闭了自己全球化的大门。但是全球化的时光隧道，不断在提醒着世人，全球化开端时东方的辉煌，是警醒、提示、启发。

一、"黑石号"——再现唐朝的国际贸易

1998 年，在印度尼西亚苏门答腊岛和婆罗洲之间的勿里洞岛的丹戎潘丹港北部海域的海底发现大量陶瓷和一些木船构件，推测该沉船可能因撞上西北 150 米处黑色大礁石而沉没，因此称之为"黑石号"。

(一)1400 年前中国与阿拉伯地区的贸易

"黑石号"是中国唐朝时期一艘由阿曼制造的贸易商船，长约 18 米，宽约 6.4 米(见图 1—2)。曾满载中国货物驶往西亚，却不幸在印度尼西亚勿里洞岛 1 500 多米远的海域触礁，沉没在 16 米深的海底。它是九世纪上半叶中西文化商贸交流以及盛唐时期我国开拓海上丝绸之路的重要见证，证明了在唐代中国和阿拉伯国家已经存在频繁的贸易交流。

图 1—2 "黑石号"商船

当地一直流传着海底宝藏的传说，出海的渔民偶尔还会从海中捞到蚀迹斑

斑的瓷器。一个名叫蒂尔曼·沃尔特法恩(Tilman Walterfang)的德国人根据这些线索,最终在勿里洞岛离岸约3公里内的海域发现了一艘沉船的残骸。

发现"黑石号"的德国人本是一家水泥厂的老板,之前一直在印度尼西亚做生意,与当地人比较熟悉。有人曾告诉他,在印度尼西亚附近的海域有许多宝物,经常有人打捞出好东西。作为一个生意人,听到海底有宝物,自然很心动。

这个德国人的行动力很强,没多久就卖掉了水泥厂,专门从事打捞业务,用了一年时间,专门打捞整理船上的宝物,前后清点了67 000件。其中,3件唐代青花瓷引起世人瞩目。另外,沉船中发现的金银器中有金器11件、金箔2千克;鎏金银器约20件、银锭18件。其他还有铜镜29件、漆器2件、石砚1件、碎墨和锡锭若干。可见当时通过海上贸易,中国和国外进行了巨额的经济交流,这种贸易程度在现在看来也是天文数字。

(二)"中国制造"历史上的辉煌

如果把"黑石号"中的文物铺开,几个足球场都不足以装下。在这些文物中,98%是瓷器,包括瓷碗、瓷盘、瓷杯等生活器具。窑口也非常丰富,长沙窑、邢窑、越窑,个个制作精美,展现了中国唐代制作技艺的高超。

中国迄今发现的最早最完整的青花瓷就在这条船上。"黑石号"上的发现,提供了更充足的证据,把中国制造青花瓷的时间至少提早了500年。

"黑石号"上的文物被公之于众后,大家发现这些器具基本上都是中国制造,证明了这艘船以及船上所有物品应该都属于中国。可是根据国际公约,在海上发现的物品,不管历史上曾经归谁所有,最后谁发现就属于谁。"黑石号"是被该德国人发现并且发掘,自然归属于他,中国人对此并没有争议。

(三)昨天的辉煌和今天的遗憾

2002年,该德国人将文物全部整理完成,将其一并拍卖,一船文物总价是4 000万美元。当时国内多个博物馆都有购买意向,不过它们只是购买单个文物,德国人想要整体出售,由此没有交易成功。最终,"黑石号"上的所有文物被新加坡酒店大亨邱德拔的后人出资,协助新加坡圣淘沙休闲集团以3 000万美元购买,并于2005年永久落户新加坡,目前收藏在新加坡亚洲文明博物馆的邱德拔艺术馆里。

中国人想要了解“黑石号”的历史，只能在异国他乡才能一睹这艘商船的风采。而对新加坡博物馆来说，花几千万美元能够买到几万件珍藏品，也是一笔值当的买卖。“黑石号”沉船的打捞被考古学家称为20世纪末最重要、年代最久远的深海考古发现之一。

二、开辟了中美贸易的“中国皇后”号

中美两国的首次通商是从1784年开始的。担负这次具有历史意义通商的是一艘原在海军服役的帆船，改装后被命名为“中国皇后号”（The Empress of China），含有对中国皇室尊重之意。船长格林也是从海军中挑选出来的，他从国会获得了一张“海上通行证”。那时，由于海盗异常猖獗，因此为了保证安全，“中国皇后号”原封不动地保留了作为战船时的全部武器。

（一）揭开中美两国的贸易序幕

这艘名为“中国皇后号”的帆船，穿行大西洋，绕过好望角，跨越印度洋，行程1.3万海里，最终历时188天，于1784年8月28日抵达广州黄埔港。这次远航，开启了中美之间海上丝绸之路的第一条航线，也揭开了太平洋两岸中美两个大国间贸易往来的序幕。

1776年，随着《独立宣言》发表，美利坚合众国正式建立。7年后，英国政府在《英美巴黎和约》上签字，象征着美国终于脱离了英国的殖民统治。但是建国初期的美国百废待兴，面临诸多困境，最紧迫的是财政问题。战争期间，美国大举外债，到1783年外债总额达800万美元，内债总额近3 000万美元。

此外，在1783年，英国国会颁布新法令，对美国运往英国的货物征收高额关税。在战争造成的经济危机和英国的贸易禁运双重困境下，美国银行家、商人罗伯特·莫里斯（Robert Morris）将眼光投向了东方，建议政府派船到中国寻求新的商机，以解财政困难。莫里斯曾参与《独立宣言》的签署，在独立战争中被人称为“美国革命财务官”。

发起“中国皇后号”来华建议的是一名称作约翰·雷亚德的传教士，他原本是北美开往英国的一艘名为“决心号”航船上的伍长。看到美国西北海岸的商人将六便士的皮毛以100元的价格卖给广州人时，他便极力劝说美国纽约、费

列得尔菲亚和波士顿的商人进行对华贸易。

1784年"中国皇后号"终于起锚，但是他的发起者雷亚德并没有参与其中。"中国皇后号"商船是由费列得尔菲亚的纽约商人花12万美元共同购置了一艘360吨的木制军船，配有各种新式航海设备。

为了讨好中国，他们特意将这艘改装商船起名为"The Empress of China"（"中国皇后号"）。莫里斯聘任海军出身的约翰·格林（John Green）为船长，并邀请山茂召（Samuel Shaw）作为他的商务代理人。全船包括随行医生在内，一共43人。为了让此番远航显得隆重，莫里斯甚至连起航日期也精挑细选，最后选定了一个当时公认的"黄道吉日"：1784年2月22日——总统华盛顿的生日作为启航日。

"中国皇后号"进港时，鸣礼炮十三响（代表当时美国的十三个州），其他停泊于港内的各国商船也鸣炮回礼。格林船长曾有一则这样的手记："中国皇后号"荣幸地升起了在这海域从未有人升起或看见过的第一面美国国旗。这一天是1784年8月28日。

"中国皇后号"的到来对于当时的清朝官民来说是一件稀奇事，他们分不清美国人与英国人。塞缪尔·肖告诉中国人，美国是一个新成立的国家，并用地图显示美国所在方位。中国人看到星条旗上的花纹，以为是鲜花图案，于是称美国为"花旗国"，当时西洋参是美国的主要特产之一，因此后来就一直被称为"花旗参"。

四个月后，"中国皇后号"的货物已全部脱手，并采办了一大批茶叶、瓷器、丝绸、象牙雕刻、漆器、桂皮、玉桂和绣金像等中国的特产，于1785年5月11日回到纽约，往返历时一年又两个月。由于返航远、船的吨位小，"中国皇后号"此行的赢利不多，但此次航行却开辟了中美之间的直接关系。因此，此次航行以其特殊的意义而载入中美两国交往的史册。

（二）美国对华贸易跃居世界第一位

虽然历时许久，但此行意义深远。采购的货物很快在美国销售一空，华盛顿本人也购买了一批来自东方的精美瓷器。更重要的是，中国广州至美国航线由此开通，美国商船鱼贯而来广州贸易。1785年，"中国皇后号""实验号""希望号”“广州号”和“伟大的土耳其皇帝号”五艘商船分别从纽约、费城和萨冷港口出发前来广州贸易。1786 年，费城的“广州号”、塞勒姆的“伟大的土耳其皇后号”商船相继前来广州贸易。

“中国皇后号”的此航开启了中美之间的直接贸易。此后，美国掀起了第一波“中国热”，1786—1833 年间有 1 104 艘船来到中国。1792 年，美国对华贸易已超越荷兰、法国等欧洲国家，跃居第二位。

1912—1928 年间，美国商品大量输入中国，取日、英两国而代之，成为中国最大的进口国；同时中国对美出口也有大幅度增长。但是总体来看，由于当时的中国长期受列强压迫，在关税、价格等问题上不能自主，对外贸易始终处于被动地位，中美贸易的发展是不平衡的。

第五节　中国全球化历史中的挑战和机会

英国历史学家彼得·弗兰科潘在其著作《丝绸之路：一部全新的世界史》中表示：“我们通常把全球化看作是当代社会独有的现象，但早在 2 000 年前，全球化已经是事实，它提供着机遇，带来了问题，也推动着技术的进步。”书中所指的那场 2 000 年前的全球化，正是古代中国推动开通的“丝绸之路”。中国通过海上、陆地双向的丝绸之路，开辟了亚、非、欧全球化的贸易。

在第一次全球化之前，中国的活力和繁华，令近代初期接触过中国的西方观察家瞠目。传教士扮演着中西文化传递的角色，他们看待中国的视角深深影响了当时正处于启蒙时代的欧洲人。一生从未踏上中国土地的著名汉学家杜赫德传神甫，依据长期居留中国的 27 位耶稣会传教士的报告、信札和译自中文的文稿，撰写了鸿篇巨制《中华帝国全志》。该书成为 18 世纪欧洲人认识中国的最重要信息来源之一，直至 19 世纪末仍被视为中国问题的完整知识手册：“各省地方特产丰富，特点各异，加之河道及运河运载货物之便利，帝国的国内贸易总是一派繁荣……中国内地贸易量之大，即使把全欧洲的贸易加在一起，也难与之相比。各省犹如诸多邦国，彼此互通有无。”

基辛格在《论中国》中说：“中国不仅在人口和疆土上远远超过欧洲诸国，而且直到产业革命前，仍远比它们富饶。一套运河体系把江河与人口中心连接起来。数百年来，中国一直是世界上生产率最高的经济体和人口最密集的贸易地区。由于中国基本上自给自足，其他地区对它的辽阔和富饶只有粗浅的了解。过去的 2 000 年里，有 1 800 年中国在世界国内生产总值中所占的比例都要超过任何一个欧洲国家。”

一、陆地之困

公元 1405—1433 年明代初期，中国开始了历史上最壮观、最神秘的航海之旅。郑和统率技术上最先进的“宝船”舰队出洋，远至爪哇、印度、非洲之角和霍尔木兹海峡。郑和下西洋时，欧洲的探险时代尚未开始。中国的舰队拥有似乎难以超越的技术优势，无论是舰船尺寸、技术水平还是舰船数量，均令 150 年以后的西班牙“无敌舰队”相形见绌。

陆地把人束缚在“数不清的依附关系上”，而海洋却促使人“跳出狭隘思维和行动的禁锢”：“亚洲国家宏大的政治结构缺乏挣脱陆地束缚、走向海洋的能力，尽管它们濒临大海，比如中国。在它们眼里，海洋意味着极限，意味着陆地的终结。它们从未用积极的眼光审视过海洋。”西方人则漂洋过海，把贸易触角伸向全世界，到处传播其价值观。黑格尔认为：“在此意义上，困于陆地的中国——其实曾是世界上头号航海大国——与历史发展的大趋势失之交臂。”

15—18 世纪，是人类历史上发生重大变革的时代。欧洲人相继进行全球性海上扩张活动，特别是地理大发现，开启了大航海时代，开辟了世界性海洋贸易新时代。西方全球化是伴随着掠夺、血腥、奴隶、毒品，演变到今日的西方霸权。西欧商人的海上扩张，改变了传统海上丝绸之路以和平贸易为基调的特性。

二、不是因为“弱”而挨打

如果从历史的观点来看，全球化的出现有不同的源头，则它并非西方的专利品。中国是全球化历史上最早的国家之一，也可以说是全球化的鼻祖。但明清以来，中国因保守、闭关锁国而错失了全球化的发展机会。杰弗里·萨克斯在《全球化简史》中写道：“1820 年，中国还是一个骄傲的帝国，其人口占世界人口的 37%。”根据安格斯·麦迪森的《世界经济千年统计》：直至 1820 年，中国在世界国内生产总值的比例仍大于 30%，超过了西欧、东欧和美国国内生产总值的总和。

基辛格在《论中国》中说：“清朝的鼎盛点也是它的命运转折点。中国的富庶和辽阔疆土以及发达经济，吸引了西方帝国及其贸易公司的目光，而它们的活动范围远远超出了传统中国秩序的疆界和观念。”

(一)“叩头”与“机遇”

英国人试图改变现状的首次重大尝试，是 1793—1794 年派遣马嘎尔尼勋爵使华。这是欧洲为改变当时中西方交往方式所作的一次最著名、最友善和最不“炫耀武力”的努力，目标是取得通商贸易和外交利益，但这次访问因为叩头问题，最终一无所获。

负责接待马嘎尔尼一行的中国大臣开始与英国人谈判，争执点在于马嘎尔尼是对皇帝叩头，还是依照他坚持的立场，按英国习惯单膝下跪。

“叩头问题”之争持续了几周。中国官员提出，马嘎尔尼要么叩头，要么空手而归。马嘎尔尼一再抗争，最终双方同意，马嘎尔尼可以按欧洲礼节单膝下跪。所有这一切均是围绕着繁复的中国礼仪发生的，而这些礼仪都在委婉地拒绝他提出的要求。

借助蒸汽机、铁路、新的工业制造方法以及资本积累，西方的生产力飞速发展。骨子里浸透了征服欲的西方列强踏入传统的中国势力范围，认为中国自称君临欧亚的观念荒诞不经。他们决心把自己的国际交往标准强加给中国，必要时不惜一战。

(二)坚船利炮回答中国的“不”

英国不再接受中国的“不”。鸦片战争时期，西方列强用“坚船利炮”回答了中国对全球化说的“不”。在全球化的历史潮流中，中国不是因为“弱”而挨打。1826 年，第一次鸦片战争前的十几年，中国 GDP 总量为世界第一，超过全世界总量的 30%，印度第二。西欧 7 个国家的 GDP 只占世界 GDP 的 7%，英国只占 4%左右。但 1842 年中国被英国打败了。1856—1860 年，中国又一次被英国打败。而印度在 1858 年正式成为英国的殖民地，不仅打败了世界 GDP 总量第一的中国，而且让世界 GDP 第二的印度沦为它的殖民地。

（三）被迫加入全球化

鸦片战争之后，中国被迫加入了世界经济政治的全球化进程，这是一个被强加的全球化，其实质是资本主义列强和帝国主义国家对中国的瓜分、剥夺和侵略的过程，不仅仅是正常贸易，还有英国商人贩卖的来自印度的鸦片。在这个过程中，通过被迫开放港埠、商埠，通过西方在中国划分各自的势力范围，中国的经济由封闭经济开始慢慢变成半开放的体系。我们被迫接受了所谓的国际规则和一系列不平等的国际条约，在一种不平等的国际贸易和金融秩序下被动参与了全球化。

鸦片战争后，中国以半殖民地半封建社会的身份被动成为商品全球化和资本全球化中的一环。“洋货”在 19 世纪 70 年代后大量涌入中国，从 1877 年起，中国连年处于贸易逆差状态，时间长达 72 年。与此同时，资本全球化的趋势也开始影响中国。1865 年，中国的外资企业共 78 家；到 1893 年年底，这一数字增至 580 家。

两次鸦片战争迫使清朝开放通商口岸，允许列强在华招工。在此期间，除少数自由移民外，大多数移民以“契约劳工”的身份被贩运到世界各地。19 世纪初至 20 世纪 30 年代，通过各种手段被运送出国的华工约有 1 000 万人次。

这一时期，中国闭关锁国的状态被迫结束，实际上也开启了中国的现代化进程，引发了中国政治、经济、社会、文化制度的深刻变化。尤其是到 19 世纪末 20 世纪初，中国在知识界兴起了一股西学东渐浪潮。中国传统的“天下主义”思想，逐渐被西方的丛林规则和新的“物竞天择，适者生存”规则所取代。在西方的强势文明面前，中国社会最精英的知识分子被迫抛弃了儒家的天下主义传统，而接受了西方的丛林规则，这对中国人的观念产生了极大的冲击，中国在“陆地之困”中不得不睁开眼睛看世界。

三、改革开放，拥抱全球化

中国的经济改革始于 1978 年，马克・莱文森在《全球化简史》中指出：“20 世纪 80 年代初，中国在国际经济中的存在感很低，而且极少参与国际事务。这个国家在 70 年代的大部分时间里面目全非，混乱的局面和计划经济政策使中国处于贫困状态，转变始于 1978 年。”

1978 年改革开放后的最初几年，无论是经济还是其他方面，中国都难称强国。英国记者乔·史塔威尔评论道：“奉行自给自足政策的中国，无法制造出任何一种具有国际竞争力的工业产品。”

（一）改革开放，建立市场经济体系

改革开放成为中国拥抱全球化发展的内生力量，通过国内政策调整改革，破除各方面机制弊端，积极吸纳先进发展经验，形成全方位、多层次、宽领域的对外开放格局，在全球化道路上争取主动。

（二）主动融入全球化

到 2001 年，中国经过改革开放 23 年的发展，基本形成了与发达国家接轨的市场经济基础。2001 年，中国通过 15 年的谈判，成功加入世界贸易组织（WTO），成为其第 143 个成员。中国对外开放从此进入一个新阶段。加入 WTO 最大的特点就是中国对外开放进入纵深阶段。中国从产品贸易进入全球产业链、价值链、供应链的组织体系中。

至此，从 1971 年 10 月 25 日联合国大会通过第 2758 号决议，中国重返联合国，到 1980 年 5 月 15 日中国恢复了在世界银行与国际货币基金组织的合法席位，联合国和世界 3 个主要的经济组织都有中国参加，中国全面融入全球化。从 2001—2008 年 7 年间，中国的制成品出口数量惊人地增长了 464%。中国几乎在一夜之间成了全球电子设备、汽车零部件和钢铁市场的主要供应国。2013 年，中国首次成为全球第一大货物贸易国。加入 WTO 以来，中国的货物进出口总额从 2000 年的 3.93 万亿元增长到 2020 年的 32.16 万亿元，中国成为世界第一大货物贸易国；中国 GDP 从 2000 年的 9.98 万亿元增长至 2020 年的 101.598 6 万亿元，涨幅达 10 倍多，位于世界第二位；中国居民人均可支配收入从 2000 年的 6 280 元增长到 2020 年的 32 189 元，增幅超过 4 倍。

中国自身也成了一个让国际商家有利可图的庞大市场。巨大的市场容量使第三次全球化浪潮期间已经形成的全球产业链、价值链、供应链关系发生了巨大的改变。中国积极参与国际分工，以融入世界经济来推动中国发展。西方发达国家的产品、设备、技术、资本源源不断地进入中国，让中国成为发达国家产业链、价值链、供应链最大的承载国家。

目前，中国是日本、韩国、欧盟等120多个国家和地区最大的贸易伙伴，连续11年保持东盟第一大贸易伙伴地位，连续10年成为非洲第一大贸易伙伴国，并已成为南美洲的第一大贸易伙伴与拉丁美洲国家的第二大贸易伙伴。在经济全球化背景下，中国经济率先复苏，可为拉动世界经济复苏做出积极贡献。随着“一带一路”的发展，中国与世界各地的经贸合作将蕴藏巨大潜力。中国正在构建的“双循环”新发展格局，也将为稳定国际产业链、促进全球经济良性循环发挥关键作用。

霍建国、齐冠钧在《大重构：全球产业链供应链变局》中指出：“截至目前，我国具有全球最完整、规模最大的产业链体系和强大的生产能力、完善的配套能力，是全球唯一拥有联合国产业分类中所列全部41个工业大类、207个工业中类、666个工业小类的国家，制造业规模巨大且品类齐全，220多种工业产品产量居世界第一，连续12年成为全球制造业第一大国。”“据世界银行数据显示，按现价美元测算，2010年我国制造业增加值首次超过美国，成为全球制造业第一大国，自此以后连续12年稳居世界第一；2021年我国制造业增加值占世界的份额高达28%，成为驱动全球工业增长的重要引擎。”

（三）加入WTO

1. 入世的上千项承诺

为加入WTO，中国做出了上千项承诺，这些承诺往往反映了其他国家的特定商业利益。作为回报，142个国家或地区同意对中国产品敞开大门。从此以后，不管是中国还是外国的制造商、批发商和零售商，都可以将中国纳入其供应链，无须担心因为其他国家会突然提高关税或对中国制造的产品实施进口配额制而打乱它们的计划。中国还被认定为发展中国家，这一地位使它有权限制进口和与贸易相关的投资，而发达国家无权这样做。

2. 3100亿元补贴

在中国成为世界经济的主要参与者的过程中，补贴起了很大作用。1980年改革开放伊始，中国的商品出口和服务出口占经济产出的比重不到6%，远低于全球平均水平。25年后，中国的出口额占经济总产出的35%，高于世界其他国家。高额关税和其他贸易壁垒不利于其他国家的产品在中国销售，但用于制造出口商品的进口零部件的关税是可以退回的，因此工厂生产出口商品的成本低于生产面向国内市场的产品。这样的补贴对出口商非常有利。1995—2005 年间，中国政府在工业补贴上的开支是 3 100 亿美元，其中国有企业（主要是地方国企而非央企）获得了近半的补贴。3 100 亿美元相当于 2000 年中国经济总产出的 1/4，而且这个数字只包含直接支付给企业的金额，没有将每年约合 150 亿美元的出口退税、电费补贴，以及对高新技术产业开发区的制造商的税费减免计算在内。

如今中国已经成为全球第一大贸易国、第一大外汇储备国、第二大经济体与众多初级产品的最大买家，中国对亚洲经济增长的贡献率已经超过 50%，对非洲发展的贡献率超过 30%，对世界经济增长的贡献率超过 25%。2016 年，中国经济增长对世界经济的贡献率达到 33%，成为全球经济第一引擎。

（四）中国经济奇迹的秘密

一是市场经济，二是政府主导，形成经济高速增长的双重推动力。匈牙利裔的经济史学家卡尔·波兰尼（Karl Polanyi）在《大转型：我们这个时代的政治与经济起源》一书中提出“双向运动”这一学说，通过市场和社会两股力量“钟摆式拉锯”对 20 世纪出现的“大转型”做出解释。

“变革产生于国家在促进经济发展的扩张政策与实现社会目标的保护政策之间的摇摆，国家是倾向于经济扩张还是倾向于做社会的守望者，这取决于国家更依赖于哪一部分。”

在他看来，基于自由主义原则的经济全球化不可能独立于社会制度，它与社会制度之间的关系是一种互相“嵌入”（embeddedness）的双向运动。当经济全球化扩张到特定程度时，各国政府必须根据实际情况进行调整。国家既能够也应当控制市场，但又不毁灭市场。简言之，国家在市场与社会的互动中扮演了“桥梁”及施动者的角色。可以发现，一方面，市场的发展与扩大并非自发的行为，而是国家政策导致。尤其值得强调的是，在市场发展起来的最初阶段，是国家推行的重商主义政策在实际上促进了市场经济最终的形成，且“市场并不会自动扩张，将世界其他大部分地区包括进来。实际上，市场的扩张是由那些能控制政治政策的人们所推动的”。

市场经济:首先要归因于1978年以来的市场化改革,即有市场经济,才有中国经济的高速增长。在人类历史上所能发现的三种资源配置方式——自然经济、计划经济和市场经济中,市场经济是人类社会迄今所能发现的唯一能带来快速经济增长的资源配置方式。中国经过改革开放,基本形成了与世界接轨的市场经济体系。

政府主导:在中国从计划经济向市场经济转型和市场经济自发成长的独特历史时期,政府促进市场经济发展和政府最大限度参与、鼓励和驾驭市场,是中国经济高速增长的最重要的贡献国家因素和主要驱动力量。

(五)推动全球化

中国是全球化的最大受益者之一,借助全球化取得了重大成就。与此同时,中国也对全球化作出了重大贡献。全球化及全球治理由美国为首的西方国家主导,这种全球治理方式有诸多弊端:治理规则不公正,其运行机制也有不合理之处。中国自改革开放以来,尤其是加入WTO以来,逐渐为全球治理注入新活力,从参与者转变为推动者。

中国提出“一带一路”倡议,建立了丝路基金,积极推动“一带一路”建设。中国牵头成立亚投行,推动国际货币基金组织完成份额调整和治理机制改革,完善全球金融治理体系。

“一带一路”倡议倡导互联互通、共建共享以及包容共生的价值理念,得到了众多国家的积极响应。目前,100多个国家和国际组织以不同形式参与“一带一路”建设,80多个国家及国际组织同中国签署了合作协议。根据英国学者尚塔努·密特拉(Shantanu Mitra)估算,“一带一路”项目将惠及全球63%的人口,并将为全球GDP贡献2.1万亿美元。通过释放中国崛起红利,全球化实现了多重利益的包容与共赢。

四、中国的机会和挑战

新自由主义在20世纪70年代于美国复兴,短短的几十年后又在美国受到重挫。美国向世界各国竭力推销的经济体制,在国内遇到了危机。美国欲借以在这个世纪内独步世界的战略和体制受到了挫折。国际金融的自由化道路已经中断，可以预见，国际金融体系将有更多的规范、更多的管制。国际金融体系的这些变革，必然会导致国际贸易的变革。新的国际经济秩序不可能也不能再由新自由主义任意挥洒。

人类全球化历史的浪潮在这里改变了方向。自苏联解体以来，人类第一次有了可以重新选择国际经济体系的机会，许多变革中的国家也第一次有了可以理性反思改革方向的机会，第一次有了重新思考自己在国际经济体系中的地位的机会。

这是一个自 20 世纪 30 年代以来所未见的大变革时代，是一个给中国带来了 60 年来未有之机会的年代，是一个给中国带来 30 多年来未有之挑战的年代。这个年代给中国提供了崛起的历史性机会，也给中国带来了历史性挑战。自今以后，中国应当全方位地反思自己的经济改革，全方位地反思自己在国际经济体系中的地位，积极介入新的世界经济秩序的建立。

中国的选择应当为中国人民带来最大的福祉。

第二章 民营企业在经济发展中的结构性存在

中国建立了“以公有制为主体、多种所有制经济共同发展”的基本经济制度。多种所有制经济代表了国家的经济活力。国有企业代表了国家的经济实力，是国家安全的重要保障，是国民经济和行业发展的重要支柱。民营企业在改革开放后经过几十年的发展已形成了远超整体国民经济“半壁江山”的实际局面。民营企业作为重要的经济组成部分，在科技创新、经济发展、民生就业、国际贸易等方面发挥着不可替代的作用，成为国民经济发展的一支重要的生力军，在中国经济发展中形成了结构性的存在。

“民营企业”一词首次出现于 1995 年 5 月《中共中央国务院关于加速科学技术进步的决定》这一文件中。目前对于民营经济，国内有很多种分类，比较主要的有两种不同的观点：第一种从所有制性质上来界定“民营经济”，其范围相对狭窄，认为民营经济即为民所有的经济，仅仅为私营经济和个体经济；第二种认为民营经济就是非国有经济或非公有经济。其范围相对较广，既包含外资经济、股份制经济、混合所有制经济、集体经济、个体经济、私营经济，又包括国有经济中让私人经营的部分。

郑永年在《制内市场——中国国家主导型政治经济学》中总结到：民营资本在中国历史上一直存在，而且始终有存在的意义。中国历史上就存在着三层资本结构：顶层是国家资本；底层是大量的中小型企业为代表的民间资本；中间层是国有资本和民营资本互动的区域。三层资本结构非常稳定。汉朝到现在 2 000 多年来，大部分时间是这个资本结构。近代洋务运动的官办企业就类似国有企业，官督商办和官商合办是混合制，还有纯商办。这三层资本各有分工，在不同领域发挥作用，但必须保持平衡。

改革开放四十多年，全球化的道路选择，不仅仅是现代中国国家的意志表现，更是中国和平崛起的历史逻辑和历史选择。崛起的基础就是国内的近代化或者现代化。在中国经济高速发展的过程中，民营经济作为重要的组成部分，不仅是经济发展的一支重要生力军，而且在中国经济发展中形成了结构性的存在。

未来中国的伟大复兴，更离不开民营企业和民营经济发展的支撑。但民营经济的发展，既面临国家重大战略、重大改革带来的机遇，又面临着治理结构不健全、竞争力不强、可持续发展差等内部问题，同时也面临着国际环境制约。近年来，国际经济环境变化加剧，叠加国内增长换档期、结构调整阵痛期的影响，对民营经济发展提出了多方面的挑战，包括进出口传统贸易渠道受阻、企业智能化要求提高、生产成本提升、供应链关键环节中断等。尤其自 2020 年以来，受新冠疫情、俄乌冲突、中美贸易战等的影响，世界范围内贸易保护主义、单边主义明显抬头，并促使全球产业链的调整和重构，由此导致我国发展的外部环境发生了深刻变化，给民营经济的发展和市场预期带来了诸多不确定性，将深刻地影响着民营经济在中国经济发展中的结构性存在。

国有资本、国有企业有压舱石和顶梁柱的作用和价值，这不仅仅是在中国，全世界都一样。而民营资本的能动性、活跃程度、主动灵活性以及适应能力等，都不是国有资本能取代的。国有资本稳住经济基本面、化解和对冲民营资本前期野蛮成长过程中的风险和问题、阶段主导，是必然的。民营资本降杠杆、去风险、挤泡沫、回归正常经济价值追求，也是必然的。

民营经济是中国经济长期健康发展的核心力量。在各类经济主体中，民营经济在我国经济中的贡献率占 60%以上。这是中国四十多年来经济发展奇迹的主要动力和重要支柱，也是我国当前经济的发展红利。如果能够深入推进改革开放，继续保持和发展民营经济的这个比例，我国经济的发展红利还会继续扩大。

根据全国工商联发布的《2022 中国民营企业 500 强调研分析报告》，2022 年中国民营企业 500 强入围门槛达 263.67 亿元，比上年增加 28.66 亿元；民营企业 500 强营业收入总额同比上年增长 9.13%；研发投入前 1 000 家民营企业的营业收入、净利润、资产总额、出口总额等经营指标稳步增长。数据表明，我国民营企业整体规模稳步提升，产业结构持续优化，创新步伐加快。

第一节　“结构性存在”

一、34-56789 显现的“结构性存在”

中国改革开放和全球化，造就了现代庞大的民营企业。同时民营企业经济的迅猛发展，也成为中国改革开放和全球化的重要力量。改革开放后，在中国国家主导的政治经济结构中，民营企业已成为国家经济结构中重要的一部分。

2018 年末，民营企业贷款余额为 32.8 万亿元，占总体企业贷款余额的 40.7%。2019 年，国有企业融资规模是民营企业的 3.6 倍。至 2020 年，据统计，在银行业贷款余额中，民营企业贷款仅占 25%。贷款逐年下降，这与民营经济在国民经济中超过 60%的贡献比重极不相称。

习近平用“56789”来高度评价民营经济的地位与作用，有大量数据能够证明这一判断的正确性。按照这种说法，展现了民营经济对经济发展的贡献。

民营企业以占用不到 30%的国家矿产资源和政府科技资源、不到 40%的国家金融资源，创造了全国 50%以上的投资、税收和出口，60%以上的 GDP，70%以上的科技创新和新产品，80%以上的城镇就业，90%以上的市场主体，全国 100%以上的城镇新增就业和贸易顺差。在 56789 前面加上两个数字 3、4，构成 34-56789，前段 3、4 是资源条件，后段 5、6、7、8、9 是贡献。以下十组数据展现了民营经济的发展成就以及在中国经济发展中结构性的存在：

(一)市场主体——98%

市场主体是经济发展的微观基础。中国已经成为世界上企业数量最多的国家，大大超过美国和 28 国组成的欧盟。据《2020 亚洲金融展望》统计，欧盟有 2 070 万家中小企业，美国有 500 万家中小企业。2020 年，中国企业法人中国有企业法人占 1.17%，民营企业法人占 98%，外资企业法人占 0.41%。2021 年，全国市场主体共 1.5 亿户，其中，企业法人单位数 2 600 多万家，个体工商户 1 亿多个。

(二)企业资产——50%

企业资产是经济增长的物质基础。经济普查年鉴显示，2018 年，全国非金融类企业资产总额为537.8万亿元，其中，国有控股企业占40%多，民营企业占近50%，外商企业占近10%。工业企业资产：2012年，全国规模以上工业企业资产，国有控股企业占40.6%，民营企业资产占37%，外资企业占22.4%；2020年，国有控股企业占38.4%，民营企业占近42.6%，外资企业占19%；2021年，国有控股企业占36.7%，民营企业占42.9%，外商企业占20.4%。规模以下工业企业中95%以上为规模以上民营企业，如果加上规模以下民营工业企业资产，民营企业资产比重占整个工业企业资产的50%以上。

(三)民间投资占比始终保持50%以上

2023年2月28日，国家统计局发布《中华人民共和国2022年国民经济和社会发展统计公报》。2022年，全国固定资产投资(不含农户)503 036亿元，比2021年增长3%。其中，民间固定资产投资253 544亿元，比2021年下降0.4%，降幅比1—11月收窄0.1个百分点。扣除房地产开发投资，民间投资增长9.2%。表2－1为2015年12月—2020年12月全国与民间固定资产投资额。

表2—1　　2015年12月—2020年12月全国与民间固定资产投资额　　单位：%

时　间	全国投资总量	全国投资增量	民间投资总量	民间投资增量
2015年12月	551 590	55 159	354 007	35 755
2016年12月	596 601	48 317	365 219	11 687
2017年12月	631 684	45 481	281 510	22 891
2018年12月	635 636	37 603	394 051	34 282
2019年12月	551 478	29 780	311 159	14 624
2020年3月	84 145	－13 547	47 804	－8 987
2020年6月	281 603	－8 730	157 867	－11 524
2020年9月	436 530	3 492	243 998	－3 660
2020年12月	518 907	15 048	289 264	2 893

资料来源：大成企业研究院的数据。

民间投资机制灵活、贴近市场、就业吸纳能力强。制造业投资中的民间投资占比始终超过70%，长期以来对提升制造业的国际竞争力、发展实体经济、创造就业机会等发挥着关键作用。2022 年，民间投资同比增长 0.9%，占整体投资的比重为 54.2%。

制造业民间投资增长 8.4%，比制造业整体投资高出 2.4 个百分点，特别是清洁能源、电动汽车等领域，民间投资比较活跃；基础设施民间投资增长 15.6%，比基础设施整体投资高出 8.4 个百分点，呈现出较强的投资信心和投资动力。

从投资总量占比看，国家发改委相关部门负责人此前表示，2012 年以来，民间投资占全国固定资产投资的比重连续 5 年超过 60%，最高时达到 65.4%；尤其是在制造业领域，民间投资的比重超过八成，民间投资已经成为投资的主力军。图 2—1 为全国与民间固定资产投资增速。

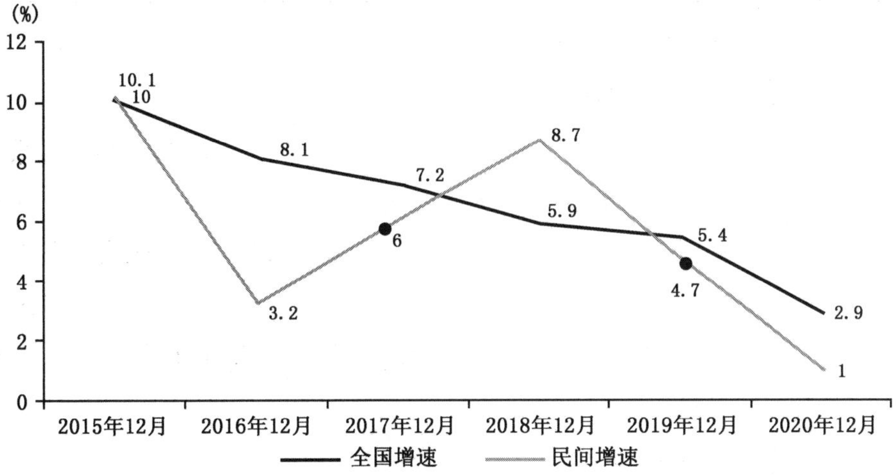

资料来源：大成企业研究院的数据。

图 2—1　全国与民间固定资产投资增速

自 2012 年设立民间投资统计指标以来，有升也有降。2019 年，民间投资占全国固定资产投资的比重下降至 56.4%（见表 2—2）。2021 年，民间投资占比进一步下降至 55.6%。虽然下降，但民间投资占整体投资的比重始终超过一半。

表 2—2　　2015 年 12 月—2020 年 12 月全国与民间固定资产投资额　　单位:%

时　间	全国投资增速	民间投资增速	全国总量占比	民间增量占比
2015 年 12 月	10	10.1	64.2	64.8
2016 年 12 月	8.1	3.2	61.2	24.2
2017 年 12 月	7.2	6	60.4	50.3
2018 年 12 月	5.9	8.7	62	91.4
2019 年 12 月	5.4	4.7	56.4	49.1
2020 年 3 月	−16.1	−18.8	56.8	−66.3
2020 年 6 月	−3.1	−7.3	56.1	−132
2020 年 9 月	0.8	−1.5	55.9	−104.8
2020 年 12 月	2.9	1	55.7	19.2

资料来源:大成企业研究院的数据。

(四)城镇就业——80%

就业是民生的根本保障。2012 年,全国城镇私人企业和个体户就业人数分别为 7 557 万人和 5 643 万人,国有单位就业人员为 6 839 万人;2019 年,城镇私人企业和个体户就业人数分别为 14 567 万人和 11 692 万人,国有单位就业人员为 5 473 万人,2020 年为 5 563 万人。十年来,全国城镇就业总量增加了 1 亿多人,其中,国有单位减少了 1 000 多万人,外资企业增加了 200 多万人,民营经济增加了 1.2 亿多人。

(五)营业收入——51.8%

营业收入是 GDP 增长的主要源泉。2021 年,全国规模以上工业企业营业收入中,国有企业占 25.7%,民营企业占 51.8%,外资企业占 22.4%。

(六)利润——47.7%

利润是企业再发展的主要动力。2021 年,全国规模以上工业企业利润中国有企业占 26.1%,民营企业占 47.7%,外资企业占 26.2%。

(七)税收——59.6%

税收是国家机器运行的经济保障。2021 年,国有企业税收占 24.7%,民营企业占 59.6%,外资企业占 15.7%。

(八)进出口总额的——48.9%

对外贸易是经济增长的重要"马车"。2021年,全国进出口总额中,国有企业占15.2%,民营企业占48.9%,外资企业占35.9%。2021年,民营企业占全国出口总额的57.7%,占全国顺差的136.5%。

(九)企业研发投入——60%

技术创新是赶超国际先进的主要手段。

2020年,企业研发投入中,国有企业占20%左右,民营企业占60%左右,外资企业占20%左右;新产品销售收入中,国有企业占15%左右,民营企业占65%左右,外资企业占20%左右;发明专利申请数量中,国有企业占20%以上,民营企业占50%以上,外资企业占20%多。

(十)资产营业收入率——124.5%

民营企业效率效益总体好于全国企业。效率效益是反映市场竞争主体比较优势的综合指标。十年来,劳动生产率(销售收入/人/年)均在不断提高,国有企业明显高于私营企业和外资企业;2021年,三者分别为264万元/人/年、142万元/人/年和175万元/人/年。

资产营业收入率(营业收入/资产)和资产利润率(利润/资产)均在逐步下降,国有企业明显低于民营企业和外资企业。2021年,三者的资产营业收入率分别为63.5%、124.5%和92%;资产利润率分别为4.4%、7.1%和7.9%。营业收入利润率(利润/营业收入)相对稳定,三类企业相差不大,2021年分别为6.9%、5.7%和7.9%。亏损面都在扩大,2021年国有企业亏损面(22.8%)明显高于私营企业(14.6%),外资企业为21.6%。

这些统计数字,不仅充分地反映了民营企业对国民经济发展的贡献和作用,而且在这些数字的背后,更说明了民营经济在资本结构、市场结构、产业结构、科技结构、政治结构、社会结构中实质性的存在。

现代中国的经济结构,官方定义是"社会主义市场经济",另外一种说法是"混合经济",包括国有资本、民营资本和外资等。应该指出的是,国有的"有"和民营的"营"这两个字各有所指。"有"是指所有制或所有权,"营"是指经营方式或经营权。国有或公有属于所有制范畴,国营或民营属于所有制实现形式范畴。

二、民营企业的经济学现象

中小企业(Small and Medium Enterprises)是世界各经济体的重要组成部分。世界各大经济体对中小企业的界定标准不尽相同，随着经济发展而动态变化。但中小企业在经济体中扮演的关键角色却不容置疑，中小企业为国民经济提供了一个总体经济生态，成为大企业的孵化基地。

以中小企业为主体的民营企业，在任何一个国家都是国家经济发展的重要力量。当今世界，几乎所有强健的经济体都拥有庞大的中小企业群体。因此中小企业发展也成为衡量国民经济健康的重要指标。根据欧盟委员会的数据显示，欧盟企业中 99%为中小企业，为欧盟提供了 85%的就业机会。

对于中小企业，国际经济合作与发展组织(OECD)也提出六方面的内容：第一，制定相应的法律法规；第二，支持研发，提供研发的资金，鼓励企业创新，鼓励新技术开发利用；第三，提高创业能力；第四，培育创业文化；第五，切实解决中小企业融资难的问题，融资难主要体现在两个方面，即债务和风投方面；第六，改善企业经营环境。对于政府干预是否有效，国际经济合作与发展组织还提出一系列测算指标。测算指标主要有两个方面：一个是企业层面，涉及企业的初创率、死亡率、3—5 年的存活率等；另一个是就业层面，包括高增长企业给就业到底带来多少贡献，瞪羚企业给社会创造多少就业机会。

中小企业的重要性不仅仅限于经济面，更重要的在于政治和社会面。充分发展中小企业是解决一次分配、实现社会公平的最有效方法。在任何社会，就业都是最重要的，没有就业，致富便无从谈起。即使在西方福利国家，光靠来自政府的福利，即二次分配，社会成员也难以维持一种体面的生活方式。而第三次分配，即慈善救济，则只是一种非常有限的补充。不难观察到，越是中小企业发达的社会就越公平公正。社会的公平公正便是社会稳定的基础。中小企业是国家有效治理的社会基础。

中国民营企业(中小企业)在国民经济发展中的经济学现象，不仅在中国，而且在世界各国的经济贡献、科技创新、全球化、工业发展道路等方面发挥了主力军作用。

三、民营企业的优势

实体经济的80%是工业，工业的87%是制造业。我们讲农业现代化、科技现代化、国防现代化，都要靠工业现代化来支撑，背后靠的就是中国成为世界第一制造大国的支撑。中国金融四十人论坛发布《2023年第四季度宏观政策报告》称，在制造业产业升级的过程中民营企业发挥的作用越来越突出。民营企业对市场竞争高度敏感，能够更好地捕捉市场机遇。上市制造业企业中民营企业的数量占比及市值占比均保持上行趋势，2023年分别为70.2%、53.6%，代替国有企业成为制造业产业升级的中坚力量。近年这一趋势也没有明显改变，民间投资占总体制造业投资的比重进一步上行。

在推动市场化进程中，民营企业作为非公有制经济的一部分，与市场经济天然地融合在一起，互为发展条件。市场经济的根本属性是竞争，而竞争是保持经济活力的关键。民营企业按照自筹资金、自愿组合、自主经营、自负盈亏的原则，以市场为依托，以市场需求为导向，根据市场的需求采取灵活的经营方式，在激烈的市场竞争中谋求发展。改革开放40多年来，民营经济已经成长为我国经济的重要组成部分，在结构性存在中凸显出以下优势：

（一）科技创新优势

中国经济的效率和创新能力，主要来源于中间层和底层的民营企业。我国70%以上的技术创新成果来自民营企业。民营企业具有创新能力强、创新动力足等优势和特点。

1. 高度自主权

在科技创新中，民营科技企业在经营上拥有高度的自主权，受不合理的行政干预较少，具有旺盛的生命力和灵活的适应能力。因此，其对经济周期波动和国际环境变化有较大的应变能力，这就为民营科技企业将先进的科学技术尽快转化为生产力提供了有利的条件。同时，民营企业还具有产权更加清晰、制度更加灵活的特点，这使企业所有者可以通过股权激励等多种方式把企业的部分所有权让渡给经营者，激励经营者的创新积极性，提高创新效率。

2. 剩余索取权、控制权与创新动力

民营企业由于受到外在的和自身的激励与压力，能产生创新的欲望和要求，进行一系列的创新活动。而这些创新活动都是以该创新主体的利益为中心，因为民营企业在市场经济中的目标就是利润最大化，而利润的多寡直接影响着企业创新的动力大小。只有在不断创新中才能获得竞争优势，不断增加利润。正是这种创新动力，促使民营企业应用创新的知识和新技术、新工艺，采取新的生产方式和经营管理模式，提高产品质量，开发生产新的产品，提供新的服务，提高市场竞争力，实现市场价值，推动国民经济发展。

2022 年 8 月 30 日，工信部举行“新时代工业和信息化发展”系列新闻发布会第三场，主题为“支持中小企业创新发展，培育更多专精特新企业”。工信部中小企业局局长梁志峰透露，公示的 4 300 多家企业具有创新性强、研发投入高、专业化程度高、配套能力强、成长性好、发展潜力大等特点。从规模看，中型企业占比 44%，小微企业占比 56%；从类型看，民营企业占比 84%，国有企业占比 9%，合资和外资企业占比 7%。

研究创新的专家表示：小企业倾向于颠覆性的、原创性的创新，而大企业倾向于渐进式的创新。毕竟维持现状对大公司最有利，而颠覆游戏规则对小公司最有利，所以小公司更有动力“赌一把”。

基于企业效率最大化要求剩余索取权与剩余控制权相对应这一企业理论，当创新的剩余索取权与其剩余控制权相匹配时，企业的创新动力更大、效率最高。相较于国有企业，民营企业面临的竞争更加激烈，其所有者与经营者更有动力通过创新获得超额利润，增加经济收入，故其创新动力更大。

3. 热点领域创新——站在世界潮头

按照世界知识产权组织的专利技术行业分类，全球科技竞争的热点领域，即核心专利占比前五位的行业分别是医疗技术（15.50%）、数字通信（7.33%）、药品（6.94%）、有机精密化学（6.79%）和生物技术（5.46%）。

中国的 PCT 核心专利中 40.47%集中在数字通信领域（数字通信领域属于电信和计算机技术交叉领域，对于实现 5G 无线网络至关重要），这些核心专利大多是由华为、中兴、OPPO、阿里巴巴等大型民营科技公司申请的。

（二）流通领域中的优势

经济发展带来的社会化大分工，使得流通成为连接生产环节和消费环节、黏合经济活动的重要环节。建设现代流通体系，有助于实现商品和要素的有效配置，促进市场效率的提升，因此，对畅通国内经济大循环尤为重要。而民营企业恰恰具有发展机制灵活、市场应变力强等优势和特点，有助于推动建设现代流通体系，是打通国内大循环中流通环节的重要着力点。

民营企业广泛分布于各个行业和不同区域之间，不仅在很多方面有着良好的前期积累和发展势头，而且便于整合生产、流通和销售环节的相对优势，对建设国内统一大市场、完善现代流通体系有着重要意义。

凭借在流通领域的优势，阿里巴巴、顺丰等扎根于该领域的民营企业得到了飞速发展，这对打通经济的不同环节、提高经济效率、加快国内大循环的畅通起到了巨大作用。此外，建设现代流通体系要求流通行业创新发展，以数字化和智能化为依托，用现代化的科技成果提高流通效率和流通速度。民营企业具有创新意愿强和经营转向灵活的特点，会更加积极迅速地采用新技术来降低成本、提高利润率，从而实现流通服务向高质量升级。

（三）投资优势

投资是经济增长的主要动力源。中国改革开放 40 多年，特别是近 20 年来投资的高速增长，各类型经济均做出重要贡献，但贡献最大的是民营企业投资。长期以来，民营企业投资增速明显高于全国平均速度，成倍高于国有企业，相比其他经济成分具有投资的优势。

1. 新、老“三驾马车”

中国经济在改革开放和全球化中的高速度发展，主要由投资、外贸和消费拉动。经济学上常把投资、外贸、消费出口比喻为拉动 GDP 增长的“三驾马车”。推动中国经济新一轮发展的最新“三驾马车”，简称为“新三驾马车”，主要指：新投资、新消费和“一带一路”。无论是“老三驾马车”还是“新三驾马车”，投资对于中国经济增长的拉动占比极大，可以说，中国经济增长很大一部分是由投资拉动的。

2. 半壁江山

1980 年，全国固定资产投资中的国有单位投资占 80%以上，个体私营投资（含农村个体投资）仅占 13%以上。在改革开放的过程中，民营企业投资大幅增长。

从投资总量占比看，2018 年 9 月 6 日国家发改委在新闻发布会上宣布，民间投资占全国固定资产投资的比重已连续 5 年超过 60%，最高时达到 65.4%；尤其是在制造业领域，目前民间投资的比重已经超过八成。民间投资已经成为投资的主力军。

就投资规模而言，2019 年民营企业的投资已达 30.66 万亿元，在制造业企业投资中占比超 85%。民营企业投资成为中国投资的最大主体和最大推动力。

2022 年 11 月 7 日，国家发改委网站发布《国家发展改革委关于进一步完善政策环境加大力度支持民间投资发展的意见》，其中一大要点为鼓励民间投资以多种方式盘活存量资产，并指出，民间投资在全社会固定资产投资中占有半壁江山，也是投资的主力军。

（四）创造就业优势

就业是民生之本，可谓最大的民生。就业是经济的“晴雨表”，更是社会的“稳定器”。民营企业创造了大量就业岗位，增加了居民收入，从而拉动居民总体消费。由于我国的民营企业主要集中于服务业等劳动密集型行业，故民营企业解决的就业远高于国有企业。中国有超过 1.5 亿个市场主体，90%以上是民营企业和个体工商户，它们承载着数亿人就业创业，是参与高质量发展以及促进共同富裕的重要主体。民营企业在稳就业促就业上发挥“稳定器”的作用。

1990 年前后，民营企业创造的就业人数只有 2 000 万人左右，2005 年已经超过 1 亿人，2013 年超过 2 亿人，2017 年达到 3.4 亿人。

企业规模越大，资本集中程度就越高，它每吸收一个劳动力就业，所需要的资本就会越多。与大规模企业相对比，民营企业同等数量的投资可以吸收更多的从业人员。我国不断深入推进经济体制和政治体制改革，特别是在国有和集体企业下岗分流、减员增效的大环境下，国有企业与城镇集体企业单位的就业空间明显缩小。但是，民营企业的就业人数持续增加。随着民营企业的进一步发展，这一趋势将会更加明显，同时也为国有企业的改革和发展创造了有利的条件。

从新增就业量来看，《民营经济生机生计：十年新创企业超九成是民营，解决了大部分新增就业》[①]中提供：2020 年，全国城镇就业人员总数为 46 271 万人，比 2012 年增加了 8 984 万人，增长了 24%。其中，国有单位为 5 563 万人，比 2012 年减少 1 276 万人，减少比例为 18.7%；港澳台和外商投资单位为 2 375 万人，比 2012 年增加了 160 万人，增长了 7.2%；民营经济就业人员为 38 333 万人，比 2012 年增加了 1 亿多人，增长了 35.8%；2012—2020 年 8 年间，全国城镇就业增加了 8 984 万人，而民营经济就业增加了 1 亿人，相当于全国城镇就业增量的 110%以上。

从就业规模来看，2019 年，城镇个体和私营企业就业总数占所有城镇就业人口的 60%，个体和私营企业新增就业占总体新增就业的比重超过 90%。国家统计局数据显示，截至 2018 年，城镇非公有制经济就业人员占比从 1978 年的 0.2%提高到 83.6%。工信部数据显示，2021 年中国民营企业就业总数达到 4 亿人，较 2012 年增加了 2 亿多人。

在工资水平方面，私营企业员工平均工资在近十年稳步提升，其增长率基本保持在 8%以上，其平均工资在 2019 年达到 5.36 万元。民营企业带来的就业规模和居民收入的持续增加扩大了消费需求，为构建完整的内需体系奠定了坚实的基础，也为国内大循环的运转提供了源源不断的动力。

中国之所以不需要像美国那样直接向民众发放大量现金救助就能够渡过疫情所引起的经济难关，一个主要原因就是中国有 4 000 多万家民营企业为普通民众提供了就业或创造收入的机会。民营企业的存在，已经成为中国一张不可或缺的社会保障网。

（五）发展上的优势

农业现代化、科技现代化、国防现代化，都要靠工业现代化来支撑。中国是军事大国，背后靠的就是中国成为世界第一制造大国的支撑。而民营企业在改革开放中迅猛发展，已占市场经济主体的重要组成部分。

党的十八大以来，党中央、国务院继续毫不动摇鼓励、支持、引导非公有制经济发展，依法平等保护民营企业产权和企业家权益，持续推进“放、管、服”，改革优化营商环境，着力破除制约民营企业发展的各种壁垒，为民营企业打造公

---

① 《经济观察报》，2022 年 9 月。

平竞争的环境，给民营企业发展创造广阔的市场空间。

国家市场监督管理总局发布数据显示，截至 2022 年 8 月底，我国民营企业数量已从 2012 年底的 1 085.7 万户增长到 4 701.1 万户，十年翻了两番多。民营企业在企业总量中的占比由 79.4%提高到 93.3%(见图 2—2)，在稳定增长、促进创新、增加就业、改善民生等方面发挥了重要作用，成为推动经济社会发展的重要力量。

面对近年来严峻复杂的国际国内环境，尤其是新冠疫情、国际地缘政治变化等因素带来的冲击，党中央、国务院把保就业、保民生、保市场主体作为宏观经济的政策取向，在税收、金融、就业、社保等方面出台一揽子政策措施，帮助市场主体纾困解难。民营企业展现出强有力的发展韧性。从 2020 年初到 2023 年 8 月，民营企业继续保持增长，净增 1 184.7 万户，占过去十年净增总量的 1/3。

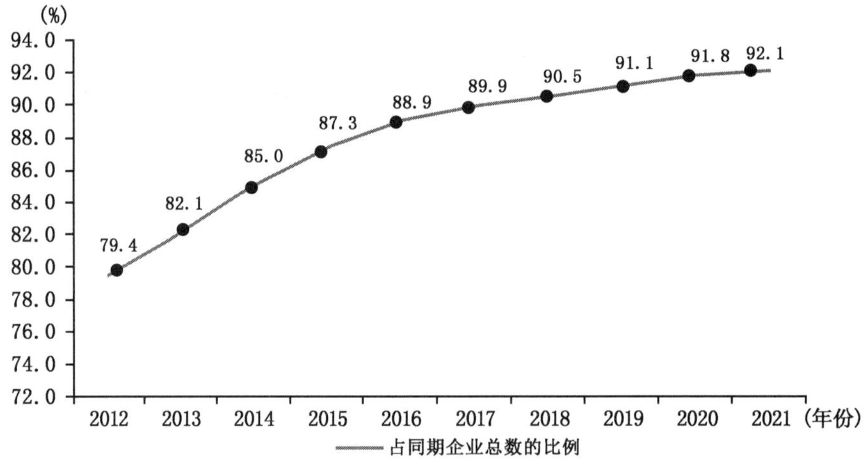

资料来源：国家市场监督管理总局。

图 2—2 民营企业数量增长情况

另外，民营企业的规模也在不断扩大。我国入选《财富》世界 500 强的民营企业从 2012 年仅有 6 家，增加至 2020 年的 32 家。随着企业数量的增多和规模的不断扩大，民营企业在我国的经济发展中发挥了越来越重要的作用。

《2020 中国新经济企业 500 强发展报告》显示，新经济企业 500 强以民营企业为主,上榜数量达到 426 家,国有企业为 74 家。榜单前 10 强中,民营企业占据 8 席,前 50 强占据 40 席,这说明民营企业已成为新经济发展的主力军。报告提出,与重资产、重工业的传统企业不同,民营企业大多起步规模较小,重视科技创新,商业模式灵活,能够迅速填充新经济领域的需求缺位。

(六)经营机制上的优势

民营经济具有明晰的产权,具有符合市场化运行的经营机制。产权是指财产的权利,包括对财产的所有权、占有权、使用权、支配权和处置权。民营经济因为对全部财产拥有独立支配的权利,具有所有权和归属权的排他性,因此都具有明晰的产权关系,这样就可以使企业成为自主经营、自负盈亏、自我约束和自我发展的市场主体。在明晰产权的基础上,民营经济具有符合市场化运行的经营机制。

民营经济灵活的经营机制就是建立在自主经营、自负盈亏、自我约束和自我发展的产权基础之上,具有高度灵活的经营决策权、资产支配权、用人选择权、内部分配权。根据市场的竞争环节,灵活应变,不断适应新的市场环境,寻求最好的发展机会,可以最大限度地规避市场所带来的风险。

民营经济的运行机制最接近于市场经济的运作机制,价值规律、供求规律、竞争规律在民营经济中体现得最充分,培养和造就了能够适应市场经济规律运作的经营、管理人才。因此民营经济对国有经济的改革具有一定的借鉴作用。民营经济的发展有利于企业产权多元化和产权明晰,从而有利于政企分开、所有权与经营权分离。尤其在科技创新过程中,这种经营机制体现得更加突出。科技企业所承受的风险比较高,产品更新速度比较快。相比而言,民营企业的机制更加适合这种高风险、高收益的产业。

(七)产业结构调整、升级的优势

随着我国市场经济的不断发展和经济体制改革的不断深化,就当前来看,不合理的产业结构已成为制约整体经济实现跨越式发展的障碍和“瓶颈”。如何进一步调整产业结构,已是当前及今后经济发展的关键。

从总体上看,民营经济已成为国民经济发展的主要推动力。民营经济是市场发展的主体,这一点已经被发达国家的发展历程充分证明。市场化是我国经济体制改革的方向和目标，民营经济具有天然的市场性，这种特性主要表现在：充分的市场竞争性、充分的追求营利性、充分的自主经营自负盈亏性。民营经济成为市场经济的主角，是由民营经济自身的性质和特点决定的。

民营经济与市场经济相伴而生，与市场经济相互依存，共同促进，民营经济促进市场机制的进一步完善，市场为民营经济提供有效的运行和发展环境。事实表明，民营经济具有顽强的、旺盛的生命力，在发展壮大的过程中没有享受过外商投资企业的“超国民待遇”，也未像国有企业那样被得到特殊的照顾，完全凭着自身在夹缝中、在边缘处生长起来，随着社会主义市场经济的实行蓬勃发展，势不可挡，成为经济发展最快的一部分。

从产业发展看，民营经济成为产业结构调整的主要驱动力。民营经济对产业结构调整的促进取决于它在国民经济中的地位、作用和其自身产业分布的合理性，二者缺一不可。民营经济在国民经济中占主要地位、民营经济自身合理的产业结构，二者合二为一，使之成为产业结构调整的驱动力，成为产业结构调整的有效带动力量。民营经济合理的产业布局决定其正向推动作用。从民营经济的产业布局来看，其结构要优于整体经济的产业分布，因此它会对国民经济的产业结构调整起到正向的推动作用。

制造业是国家的主要经济基础，振兴制造业是振兴中国经济的重中之重。中国目前已经是世界第一的制造业大国，还是世界第一的制成品出口国。民营企业占制造业投资的 3/4、占工业营业收入的 2/3。综观工业的发展历程，民营企业从根本上改变了中国的制造业与工业发展格局。

2017 年，民营工业资产占全国规模以上工业总资产的 42%，所有者权益占 55%，营业总收入占 55%，利润总额占 53%。就制造业而言，民营制造业各项指标的占比在 65%—85%。加上规模以下民营制造业，比重更高。民营企业在轻纺、食品、电子、普通机械等普通制造及制成品出口方面，基本已占绝对优势；在重大装备、高新技术等高端制造及制成品出口等方面，基本上是三分天下有其一，甚至占半壁江山。

经过政企双方长期的共同努力，民营企业已是转变经济发展方式的重要主体，在改造提升传统产业、发展新兴产业、开拓新市场、催生新业态、促进技术创新、创新商业模式等方面发挥着越来越重要的作用。民营企业的灵活经营机制、有效的激励约束机制，有利于将低成本要素驱动为主的增长方式转变为创新驱动为主的增长方式，有利于激发新活力、增强新动力，提升发展的质量和效率。种种优势，使民营企业成为新时期中国应对资源环境约束、实现经济转型和科学发展的重要力量。

凭借创新动能足、社会性负担轻等特征，民营企业逐步从低端制造业转向知识密集型行业，从产业链的低附加值环节向高附加值环节移动。同时，随着自身生产效率的提高，我国民营企业的国际化程度不断加深，进一步参与国际生产分工，实现了产业结构转型升级和利润率的提升。在此过程中，民营经济的发展促进了产业结构的升级，增加了有效投资，创造了大量就业机会，进而为我国经济大循环提供了动能。民营企业在促进产业结构升级的作用方面越来越突出，推动了从"中国制造"向"中国智造"和"中国创造"的转变。

2022 年 9 月 6 日，中国企业联合会、中国企业家协会在北京举办新闻发布会，发布了"2022 中国战略性新兴产业领军企业 100 强"榜单。民营企业占半壁江山。新兴产业领军企业 100 强中，国有、民营企业各为 50 家。国有企业共实现战略性新兴产业业务收入 5.04 万亿元，占比 54.02%，其中，有 13 家企业战略性新兴产业业务收入超千亿元；50 家民营企业共实现战略性新兴产业业务收入 4.29 万亿元，占比 45.98%，其中有 10 家企业战略性新兴产业业务收入超千亿元。

国有、民营在企业经营效率方面的表现各有优势，入围国有企业业务平均收入利润率为 8.98%，人均实现战略性新兴产业业务收入 234.55 万元，人均实现战略性新兴产业业务利润 21.07 万元；入围民营企业战略性新兴产业业务平均收入利润率为 7.32%，人均实现战略性新兴产业业务收入 376.35 万元，人均实现战略性新兴产业业务利润 27.56 万元。

（八）产业集群的优势

在经济全球化、知识与科技作用日益重要的背景下，产业集群化成长已成为我国经济发展中的独特动力，涉及的产业种类较多，分布范围较广，在全球化产业转移、产业发展的比较中成为中国的亮点。

全球许多著名的产业集群总是和经济发达的地区经济腾飞相关联的，也得到了世界经济发展的印证。美国硅谷高新技术产业集群、日本丰田汽车产业集群、英国伦敦生物医药产业集群、法国葡萄酒产业集群等最具代表性。归纳起来，它们具有以下共性特征：一是产业规模在行业内占有较大比重；二是拥有世界一流的行业领军企业；三是围绕领军企业，形成专业化的分工系统与协作网络；四是具有世界领先的核心技术和持续创新能力。

自我国改革开放以来，产业集群的现象不断清晰，产业集群的发展促使民营企业实现了大合作，资源共享，优势互补，联合创新。我国以合作为基础，以创新为龙头，实现了民营企业的可持续增长。

我国产业集群的发展完全是按照市场经济的规律，尤其是按照民营经济发展的规律形成的，给民营经济的发展带来强大的生命力。民营企业是我国产业集群的一个主体。民营经济的进一步发展，越来越成为产业集群创新升级的主要力量。同时，产业集群作为民营经济发展中的一个重要载体，为民营经济的发展空间提供了一个广阔的前景。它可以破解一些企业规模小、资产少、人才不足、信息欠缺的难题，促使中小型企业在产业集群的这条道路上走上小、新、专的发展道路，实现企业的健康发展。

实施产业集群战略是可持续发展的一个重要途径，不是权宜之计。目前，中国大力发展的五大世界级产业集群有：

1. 电子信息产业集群

我国依托上海、江苏、湖北、重庆、四川，着力提升集成电路设计水平，突破核心通用芯片，探索新型材料产业化应用，提升封装测试产业发展能力；在合肥、重庆发展新型平板显示，提高高世代掩膜板等关键产品的供应水平；依托上海、江苏、浙江、湖北、四川、贵州，重点发展行业应用软件、嵌入式软件、软件和信息技术服务，培育壮大大数据服务业态；在物联网重大应用示范工程区域试点省市和云计算示范城市，加快物联网、云计算技术研发和应用示范，推进产业发展与民生服务以及能源、环保、安监等领域的深度融合。

2. 高端装备产业集群

我国依托上海、四川、江西、贵州、重庆、湖北、湖南，整合优势产业资源，发展航空航天专用装备；在浙江、安徽、湖南、重庆、湖北、四川、云南发展高档数控机床、工业机器人、3D 打印、智能仪器仪表等智能制造装备；在上海、浙江、江苏、湖北、四川、重庆、湖南发展海洋油气勘探开发设备、系统、平台等海洋工程装备；在湖南、安徽、四川、贵州发展高铁整车及零部件制造；在湖南、重庆、浙江、江苏发展城市轨道车辆制造；在上海、江苏、浙江、湖南、重庆、安徽、四川发展大型工程机械整车及关键核心部件。

3. 汽车产业集群

我国依托上海、南京、杭州、宁波、武汉、合肥、芜湖、长沙、重庆、成都等地现有汽车及零部件生产企业，提高整车和关键零部件创新能力，推进低碳化、智能化、网联化发展；依托浙江、安徽、湖北、江西、湖南等零部件生产基地，大力发展汽车零部件产业，重点提升动力、传统、汽车电子等关键系统、零部件的技术和性能，形成中国品牌汽车核心关键零部件自主供应能力；在上海、江苏、安徽、湖北、重庆、四川重点发展新能源汽车，积极发展智能网联汽车，重点支持动力电池与电池管理系统、驱动电机及控制系统、整车控制和信息系统、电动汽车智能化技术、快速充电等关键技术研发。

4. 家电产业集群

以江苏、安徽为重点区域，做强家电生产基地，按照智能化、绿色化、健康化发展方向，完善产业链，加快智能技术、变频技术、节能环保技术、新材料与新能源应用、关键零部件升级等核心技术突破，重点发展智能节能环保变频家电、健康厨卫电器、智能坐便器、空气源热泵空调、大容量冰箱和洗衣机等高品质家电产品，推动家电产品从国内知名品牌向全球品牌转变。

5. 纺织服装产业集群

我国以长三角地区为重点，推动形成纺织服装设计、研发和贸易中心，提升高端服装设计创新能力；在湖南、湖北、安徽、江西、四川、重庆等地建设现代纺织生产基地，推动区域纺织服装产业合理分工；依托云南、贵州等地蚕丝和麻资源、少数民族纺织传统工艺、毗邻东南亚等优势，大力发展旅游纺织品；在江苏、浙江加快发展差别化纤维、高技术纤维和生物质纤维技术及产业化；依托安徽、江西、湖南、湖北、四川等地，加强资源集聚和产业整合，全面推进清洁印染生产，推行节能降耗技术。

推动产业集群战略，必须大力发展民营经济。民营企业不仅具有产业集群的优势，而且还是实行产业集群战略的主体。民营企业利用现有产业基础，加强产业协作，整合延伸产业链条，突破核心关键技术，培育知名自主品牌，在电子信息、高端装备、汽车、家电、纺织服装五大领域培育集聚效应高、创新能力强、品牌影响大、具有国际先进水平的世界级制造业集群。

（九）独领风骚的“专精特新”“隐形冠军”企业

“隐形冠军”的概念是由赫尔曼·西蒙教授提出，是指在细分产业市场份额领先，且公众知名度相对较低的企业，更通俗地讲，就是在行业内广为人知，但是普通人不太了解的企业。赫尔曼·西蒙研究发现，德国经济和国际贸易的真正基石不是那些声名显赫的大企业，而是那些在各自所在的细分市场默默耕耘并且成为全球行业领袖的中小企业。在过去的 20 多年间，赫尔曼·西蒙收集了全世界 2 734 家“隐形冠军”企业的数据，其中，德国拥有 1 307 家“隐形冠军”企业，是汇聚最多“隐形冠军”企业的国家；美国有 366 家；日本有 220 家；中国有 68 家。

英国的《经济学人》撰文称，这些企业常常被誉为“支撑世界第四大经济体（德国）的骨干群体”。它们都是世界级领袖，却韬光养晦，不露锋芒。它们通常由家族经营，位于小城镇，只被购买它们的特定机器和零件的企业所熟知。

制造业的发展是以质量、结构、创新、可持续来衡量的。因此，中国虽然是制造业大国，但还不是制造业强国，与强国有较大差距。中国过去什么都能造，而且产量很大，但质量不高，合格率、寿命、安全性、可靠性、品质、品牌待提高，这些指标大约是美、德、日的 1/5 左右。

在产品结构上，原创产品少、高端产品少，尤其是出口产品中，主要是普通制造、传统制造。专利产品少、研发投入少，可持续发展后劲有待提高。在工业软件、航空发动机、芯片、农业机械等方面与先进国家的差距巨大；在传感器、实验精密设备、高压柱塞泵、高端电容电阻、高端轴承钢、精密抛光等专业制造领域仍被国外垄断。

虽然我们有规模优势、举国体制优势，但要造就“专精特新”的“隐形冠军”企业，不是靠规模化或举国体制来解决的。“专精特新”类型的企业就是在“量大面广”的中小民营企业中脱颖而出的。“专精特新”类型的中小民营企业，是中国从制造业大国走向强国的重要支撑力量，所以发展“专精特新”类型的企业、培育世界级的“隐形冠军”是中国制造业由大到强的必由之路。

国有企业很少是“专精特新”类型的企业，是因为“专精特新”企业都高度专业化，不追求规模化，依赖于独门绝技和技术发明，依赖于个人创造力。由于国有企业很难为这种依托于个体的创新要素定价，而高级人力资本要求产权明晰、回报明确，因此中小民营企业更适合“专精特新”资源要素的配置，与国有企业相比，在“专精特新”类型的民营企业、“隐形冠军”企业、小巨人企业中独领风骚，奠定了中国工业在全球中占有优势地位的基础。这部分企业，不但强，而且和美国形成差异化的竞争。

“单项冠军”和“小巨人”是培育、发展“隐形冠军”的基础。自 2016 年以来，中国已经公布七批“单项冠军”企业，最近一批是在 2022 年 10 月公布。该分析总共确定了“单项冠军”企业 1 286 家，分为 604 家制造业单项冠军示范企业、90 家制造业单项冠军培育企业和 592 家制造业单项冠军企业。

“小巨人”横跨多个行业。迄今为止，“小巨人”名单上的企业高达 9 000 余家。在 2021 年发布的第三批“小巨人”的 2 930 家企业里，超过 1/5 是压力阀、采矿和钻井设备以及建筑设备等工业设备和机械的制造商。其他是电气设备、材料、化学品、汽车和汽车零部件以及电子产品的生产商。根据工信部的数据，超 80％的“小巨人”为民营企业。

第二节　民营企业在未来中国的作用

出口是拉动中国经济快速增长的三驾马车之一。目前中国已经是世界第一进出口大国、世界第二对外投资大国。中国加入 WTO 之后，民营企业逐步取得了直接进出口权和对外投资权，其对外贸易与对外投资得以迅速发展，现已成为一大主力军。

2012—2021 年，中国经济经历了从高速增长迈向新常态的换挡。国有、民营、外资三驾马车在经济的起伏中保持了增长的韧性。十年来，全球经济的疲软态势对货物贸易产生了根本影响，全球 GDP 总量增长缓慢，在个别年份甚至呈现负增长。中国 GDP 增长速度也逐渐放慢。同时，国际局势波谲云诡，逆全球化、保守主义声浪四起，不利的政治环境更为国际经贸合作的前景蒙上了阴影。

尽管面临诸多不利因素和挑战，十年来，我国进出口货物贸易量在全球的份额持续增长，2012 年占 10.4%，2021 年占 13.5%，2017 年至今蝉联世界货物贸易第一大国。尤其是在疫情影响下的 2020 年、2021 年，外贸增速明显好于预期。以美元计，2020 年，全球货物贸易额同比下降 5.6%，而我国进出口总额同比增长 1.5%；2021 年，全球货物贸易额增长 26%，而我国进出口增长 30%。

一、民营企业——全球化的主要价值创造者

外贸是国民经济的重要组成部分，推动外贸稳规模、优结构，对稳增长稳就业、构建新发展格局、推动高质量发展具有重要支撑作用。在外贸领域，民营企业已经连续 4 年担当我国外贸发展的主力军，占我国进出口比重超过五成，继续保持我国外贸第一大经营主体地位，显示出持续发展壮大的强劲动力与韧性。

(一)量:民营企业成为外贸第一大经营主体

从 2008—2018 年的 11 年间，民营企业的净出口占比长期维持在非常高的水平上。其中在 2011—2014 年间，更是连续 4 年维持在 131%以上。特别值得一提的是，在外部环境逐渐恶化的 2018 年，民营企业的净出口占比由 2017 年的 119.1%大幅上涨到 150.3%，这充分说明民营企业应对外部不确定环境的强大能力。

2020 年，我国出口同比增长 3.6%，民营企业出口增长 11.8%，占 56%；民营企业进出口规模年度占比首次超过一半，对我国外贸增长贡献率达到八成以上。2021 年，全国出口增长 29.9%，民营企业增长 33.9%，占比 57.7%。十年来，民营企业占全国出口的比重从 2012 年的 42.2%增长到 57.7%，占比接近六成。出口额年均增长 10.8%，远高于全国增速。

根据海关总署发布数据:2023 年，我国进出口总值 41.76 万亿元，同比增长 0.2%。其中，出口 23.77 万亿元，增长 0.6%；进口 17.99 万亿元，下降 0.3%。2023 年，我国货物贸易进出口好于预期，实现了促稳提质目标。2023 年，我国有进出口纪录的外贸经营主体首次突破 60 万家。其中，民营企业 55.6 万家，

企业数量占比达到86.2%,再创新高。产值方面,2023年我国民营企业合计进出口22.36万亿元,增长6.3%,占进出口总值的53.5%,提升3.1个百分点,拉动整体进出口增长3.2个百分点。出口的自主品牌产品中,66.4%由民营企业完成。图2—3为2023年我国各类型企业进出口占比外贸总值情况。

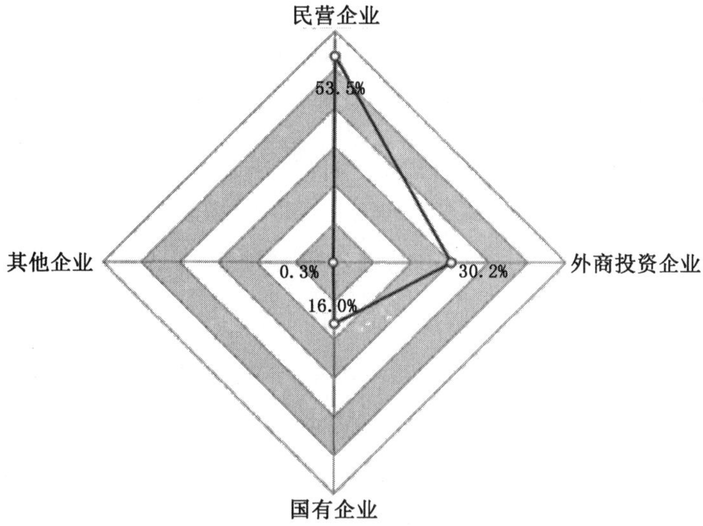

资料来源:外贸年报,2023年数据分析。

图2—3 2023年我国各类型企业进出口占比外贸总值情况

中国社会科学院经济研究所研究员、中国社会科学院大学教授倪红福指出:"在全球贸易增速放缓的背景下,我国民营企业不仅保持了较高的增长速度,外贸主体地位也更加稳固,显示出我国民营经济发展总体上呈现稳中有进、稳中向好的基本态势。"

从产业领域看,太阳能电池、锂电池、电动载人汽车"新三样",半导体、集成电路、光伏以及消费品等行业的民营企业,在提升中国制造的国际影响力方面发挥了重要作用。统计数据显示,2023年我国"新三样"产品合计出口1.06万亿元,首次突破万亿元大关,增长了29.9%。其中,民营企业表现亮眼,前三季度,民营企业在太阳能电池、锂电池和电动载人汽车领域的出口比重分别提升至78.9%、59.9%和56.8%,为外贸增长作出了重要贡献。

民营企业撑起出口"半边天",主要呈现出以下特点:一是出口韧性超市场预期。民营企业因规模小而数量多，其出口不易被系统性追踪；同时在不确定性环境下，经营灵活且风险偏好高的民营企业更易取胜。二是出口市场多元化增长。新兴市场是民营企业主要的出口目的地。后疫情时期新兴经济体疫情加剧，供需缺口扩大为民营企业出口奠定了供给优势。三是消费品出口占比上升。民营企业主要出口通信、家电、汽车、照明器材及日用消费品，疫情导致全球消费由服务消费向商品消费转移，为民营企业出口奠定了需求基础。

总体看，中国外贸经济增长主要依靠民营企业，中国外贸的最大主力军已由外资企业转变为民营企业。外贸出口更加体现了民营企业已经成为绝对主力。

(二)质：民营企业推动自主品牌建设和创新

在提升品牌影响力和国际竞争力方面，据海关总署统计，2023 年，我国自主品牌产品的出口增长了 9.3%。其中，66.4%是由民营企业完成的。海关总署副署长王令浚在国新办举行的新闻发布会上解读外贸相关数据时指出：“民营企业持续推进品牌建设，在品牌创造、品牌管理、品牌效益上不断取得实效，提升了中国制造品牌的知名度、美誉度。”

(三)外贸顺差和外汇储备的最大贡献者

国家外汇管理局公布 2023 年 12 月末外汇储备规模数据。数据显示，截至 2023 年 12 月末，中国外汇储备规模为 32 380 亿美元，较 11 月末上升 662 亿美元，升幅为 2.1%。中国在全球化过程中积累了大量的贸易顺差，进而积累起巨额外汇储备。据统计，1978 年，我国外汇储备仅为 1.67 亿美元，位居世界第 38 位；目前已经连续 18 年稳居世界第一。我国经济持续回升向好，高质量发展扎实推进，将为外汇储备规模保持基本稳定提供支撑。而外汇储备也成为维护国家经济金融安全的重要的“稳定器”和“压舱石”。

国家外汇管理局副局长、新闻发言人王春英在发布会上介绍，我国国际收支基本平衡，更加稳健，体现了我国加快构建新发展格局的积极进展。经常账户顺差和国内生产总值(GDP)之比保持在合理区间。跨境贸易和投融资更加活跃、跨境收支规模较快增长、人民币汇率弹性增强，更好地发挥了调节国际收支的自动稳定器作用。外汇局数据显示，2012 年以来，经常账户顺差与同期

GDP之比总体在2%左右。截至2022年5月末,外汇储备余额为31 278亿美元。我国对外净资产规模稳步增长。

贸易顺差是国家外汇储备的主要来源。贸易顺差数据更加呈现出民营企业的巨大贡献。十年来,中国的贸易顺差年均增长11.3%,其中,国有企业外贸基本年年逆差,外资企业顺差呈下降趋势,民营企业顺差则年年增长。2012年、2015年、2020年和2021年,中国出口占世界的比重分别为11.1%、13.8%、14.67%和15.1%。同期,民营企业出口占全国出口的比重分别为37.6%、45.2%、54.1%和56%;民营企业的进出口顺差占全国顺差的比重分别为137.9%、98.4%、134.4%和136.5%。

2021年,中国民营企业的出口总额(1.88万亿美元)已经超过美国(1.75万亿美元)和德国(1.63万亿美元)的出口总额。民营企业成为中国保持出口高增速的最大主力,成为中国顺差的最大贡献者。

(四)民营企业成为海外投资主体

在海外投资上,中国的海外投资企业已达3万多家,其中90%以上是民营企业,且绝大多数是近十年发展起来的。

在全球化过程中,目前中国已建立了113个境外经贸合作区,民营企业主导的占了大多数,形成了"产业生态,联动发展,市场运行,滚动发展"的宝贵经验,促进了园区与东道国、入园企业三方的可持续发展和合作共赢。如江苏红豆集团在柬埔寨建设的西哈努克港经济特区,吸引了来自中国、欧美、日本、韩国等国家或地区的153家企业入驻,创造就业岗位29 000个;浙江华立集团在泰国建设的泰中罗勇工业园迄今已有113家企业入驻,解决当地就业3万余人,带动中国企业对泰国直接投资已超过30亿美元。

中国已经从一个资本净流入国转变成为净流出国,成为全球对外投资第二大国。中国的海外投资企业中90%以上是民营企业。

自2013年"一带一路"倡议提出以来,中国民营企业已经成为最受欢迎的国际公共产品和最大规模的国际合作平台。作为国际多边合作的"一带一路"倡议,致力于维护全球自由贸易体系和开放型世界经济,推动沿线各国协调经济政策,开展更大范围、更高水平、更深层次的区域合作。随着"一带一路"倡议的深入实施，中国民营企业充分发挥自身优势，积极参与国际竞争和全球资源配置，坚持以市场需求为导向，以项目合作为载体，不仅成为推动高质量共建“一带一路”走深走实、行稳致远的生力军，也成为推动和践行“一带一路”沿线国家可持续发展目标的重要力量。

根据全国工商联发布的《中国民营企业500强调研分析报告》，2014年，在“一带一路”倡议提出初期，中国民营企业500强中参与“一带一路”建设的企业数量为65家；至2019年，这一数据增长了近两倍，上升为191家。

2017年，民营企业与“一带一路”沿线国家或地区的进出口总额为6 199.8亿美元，占中国与“一带一路”沿线国家或地区贸易额的43.0%，增速为12.1%。从出口看，民营企业对“一带一路”沿线国家或地区的出口额达4 325.4亿美元，占总额的55.9%，增速为8.9%；从进口看，民营企业对“一带一路”沿线国家或地区的进口额为1 874.4亿美元，占总额的28.1%，增速为11.9%。国家信息中心“一带一路”大数据中心发布的《“一带一路”大数据报告(2017)》显示，在参与“一带一路”建设影响力排名前50名的企业中，中国民营企业占比已达到42%。

二、提振内需的主力军

2021年中央经济工作会议部署的我国第三项重大经济工作任务是坚持扩大内需这个战略基点。会议强调，要紧紧扭住供给侧结构性改革这条主线，注重需求侧管理，打通堵点，补齐短板，贯通生产、分配、流通、消费各环节，形成需求牵引供给、供给创造需求的更高水平动态平衡，提升国民经济体系的整体效能。

扩大内需，特别是促进全社会消费水平的提升，对中国经济增长具有重要意义。稳定的国内需求是中国经济发展最为稳定、持久的动力。在全球化面临逆势之机，庞大的国内需求是我国发展的最大优势。2019年，最终消费支出对国内生产总值增长的贡献率为57.8%，高于资本形成总额26.6个百分点。消费已经成为我国经济增长的主要引擎，居民消费是潜力最大的内需，应顺应消费升级趋势，增强消费对经济发展的基础性作用。在这方面，民营经济具有不可替代的重要作用。

中国经济内需的增加，也必须靠民营经济的扩大。就业是民生之本，是收入之源，民营企业贡献了80%以上的城镇劳动力就业。扩大消费最根本的是促进就业，完善社保，优化收入分配结构，扩大中等收入群体，而就业带来收入的提升和收入分配结构的优化，有利于消费规模的扩大及消费结构的升级。

民营企业是内贸流通的主力军。在批发、零售、住宿、餐饮四大行业中，限额以上民营企业数量、从业人员、销售额占比达90%左右。此外，汽车、家电、家具等传统大宗商品消费占社会消费品零售额的比重超过20%，是居民消费升级的主要组成部分。一方面，民营企业收入的增长会直接转换成民间收入的增加和家庭收入的增加，成为消费增长的动力；另一方面，民营企业的资产增值，也会立即转换成民间的财富效应，推动内需增长。民营经济的发展能带来根本性的创业动力、创新动力，给中国经济带来全新的活力。

三、走向世界的民营企业

由南开大学经济学院薛军教授科研团队编写的《2020年度中国民营企业海外直接投资指数》提供：自加入WTO以来，企业海外直接投资步伐逐步加快，2005—2019年，中国企业海外直接投资项目数量实现了5.1倍的扩张，直接投资项目金额实现了9.6倍的增长。中国企业正在以更积极、更开放的姿态活跃在世界舞台中心。

作为一支不可或缺的力量，民营企业海外直接投资（Outward Foreign Direct Investment，OFDI）在投资数量和投资金额上均占据头把交椅。按照国有、民营、外资和港澳台资四大类所有制企业划分，2005—2019年，民营企业海外直接投资项目总数占比位居四种所有制企业首位。民营企业OFDI正在以有别于其他所有制企业海外投资的特色积极融入世界舞台。

中国民营企业走向世界，将以对外投资深深地影响与改变世界。目前，中国在海外投资的企业已达3万多家，其中90%以上是民营企业，绝大多数是近十年发展起来的。可以预计，在未来的10年、20年和30年中，中国海外企业数量将迅速增加。

四、问鼎世界500强

民营企业做大做强，中国民营企业进入世界500强的步伐正在加快，2017

年已经达到105家(中国大陆企业),仅次于美国企业数量,其中民营企业24家。2020年,进入世界500强者达到150家。

未来民营企业的发展,根据日本野村研究机构预测:到2035年,世界500强中的中国企业将明显超过美国,占总数的一半以上,其中,中国民营企业将占1/4以上;世界500强企业的前50强中,中国企业将占一半以上。

五、成长中的跨国公司

“跨国公司”的名头已经不再是国外企业的专属,华为、海尔、吉利、阿里巴巴……越来越强的中国民营企业走出国门、走向海外,把生意做到了全世界。

海尔集团是我国最早扬帆出海的企业之一。总裁周云杰透露:海尔产品覆盖160多个国家和地区;108个工厂,一半在国内,一半在海外;全球十大研发中心有8个在海外;2023年,全球营业额为447亿美元,海外占51.9%。

南开大学跨国公司研究中心主任冼国明分析认为,我国企业特别是制造业企业近年来竞争优势迅速增长,今后几年将会从满足国内市场发展逐步转向满足全球发展需要,并从单纯利用国内资源向利用全球资源要素转变。可以预测,中国将会产生一批卓有影响的全球性的跨国公司。

世界500强企业中跨国指数较高(比如超过40%)的公司,即在同时进入世界500强企业与世界跨国公司100大的企业,有一部分已经成为全球公司。可以预计,未来10年左右,中国跨国公司100大的平均跨国指数可能将由现在的不到15%提升到30%—40%,甚至更高;可能将有20—30家甚至更多。中国企业进入世界跨国公司100大。

第三节 民营企业的困境

三全集团董事长陈泽民告诉省长:民营企业目前面临“三山”“三门”“三荒”“两高”“一低”,太难了。这形象地描述了民营企业在经营发展中遇到的困难和问题。三山:融资的高山、转型的火山、市场的冰山;三门:市场准入门槛高如玻璃门、弹簧门、旋转门;三荒:用工荒、用钱荒、用地荒;两高:成本高、税费高;一低:利润低。

国际市场变幻、不公平竞争、所有制歧视、融资难、人才匮乏、供应链断裂等,构成民营企业发展的多重困境。随着国际市场国内化、国内竞争国际化,民营企业面临着更严峻的挑战:既有来自国有企业的竞争,更有来自国际环境变化的挑战。民营企业的发展正处于"两虎相夹"的发展环境之中。

一、国际环境的变化和挑战

新冠疫情、俄乌冲突、中美贸易冲突给世界经济和全球贸易造成了史上罕见的严重冲击。当前和未来一段时期,世界经济和全球贸易发展不确定、不稳定因素显著增多,贸易保护主义明显抬头。

西方发达国家在高科技领域和高端制造业方面总体上具有领先地位,它们生产的很多产品在全球市场没有替代品,具有强大的国际竞争力,是中国企业暂时无法超越的,这使得大多数中国民营企业短期内无法进入国际产业链的高价值环节。而在劳动力密集型行业,中国过去具有的成本优势正在或已经消失,其他发展中国家更低的劳动力成本对大量聚集在价值链底端的中国民营企业带来直接的挑战。

中国民营企业所面临的问题已不只是国内和全球经济增长放缓、新冠疫情、贸易战等单个独立的因素所带来的冲击,在百年未有之大变局下,它们所面对的国际环境处在深刻和快速的变化之中,由此导致对中国民营企业带来多方面的负面影响和挑战。

(一)外贸额下降,出口压力越来越大

在当前的国际形势下,欧美市场吸纳我国制造产品的能力持续下降,加之贸易保护主义盛行、外贸压力、汇率压力、国际保护主义压力叠加,民营企业的各种优势正在逐渐减弱,原有的一些优势正在被新的形势、新的环境逐渐瓦解。民营企业面临的出口压力越来越大,产品出口难以恢复到以前的水平。

国际经济形势对我国经济,尤其是民营企业造成了巨大冲击。在国际、国内形势的冲击下,民营企业已经到了一个关键的"转折点"。

1. 中美贸易下降14.5%

中美贸易战导致双方对彼此的商品加征关税,这直接影响了双方的贸易

额。同时，其他国家也开始重新考虑其供应链策略，试图减少对中国的依赖，这进一步影响了中国的出口。从全球经济的停滞到供应链的断裂，再到政治和地缘政治的紧张，所有这些因素都对中国的外贸出口产生了巨大的压力。

中国海关总署发布的统计数据显示，2023 年上半年，中美贸易额为 3 272.64 亿美元，同比下降 14.5%。其中，中国对美国出口的降幅达 17.9%，这在中国的主要贸易伙伴中是少有的，美国也降为中国的第三大出口贸易伙伴。

2. 货币政策与消费结构的变化

更为明显的是，不仅是与美国的贸易，与欧盟、日本和其他主要贸易伙伴的贸易额也都出现了不同程度的下滑。随着各国央行采取宽松的货币政策，全球的货币供应增加，但这并没有转化为实际的消费需求，这意味着，尽管有更多的货币在市场上流通，但实际的购买力并没有增加。此外，政治和地缘政治的紧张也加剧了外贸出口的下滑。

消费者的购买习惯发生了显著的变化。由于疫情的影响，人们更加重视家庭和健康，而对于奢侈品和非必需品的购买意愿减弱，这意味着，那些依赖出口的中国制造商，特别是家电、服装和奢侈品制造商，面临着巨大的市场压力。据统计，2023 年，中国的奢侈品出口额下降了近 20%，而家电和服装的出口额也分别下降了 15%和 18%。

2023 年 6 月 7 日，中国海关总署公布了 5 月份的外贸数据，显示出口同比下降 7.5%，进口同比下降 4.5%，进出口总额同比下降 6.2%。这是自 2020 年 10 月以来，中国出口首次出现负增长，也是最差的一次表现。

3. 非经济因素干扰在上升——“脱钩”“断链”

部分国家强行推动“脱钩”“断链”，以及所谓的“去风险”，人为设置障碍，订单和产能被迫向外转移，正常贸易往来受阻。尽管近期的人民币汇率贬值以及国内劳动力等成本下行，给外贸出口企业提供了降低成本的条件，对中国出口起到一定的支撑作用，但从中期来看，中国出口的最大挑战在于供应链“去中国化”造成的冲击。一线外贸企业面临的供应链“去中国化”的压力已经超出了预期。要求供应链从中国转移的企业，已经远远不限于只是出于关税考虑的美国采购商。实际上，许多西方国家要求企业减少对中国供应链的依赖。这些美国以及西方企业，已经不是纯粹地从经济成本的角度要求将供应链从中国转移出去，而是有着政治、安全等其他方面的考虑。

(二)流通环节的挑战

民营企业，尤其是外贸型的民营企业，在产品的流通环节遇到了前所未有的挑战。面对空前挑战，促进外贸稳定发展需要另辟蹊径。出口产品转内销，是外贸企业尤其是民营外贸企业在应对疫情冲击时进行“自救”、化危为机的现实选择之一。然而，出口产品转内销也一样面临一系列制度性成本的制约。

中国外贸的独特优势集中于加工贸易，其中很多企业的生产具有“原料来自国外，产品销往国外”的特征，即“两头在外”，故其在转变销售对象时会遇到相应的阻碍。具体而言，由于生产线、销售模式、制度体系等存在路径依赖，因此企业的转型通常是渐进性的，而非一蹴而就。就当前而言，民营外贸企业在将部分外贸产能转向国内市场的过程中面临调整生产线、拓宽销售渠道、扩大市场知名度等困难与挑战。

一是调整生产线难。由于国内外技术标准不一致，即使是同类产品，其在国内外的生产使用标准往往存在差异。转内销的外贸产品需要根据国内标准进行调整改造，否则难以获得在国内销售的资格和渠道。

二是拓展内销渠道难。外贸出口多为面向国外客户的订单式销售，缺乏在国内建立销售网络的经验，故外贸企业转内销后会遇到缺少市场销售渠道、不熟悉国内销售流程等困难。

三是扩大市场知名度难。外贸企业的主要客户均在国外，在国内往往缺少知名度，这将使其在争取国内订单、开拓国内市场时面临挑战。

(三)海运成本成倍增长

目前大约90%的全球贸易是通过海运完成的。集装箱是全球化的标志之一。而从2020年开始，国际物流和海外港口效率受疫情影响，大量空箱在欧美等地积压，导致中国大量缺箱，从而推高海运价格，有的热门航线的价格成倍增长。

美国港口长期以来就存在运营效率低的问题。世界银行和IHS Markit发布的集装箱港口绩效指数显示，美国没有一个集装箱港口排在全球前50名。

而疫情使得美国港口的运转雪上加霜。许多接受补助的港口工人选择不去工作，港口和仓库的劳动力严重不足，从而导致美国港口运转不畅，成为影响全球海运供应链的“瓶颈”。截至 2021 年 11 月，海运价格还保持着上涨势头。上海航运交易所 2021 年 7 月 23 日公布的中国出口集装箱运价综合指数在最近两个月上涨了 29%。新冠肺炎疫情前，青岛至芝加哥航线一个 40 英尺(40HC)集装箱的运费在 2 000 美元上下波动，疫情后价格一度超过 2 万美元，暴涨 10 倍。青岛一家国际物流公司表示，它现在每月的出货量不到疫情前的 25%，并开始担忧高企的运价会让美国客户放弃从中国采购。一些位于天津、广州和深圳的从事外贸的民营企业反映它们的出货量大减，而最近一段时间以来的海运成本有时甚至高于货物本身的价值，使得欧美客户越来越难以承受。

(四)国际大宗商品价格快速上涨，“增产不增利”

国际大宗商品价格已经经历了一波快速上涨的趋势。2021 年 4 月底的 CRB 现货综合指数为 532.1，一年内上升了 51%；包括原油、铁矿石、煤、铜、焦炭在内的工业原料涨幅超过了 60%。农业大宗商品方面，大豆、玉米等主要农产品价格也创近年来新高。最近几个月，某些大宗商品的价格虽然有所回落，但总体来说仍然居于高位，未来不能排除长期上行态势。分析认为，美国为提振其饱受疫情打击的经济而实行的一系列货币和财政政策是大宗商品价格上涨的最主要原因。美联储实施的无限“量化宽松”政策，以及拜登政府推出的数轮财政刺激计划，自 2020 年以来已经导致超过 6 万亿美元的新增货币流向各类市场，从需求侧推高了大宗商品的价格。从供给侧来看，作为资源类大国的大宗商品主要出口国大多是发展中国家。这些国家受到政府自身治理能力和疫苗供应不足等因素制约，导致疫情无法得到全面、有效的控制。对这些国家的生产和物流环节造成影响，导致国际大宗商品供应不畅，由国际大宗商品涨价带来的对从事制造业和外贸的大量中国企业的影响短期内不会彻底消失。原材料价格上涨导致经营成本上升、利润空间受挤压，已经造成部分民营企业面临“增产不增利”的困局，其中中小企业受影响更大。

二、国内环境的变化和挑战

在中国特色社会主义基本经济制度的体系框架中，包括民营企业、外资企业、集体企业和国有企业在内的多种所有制经济共同发展，而且民营企业就是在我党的大力支持、鼓励和引导下不断发展壮大的，已成为建设中国特色社会主义的重要生力军。但是，观念偏见与所有制歧视时有发生，市场准入、“高”不可过的门槛等，为民营企业的发展带来挑战。

(一)私有制恶源论

受传统思维和传统体制的影响，对民营经济的歧视和偏见依然存在。“国进民退”“民营经济离场论”“新公私合营论”，民营经济属于私有制，而私有制就是同“经典社会主义”格格不入，存在所谓的“私有制恶源论”。因此，不能简单地把民营企业同历史上的私有制经济等同起来，更不能戴着“私有制恶源论”的有色眼镜看待民营经济。

(二)观念偏见

人们在长期的经济条件下形成的对民营经济的各种偏见，最根本的在于民营经济很难与社会主义制度完全相容。民营经济不能成为社会主义市场经济的主要基础，只能是一种“边缘性经济”。民营企业在经济社会发展、民生改善上的贡献、作用、地位并没有得到社会的广泛认可，一些社会舆论对民营企业家仍存在偏见和误解，当企业家越做越强、财富越来越多的时候，社会荣誉感、社会地位反而越来越低了。这些富裕起来的民营企业家被当成制造贫富差距的根源。民营企业家在很多人眼中仅仅是一群“有钱人”，得不到足够的信任，所以企业家有时会感到迷茫。财富是发展生产力的物质基础，但现在变成了企业家的精神负担。

(三)所有制歧视

除了观念上的歧视外，所有制歧视也表现在行业进入或市场准入歧视、融资歧视、税务歧视、隐形负担歧视等方面；规模化导向则表现为各类政策(实际上体现政府部门倾向)及相关金融机构等对大型企业的偏好。

对民营企业的一些政策措施长期不落实，从一定程度上说就是针对民营经济的歧视。2005 年，国务院发布《关于鼓励支持和引导个体私营等非公有制经济发展的若干意见》。这是新中国成立以来首部以促进非公有制经济发展为主题的中央政府文件，简称“非公经济 36 条”，其着重点在于“消除影响非公有制经济发展的体制性障碍，确定平等的市场主体地位”。“非公经济 36 条”被视为一个全面、系统、非常具有开拓性的文件，是政策的大突破。

在这些政策的执行上，很大的一个困难就是遭受到所有制歧视，就是我们常说的民营经济遇到的一些“玻璃门”“弹簧门”，还有“旋转门”。所谓玻璃门，就是它想进进不去；旋转门就是它进去了又把它转出来了。民营经济不能够公平地参与市场竞争，不能够平等地使用生产要素。

(四)规模化导向的市场性障碍

随着中国市场经济体系的不断完善，民营企业，尤其是民营中小企业所面临的困难，逐渐从结构性障碍(如所有制歧视)转向市场性障碍(如规模化导向)。如当前的金融资源配置格局还不是以效率为导向，而主要以规模和所有制为重要标准。民营中小企业的间接融资“瓶颈”主要在于所有制歧视，在直接融资中则受到所有制歧视与规模化导向双重约束。所有制歧视与规模化导向，使民营中小企业融资难、融资贵问题长期难以得到实质性解决。各方面的调查研究都显示了这个问题的存在。

(五)市场准入，“高”不可过的门槛

国有企业对垄断行业和基础行业的控制力，始终处于高位。垄断造成了不公平的竞争环境，形成了对民营企业发展空间的挤压，这正是政府主导将资源向国有企业大量集中的结果。

民营企业很难进入垄断行业。改革开放以来，虽然已有一些垄断行业对非公有制经济开放，但由于行政性垄断尚未完全破除，自然垄断行业呈现出一种“半行政、半市场化”的体制特征，从而导致垄断行业市场准入问题仍是影响和制约我国民营经济发展的一个主要问题。城市基础设施、公路、铁路、石化等行业基本由国有企业垄断；重要的服务业(如银行、保险、证券、电信、卫生和邮政等)要么是由国有企业垄断，要么是进入门槛过高。

市场准入门槛高一直是困扰民营经济发展的一个难题。一些领域尽管国家没有明文禁止民营企业进入，但由于行业主管部门不愿向民营企业开放而设置重重障碍。据中华全国工商联副主席保育钧的介绍，在民营经济比较发达和开放程度较高的广东省，即便是一些已经允许外商投资进入的产业领域，民间投资也很难进入。在广东东莞当地的80个行业中，允许外商进入的有62个，超过75%；而允许民营企业进入的只有42个，刚刚超过50%。

针对长期以来民营经济面临的市场准入门槛过高等问题，《关于鼓励支持和引导个体私营等非公有制经济发展的若干意见》力图贯彻平等市场准入、公平待遇原则，放宽非公有制经济市场准入，但是，在具体实施方面还存在着种种问题，有些行业的无形壁垒依然很高、准入制度含混模糊，一些地方对开放领域"明宽暗管"等。

全国政协副主席、全国工商联主席黄孟复在2010年3月29日的《经济日报》上发表《民间投资是推进经济发展的重要动力》一文中介绍："'非公经济36条'后，民营经济在一些领域的投资仍受到准入限制。2008年的统计显示，私人控股投资在电力、热力的生产和供应业中只占13.6%，在金融业中只占9.6%，在信息传输、计算机服务和软件业中只占7.8%，在交通运输、仓储和邮政业中只占7.5%，在水利、环境和公共设施管理业中只占6.6%。"

(六)成本和税费两座大山

中小微民营企业大多处于产业链上的低利润环节，对于成本上涨的影响尤为敏感。企业综合成本的上涨是多方面原因造成的，其中有些是结构性的。例如，用工成本近年来不断攀升，与中国经济跨越"刘易斯拐点"、城镇化和人口老龄化还在持续进行有直接关系，将成为一种长期趋势。企业社保缴费基数逐年增加使得企业用工成本普遍上涨10%—30%。

另外，由疫情引发的美国宽松的货币政策推高大宗商品价格、疫情引起供应链受阻等原因，导致原材料成本明显提高。这些与新冠肺炎疫情相关的成本上涨，在一定时期内还将对广大中小微民营企业造成不利影响。同时，企业的人力、房租、水电费等固定成本很难降下来。遇到经营不景气时，这些固定的运营成本负担将增大，进一步挤压中小微企业本来就偏低的盈利能力。

成本上升与税费负担是压在民营企业身上的"两座大山"。特别是中小民营企业由于资金实力薄弱、技术水平较低，原材料、劳动力等生产要素占企业支出的比重较大。因此，相比大型企业，其消化生产经营成本增长的能力显得十分脆弱。加之，中小企业特别是小微企业在市场交易中一般不具备较强的对供应商和客户的价格谈判能力，在市场交易中处于较被动的地位，经营成本的持续上涨会进一步压缩本已微薄的利润空间，使其陷入生存困境。

民营企业经营成本的压力主要来自原材料价格大幅上涨。据统计，2011年以来，煤、石油等动力燃料价格上涨了近9%，国内流通环节生产资料价格比上年上涨了近10%，而产品出厂价格仅上涨近7%。同时，随着节能减排压力增大，民营企业面临的环保压力也不断增大。技术改造资金主要用于解决环保问题而非生产技术或产品研发问题，导致民营经济利润明显下滑，甚至入不敷出。

成本压力还来源于劳动力成本急剧上涨。现阶段，民营企业由于自身条件限制，在用工流向上出现了“三难”现象，即引进高端人才难、聘用技能人才难、招收普通工人难。为避免因人力不足造成产量下降，大部分民营企业采取加薪、提高工资补贴待遇等措施招揽员工，导致劳动力成本急剧上升。但是，由于新生代员工在就业取向、劳动态度等方面发生了较大变化，在当前多种成本叠加上升的巨大压力下，要求民营企业继续靠大幅增加工资性支出来缓减“招工难”“留人难”的问题，无疑是勉为其难。

成本上升的另一个原因是利润下降，贷款利率上升。国家统计局4月27日上午9点30分发布消息：2020年一季度全国规模以上工业企业利润下降36.7%。1—3月份，全国规模以上工业企业实现利润总额7 814.5亿元，同比下降36.7%，降幅比1—2月份收窄1.6个百分点。但商业银行的利润却分别同比上升5%。商业银行的利润增长主要来自贷款利息和债券收益。可见企业不仅要克服疫情冲击等市场风险，还需担负贷款利率上涨的压力，这进一步恶化了其财务状况，降低了其可支配资金。这种经济与金融的循环模式，可能会导致一些虽有较好前景但缺乏融资渠道或融资成本较高的民营企业，因资金链断裂或债务负担过重而夭折。

在税收方面，税费种类可谓五花八门，除了要缴纳“五险一金”外，还包括增值税、营业税、企业所得税、个人所得税、印花税、房产税、土地使用税、车船使用税、资源税、耕地占用税、土地增值税、契税等。根据世界银行可比口径计算，对于中国总税率和社会缴纳费率(利润占比)，北京为55%，上海为63%，泰国和越南仅为30%和38%，东亚和太平洋地区平均为34%。

在所承担费用方面，还需缴纳城市建设维护费附加、教育费附加费、水利建设专项基金、文化事业建设费、水排污费、社会保险费等，另外，还包括有关部门提供有偿服务收取的费用等。根据 2013 年工信部全国企业负担调查，高达 74％的企业反映税收负担较重，83％的企业对政策的首要建议是进一步出台税收减免措施税费。负担过重是当前制约民营企业实施创新驱动发展战略的一大障碍。

财税政策不平等，在财政贴息、财政补贴方面，几乎成了国有企业的特权。民营企业却很少得到。权力寻租现象屡有发生。虽然近年来国家逐步推进税制改革，减轻民营企业负担，出台了一些税收减免政策，不过在调查中发现，部分优惠措施并没有得到有效的落实。比如针对国家认定的高科技企业可享受所得税 15％的优惠税率，至今在多地还没有得到有效落实。

（七）难解的融资难题

民营企业的资金困难，因其规模不同、属性不同、行业不同而呈现不同的特点，大体上是：小型企业运营资金困难，中型企业扩建资金困难，一些大型企业流动资金不足。我国民营企业现有的融资渠道难以满足其以“短、小、频、急”为主要特点的融资需求。

目前我国大部分民营企业都有融资需求，且普遍面临资金短缺、融资渠道不畅的问题。而银行贷款利率成本偏高、信用审查较严、抵押品要求高、贷款手续繁琐、难以获得第三方担保等原因增大了融资难度。

民营企业融资难、融资贵，是造成民营企业资金供求紧张的重要原因，是我国金融市场的普遍现象，也一直是我国民营企业发展经营面临的重点问题。民营经济与国有经济相比具有差异化的约束条件。在民营企业加大创新投入和扩大经营规模的过程中，较为严苛的资源约束限制了民营企业的发展，阻碍其增加投资和创造就业，影响内需的扩大，从而抑制了国内经济的循环。

相比国有企业，民营企业对商业贷款等融资手段的需求更强，但金融机构为其提供的金融服务规模更小。一方面，国有企业往往拥有更大的体量和更多的政策倾斜，所以具有更高的抗风险能力，债务违约的可能性较低；另一方面，国家财政、国有企业和国有控股银行之间在产权属性上具有较高的一致性，所以商业银行更倾向于将资金借给国有企业，这挤压了民营企业的金融供给。

由于部分民营企业规模较小，银行获取其企业信息的难度较大，成本较高，故银行为避免逆向选择问题和交易发生后的道德风险问题，对中小民营企业的贷款申请更为谨慎，或者增加对其申请的审查，致使贷款交易成本远大于国有大企业的交易成本。

资金不足已成为影响民营企业实施创新驱动发展战略的首要难题。由于我国的银行体系缺乏面向民营企业的商业银行，且信用中介服务体系滞后，国有商业银行无论是在自身机制上还是在技术操作上都无法适应民营企业创新发展的需要。加之全国范围内以中小型民营企业为主要服务对象的村镇银行、小额贷款公司发展相对滞后，推高了民营企业的融资成本。

从民营企业自身来看，因其整体发展水平较低，优良资产偏少，对于管理不规范、风险不确定的民营企业，银行无法安心放贷，也在客观上形成了民营企业贷款难、商业银行难贷款的两难境地。民营企业向银行贷款融资，在法律上没有障碍。然而实际操作时，广大中小微民营企业通常需要支付数倍于银行基准利率的利息。例如，商业银行通过实行存贷款挂钩、提前扣除利息和搭配理财产品等手段，对中小微民营企业收取基准利率两倍或以上的利息；村镇银行或小额贷款公司收取的利率一般是基准利率的三倍甚至四倍以上。除了高利率的制约，中小微民营企业在申请贷款时通常还要向银行提供抵押或其他形式条件苛刻的担保。由于这些原因，一些急需资金的中小微民营企业选择民间金融作为融资渠道，虽然贷款条件比较宽松，但需要付出的利息则更高，往往不得不支付高于银行贷款数倍的利息。《最高人民法院关于审理民间借贷案件适用法律若干问题的规定》明确，高于当期一年期贷款市场报价利率（LPR）4 倍以上的民间借贷利率被视为不受法律保护，司法对民间高息融资的不包容态度也使得民营企业融资难度进一步加大。

此外，股票、债券等直接融资方式门槛过高，绝大多数民营企业根本无法利用资本市场筹集资金。在创业和发展的初级阶段，民营企业通常只能通过内源融资，即通过企业内部人员投入个人资金或由个人向亲友筹集资金。随着企业规模逐渐扩大，资金需求也随之提高，仅靠内源融资越来越不足以满足企业发展的需求。中小微民营企业要获得继续发展所需的资金，就必须通过外源性融资，常见的渠道包括上市融资、发行企业债券融资和银行贷款。在股票市场上市融资对于中小微民营企业而言缺乏可操作性，绝大部分的中小微民营企业不具备在主板上市的基本条件。深圳证券交易所曾经设立的中小企业板块在上市条件、发行审核信息披露等方面与主板差别不大，且已于 2021 年 4 月并入主板。而在深交所创业板市场上市的公司数量迄今为止不到 1 000 家，根本无法为数以千万计的中小微民营企业提供融资机会。

通过发行企业债券进行融资的基本上只限于少数大型民营企业，并且这些大型民营企业发行企业债券的数量和规模近年来都呈下降趋势。民营企业与国有企业相比，在企业债券市场份额占比上，民营企业债券的市场占比从 2016 年开始一路下滑，到 2020 年 5 月底，民营企业债券发行数量仅占全市场的 8.6%，发行规模仅占全市场的 7.4%；而同期国有企业债券的市场占比则逐年升高。2016 年，发行企业债券的民营企业数量为 586 家，而到 2020 年的前 5 个月，这一数量降到 205 家。

三、民营企业内部发展的困境

(一)家族化治理“瓶颈”凸显

民营企业自身的制度创新尚未完成，多数民营企业尚未走出家族化经营体制。裴长洪、谢谦在《促进我国民营经济健康发展的建议》中说：“家族化现象严重，管理不科学。家族经营制是我国民营企业采取的一种较普遍形式。据统计，我国民营企业中 70%以上是家族企业。民营企业在创业之初不仅资本有限，而且技术、管理、信息等资源也极度匮乏。在这种情况下，家族经营的灵活机制和亲情凝聚力正好可弥补这些不足。但是，随着民营企业规模的不断扩大，企业经营管理和组织结构越来越复杂，家族经营制越来越暴露出它的局限性和不足，已成为制约我国民营经济发展的‘瓶颈’。”

民营企业在实施创新驱动发展战略的过程中管理“瓶颈”凸显。民营企业的自身管理缺陷主要表现在：低水平重复投资较为普遍；职业自律机制不强，破坏环境等现象时有发生；发展缺乏长期战略和长远眼光，在人才储备上明显落后于国有企业，存在缺乏专业化管理人才、技术人才、营销人才的问题。民营企业一方面招不到人，另一方面招到人又留不住，其中一个重要原因是缺乏现代管理理念，不重视技术人才的专业化管理。

近年来，一些民营企业也积极采用了公司制的治理结构，但从其内部运营过程来看，仍没有摆脱家族式管理。因为民营企业的股权大多绝对集中于家族，企业资产与家族财产之间没有严格的界限，企业的利润或亏损完全由家族成员按非市场原则共同负担。

(二)创新资源稀缺

技术创新活动对企业的资源要求较高，需要企业拥有足够的资金、人才和技术设备的投入。而民营企业先天资源禀赋有限，致使大多数企业无力满足技术创新活动对企业的资源要求，在客观上限制了民营企业的技术创新。

民营企业技术创新资源不足表现为资金实力薄弱。民营企业除了在研发经费的外部支出上略优于港澳台资企业外，其他方面都明显落后于其他类型企业。尤其相比国有企业，民营企业平均内部支出研发经费仅为后者的 20.96%，平均外部支出研发经费仅为后者的 16.58%。

在发达国家民营企业技术创新的实践过程中，技术创新的资金来源往往是风险投资、天使投资等民间融资渠道，而我国的民间金融才刚刚起步，正处于探索阶段，短期内还难以对民营企业的技术创新起到积极的影响。商业银行对民营企业的技术创新行为不了解，也缺乏风险评估和风险防控的工具和手段，导致企业难以获得贷款支持。更重要的是，我国企业上市和发行债券的门槛高、难度大，一般的民营企业根本无法从资本市场融资。融资困难成为制约民营企业技术创新活动的重要因素。

全国工商联合会于 2011 年对民营企业 500 强进行的调研结果可以清楚地看到，即便作为民营企业中的佼佼者，仍旧面临着技术创新资金来源有限的不利局面。在 2010 年的民营企业 500 强中，绝大部分企业的技术创新资金来源仍为自有资金，获得银行贷款支持的不足 40%，得到政府资助的仅为 24.40%，能够直接在资本市场融资的仅有 17.40%，获得风险投资青睐的更是凤毛麟角。融资困难再次成为束缚民营企业发展的掣肘。

此外，民营企业技术创新资源不足还表现在企业的技术设备普遍较为落后和老化，增加了企业技术创新活动的资产性支出，高昂的成本迫使大量民营企业对技术创新望洋兴叹。

对于不少民营企业而言，缺乏良好的技术创新合作环境和信任基础，是阻碍其参与合作技术创新的主要因素。尽管大部分民营企业的技术创新活动是在企业内部开展，但也并不能说明民营企业独立技术创新的能力高于合作技术创新的能力。恰恰相反，民营企业现阶段开展的独立技术创新活动仍处于低层次、低投入、低技术含量的“三低”阶段。

(三)人才短缺

人才是决定创新能力的关键，民营企业却面临创新人才不足，主要体现在三个方面：一是中小型民营企业的知名度较小。即使人才市场上有合适的人才，但由于供给双方的信息不对称，这类企业难以招揽到合适的人才。二是创新风险较大。在取得创新成果前，中小型民营企业短期的利益最大化难以为创新人才提供可观的薪资报酬，故人才会从中小型民营企业流失，这将进一步恶化中小型企业人才不足的状况。三是户籍政策导致人力资源错配。北上广深等大城市的户口供给有限，民营企业的落户名额更是寥寥无几。对于应届毕业生而言，获得户口是其立足大城市的重要保障，故大部分人才往往会为获得户口而入职国有企业，甚至从事与所学知识相关性较小的职业。

受我国社会传统观念的影响，民营企业对高水平技术人才的吸引力较科研机构、高等院校和国有企业明显偏弱。民营企业在独立技术创新水平上与其他类型企业的更大差距，体现在技术人才队伍不足，尤其是高水平研究型人才的匮乏上。技术创新对企业拥有的高水平研究型人才的要求很高，这恰恰是民营企业技术创新发展的“瓶颈”。统计数据显示，有研发活动的民营企业中，拥有硕博士学位的研发人员平均数量为 5.90 人，而国有企业这一数字达到 17.56 人，几乎为民营企业的 3 倍。

制约民营企业做大做强。民营企业在创业初期具有机制灵活、面向市场的特点，形成了国有企业无法比拟的竞争优势。民营企业的产品在市场上拥有较强的竞争力，从而使民营企业创业成功。近年来，随着国际市场国内化、国内竞争国际化，民营企业面临着更严峻的挑战：既有来自国有企业的竞争，更有来自跨国公司的竞争。民营企业的各种优势正在逐渐减弱，原有的一些优势正在被新的形势、新的环境逐渐瓦解。因此进一步培育和提升民营企业在新的发展阶段上的核心竞争力，才能推动民营企业继续做大做强。

民营经济是中国特色、中国模式的要素构成。

民营企业家作为新的社会阶层形成，深刻地改变了中国社会组织结构。

民营经济在中国经济中已经形成了结构性的存在。

第三章 发展民营经济的风险评述

多种经济成分并存，并不是改革开放之后的创新产物。刘少奇曾明确提出："在建国初期的经济条件下，中国不要学苏联搞单一的公有制，还是要利用私人资本主义，要允许多元化经济成分存在。"当时毛泽东充分肯定了刘少奇的观点，并希望提到党的七届二中全会上讨论。这是中国领导人最早的"混合经济论"。

第一节 所有制变革的三个阶段

所有制的变革为民营经济发展提供了机会，同时民营企业也是在中国改革开放的过程中发展起来的，并伴随着中国经济的发展而成长壮大。所有制的变革成为改革开放的核心内容，可分为三个阶段：

一、第一阶段：向社会主义混合经济转变阶段

中华人民共和国成立初期，土地改革——私有；人民公社——集体所有；承包——特殊的私有。当土地所有权虚化之后，集体所有实际上就是成员所有。而掌握这种权力的人，一不是地主，二不是乡绅，是一种新型的土地控制者。承包权就是从这种控制者手中作为土地所有权的一种让渡，成为所有权力的主要部分。

(一)向多种经济成分并存转变

从1978年改革开放开始，中国的基本经济制度就发生了逐渐的却是重大的转变，从两种公有制经济成分(全民所有制和社会主义集体所有制)向多种经

济成分并存转变。

第一,是乡镇企业的快速发展。乡镇企业最初是以集体所有制的社队企业形式,却是基于市场机制驱动,无计划指标,无价格控制,无上级主管控制,是极具市场活力的新型经济组织。

第二,是个体工商户。1978年,个体工商户占城镇就业人口的0.16%。从1979年12月中共中央批转的《关于对原工商业者的若干具体政策的规定》到1980年8月17日中共中央转发的《进一步做好城镇劳动就业工作》的文件都明确指出要"鼓励和扶植城镇个体经济"。

1982年9月,党的十二大报告首次提出发展多种经济形式的思路,明确在农村和城市,都要鼓励劳动者个体经济在国家规定的范围内和工商行政管理下适当发展,作为公有制经济的必要的、有益的补充。同年12月,全国人大五届五次会议通过的《中华人民共和国宪法》第十一条规定:"在法律规定范围内的城乡劳动者个体经济,是社会主义公有制经济的补充。国家保护个体经济的合法的权利和利益。"

1984年10月,十二届三中全会《中共中央关于经济体制改革的决定》指出:积极发展多种经济形式;全民所有制经济是我国社会主义经济的主导力量;集体经济是社会主义经济的重要组成部分;坚持多种经济形式和经营方式的共同发展。该决定的发布使这一时期城镇个体工商户得到了迅速发展。到1985年,个体工商户占城镇就业人数的比重达到3.51%,到1990年为3.60%。

在所有制和分配上,社会主义社会并不要求纯而又纯,绝对公平。目前,全民所有制以外的其他经济成分,不是发展得太多了,而是还很不够,这表明我们党对社会主义基本经济制度的认识有了重大突破,从"纯而又纯"的社会主义经济体制转向混合经济体制。

(二)从限制、取缔到允许发展

1978—1992年,中国实行改革开放以来,对包括私营经济在内的民营经济,从限制、取缔到允许发展,城乡个体经济和私人经济破土而出。从经济特区到沿海开放城市,对外开放格局初步形成,外资逐渐进入中国,这就在原有计划体制之外发展出一大块体制外经济。对内,通过改革,正确处理国家与企业、中央与地方的关系。财政方面通过“两步利改税”“利税分流”以及“拨改贷”“分灶吃饭”等改革，不仅调动相关利益主体的积极性，而且向市场经济转轨奠定了坚实的基础。

在这个特殊的阶段，一方面是开始复苏的城乡经济以及人们物质生活的改善形成了对各种产品的巨大需求，大量的机会随之涌现；另一方面，计划体制的色彩还相当浓厚，观念的束缚才刚刚松动，因此政策上对民营经济的限制仍然甚多，民营经济在信贷、市场准入等方面困难很大。

二、第二阶段：发展社会主义混合经济阶段

1992 年，以邓小平南方谈话和党的十四大为标志，我国社会主义经济所有制改革进入一个新的发展阶段。十四届三中全会《中共中央关于建立社会主义市场经济体制若干问题的决定》指出：坚持以公有制为主体、多种经济成分共同发展的方针。在积极促进国有经济和集体经济发展的同时，鼓励个体、私营、外资经济发展。非公有制经济开始进入蓬勃发展期。1997 年，党的十五大提出，“公有制为主体、多种所有制经济共同发展，是我国社会主义初级阶段的一项基本经济制度”“非公有制经济是我国社会主义市场经济的重要组成部分”。1999 年，党的十五届四中全会《关于国有企业改革和发展若干重大问题的决定》提出了国有企业改革，要发展混合所有制经济。到 2002 年，全国城镇私营企业就业人数达到 1 999 万人，相当于 1990 年的 35 倍，年平均增长率为 34.5%；农村私营企业就业人数也达到 1 411 万人，相当于 1990 年的 12.5 倍，年平均增长率为 23.4%。

（一）建立起市场经济的基本体制框架

1992—2012 年，计划经济转向市场经济的目标进一步明确，市场经济体制改革转变了资源配置方式。1992 年我国初步建立起社会主义市场经济的基本体制框架，引导出市场化和全球化两大趋势。中国进一步加大了改革开放的力度，经济建设进入了一个加速发展的新时期。新一轮经济高增长的形成，又一次产生了更多的商业机会：房地产开发、证券股票市场以及经济高速发展对大量的生产资料和各种商品的旺盛需求，给民营企业的发展带来了新的机遇和繁

荣。在这种形势下，相当一部分富有才干的人士，加入民营经济的行列，民营经济得到迅猛发展。一批资产上千万甚至上亿元的企业成长起来。一些集团化的民营企业开始形成，其组织化程度和管理水平逐渐提高，民营经济的多样性和丰富性得以呈现，在社会经济中的积极作用得到各界认同，虽然它在土地、融资，包括税负等方面仍有一些制约，但已开始享有趋好的政策环境。

(二)改变经济结构及占比

对数量众多的国有小企业实行非国有化改制，对国有大中型企业实行资产重组和公司制改造，不仅改变了国有企业一统天下的局面，而且改变了国有经济的占比优势。到2010年，民营经济占比达到72%，由此营造了一个产权多元化的市场经济基础。在此过程中，财政、税收、投资、外贸等一系列资源配置的机制改革得以推进，在税制改革基础上，推进分税制财政体制改革，央、地财政关系更加规范，税收制度更公平，市场机制发挥了重要作用。

三、第三阶段：形成社会主义混合经济阶段

2003年，党的十六届三中全会《关于完善社会主义市场经济体制若干问题的决定》提出完善公有制为主体、多种所有制经济共同发展的制度，大力发展国有资本、集体资本和非公有资本参股的混合所有制经济，建立健全国有资产管理和监督体制。

第一，国有企业现代公司治理结构基本建立，全国90%以上的国有企业完成了公司制、股份制改革，多数企业建立了股东会、董事会、经理层和监事会等机构，逐步规范了公司治理结构，一大批国有企业实行了股权多元化，形成了混合所有制的股份有限公司。

国有企业经过痛苦的、艰难的改革之后进入迅速崛起的黄金时代。改革开放以来，国有企业先后经历了先下降阶段(1978—1997年)、努力奋斗阶段(1998—2002年)、重新崛起阶段(2003—2013年)的发展历程。这一时期国有资产总量大幅度增加，国有资本布局和结构不断优化，国有经济的活力和竞争力不断增强，发展质量大幅度提升，已经同市场经济相融合，一大批国有企业迅速成长为世界级水平企业。国有经济从“大而全”向“强而精”发展，对关乎国计

民生的基础性战略产业做强、做精，充分发挥了社会主义市场经济集中资源发展战略性产业的新优势，代表着中国企业的集体崛起。

第二，非公有制经济平等参与市场经济竞争制度基本确立，对大力发展和引导非公有制经济提出了鼓励性政策，民营经济进入大发展的黄金时期。根据国家工商总局的数据，全国实有企业大幅度增长，在 2002—2013 年期间，年平均增长率达到 6.90%，其中，私营企业增长最快，年平均增长率达到 15.00%，私营企业数占全国实有企业总数的比重从 35.93%提高至 80.43%。在这一时期，个体工商户从 2 377 万户增加至 4 436 万户，年平均增长率达到 5.84%；全国总计（指实有企业数与个体工商户的总计）由 3 111 万户增加至 5 964 万户，年平均增长率达到 6.09%。从创业视角看，不包括农村从事农业劳动力，全国市场经济主体总计数占全国总人口的比例从 2002 年的 2.42%上升至 2013 年的 4.38%，显示了这一时期大大地激活了各类市场经济主体，他们成为创造经济总量、贸易总量和新增就业的主体。

第二节　吸纳与整合

民营企业把自己托付给国家，承担了责任：缴纳税款、创造就业、为国家经济发展做出了贡献。国家也在改革开放和全球化的进程中对民营企业逐步地确立了“政治认同”。

对民营企业家实行政治吸纳与整合策略，是中国共产党适应社会阶级阶层结构的变化、巩固党执政的阶级基础和群众基础的必然选择。任何政党的产生和成长都依赖于一定的阶级基础和群众基础。阶级基础是政党得以产生和发展的根本力量，决定党的阶级性质和政治属性。群众基础是政党获取政权、稳固执政的社会基础。

中国共产党对民营企业家的政治吸纳与整合，实际上是党回应社会需要，提升经济、政治、社会治理绩效的必然选择。一方面，党通过吸纳更多民营企业家进入政治体系，能够有效回应民营企业家的政治参与诉求，增强执政体系的包容性和稳定性；另一方面，民营企业家作为市场经济的产物，具有较强的契约精神和法治意识，是推动政府职能转变的重要力量。对民营企业家的政治吸纳，能够为政治体制带来新的活力，提升政治体系的人力资本素质，从而有利于推动中国政治的民主化和法治化进程。

一、新的社会阶层的形成

改革开放以来中国社会主要矛盾的变化以及党和国家战略重心的转移，决定了生产资料多种所有制的产生与发展，以个体私营经济为主的非公有制经济发展，大量个体、私营企业应时而生，并催生出一个新兴的民营企业家阶层。

据统战部早期的估计，21 世纪初新社会阶层人数大约有 5 000 万，加上相关行业的所有从业人员，总人数约为 1.5 亿，同时也深刻改变了中国社会组织的结构。中国的各类社会组织以民营民办为主。2016 年，全国共有 70.2 万个社会组织，其中，社会团体 33.6 万个，各类基金会 5 559 个，各类民办非企业单位 36.1 万个。

二、吸纳与整合的四个途径

面对这一新兴的社会阶层和新的社会组织，中国共产党基于发展战略的需要与对自身能力的自信，及时转变对民营企业家阶层的态度，主要通过调整意识形态策略、选择性地吸纳部分民营企业家入党、积极推动民营企业党组织建设和开放民营企业家的政治参与渠道这四个途径，实现对民营企业家的政治吸纳与整合。

（一）调整意识形态策略

在传统意识形态框架下，民营企业家身份与体制之间的冲突使其难以获得合法的政治地位。党在意识形态上进行了调整，放弃了对民营经济和民营企业家的排斥。2000 年，江泽民在广东考察时提出"三个代表"重要思想，为民营企业家获得合法的政治身份提供了理论依据，也表明政治系统已经做好吸纳与整合民营企业家的准备。21 世纪以来，中国共产党进一步肯定民营经济的合法地位与重要作用，强调发挥市场在资源配置中的重要作用。

（二）选择性地吸纳部分民营企业家入党

选择性地吸纳部分民营企业家入党的根本原因在于，执政集团和民营企业家阶层之间的互惠合作，能够促进国家经济与社会发展整体利益的实现。党员资格审核由以往注重政治忠诚和群众宣传动员能力，转变为重视党员的专业技术能力和市场经济适应能力。中国共产党允许民营企业家入党，并不意味着大批民营企业家可以进入党组织，党对申请加入党组织的人员有着严格的资格准入标准。

1999—2002 年，民营企业家党员比例大幅增长，很大程度上是国企改制、鼓励党员干部“下海”经商的结果。2002 年的普查数据显示，85.7％的民营企业家党员早在成为民营企业家之前就已具有党员身份。也就是说，在入党标准调整初期，许多民营企业家对于党的政策变化仍持观望态度。为进一步推进民营企业家党员发展工作，2006 年中共中央印发《关于巩固和壮大新世纪新阶段统一战线的意见》，明确指出“新社会阶层中的优秀分子可以加入中国共产党”。一些民营企业家经过一段时间的观察后发现，通过入党进入政治体制可以获得更好的政治保障，有利于维护他们从市场化改革中获得的经济利益，从而激励更多的民营企业家申请加入党组织。

(三)积极推动民营企业党组织建设

支部建在连队上，是党在军队加强党的领导、加强党的控制的成功做法。吸纳民营企业家进入党主导的政治体系，增强了新兴社会阶层对中国共产党的认同、支持和拥护，进一步优化了党执政基础的内部结构，巩固了党执政的群众基础。

在民营企业建立党组织，从本质上来说是党依托所掌握的巨大资源进行“外部性”建设，具有很强的嵌入性特征。在民营企业中进行党组织的嵌入，使之成为中国共产党在非公经济领域中进行政治整合的重要平台，形成执政党与民营企业家之间制度化的政治沟通渠道，从而促进党在这一领域的政治整合。正是在这一政治考量下，中国共产党相继出台一系列加强民营企业党组织建设的政策。2018 年，非公有制企业党组织达到 158.5 万个。中国共产党的基层组织网络延伸到民营企业，实现了对市场化过程中形成的政党权力空白地带的有效覆盖。

在规模以上的民营企业中，有 1/4—1/3 的企业主是中共党员，80％以上的民营企业建立中共党组织。据中共中央组织部最新统计,全国 187.7 万个非公有制企业已经建立中共党组织,占非公企业总数的 73.1%;30.3 万个社会组织建立了中共党组织,覆盖率为 61.7%。目前,全国民营企业和民办社会组织中,中共党员的实际数量已经超过了国有企业中的中共党员数量,深刻改变了中国主要政治、社会组织人员结构。

(四)开放民营企业家的政治参与渠道

党通过开放民营企业家的政治参与渠道、引导民营企业家的行为,能够调和民营企业家阶层与其他社会阶层之间的利益矛盾,缓和社会利益分化带来的冲突,使党能够兼顾各方利益,切实回应人民需要,从根本上巩固党执政的民意基础。途径主要包括:

一是鼓励民营企业家加入行业协会和工商联。这是民营企业家进入政治体系最基本的一环。工商联是党的关联组织,加入工商联是被党信任的第一关。

二是推荐具有代表性的民营企业家担任政协委员或人大代表。对于民营企业家来说,政协和人大是比较理想的参政议政场所。2018 年,第十三次私营企业调查报告显示,民营企业家中政协委员和人大代表的比例分别为 28%和 16%。

三是推荐具有代表性的民营企业家担任地方党政副职。2004 年,中央组织部和中央纪委联合出台二号文件,规定企业负责人不得兼任党政领导职务,但事实上仍有极少数民营企业家党员成为地方党政副职领导,这表明地方党政副职也是民营企业家允许进入的合法空间。

四是选举具有代表性的民营企业家党员担任全国党代表。民营企业家党员当选为全国党代表,表明中国共产党对其政治身份和地位的极大承认。

近年来,随着民营经济的发展,全国党代表中民营企业家人数有所增加。在 2002 年党的第十六次全国代表大会修改党章之前,已有 7 位民营企业家作为新兴社会阶层代表参加全国党代会。2007 年,党的十七大代表选举方案提出,应有适当数量的新经济组织和新社会组织的党员代表。党的十八大代表中,共有 34 位民营企业家党代表。党的十九大中,有 27 位民营企业负责人当选为全国党代表。

第三节 民营企业社会化的变革

民营企业社会化，从根本上改变了中国企业的产权结构。伴随着民营企业家财富大积累、财富观念大转变、财富大安排、慈善大行动四大变化趋势，部分大型民营企业正在由私人家族性质的企业逐步向社会化性质的企业转变，呈现出企业股权社会化、企业经营管理社会化、企业经营目的社会化、企业利润归属社会化、企业财产传承社会化五大特征。

一、企业股权社会化

民营企业以个人和家族持股为主，逐步转变为由企业的管理层、员工、社会公众、社会机构共同持股。目前，一些民营企业特别是上市公司中，个人与家族持股的比例低于50%，有的只剩百分之几。

二、企业经营管理社会化

企业管理由过去的个人与家族管理为主逐步转变为向社会公开选聘管理人员，主要以职业经理人、社会各个方面的专业人士管理为主。主要的决策及过程越来越依靠专业管理团队，而且其他拥有较多股权的社会股东同样拥有较大的决策影响力。

三、企业经营目的社会化

一些大型民营企业已经认识到，企业利润与股东利益的最大化必须甚至只有通过与员工利益、行业利益、国家利益更加紧密地结合起来，以后者为首要目标，才能得以真正实现。对于大型民营企业而言，全面履行企业社会责任已经成为企业的自身目标甚至前提。

四、企业利润归属社会化

企业利润上交所得税后的净利润分为公积金、公益金和股东分红。公积金用于企业投资再发展;公益金用于企业员工福利;股东分红按照股份大小归各个股东,包括员工股东、社会股东。不少企业家个人及家族,也把自己分红的相当一部分用于社会公益慈善事业,服务社会。企业股东公众化、社会化,企业利润归属自然也就公众化、社会化。

五、企业财产传承社会化

不少企业家明确表示,从企业长远发展、财产长久安全和下一代的健康成长出发,自己退休后或百年以后只将少部分资产交予子女。企业多数资产将交给可信任的管理人。家族成员不拥有或不直接拥有财产股权,有的甚至公开提出,自己百年之后将财产的主要部分交给公益慈善基金组织,由基金组织行使股权,股权收入长期用于公益慈善事业。

创办于 1987 年的福耀集团,是全球最重要的汽车玻璃生产商之一,但家族企业色彩日益淡化。股权结构中,曹德旺家族实际控制 23.61%的股权,其余 76.39%的股权由其他投资者持有。其中,49.78%的股份由除机构投资者以外的社会公众持有。福耀集团的董事会、监事会以及高层管理人员一共 18 名,除了 4 名家族成员,其他均为职业经理人或创业元老。这些年,福耀集团的累计分红大于募资,实现了利润分配的社会化。该公司创办的河仁慈善基金还宣布筹建福耀科技大学。据该公司数据,截至 2019 年底,福耀集团和董事长曹德旺本人累计捐赠约 120 亿元。

六、资本自身演进逻辑

大成企业研究院副院长陈永杰指出:“中国民营企业向社会企业转变,与西方私人公司向大型股份公司甚至跨国公司转变的趋势与规律是基本一致的。”民营企业社会化,使其内在性质发生了根本变化。已基本不姓个人所有的“私”,也不是简单地就姓国有的“公”。国有、私有,公与私,是在国家主权体系内的划分,带有传统公有制的烙印,无法解释企业社会化的转变。这个社会化转变,形成了企业的一种现代化的产权结构,已经跨越了国家主权和共和国意识形态的范畴。

比如华为,拥有其股份的员工人数现在已达 10 万人。持股员工中有海外员工和国外投资者。我们国内很多上市企业公司的海外投资者所占的份额越来越大。在上市公司当中，很多民营企业的股东至少是几万人。这些机构除了个人投资股东还有机构股东，跨行业、跨地区、跨国家。这类社会股东当中的机构股东有私营公司法人、国有控股公司法人、混合公司法人、外资企业、境外企业等。在这类社会企业中，不少企业的股东的公众性、广泛性与社会性远远超过了国有、私有的范畴，即它不属于私人，也不属于国家，而属于社会。

国家发改委体改司原司长孔泾源强调，资产虚拟化、股份社会化、企业社会化，是市场经济发展的必然趋势，而不是人为预定的价值取向。“从个体企业走向社会企业，是资本自身演进的典型逻辑规律，是社会化大生产的客观要求，也是产业技术转型升级的推动，而不是传统意义上的社会改造。”

第四节　代理制度——公有、私有趋一

从现代市场经济的基本构成看，除了能够直接控制产权的中小企业之外，现代市场交易中，已经不可能完全依靠所有者或产权人自行完成，其中必然存在广泛的代理行为。这种代理关系是普遍的客观存在，而不管其是代理公家还是私人，不管其是代理个人还是组织，代理人和被代理人之间永远存在寻租问题。抑制寻租的根本，不是私有和公有，不在于产权的设计，而在于代理制度的设计。

一、代理关系理论的提出

代理制度理论最初由詹森（Jensen）和麦克林（Meckling）于 1976 年提出。他们认为，委托代理关系是随着生产力大发展和规模化大生产的出现而产生的。生产力发展使社会分工进一步细化，权力所有者囿于知识、能力和精力，不能再行使所有权力，而专业化分工又催生了大批具有专业知识的代理人，他们以自己的知识、能力和精力为委托人服务。在委托代理契约关系中，经济资源的所有者是委托人，负责使用及控制这些资源的经理人员是代理人。委托代理关系是涉及企业资源的提供者与资源的使用者之间的契约关系，委托代理理论则主要研究在利益相冲突和信息不对称的环境下委托人如何设计最优契约以

激励代理人。

这一理论后来发展成为契约成本理论(contracting cost theory)。契约成本理论假定:企业由一系列契约所组成,包括资本的提供者(股东和债权人等)和资本的经营者(管理当局)、企业与供贷方、企业与顾客、企业与员工等的契约关系。代理理论主要涉及企业资源的提供者与资源的使用者之间的契约关系。按照代理理论,经济资源的所有者是委托人,负责使用以及控制这些资源的经理人员是代理人。

在《产权的经济分析》中,约拉姆·巴泽尔基于信息成本和交易成本,从产权难以完全界定的假定逻辑出发,推论出一系列其他命题。然而,产权完全界定本身就是一个伪命题。国有资产所有权和经营权的双重代理,使产权边界更加模糊。事实上,权利的完全界定本身可能消灭或扼杀一切创新的动因和激情。人类之所以对剩余所有权加以期望,其中要点之一在于收益的可期性和不确定性。当经济或企业进入现代国际化大发展阶段后,衡量企业的剩余所有权或企业经营效益问题,不能再简单地用所谓的剩余索取权、所有权的结构,而必须考虑具体的组织形式、产权性质、标的物形式、企业规模、代理结构以及社会整体效益等多个方面。

二、国有企业所有权、经营权的双重代理

我国国有企业的产权属于全体人民所有,由国家代表全体人民行使资产所有权职能。全民财产在数量上的庞大性、种类上的复杂性和分布上的分散性,决定其最高的控制经营机构必然会进一步寻找下一级代理人。代理人最终进入企业董事会,代表国家行使所有权职能,形成企业所有权代理,同时所有权代理人也作为委托人,在所有权与经营权分离原则下,委托代理人来具体经营管理企业,形成经营权代理。

政府本身就是一个代议制基础上的政治选择,而不是市场效应基础上的竞争选择。在国有企业的产权管理方面,普遍存在严重的多层代理问题,国有企业从一开始就是代理人管理,而且是所有权和经营权的双重代理。代理人阶层的出现最早是在国有企业,但不是按照契约来进行委托的,是一种权力任命和权力分配,所以产生了权力寻租和腐败。

三、民营企业、国有企业在发展中殊途同归

民营企业的社会化发展，也在走向代理人管理。从代理人管理的角度，这种代理关系是普遍的客观存在，而不管其是代理国有企业还是代理民营企业，真正要解决的不是公有和民营产权归属问题，而是代理制度的设计问题，公有与民营管理问题的趋一。

企业管理问题归根结底是人的管理问题，而管理问题最关键的就是要解决好代理关系问题。无论是国有企业还是纯粹的民间企业，没有哪一家现代大型企业是由企业的所有者全面管理和经营的。通过建立符合市场规则和企业经营特点的公司治理结构，包括企业的产权结构、组织结构、决策机制、经营模式等，纠正非正常的扭曲的委托代理关系，减少过去不必要的多层代理结构，进而减少代理成本和管理过程中的寻租机会。

通过建立符合市场规则和企业经营特点的公司治理结构，充分利用市场机制的效率性和竞争性，以期节约交易成本，使企业创造更高的经营效益。国有企业和民营企业殊途同归。

综上所述，权力控制、保障经济安全、对民营企业家的政治吸纳与整合、文化特征、民营企业社会化转型、代理制度设计等方面的因素，确保在民营企业和民营经济的发展中“一党执政”及社会主义国体的政治安全和经济安全。

第五节 对民营企业的政治认同

民营经济之所以能够在中国被正式提出并被大家所认可，一定存在着一种与客观相对应的独特的经济物质形态。民营经济的概念在市场经济发达国家中是很难找到的。因为在市场经济中，民营经济就是经济活动的主体，西方经济学的一切前提都是以民营经济为基础的。从经济学的一般意义上讲，民营经济就是按照商业原则和市场规则运作的微观经济组织形式。

中国的改革开放从边缘起步，原有高度集中的计划经济模式很难再继续走下去。按照美国经济学家罗纳德·科斯对边缘经济的描述：“饥荒中的农民发明了承包制，乡镇企业引进了农村工业化，个体户打开了城市私营经济之门，经

济特区吸纳了外商直接投资，开启了劳动力市场。"民营经济由点到面，逐步成为中国经济最具有活力的内容。

中国共产党对民营企业的政治认同，伴随着中国改革开放的三个阶段一步步深化。这种对民营企业的政治认同，是从执政党思想认识的改变和新的政治选择开始，在统一全党思想的前提下，一直到宪法修订的完成，经历了一个改变历史发展轨迹的伟大变革过程。

中国宪法的四次重要修改。1982 年，《宪法》第十一条，"在法律规定范围内的城乡劳动者个体经济，是社会主义公有制经济的补充。国家保护个体经济的合法的权利和利益"。1988 年，《宪法》第十一条增加"国家允许私营经济在法律规定的范围内存在和发展""私营经济是社会主义公有制经济的补充。国家保护私营经济的合法的权利和利益"。1999 年，《宪法》第十一条修改为："在法律规定范围内的个体经济、私营经济，是社会主义市场经济的重要组成部分。"2004 年，《宪法》第十三条改为"公民的合法的私有财产不受侵犯""国家依照法律规定保护公民的私有财产权和继承权"。

民营企业、民营经济得到执政党的政治认同，大体经历了七个阶段。前两个阶段是在中华人民共和国成立初期：第一阶段是中华人民共和国成立前到中华人民共和国成立初期，在《共同纲领》下，五种经济并存，民营企业在战争后的百废待兴中蓬勃发展。第二阶段是从社会主义工商业改造开始。改革开放后，民营企业、民营经济涅槃而生，先后经历了七个阶段，走到今天。民营企业、民营经济不仅得到了执政党的政治认同，而且成为"自己人"。

一、从"否认"到"承认"

改革开放以来，国家发展的战略重心从"以阶级斗争为纲"到"以经济建设为中心"的转移，促使中国共产党实行允许民营经济在内的非公有制经济发展的"增量改革"模式。1978 年 12 月，党的十一届三中全会公告表明了国家对非公有制经济的态度。从"否认"到"承认"的这一转变，体现了国家在所有制问题上思想认识的飞跃。

只有打开共和国的发展历史，你才能在历史的参照下真正了解、认识到这种思想认识上的飞跃是多么艰难和巨大。所以，从"否认"到"承认"，这种思想上的飞跃是巨大的，尤其要把这种观念统一到全党、统一到全国人民的认识上，更是史无前例。这种认识上的飞跃，体现着两个重要的转变：

一是主流意识形态对民营经济的肯定。中国共产党的执政合法性，很大程度上是建立在意识形态正确的基础之上。党所实行的政策，也具有强烈的意识形态色彩。随着改革开放的不断发展，同计划经济相适应的传统意识形态，日益失去其依存的社会基础，越来越难以解释和指导现实生活。为了提供改革开放条件下所需要的公共政策以及体制保证，中国共产党不断进行意识形态调适，论证市场经济改革的必要性和合理性，事实上放弃了对民营经济和民营企业家的排斥。党的十四大报告正式提出建立社会主义市场经济体制的改革目标，支持非公有制经济与公有制经济长期共同发展，这不仅是思想认识上的一个飞跃，而且是国家主义发展模式的一次根本性变革。而这场变革的伟大历史意义在今后的改革实践中不断地被证实，由此使中国迅速成长为世界第二大经济体，形成了有别于西方的发展道路，在今后的改革实践中还将被证实，中国的发展道路行稳致远。

二是民营企业家与执政党从敌对关系转变为合作关系。随着改革开放“新政”的推进，非公有制经济规模不断扩大，成为国民经济的重要组成部分，民营经济也成为中国特色社会主义初级阶段必不可少的重要经济成分。日益壮大的民营经济，不仅改变了中国的经济结构，而且改变了中国的社会阶层结构，一个新兴的民营企业家群体应运而生并不断壮大。民营企业家阶层作为推动中国经济发展和结构转型的重要主体，成为中国共产党实现经济、社会发展目标的战略合作伙伴，这标志着民营企业家与执政党的关系从以前的敌对关系转变为合作关系。相应地，执政党对待民营企业家的态度与政策也从排斥、否定、消灭转变为承认、鼓励、吸纳与整合。也就是说，随着市场化改革过程中民营经济的发展壮大，中国共产党已经将民营企业家阶层作为政治吸纳与整合的重要对象。

二、从“承认论”到“补充论”

1982 年 9 月，中共十二大报告指出，劳动者个体经济是公有制经济的必要和有益补充。1987 年 10 月，党的十三大指出：“私营经济一定程度的发展有利于促进生产，活跃市场，扩大就业，更好地满足人民多方面的生活需求，是公有制经济必要的和有益的补充。”1992 年 10 月，中共十四大报告提到，以公有制经济为主体，个体经济、私营经济、外资经济为补充，多种经济成分长期共同发展。

1988 年 4 月，第七届全国人民代表大会第一次会议通过宪法修正案，对《宪法》第十一条增加规定：“国家允许私营经济在法律规定的范围内存在和发展。”私营经济是社会主义公有制经济的补充，改变了以前消极承认非公有制经济存在的态度，从“承认论”到“补充论”已经是一个了不起的进步。从“承认论”过渡到“补充论”，这是中国对民营经济认识上质的飞跃，但补充不是成分，没有独立性。

三、从“补充论”到“组成论”

邓小平 1992 年初的南方谈话表明市场经济可以同公有制兼容，社会主义也可以搞市场经济；1997 年 9 月，党的十五大报告总结改革开放 20 年的历史经验，明确非公有制经济已不仅起补充作用，而且已成为中国市场经济的重要组成部分，对非公有制经济的态度从“补充论”过渡到“组成论”，对民营经济进行了重新定位，把“公有制为主体、多种所有制经济共同发展”确定为中国特色社会主义初级阶段的一项基本经济制度。

十五大报告重申社会主义初级阶段理论，强调当前发展社会主义市场经济的重要性，将“非公有制经济”定位为“我国社会主义市场经济的重要组成部分”①。

1999 年 3 月，第九届全国人民代表大会第二次会议对宪法进行第三次修改，再次强调了个体私营经济的地位——“国家在社会主义初级阶段，坚持公有制为主体、多种所有制经济共同发展的基本经济制度”。

1978 年 12 月，党的十一届三中全会由“承认论”到 1997 年 9 月党的十五大“组成论”，历经 21 年，为开辟有别于西方的“中国道路”奠定了坚实的思想基础。民营经济在国家经济社会发展中地位的提高，带来了民营企业家阶层经济和社会地位的显著提高，但民营企业家的政治地位却仍受制于传统意识形态。

---

① 江泽民：《高举邓小平理论伟大旗帜，把建设有中国特色社会主义事业全面推向二十一世纪——在中国共产党第十五次全国代表大会上的报告(1997 年 9 月 12 日)》，《求是》，1997 年第 18 期。

四、“两个毫不动摇”和“重要组成部分”

2000年以后，党越来越重视民营企业家阶层对政治参与的诉求。但问题的症结在于，在传统意识形态框架下民营企业家难以获得合法的政治地位。为了克服这一难题，党进一步调整意识形态，从根本上解决民营企业家身份与体制之间的冲突。

2002年11月，党的十六大首次提出“必须毫不动摇地巩固和发展公有制经济，必须毫不动摇地鼓励、支持和引导非公有制经济发展”。“两个毫不动摇”成为21世纪民营经济大发展的重要理论基础。

2005年，国务院出台了“非公经济36条”。“非公经济36条”被视为一个全面、系统、非常具有开拓性的文件，是政策的大突破。“非公经济36条”出台后，为贯彻这一政策，国家各部委计划出台37个配套文件。截至2008年6月底，“非公经济36条”主要配套措施已达35个，31个省（市、区）累计出台了相关法规性文件210多件。从中央到地方，制度建设迈出了第一步。

2007年10月，党的十七大在十六大的基础上又提出“两个平等”，进一步保护和支持民营经济的发展。

十八大报告在重申“两个毫不动摇”的基础上，提出“更大程度更广范围地发挥市场在资源配置中的基础性作用”[①]。继续强调“两个毫不动摇”方针，保证各种所有制经济依法平等使用生产要素，公平参与市场竞争，同等受到法律保护。

十九大报告再次强调，要“毫不动摇鼓励、支持、引导非公有制经济发展，使市场在资源配置中起决定性作用”[②]，从功能定位、产权保护、政策待遇上进行明确：

（一）在功能定位上

明确公有制经济和非公有制经济，都是社会主义市场经济的重要组成部分和中国经济社会发展的重要基础。

---

① 习近平：《毫不动摇坚持我国基本经济制度 推动各种所有制经济健康发展》，《人民日报》2016年3月9日。

② 习近平：《决胜全面建成小康社会 夺取新时代中国特色社会主义伟大胜利》，《人民日报》2017年10月28日。

(二)在产权保护上

明确提出公有制经济财产权不可侵犯,非公有制经济财产权同样不可侵犯。

(三)在政策待遇上

强调坚持权利平等、机会平等、规则平等,实行统一的市场准入制度;鼓励非公有制企业参与国有企业改革,发展非公有资本控股的混合所有制企业,鼓励有条件的私营企业建立现代企业制度,这将推动非公有制经济健康发展。

从补充到成为主要经济发展力量,对民营企业的政治认同发生了质的变化。补充本身就有某种局限性,也把民营企业置于国民经济发展的次要地位,而民营企业在国民经济发展中的 56789 的结构性存在,决定了自己的地位。在一党执政的政治语境中,政治上的认同是民营经济的发展关键,只有政治认同,才有可能在社会上建立起新时期的中国工商文明和各种制度。

意识形态领域的重大变革,只有通过一系列公共政策才能贯彻落实。党对民营经济和民营企业家性质的新定位,同样需要通过相关政策才能现实化。改革开放以来,中央陆续出台了多项推动民营经济发展的政策法规。为落实宪法修正案与中共党代会方针精神,国家先后制定并形成了一套比较系统、全面、明确与细致的法律政策,以切实促进民营经济发展,主要有《中华人民共和国民法通则》(1986 年)、《私营企业暂行条例》(1988 年)、《公司法》(1993 年)(后多次修订)、《合伙企业法》(1997 年)、《个人独资企业法》(1999 年)、《中小企业促进法》(2002 年、2017 年修改)、《物权法》(2007 年)等。主要政策有《国务院关于鼓励、支持和引导个体私营等非公有制经济发展的若干意见》(2005 年),《国务院关于鼓励和引导民间投资健康发展的若干意见》(2009 年),《中共中央 国务院关于完善产权保护制度依法保护产权的意见》(2016 年),《中共中央 国务院关于营造企业家健康成长环境、弘扬优秀企业家精神、更好发挥企业家作用的意见》。

从政治认同到法律规定、制度措施,虽然有些只是口头上的,只是一种宣言,但政治认同的意义巨大,其着重点在于“消除影响非公有制经济发展的体制性障碍,确定平等的市场主体地位”。

第四章　制度的基础设施建设

根据经济史学家安格斯·麦迪森(Angus Maddison)的研究，直到19世纪20年代，中国仍然是拥有世界上最大GDP(国内生产总值)的国家，占世界GDP的1/3。但仅仅20年之后，1840年、1860年两次鸦片战争失败后，中国很快沦落为“半殖民地”国家。亚洲另一大国印度当时的GDP居世界第二位，在1858年，全国沦落为英国的殖民地。两个大国都是被只占世界GDP 4%的英国打败。因此必须认识到，一个国家的强大并不在于其拥有的经济总量，甚至也不在于单纯的军事力量，而在于一整套新的制度体系，尤其是政治制度。

第一节　国家治理体系和治理能力现代化

一、两个百年目标

党和国家的两个百年目标，重点提出了国家治理体系和治理能力的现代化，各方面制度更加完善。2017年10月，《中共中央关于坚持和完善中国特色社会主义制度，推进国家治理体系和治理能力现代化若干重大问题的决定》(以下简称《决定》)提出了党和国家在两个一百年国家治理现代化的目标：

第一个一百年国家治理现代化的目标：“在各方面制度更加成熟更加定型上取得明显成效”。“到2035年，各方面制度更加完善，基本实现国家治理体系和治理能力现代化”。

第二个一百年国家治理现代化的目标：党的十九届四中全会《决定》提出：“到新中国成立一百年时，全面实现国家治理体系和治理能力现代化，使中国特色社会主义制度更加巩固、优越性充分展现。”

2022 年 10 月，党的二十大报告进一步提出 13 个强国目标：教育、科技、人才、文化、体育、制造、质量、航天、交通、网络、农业、海洋、贸易（见表 4－1），提出要建设健康中国、美丽中国、平安中国、数字中国、法治中国，为新时代、新征程党和国家事业发展、实现第二个百年奋斗目标指明了前进方向，确立了行动指南，以“全过程”为尺度，推进国家治理体系和治理能力现代化。

表 4－1　　重要文件中的强国目标

出　处	时　间	内　容
党的十八大报告	2012 年 11 月 19 日	人才强国、人力资源强国、文化强国、海洋强国
党的十九大报告	2017 年 10 月 18 日	人才强国、制造强国、科技强国、质量强国、航天强国、网络强国、交通强国、海洋强国、贸易强国、文化强国、体育强国、教育强国
党的二十大报告	2022 年 10 月 16 日	教育强国、科技强国、人才强国、文化强国、体育强国、制造强国、质量强国、航天强国、交通强国、网络强国、农业强国、海洋强国、贸易强国

国家经济的繁荣离不开企业的发展壮大，国家的制度创新可以为企业发展创造宽松的市场竞争环境。党和国家要实现两个百年目标，根据目前民营企业在中国经济中的结构性存在，离不开民营企业、民营经济的发展壮大。民营企业是我国市场主体的重要组成力量，为我国经济发展作出了重要贡献。民营经济的 34-56789 从正面说是中国经济发展的重要力量。从另一方面说，如果没有民营企业 50％以上的税收、60％以上的 GDP、70％以上的技术创新成果、80％以上的城镇就业，中国经济发展的各项指标会发生什么样的变化，可想而知，砍掉这个结构性的存在，将如何实现两个百年目标。

（一）中国梦

中华民族伟大复兴、大国崛起，成为党和国家的“中国梦”。大国崛起，是指在一个特定时间段内该大国的国际地位和国际影响力快速上升的现象。1 400 年以来，有 9 个国家先后崛起过，它们是：葡萄牙、西班牙、荷兰、英国、法国、德国、俄国、日本、美国，有的崛起成功后又衰落，有的间歇崛起，有的重新崛起，崛起成功会导致世界领导国或至少地区领导国的更迭、霸权轮替或世界性权力的转移。大国崛起是相对于其他国家而言的，是一场国家间的崛起竞赛，有成功者，有失败者。

新中国成立后特别是改革开放以来，中国共产党团结带领全国各族人民，创造了世所罕见的经济快速发展奇迹，实现了两个超越：一是超越了世界经济的平均增速；二是超越了中等收入国家的平均水平。

国内生产总值由1952年的679亿元到1978年的3 679亿元，再到2018年突破90万亿元，1978—2018年年均经济增长9.4%，远高于同期世界经济2.9%左右的年均增速。

2018年人均国民收入达到9 732美元，超越中等收入国家的平均水平，正在加快向高收入经济体迈进。国家面貌从新中国成立之初的一穷二白迈向繁荣富强，中华民族迎来了从站起来、富起来到强起来的伟大飞跃。

(二)制度优势转化为国家治理效能

当今世界正经历百年未有之大变局，我国正处于实现中华民族伟大复兴的关键时期，必须充分认识中国特色社会主义制度的优越性，坚持和完善中国特色社会主义制度。党的十九届四中全会首次明确提出：将制度优势转化为治理效能，并明确提出了“固根基，扬优势，补短板，强弱项”的实施路径，提出了加强“系统治理、依法治理、综合治理、源头治理”的工作重点，这不仅有助于中国共产党在新时代更好治国理政，加速中华民族伟大复兴，而且有助于在全球治理变局中彰显中国道路及其比较优势。

推进国家治理体系和治理能力现代化，是我们战胜前进道路上的各种风险挑战，把我国的制度优势更好地转化为国家治理效能，实现“两个一百年”奋斗目标，实现中华民族伟大复兴的中国梦的有力保证。

(三)国家治理现代化的四大目标

大国崛起竞赛的结果，取决于国家治理现代化竞争的胜负。国家治理现代化，是通过国家建设、民主建设、法治建设和治理制度建设四大目标实现的。四大治理体制目标的均衡发展是现代国家的重要标志。

党的十九届四中全会作出的《中共中央关于坚持和完善中国特色社会主义

制度，推进国家治理体系和治理能力现代化若干重大问题的决定》，是新中国成立以来历次中央全会首次提出，主题鲜明、目标明确、路径清晰。这是党中央立足当前、着眼全局和长远作出的重大决策，是与中国特色社会主义现代化总目标、总体战略部署相适应，又是未来实现我国社会主义治理现代化的战略部署。《决定》明确提出坚持和完善中国特色社会主义制度、推进国家治理体系和治理能力现代化总目标，分为三个时间点阶段目标：2021 年、2035 年、2050 年。

坚持和完善中国特色社会主义制度、推进国家治理体系和治理能力现代化的总体目标是：“到我们党成立一百年时，在各方面制度更加成熟更加定型上取得明显成效；到 2035 年，各方面制度更加完善，基本实现国家治理体系和治理能力现代化；到新中国成立一百年时，全面实现国家治理体系和治理能力现代化，使中国特色社会主义制度更加巩固、优越性充分展现。”

这是党中央依据党的十九大精神，立足新时代中国特色社会主义历史方位，对标“两个一百年”奋斗目标，为坚持和完善中国特色社会主义制度、推进国家治理体系和治理能力现代化作出的战略目标安排。

（四）开放、包容、共享的治理制度

治理制度的建设是国家治理现代化四大目标中重要的一个。治理制度建设，是从垄断性、汲取性、排斥性治理制度，走向开放、包容、共享的治理制度的过程，增强治理制度的包容性可以通过治理制度的改革创新来实现。

中国共产党人以前所未有的开放心态自觉地学习人类文明成果，又切实立足于中国的国情，在改革实践中不断探索与创新，构建起既具广阔国际视野，又有深厚中国传统，还有鲜明中国特色的国家制度和国家治理体系。

二、制度创新——一个永恒的话题

匈牙利裔的经济史学家卡尔·波兰尼提出了“双向运动”学说，从市场和社会两股力量钟摆式拉锯对 20 世纪出现的“大转型”做出解释。在他看来，基于自由主义原则的经济全球化不可能独立于社会制度，它与社会制度之间的关系是一种互相“嵌入”的双向运动。当经济全球化扩张到特定程度时，必然要求各国政府根据实际情况进行调整。

以道格拉斯·诺斯为代表的新制度经济学家经过对经济史的长期研究提出一个重要观点，“对长期经济增长起决定性作用的是制度性因素而非技术性因素”。诺斯据此发展起一个制度安排，通过提供激励机制、机会结构和约束机制影响个体行为选择，从而最终影响社会经济政治绩效（国家的兴衰）的整合性分析框架，来解释不同国家长期经济增长和相应的国家兴衰的原因。

从人类文明之始到今天的信息时代，制度无时不在深刻影响人类社会的发展和日常生活。制度问题是一个古老的历史命题，它随着人类社会的进步而不断变化。制度是人类文明的积累，对任何国家尤其是对发展中国家来说，制度建设是一切，所有其他方面的进步必须以制度的进步来衡量。尽管制度是人确立的，但制度比人更可靠；从历史上看，制度更是衡量政治人物政治遗产的最重要标准。制度化因此也是社会科学和政策研究界的永恒课题。

伴随科技发展和人类文明的不断进步，面对信息化、全球化时代思维方式、生活方式的剧变，各国都在努力探索适应本国国情的制度创新模式。基于制度创新的现代视角，如何推动现行政府管理体制的变革、重新定义国家职能和政府边界、完善公共事业管理制度等，成为各国政府不得不时刻考虑的现实课题。

郑永年在《大变局中的机遇：全球新挑战与中国的未来》中指出：“中国所取得的成就并不能仅仅以各种经济指标来衡量。无论是中国传统上的辉煌还是近代西方国家崛起的经验都表明了一个道理，不论是国家的崛起还是民族的复兴，最主要的标志便是一整套新制度的确立及其产生的外在影响力，即外部的崛起只是内部崛起的一个延伸而已。”

第二节　从“摸着石头过河”到“顶层设计”

“摸着石头过河”原是一句民间歇后语，通常是说“摸着石头过河——踩稳一步，再迈一步”。陈云最早引用。在 1950 年 4 月 7 日政务院第 27 次政务会议上，陈云说：“物价涨不好，跌亦对生产不好。要‘摸着石头过河’，稳当点为好。”1980 年 12 月 16 日，陈云在中央工作会议上发表了《经济形势与经验教训》的重要讲话：“我们要改革，但是步子要稳。因为我们的改革，问题复杂，不能要求过急。改革固然要靠一定的理论研究、经济统计和经济预测，更重要的还是从试点着手，随时总结经验，也就是要‘摸着石头过河’，开始时步子要小，缓缓而行。”

邓小平完全赞同，说：“这个讲话在一系列问题上正确地总结了我国31年来经济工作的经验教训，是我们今后长期的指导方针。”在邓小平看来，中国特色社会主义建设是一项前无古人的事业，既不可能在马列主义本本上找到现成答案，也没有任何现成的实践经验可以照搬照抄，所以只能“摸着石头过河”。

2012年12月，习近平总书记在十八届中央政治局集体学习时指出：“摸着石头过河，是富有中国特色、符合中国国情的改革方法。摸着石头过河就是摸规律。”他说：今天我们还“要采取试点探索、投石问路的方法，取得经验，形成共识，看得很准，感觉到推开很稳当了，再推开，积小胜为大胜”。

一、渐进式、试错法、实践检验

“渐进式、试错法、实践是检验真理的唯一标准”是“摸着石头过河”的三大核心。政策的试错性和易变性，不但有“半夜鸡叫”式地对市场的扰动，而且也通过实践检验来纠正改革的偏差。这种基于“摸着石头过河”的朴素的认识论的改革方式，深刻体现了“人类行动的后果而非人类精心设计的产物”。一方面，它使改革避免来自国有部门的潜在阻力，把改革失败的风险控制在最低限度，并形成对国有经济的示范效应和竞争压力；另一方面，推动了市场经济体系的发育，并形成了以开放促改革的局面，是中国经济改革最为成功的方面，与苏东国家在转轨初期的改革绩效形成了鲜明的对比。

“摸着石头过河”，带有明显的碎片化改革特征。很多的改革是问题推动型的、应急型的，没有考虑到改革的系统性。经济领域的改革在先，社会领域的改革在后，整个社会还没有形成政府、市场和社会良性互动的公共治理框架。

发展需要制度创新，但发展的成果需要制度作为保障。20世纪80年代的人们曾经热衷于讨论制度现代化，但后来将重心转移到经济发展，久而久之，似乎经济发展取代了制度现代化。不过，在实际层面，国家面临的制度现代化挑战越来越严峻。制度现代化不仅关乎可持续的经济发展，而且关乎文明的进步。衡量一个国家崛起的最主要指标就是一套新制度的崛起，经济发展是一个重要的方面，但其本身不能取代制度建设，尤其是新制度的创新。

二、"顶层设计"

中国改革开放已经进入超域阶段，改革的影响、改革的效度不可能局限在单一的经济领域。我们积累了大量的改革经验，并且改革的重点、难点也逐渐清晰。这时，长期渐进式改革留给我们的主要问题是各部门、各地区、各阶层的利益需要进行梳理。在此基础上，从"摸着石头过河"到"加强顶层设计"的全面深化改革，打破阻挠改革的既得利益格局，在权衡各方利益的前提下提出了激励相容的改革措施，并凝聚新的改革动力；梳理长期试错改革中形成的改革不同步、不配套局面，解决其中的短板问题，提出清晰的改革路径、日程表，释放清晰的改革信号，有利于企业投资行为更加长期化、金融市场投资者的行为更为理性。

改革开放四十多年，我国都是粗犷型、扩张型的数量型经济。从数量型经济到质量经济的跨越，不仅仅是技术的创新，而且是制度的创新。

民营企业、民营经济的发展从国际化、全球化，发展到全球产业链、供应链、价值链的链接、构成，从自然生长阶段向全球整体布局方面提升，需要国家层面的顶层设计，而不仅仅是依靠市场那只"看不见的手"。面对双循环以及国际科技领域合作、技术贸易、服务贸易、国际投资、并购、"一带一路"倡议等，更需要国家全球发展战略的支撑，而把这种战略支撑落实到具体的政策制定、落实、执行上，使民营企业、民营经济发展成为实现两个百年目标的方面军，成为实现"中国梦"的重要力量。

第三节　中国制度创新的优势

世界进步的基础是制度的进步，因为更加先进的制度，带来更大的效率和能力，自然发展更加迅速。从世界历史来看，人类社会不断发展和进步的动力很大程度上来自制度的优势。

一、中国制度的优越性

改革开放以来，邓小平一代解决了经济发展问题。中国在短短四十几年时间里书写了世界经济史上的最大奇迹，从一个一穷二白的国家提升为世界第二大经济体、最大贸易国，即使就人均国民所得来说，也已经接近高收入经济体。

另一个奇迹是促成近8亿人口脱离贫困。历史地看，任何社会都有方式致富，但不是都能够找到脱贫方式。在脱贫成就方面，中国独一无二。

尽管中国的经济奇迹为人们所称道，但中国所取得的成就并不能仅仅以各种经济指标来衡量。无论是中国传统上的辉煌，还是近代西方国家崛起的经验都说明了一个道理：不论是国家的崛起还是民族的复兴，最主要的标志便是一整套新制度的确立及其产生的外在影响力，即外部的崛起只是内部制度崛起的一个外延。

制度是决定性因素。看不到中国的制度优势，既难以解释所取得的成就，又难以保障已经取得的成果，更难以实现未来可持续的发展。但同时制度建设也是最难的。

（一）制度创新的基础

共和国的成立，奠基了中国国家制度，成为后来改革开放制度创新的基础。毛泽东的建国构想，从历史比较角度来看，既根本不同于历代封建王朝的经济基础、政治制度和社会结构，又不同于由蒋介石领导的国民党政府所代表的官僚资本、大地主阶级建国路线；从国际比较角度看，既不是欧美国家以私有制为基础的资本主义经济，又不是苏联及东欧国家以公有制为基础的社会主义经济，而是第三条道路。确切地讲，它是一种混合经济，既有资本主义经济成分，又有社会主义经济成分。这是毛泽东根据当时中国经济十分落后的基本国情，创造性地、务实地提出的新的建国构想。其政治制度和社会结构主要包括：

1. 中央集权

1948年8月14日，中共中央发出《关于严格执行报告制度的指示》，要求严格执行及时的和完备的报告制度，将这件事作为一种绝对不允许违反的指令，以便中央及时了解各地对中央的路线和方针、政策的执行情况。

9月，中央政治局会议通过《中共中央关于各中央局、分局、军区、军委分会及前委会向中央请示报告制度的决议》，旨在加强党中央的集中统一领导，将一切可能和必须集中的权力集中于中央和中央机关手里，妥善处理中央集权和地方分权的关系。《共同纲领》规定:“全国各地方人民政府均服从中央人民政府。”这一制度成为国家统一的根本制度。

2. 统一财政经济体制

1948 年 7 月初,中央财政经济部成立,董必武任部长。9 月,华北人民政府成立后,随即成立华北财经委员会,发出《关于统一华北财政工作的决定》。12 月 1 日,由原华北银行、北海银行、西北农民银行合并而成立中国人民银行,并从即日起统一各解放区的货币,发行人民币,作为新中国的本币。

3. 人民解放军统一建制,统一军事指挥

1948 年 11 月 1 日,中央军委发布了《关于统一全军组织及部队番号的规定》,明确规定将人民解放军分为野战部队、地方部队和游击部队。野战部队的纵队改称为军,旅统一为师。军以上设兵团和野战军两级指挥机构,军以下一般按三三制实行编组。团以上各级番号按全军统一顺序编排。地方部队以旅为最高战斗单位,隶属各军区。军区分为一、二、三级和军分区。游击部队仍称纵队、支队。1949 年 9 月,《共同纲领》规定:中华人民共和国建立统一的军队,即人民解放军和人民公安部队,受中央人民政府人民革命军事委员会统率,实行统一的指挥、统一的制度、统一的编制、统一的法律。

4. 以党领政的权力体系

1952 年 12 月,毛泽东明确提出,党中央及各级党委对政府、对财经工作、对工业建设的领导责任是:第一,一切主要的和重要的方针、政策、计划都必须统一由党中央规定,制定党的决议、指示,或对各有关机关负责同志及党组的建议予以审查批准;各中央代表机关和各级党委则应坚决保证党中央及中央人民政府的一切决议、指示和法令的执行,在不抵触中央决议、指示和法令的范围内,制定自己的决议或指示,保证中央与上级所给任务的完成。第二,检查党的决议和指示的执行情况。

上述基本制度安排形成了党领导政府、全党服从中央的原则,使“一盘散沙”“山头林立”的中国迅速形成政治统一、决策集中、中央集权的体制。

5. 建立党内监督机制

1949 年 11 月,中共中央决定成立以朱德为书记的中央纪律检查委员会和地方各级党的纪律检查组织,主要任务是检查和审理各级党的组织、党的干部及党员违反党的纪律行为。

6. 实行大行政区制度，建立起五级地方政府

新中国成立后，建立中央政府相对是比较容易的，但是建立地方政府则需要一个制度建设的过程。当时采取的一个十分简便的办法，就是直接参照中国人民解放军的体制建立政府行政体制，在军队实行解放军总部、野战军、军、师、团编制，相对应地，政府实行中央、大区、省级、地级、县级编制。

7. "一体多元"的民族区域自治制度

毛泽东、周恩来明确提出实行民族区域自治，建立统一的共和国，不实行联邦制，不搞加盟共和国。中华人民共和国采取了单一制国家体制，并确立了民族自治的新制度。它不同于苏联1922年所采用的统一的多民族的联邦制，即"多元一体"的模式，各加盟共和国为主权国家，保留退出苏联的权利。《共同纲领》规定"中华人民共和国境内各民族一律平等"，设计了实行民族区域自治制度，即"一体多元"的模式，在单一制条件下的多元。这是将民族自治与区域自治有机结合的制度安排，既有利于保证国家的完整和统一，又有利于在中央人民政府领导下发挥少数民族自治的积极性。

毛泽东时代国家治理结构和社会结构的建立，给改革开放奠定了基础。"社会主义制度的建立，是我国历史上最深刻最伟大的社会变革，是我国今后一切进步和发展的基础"，成为最重要的制度资产。毛泽东时代奠定的基础，就成为邓小平时代的历史起点，而这个起点又远高于毛泽东时代的历史起点。

改革开放以后，在基本经济制度方面，中国已经形成了"混合经济制度"。按照郑永年的说法，就是"三层资本构造"，即顶层的国有资本、基层的以大量中小型企业为主体的民营资本、中间层国有资本和大型民间资本的互动。这种经济制度可以同时最大限度地发挥政府和市场的作用。各种经济要素互相竞争与合作，造就了中国经济的成功，同时它们之间也存在着互相制衡的关系。因为一旦三层资本失衡，经济就会出现问题，人们就必须在三层资本之间寻找一个均衡点。

在这个过程中，政府扮演着不可或缺的角色。在中国的哲学中，发展和管理经济永远是政府最重要的责任之一。政府承担着提供大型基础设施建设、应付危机、提供公共服务等责任，而民间资本提供的则更多的是创新活力。过去

数十年，中国在构造世界经济历史奇迹的同时又避免了亚洲金融危机（1997 年）和世界金融危机（2008 年），在这个过程中，这个经济体制功不可没。

（二）制度创新的优势

与西方比较，中国具有制度创新的优势。西方国家政府干预经济的手段仍十分有限，一个是货币政策，另一个是财政政策。而中国除了货币政策、财政政策，还有更多的调控手段。列宁曾明确指出，我们比资本家占优势，因为“手中有国家政权，有多种经济手段”。

1. 经济手段

经济手段是政府在自觉依据和运用价值规律的基础上借助经济杠杆的调节作用，对国民经济进行宏观调控，是对社会经济活动进行宏观调控的价值形式和价值工具，包括财政政策、货币政策、产业政策、区域政策、收入分配政策和经济计划，涵盖了价格、税收、信贷、工资等各个方面。

2. 法律手段

法律手段是国家通过制定和运用经济法规来调节经济活动。政府依靠法治力量，可以有效地保护公有财产、个人财产，维护各种所有制经济、各个经济组织和社会成员的合法权益，调整各种经济组织之间横向和纵向的关系，保证经济运行的正常秩序。

3. 行政手段

行政手段是以国家行政权威的强制力，通过采取行政命令、指示、指标、规定等行政措施来调节和管理经济，具有强制性、垂直性和权威性等特点。这种调控手段只有中央集权的政府才具备。这些调控手段的有效运用更需要一套完整的制度建设。

（三）文明演化形成的——政府己任

中国的制度模式促成了中国成功的故事，只有文明的，才是可持续的。中国的经验表明，制度建设不能放弃自己的文明，但需要开放，对自己的文明进行创造性地转化。只有找到适合自己文明、文化的制度形式，人们才可以建设一套行之有效和可持续的制度体系。

中国文明演化不同于西方的政治和经济关系。无论是在知识层面还是在实践层面，中国文明从来没有把经济视为一个独立的领域。确切地说，经济从来就是国家治理的一个有效手段。

在中国最重要的经济文献《管子》中，首篇《牧民》就论述了经济对国家治理的重要性。春秋战国时代虽然百家争鸣，但对政府的经济角色并无异议，各家只是在政府和经济之间关系的程度上有不同的主张。自汉代《盐铁论》以后，中国基本上对政府的经济责任以及政府如何承担这个责任有了共识。

在中国，从古至今，经济活动从来就被定义为政府责任的内在部分。政府把推动经济发展作为己任，同时也从中获得政权统治的合法性。尽管政府和市场的关系在不同历史阶段表现形式不同，但经济活动是政府的责任这一政治经济哲学，从古至今没有发生根本的变化。直至今天，老百姓的文化心理中仍然对政府的经济责任抱有高度的认同。

从竞争的角度看制度建设，拿国有企业与民营企业来说，一些民营企业仍较难与国有企业竞争，因为相关竞争的制度条件仍需优化。竞争越激烈，进步动力越大。政府应当创造制度条件，让它们不断走向良性竞争。从制度角度来说，还有很多功课需要继续做。

总结过去，我们实际上实现了三个可持续——经济的可持续发展、社会的可持续稳定、制度的可持续支撑。这三者缺一不可，构成中国之制度优势。

二、制度创新——政权的生命力之所在

中国人常说，“铁打的营盘，流水的兵”。制度就是营盘，而官员和老百姓都是生活在制度之下的兵。习近平在《坚持、完善和发展中国特色社会主义国家制度与法律制度》[①]文章中指出：“中国特色社会主义国家制度和法律制度是在长期实践探索中形成的，是人类制度文明史上的伟大创造。”这一论断指明了中国特色社会主义制度在人类制度文明史上的地位。理解这一重要论断，要从大历史观的视野，把中国特色社会主义制度放到人类社会发展和制度文明发展的历史中去考察。

在马克思关于社会主义的论述中，社会主义社会从来没有固定的制度模

① 习近平：《坚持、完善和发展中国特色社会主义国家制度与法律制度》，《求是》，2019年第23期。

式。恩格斯指出:“我们是不断发展论者,我们不打算把什么最终规律强加给人类。”恩格斯又说:“所谓‘社会主义社会’不是一种一成不变的东西,而应当和其他任何社会制度一样,把它看成是经常变化和改革的社会。”

“制度”属于社会历史范畴,始终与人类社会相联系。现代每一代人一开始都面临着既定的、由前辈人的活动创造而不是由自己选择的社会制度,他们在这样的社会制度下成长起来并从事活动,又用自己的实践活动和理论创造改变环境,以这样那样的方式影响和改变社会制度,包括通过革命改革推翻旧制度,创建新制度。

一个政权的生命力之所在,源于不断的制度建设和更新。由此而言,任何一个领导人或领导层的历史遗产,就是他们所塑造的制度。没有制度建设,就没有持久的遗产。

第四节 构建新时代的工商文明

如果说西方发达国家的民营化浪潮是对凯恩斯主义政府干预模式的一次调整,那么社会主义国家民营化则是对国家主义发展模式的一次根本性变革。从计划经济到混合经济,已经完成了国家主义发展模式的第一轮改革。支持民营企业发展的制度基础设施建设,是国家主义发展模式的又一次根本性的改革。

制度的基础设施主要包括三个方面:一是非制度因素的转变,建立新型的工商文明和政商关系;二是政府职能转变和政府职能创新;三是市场机制构建和市场机制创新。

一、非制度因素

非正式规则,是人们在长期实践中无意识形成的,具有持久的生命力,并构成世代相传文化的一部分,包括价值信念、伦理规范、道德观念、风俗习惯及意识形态等因素。

一种独立的制度体系一旦确立,必然通过对行为主体的制度约束,实现制度设计者所设定的政策目标。但是中央制定的各种支持民营企业发展的制度目标并没有实现,关键是非制度因素在起作用。思想意识、所有制偏见等制度规范的全部价值并不限于该约束性规范本身,而在于其真正要确立的价值取向。意识形态决定制度的生命周期和最终的存活。

(一)制度的外围生存空间

制度的外围生存空间是其赖以生存的客观环境,没有适合制度生存的客观环境,制度规范既无法真正存在,又不能有效发挥作用。任何一项制度的规定,都是对外部行为主体的一种宣示,同时真正能够得以顺利执行的制度也只有在外部主体默认的条件下才能存在。

相对于制度所直接规范的主体来说,外部环境的间接主体认可其存在的合理性,同时又通过不作为形式执行一种遵守义务。比如,在中国特色社会主义建设过程中,对于如何建设社会主义的问题,事实上一直存在种种争论。20 世纪 60 年代初,我国曾经试行“大包干”“三自一包”等制度模式,但是由于整体社会环境和意识形态的影响,只能昙花一现。与此相反,1978 年改革开放以后,随着社会环境变化和改革意识的推动,以小岗村“包产到户”为样本的制度模式在全国普遍开花。制度的外围生存空间是其赖以生存的客观环境,没有适合制度生存的客观环境,制度规范便无法真正存在。

(二)“工商文明”不是资产阶级的专属

工业和商业是现代经济的两个轮子,相互离不开。简单地说,就是要有工厂来生产产品,要有商业网络来销售产品,这是配套的,即工商是一家。“工商文明”在整个人类文明中已经形成最大的历史潮流,新生的企业和城市利益集团的兴起,就是“工商文明”的兴起。

工商文明是靠发展经济、增加财富来缓解财富分配上的矛盾。工商文明的历史已创造出丰富多元的社会文明,有英国的君主立宪制,有美国的宪法一联邦的地方分权的共和制,有法国相对中央集权的共和制,有北欧的福利社会主义,当然也包括现在中国的社会主义初级阶段。

正如市场经济不是资本主义的专属,“工商文明”也绝不是资产阶级的专属。“工商文明”是一种生产和生活方式,是一种更有效率、更符合人性的生产和生活方式。无论工商文明的制度和文化表现有多少差异,但是凡工商文明社会都有一些共同的基本原则，如鼓励自由竞争、信息流动自由、保护私有财产、政府与企业的关系按平等和法治的关系处理、社会领导人由民主选举产生等。

用新时代的工商文明，将国家民族集团感情、亲情转化成大国公民的良知、责任和自组织力。建立工商文明，就是要避免小到有毒食品、“黑砖窑”，大到鲸吞公共财产、制造金融泡沫、倒买国土资源等恶性操纵事件，继续在任何一个人类社会中发生。

一句古老的非洲格言：地球不是祖先留给我们的遗产，而是子孙托付我们保管的财富。当下的中国，不是革命先烈留给我们独享的最后晚餐，而是后生未来托付我们共同呵护的家园。因此中国应当在变革自身经济政治体制的同时率先建构一种全新的中华工商文明。

当中国成为世界经济的引擎时，超越即更生，超越即复兴。复兴远不只是整体经济的强大，更是一种“万物并育而不相害，道并行而不相悖”的古老智慧复兴。中国现代化的发展，正在探索并可能实现人类历史的又一次工商业文明创新。

（三）“商本位”和“官本位”

“商本位”和“官本位”是完全对立的文化。所谓“商本位”，是指按工商业的基本原则来管理社会事务。工商业者之间的竞争，以契约和计算为基础，比的是技术、创新、成本、质量、价格、服务，而不是比谁的权力最大、谁离权力中心最近。工商从业者中的矛盾是通过谈判和契约来解决的。封建皇权官僚的“官本位”制度是以暴力和官阶为秩序的，工商文明需要的是平等、自由、契约、法治的社会关系，而不是专制社会里常见的强制、垄断和特权。

工商文明以生产建设流通为本，而不是以掠夺和分配为本。所以工商文明内部的阶级关系、官民关系是通过谈判和契约来完成的，不是暴力对抗。“商本位”是建设性的和平性竞争，“官本位”是暴力性的破坏性竞争。商本位竞争的结果，是科技的发展、成本的降低和质量的提高；官本位竞争的结果，是生产力的破坏和社会的混乱。工商文明以“平等、自由、契约、法治”构建社会关系、构建人与人的关系、构建官与民的关系。

（四）工商文明的特点

工商业文明的一个显著特点在于“计算”“推理”之上的理性，因为理性才会最大限度地获得财富。工商业文明的另一个特点在于人们从农业文明之下互不关联的“个体劳动”中脱离出来，走向公共空间（市场、工厂、社区等）中互为关联的“集体劳动”。人们在公共空间交往和生活。公共空间的扩展也产生了对公共品的需求，同时也发展出公共道德规范。近代以来，政府在社会经济各方面的角色越来越重要，主要是为了提供足够的公共品。随着公共（集体）空间的增加和公共品的供给，社会整体道德水平也随之提高；或者说，社会整体上变得更加合乎道德。

竞争是所有工商业社会的特征，也是工商业社会进步的动力。个体一旦投入工商业社会，那么金钱往往成为衡量成功的最为重要的标准。对个体来说，竞争来自比较，即与自己的过去比较，与同一辈人比较。到了新环境，就与新的群体比较。通过比较，产生“绝对落后感”或者“相对落后感”，从而产生追求成功的动力，而且对这种成功的需求，已经远远超过对金钱本身的追逐。很多民营企业家认识到，金钱到了一定规模，就是数字，但是他们还是在努力拼搏，目的就是追求成功、追求社会认可。

二、中国工商文明早慧而晚熟

吴晓波在《浩荡两千年：中国企业公元前七世纪—1869 年》中写道：“世界上最大的贪婪，其实是制度的贪婪。制度对权力的贪婪之大，超过任何个人。……正是在这一制度之下，中国的宏观经济和工商文明呈现出早慧而晚熟、先盛而后衰的发展态势。”

（一）早慧的中国

在世界工商文明史上，中国无疑是最早慧的国家之一。早在两千多年前，史学家司马迁在《史记》“货殖列传”中，专门为商人列传。司马迁说：“夫用贫求富，农不如工，工不如商。”这是说，要想由贫变富，农业不如工业，工业不如商业。这个道理，几千年前就清楚。虽然早慧，但是长期以来我国传统商业文化被排在主流社会意识形态之末。中国古代的社会阶层排序是士、农、工、商。士（官）排在第一位，商排在末位，并依附和受制于当时在社会经济中处于主流地位的传统农业经济，以农耕文明为主，重农抑商，压制工商业的发展。

(二)发展工商文明的优越条件

从经济要素上分析,中国有发展工商经济的无数优越条件。

1. 统一市场

中国是全世界最早也是维持时间最长的统一市场,与欧洲中世纪之前的封闭分割、自给自足式的地方领主经济全然不同。中国是第一个人口过亿的国家,庞大的内需市场为工商生产和流通创造了得天独厚的环境。

2. 关税——城门之征

中国商人、商业和商业文化的起源在商丘,商代的商丘人王亥"肇牵车牛,远服贾用",是第一个用牛车拉着货物到远地去做生意,被奉为商业鼻祖。第一个由政府颁布的保护商人利益的法规《质誓》诞生于春秋时期的新郑,以"城门之征"为代表的最早的关税征收发生在春秋时期的商丘。

春秋时期诸侯国众多,来往贸易频繁。《周礼・天官》载:"关市之赋以待王之膳服",体现当时周代中央征收赋税诸侯国的一种新的手段,来满足王室的供给,以及对于国家今后治理的物质保障。

宋国商丘是中国征收关税最早的地方。杨伯竣所著的《春秋左传注》记载,公元前 61 年,宋武公根据当时宋国国都睢阳城的商业发展情况,即颁布法令让一些守卫城门及管理商业的人员"以门(即现在所称谓的关)赏而班,使食其征"。由此可见,宋国向商人征收关税在春秋诸侯国中是最早的,也可以说商丘是中国海关税的发祥地。

3. 城市发展

城市是工商业发展的必然条件。世界上第一座人口超百万的是北宋时的汴京(今开封),当时人口达到 150 多万,宋代著名画家张择端的《清明上河图》就是这一盛况的真实写照。而欧洲最古老、最发达的城市之一伦敦当时只有 5 万人。

4. 工商制度创新

在工商制度创新上,中国拥有很多世界纪录:宋代出现了第一批合股公司和职业经理人阶层;元代出现了世界上第一张纸币;清初则出现了粮食期货贸易……

美国学者罗伯特·坦普尔（Robert Temple）在著名的《中国，文明的国度》一书中曾写道：“如果诺贝尔奖在中国的古代就已经设立，各项奖金的得主，就会毫无争议地全都属于中国人。”

此外，中国还有非常健全的乡村自治体系，有世界上最富有、人数最为众多的商帮集团。在相当长的时间里，中国是工商经济最为发达的国家。

（三）步入农商社会

汉唐以来，单一农业经济正在逐步转化为农业和工商业并重的局面，开始步入“农商社会”阶段。农商并重的经济结构之“新”在于“商”：虽然农业仍是基础性产业，但社会经济的整体运行已经不仅依赖于农业生产，而且依赖于商品性农业和手工业部门的成长壮大。

宋朝特别是南宋手工业和商业的迅猛发展，提供了多种多样的出口商品；反过来，繁盛的海上丝路贸易，又刺激了宋代社会内部市场经济的不断成长。国际贸易与国内经济的双向互动关系，导致宋代经济结构发生某种“质”的变迁：经济结构由单一农业结构演化为农商并重的结构；商人阶层和手工业群体开始壮大，城市人口数量和经济意义明显增长。

宋代，国内生产总值（GDP）总量就占到了全球的1/3。到明清时，中国仍然保持着经济规模世界第一的地位，拥有最高的粮食产量，棉纺织业的生产规模是英国的6倍。然而，如此早慧而发达的工商经济，却保持了长达千年的“高水平停滞”。

这种工商业文明力图冲破自然经济的束缚，以获得更大的发展空间；然而在自然经济地基上生长出来的政治体制、习俗和思想观念，则处处牵绊着工商业文明前进的脚步；当进入工业革命时期之后，它竟远远落后。

三、中国传统工商文明的特点

西方商品经济体系的建立基于契约精神，重视颠覆式创新、标准化建设、现代化管理、资本化运作等方面的精髓。西欧工商业文明的兴起是由工商业主自发、城市自治形成自下而上的涌动形成。与此不同，中国的现代化建设是在自上而下的政府推动和主导下进行的。由于中国长期处于小农经济和中央集权统治之下，缺乏工商业文明的内生机制，因此当面对西方列强的欺凌和冲击时，自然而然就形成自上而下的、由政府推动的一系列现代化举措。工商业文明的本性在于，活动主体是企业和工商业者，而不是政府机构，因此只有权力的推动，是不能形成工商业文明体系的。

(一)被边缘化的族群

在全球经济规模第一的国度里，从事工商业的商人阶层却成了一个被边缘化的族群。它们的政治地位和社会地位极其低下，自《史记》之后，正史之中几乎没有完整的记录，甚至连司马迁也因在《史记》中专写"货殖列传"一章，遭到后世学者的诟病。以工商业最为繁华的宋代为例，有名有姓的商人寥寥无几。在清代，山西商帮控制了中国的盐业、边贸和金融业，其财富总和相当于中央财政收入的两倍，可是在536卷的《清史稿》中，被记录在案的晋商仅一人而已。

(二)"集权"与"抑商"

国学家钱穆在《中国历代政治得失》中总结道:"从这两千年的历史中提出了传统政治中的几条趋势，其中就是'集权''抑商'。在集权与抑商的背后，是一个无比强悍的政治权力制度安排——高度专制、大一统的"中央集权制度。"所以重农抑商政策不是经济政策，而是政治制度。重农的本质是"固农"，抑商的本质是"抑民商"，其根本目的都是加强中央集权。

在早期的中国，并没有重农抑商，我们的祖先非常擅于经商。公元4000年前的商部落便擅长经商，并且积累了大量的物质财富，之后更是在汤的带领之下成功推翻夏朝，建立了强大的商朝，创造了举世瞩目的青铜器文明。正是因为商族人善于经商，所以后世把做生意的人称为商人。商朝灭亡之后，周朝成为新的统治王朝，但是仍然没有抑制商业发展。《周书》曰:"农不出则乏其食，工不出则乏其事，商不出则三宝绝，虞不出则财匮少，财匮少而山泽不辟矣。"这句话把农业、手工业、商业的地位和作用进行了分析，认为这三种产业都是非常重要的。

中国从公元前7世纪开始，以"管仲变法"为标志，开始探索国家积极干预产业经济的试验，此后多有演进，到公元前221年秦始皇灭六国，逐渐成为一个中央集权制国家。为了保持垄断和支配地位，政权与国有资本集团必然对财富的集中度非常敏感，民间资本因而不被允许做大，所谓的“抑商”政策从来都是出于政治性的要求。

商鞅变法的核心便是加强中央集权，将秦国由原先的松散状态迅速加以强化，使之成为一个庞大的战争机器。商鞅提出重农抑商。重农，大力发展农业，与此同时利用户籍政策、连坐制度，限制百姓的流动自由，整个社会被人为地分割成原子化社会，以便于征兵和征税。抑商，还是为固农。相较于农业，商业利润更高。一旦有人通过商业发财致富，便会有大量的农业人口流向商业，就一定会逃避农耕和作战。最可怕的是商业的交换原则会深入人心，从而动摇封建专制的基础——人身依附关系。

抑商的表现之一是“抑民商”，也就是国有资本对民营资本的抑商政策。汉武帝时期，桑弘羊除了控制盐铁产业，还对流通产业实行了两种手段：

一是“均输”“平准”。桑弘羊实行的“均输”和“平准”，等于把那些经商者的路径几乎全部堵死。而他的最终目的也是要让那些商贾在商品买卖中无从得利。自桑弘羊推行“均输”和“平准”以后，各类史书上再也找不到大的经商者。

二是民间资本在皇权制度下没有保障。在中国的封建制度皇权下，人民的财产没有合法的保障，统治者对人们的财产权任意宰割。国家对于工商阶级的一切财产，常常会以“均贫富”的手段重新被分配。其目的，一方面增加朝廷的财政收入，以保持皇权的稳固；另一方面就是统治者为了打散民间的力量，采取“均贫富”的手段，从而让自己的权威不受到任何威胁。

(三)中央集权的四大支柱

这种中央集权、大一统的帝国模式并非一日建成。对于专制者来说，想要维持集权统治，所依赖的是四个方面的基础性制度：(1)中央与地方的权力分配模式——郡县制度；(2)全民思想的控制模式——尊儒制度；(3)社会精英的控制模式——科举制度；(4)宏观经济制度模式——国有专营制度。

宏观经济制度模式具体就是实行重要资源的国有化垄断，以控制国计民生。基于这四个基本制度，在高度的中央集权制度之下，统治者通过控制人们的物质基础、思想基础、人才基础和经济基础，达到增强君主专制的目的。

(四)商人自古谦卑的情结

在中国五千年的农业文明中，虽然商品交换现象最早出现并始终存在，但商品流通经济却一直仅承担着“调节多寡、互通有无”的附属商业职能。而商人阶层的懦弱和缺乏自主精神，更是让人印象深刻，由此而产生的中国传统商业文化自古就带有一种谦卑的情结。正因为这种附属的商业产业地位和艰难的生存发展条件，从而也磨砺出我国传统商业文化中“德义为先、义利并举、柔刚相济、兼容并蓄”的内涵。东方文明五千年来所孕育的商业文化内涵，更是较西方五百年近现代商业历史所缺失的优势所在。

1. 见官矮三分

社会地位低，在中国传统社会中，身处士、农、工、商“四民”之末。地位最高的就是官员，地位最低的就是商人。见官矮三分，不是商人愿意谦卑，而是由商人的社会等级决定的。他们根本无法掌控自己的命运。再大的企业家，见官矮三分，官不是独立的个体，官的后面是一个国家组织。财富规模、企业成功都无法与强大的国家机器对垒，只能矮三分。

2.“不只是要你的财，还要你的命”

没有保障，更没有尊严。有的时候，不只是要你的财，还要你的命。商人一直处于末流，不被上流社会接纳，纵使他们能够拥有价值连城的财富，成为民间的富豪，但在官家眼中，仍然是微不足道。他们可以用自己手中的权力整顿商家，但商人却没有自救之法。

沈万三成为明朝首富之后，尽管为朝廷捐献了巨款，但也没有逃脱朱元璋的制裁。朱元璋交给沈万三一枚铜钱，说：这一文钱乃是朕的本钱。你去为我放债。以一月为限，第二日起至第三十日止，每日收取一“对合”。“对合”是指本钱与利息等值，即每天利息是100%，利滚利。以这一文钱为基础，第二日本利相加是两文，第三日就是四文，第四日就是八文，第五日就达到十六文，依此类推。按朱元璋的标准，计算到第十天，应是512文钱；计算到第二十天，可达524 288文钱；到第三十天终止日，居然达到536 870 912文钱，超过五个亿。朱元璋用这一文钱整垮了沈万三。后来沈万三终于倾家荡产。朱元璋下令将沈家的巨额财产全部抄没充公，之后又下旨将沈万三全家流放云南。最后，沈万三的曾孙等六人和女婿都被凌迟处死。

(五)“富不过三代”的梦魇

两千年来，中国商人尽管创造了无数的物质文明，某些家族及商帮在某一时代也积累过惊人的私人财富,可是,他们从来没有争取到独立的经济利益和政治地位,也不能在法理上确立自己的财产所有权不容统治权力侵犯。

在朝廷确立了国有专营制度以后,许多当权者便开始以国家的名义牟取私利,这样就形成了"官商经济"。

所谓"富不过三代",并不是因为中国的商人没有积累三代财富的智慧,而是因为财富的积累必托庇于拥有者与政权的关系,而这一关系则必然是脆弱的和不对等的。因此,财富的可持续积累和安全性,不完全地操于拥有者之手。在财富传承这一命题上,产业的拓展和资本积聚能力远不如政商关系的保持能力重要。

(六)"一个人钻营"与"官商经济"模式

朝廷在确立了国有专营制度以后,许多当权者便开始以国家的名义牟取私利。与此同时,天性趋利的民间商人通过寻租的方式进入顶层以牟取暴利,从而催生出一个制度性的官商经济模式。自宋之后,特许授权、承包经营日渐盛行,进入明清之后愈演愈烈,当时出现的几大著名商帮,如晋商、徽商和广东十三行商人,其财富来源大多与授权经营垄断产业有关,官商经济模式从而根深蒂固,不可逆转。商人阶层对技术进步缺乏最起码的热情和投入,成为一个彻底依附于政权的食利阶层。他们的庸俗归附与大一统中央集权制度的强悍与顽固,构成一个鲜明、对应的历史现象。

美国学者费正清一生以中国为研究对象,商人阶层是他关注的一个群体。在《中国与美国》一书中,他充满困惑地写道:"一个西方人对于全部中国历史所要问的最迫切的问题之一是,中国商人阶级为什么不能摆脱对官场的依赖,而建立一支工业的或经营企业的独立力量?"主要原因就是中国长期形成的官和民的互动关系。民间对官方的一般态度是,你要的我都给你,我惹不起你。官对商的态度是你私下买通我,我很欢迎,我就希望卖个好价钱。这一正一负、一推一挡,就逼着所有的工商界成长起来的力量都走"个人钻营"这个方向。

中国商人在超强的中央集权专制下绝对不敢去想象改变帝国制度,官家为我立了法,虽然没有改变的能力,但是通过个人收买地方官府的执行人员,做一点小的政策调整,就是让各种各样的与个人有关的、围绕个人的官家立法或规则变形，在执法上也变形，把全部的资源和精力全部投入改善个体的生存氛围的营造上。商人用这种方式完成"个人钻营"之后，便形成一种常规的官商经济模式，就像"一朝天子一朝臣"一样，他是"一朝天子一朝商"，或者"一任知府一任商"。

"个人钻营"无法延续、无法持久，难以积累和传续，甚至是违法的。可以清楚地看出中国商人选择"个人钻营"动机，成本很低，很方便，但是非常不稳定。

四、景德镇——传统工商文明的全脸谱

景德镇在历史上是工商业极其发达的一个城镇，它是工商业者创造出来的城市，在专制的强权下呈现出中国传统工商文明的全脸谱。

(一)皇家垄断——"御窑"

(1)资源垄断：所有的高岭土都是皇家的，谁也不许挖。你可以偷偷弄、偷偷买，这是私下的一种交易。民窑只能用普通的陶土，最好的陶土是皇家垄断的。

(2)技术垄断：皇帝还规定，所有的青花瓷谁也不许烧，只有官窑能烧，谁敢烧青花瓷，谁就是死罪，谁敢用都是大罪。

(3)市场垄断：只要有利，官家就可以直接经商，你可以把他理解为最大的资本家。它不光是一个暴力集团，也从事生产，而且另有暴力优势，遇到竞争，很简单地下道禁令。

(4)人才垄断：用强权聚集最优秀的工匠。这是官家经商的第一特征，就是用暴力组织和维持了皇家御窑的垄断地位。在这种特权秩序中，最重要的资源、最好的技术，别人都不能碰。官家用暴力划分利益边界，工商业中利益大的归他。所以中国传统社会的顶层只有垄断，没有市场。

(二)市场瓜分——民窑

在官家用暴力垄断那块之后，剩下的部分仍然由民间用暴力进行分配，以暴力形成工商界的秩序。官家切走自己的利益之后，让出一些领地，一些资源一些市场归民窑。民间开始瓜分剩余部分。这种瓜分，不是公平的市场竞争，而是通过暴力建立起市场壁垒，进行边界划分。七寸盘、八寸碗各有所属，不能

越界。

明清以来景德镇形成了三大帮会，利用宗族势力进行市场瓜分，从而达到排斥异己的目的。都昌帮会——基本上垄断了圆器业、烧窑业、满窑业、孪窑业、窑砖业、瓷篦业。徽州商帮——经营窑柴、白土、颜料、瓷器等生产资料；经营钱庄、行商、牙行等，垄断了信贷、汇兑等金融领域和全国的市场通道。杂帮，主要操纵与外地联系和瓷器运销。例如，建窑和修窑技术，是鄱阳人垄断技术，任何外籍人都不传。后来鄱阳人带出来一个都昌的外甥。这一技术就传到了都昌。窑分为柴窑、槎窑，赚钱不多的槎窑归你，大的柴窑归我。首先靠技术垄断，其次靠暴力，形成利益分配格局。

五、建构新时代的工商文明

西方商品经济体系基于契约精神，重视颠覆式创新、标准化建设、现代化管理、资本化运作等方面的精髓，在经历了短短三十年被中国企业恶补吸收之后，似乎已被迅速掌握。但 21 世纪的中国商业文化进程，已开始出现东方文明的自我理解与融合，进而呈现出以西方商业文化为主体，中国传统文化反向再渗透的东西合璧状态。

法国哲学家亨利·柏格森在《道德与宗教的两个来源》中指出，道德有两个来源，或者说是由两种成分构成的：一是作为“义务”的道德，一是作为“抱负”的道德。作为“抱负”的道德，不是出于为社会所必需的那种“压力”，而是出于英雄人物的“抱负”和创造，是用“忠诚”“自我牺牲”“隐忍”“仁爱”等德行去感召人们，它超越了只关心个人和团体的狭隘利益。

马克思曾经说，资本的“伟大的文明作用”在于摧毁一切阻碍发展生产力的限制。资本“是力图超越自己界限的一种无止境的和无限制的欲望”“这些界限在资本发展到一定阶段时，会使人们认识到资本本身就是这种趋势的最大限制，因而驱使人们利用资本本身来消灭资本”。中国现代工商文明将创造出人类文明新形态，“新”就“新”在超越资本文明的历史极限。从这个意义上说，中国式现代工商文明的建立，实际上完成两次超越：第一次超越自己的民族性、文化性，吸纳人类工商文化的共同基因；第二次超越，是除了秉承人类工商文明的五种基因外，还将超越西方资本文明的历史极限。虽然我们走上了工商文明之路，但是源于农耕时代的思想观念仍然影响着我们，妨碍着工商文明力量的释放和发展。

改革开放以来，中国社会的经济结构发生了很大变化，最突出的就是利益主体日益多元化，同时由于贫富差距的日益扩大，由利益关系引起的社会矛盾和社会冲突在明显增加。可以说，利益矛盾和利益冲突将会成为我国今后社会生活的一个组成部分。我国正在进入利益分化、利益博弈和利益冲突的时代，这是今后任何改革不能不考虑的基本出发点。除了社会主义市场经济治理方面的制度建设外，非制度因素中现代工商文明建设也异常重要。

第五节　为民营企业发展创造空间

2013 年 1 月 18 日，中国财富网在《吴晓波：关注民营经济的重要性 比音勒芬是“树根经济”的典型企业》中说：中国的民营经济正在成为中国的“树根经济”。近年来，民营企业充分利用草根生命力顽强、生长力强大的特点，逐步做成了“树根经济”，把一棵棵小草做成了一棵棵小树，长成了一棵棵大树，有的则形成了参天大树。例如，华为集团成立于 1988 年，在过去 20 年一直专注于电信设备的市场没有动摇，从电子元件交易、代理交换机贸易再到数字化产品的开发，一步一个脚印，最终从小代理商到世界五百强。实际上，所谓的产业转型升级，说到底就是让“草根企业”转型为“树根企业”，从而让“草根经济”转化成“树根经济”。

在当前的经济形势下，民营经济是稳经济大盘的基本力量之一。在扑朔迷离的全球产业竞争中，它们是代表中国势力的核心军团。

一、只有结构性的存在，没有结构性的安排

中国民营企业在中国经济发展中贡献了 50%以上的税收、60%以上的 GDP、70%以上的技术创新成果、80%以上的城镇就业、90%以上的企业数量。贡献的背后是民营经济在中国经济发展中的结构性存在。这种存在一旦受到伤害和损失，就会改变行业环境和地方经济环境，改变经济平衡，同时也会产生对行业产业链、价值链、供应链的破坏。民营经济虽然在中国经济发展中有结

构性的存在，但没有得到政府结构性的安排。

（一）民营企业“34-56789”数字后面的金融密码

国家经济增长源于税收增长，国家经济增长源于市场主体及其产出的增长，国家税收与财政实力增强是相辅相成的。2012—2021 年，国家税收总额从 110 740 亿元增长到 188 737 亿元。

1. 民营企业税收贡献超过 11 万亿元

根据《经济观察报》2022 年 10 月 29 日报道，近十年来主要年份国有、民营、外资税收的主要数据：2012 年、2015 年、2020 年和 2021 年的四个年份，国有企业税收分别占全国税收的 30.7％、31.7％、24.3％和 24.7％；民营企业分别占全国税收的 48％、50％、59.7％和 59.6％，外资企业分别占全国税收的 19.6％、18.2％、16.0％和 15.7％。

民营企业税收年均增长 8.3％，超过总体税收年均增长 6.1％，占全国税收的比重，提高 11 个多百分点。民营企业已经成为国家税收来源的最大主体。特别值得关注的是，全国国有控股企业税收总额连续 4 年下降，占比已经降至只占全国的 1/4。按照 2021 年国家税收 188 737 亿元的总体规模，民营企业就贡献了 112 487.252 亿元税收。

2. 民营企业 500 强的营业收入总额为 38.32 万亿元

中华全国工商业联合会发布 2022 年中国民营企业 500 强报告。报告显示，2022 年是全国工商联连续组织开展的第 24 次上规模民营企业调研。民营企业 500 强的营业收入总额为 38.32 万亿元，增长 9.13％；资产总额为 41.64 万亿元，下降 17.92％；税后净利润为 1.73 万亿元，下降 12.28％。民营企业 500 强的销售净利率、资产净利率、净资产收益率分别为 4.51％、3.74％、11.44％，人均营业收入、人均净利润分别为 350.24 万元、15.79 万元，总资产周转率为 82.98％。

38.32 万亿元，这仅仅是民营企业 500 强的营业收入，占全国企业总量 90％的民营企业全部的营业收入，将是一个更庞大的数字。图 4－1 为历年中国企业 500 强民营企业主要指标占比。

3. 2019 年民营企业的投资达 30.66 万亿元

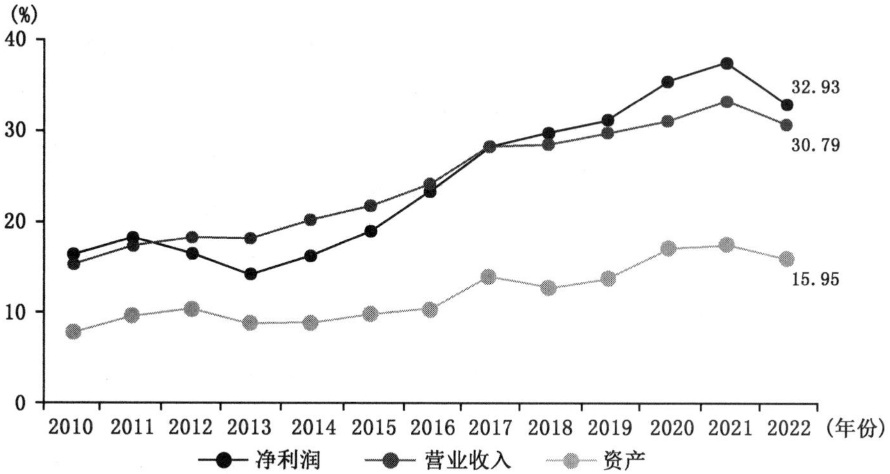

资料来源:《中国 500 强企业发展报告》。

图 4—1　历年中国企业 500 强民营企业主要指标占比

2018 年 9 月 6 日,国家发改委在新闻发布会上宣布,从投资总量占比看,2012 年以来,民间投资占全国固定资产投资的比重已连续 5 年超过 60%,最高时达到 65.4%。尤其是在制造业领域,目前民间投资的比重已经超过八成,民间投资已经成为投资的主力军。

2019 年就投资规模而言,民营企业的投资已达 30.66 万亿元,在制造业企业投资中占比超 85%。民营企业已成为投资的最大推动力。民营企业投资成为中国投资的最大主体、最大推动力。

2022 年 11 月 7 日,国家发改委网站发布《关于进一步完善政策环境加大力度支持民间投资发展的意见》(以下简称《意见》),其中一大要点为鼓励民间投资,以多种方式盘活存量资产,并指出,民间投资在全社会固定资产投资中占有半壁江山,也是投资的主力军。

根据 2022 年 6 月 23 日《经济日报》报道,自 2012 年有民间投资统计口径以来,全国民间投资占整体投资的比重始终保持在 55%以上。2022 年 1—5 月份,民间投资增长 4.1%,占整体投资的比重为 56.9%,在整体投资中仍占大头。其中,制造业民间投资增长 18.9%,基础设施民间投资增长 9.1%,民间投资质量进一步改善。

民营企业为税收贡献了 11 万亿元，民营企业 500 强的营业收入总额为 38.32 万亿元，民营企业的投资达 30.66 万亿元，根据这几组不完全的数字，可以推断民营企业的利润规模，为生产流通所投入的流动资金规模、固定资产规模、外贸收入规模等。民营企业创造了金融市场的各种要素资源，这些资源成就了中国的银行业，为银行创造了巨大的现金流、巨大的流动性和巨大的金融资产，但这些金融密码没有为民营企业“融资难”“融资贵”解构。

（二）非经济学角度的观察

世界银行国民经济核算数据以及经济合作与发展组织国民经济核算数据显示，2013 年中国农业增加值占 GDP 的比例为 9.3%；2014 年为 9.06%；2015 年为 8.83%；2016 年为 8.56%；2017 年为 7.92%。中国农业增加值占 GDP 的比例逐年下降。

1.“重农”的结构性安排

根据统计局公开发布的数据，2020 年全国农业及相关产业增加值为 16.69 万亿元，是当年农林牧渔业增加值的 2.05 倍，占 GDP 的比重达到 16.47%。民营企业贡献了 60%以上的 GDP，是农业的 3 倍以上，而且逐年上升。

国家为了支持农业的发展，从中华人民共和国成立之初就设立中国农业银行，改革开放后，又设立了中国农业发展银行。这是直属国务院领导的一家农业政策性银行，1994 年 11 月挂牌成立，主要职责是按照国家的法律法规和方针政策，以国家信用为基础筹集资金，承担农业政策性金融业务，代理财政支农资金的拨付，为农业和农村经济发展服务。

1986 年，为扶贫，成立了扶贫办；2021 年，为发展乡村振兴，成立了乡村振兴局。重农，从金融机构到国家职能部门，进行了完整的结构性安排。

2. 改革开放后，19 家国内系统重要性银行

新华社 2022 年 9 月 9 日报道，近期人民银行、银保监会开展了 2022 年度我国系统重要性银行评估，认定了 19 家国内系统重要性银行。这 19 家国内系统重要性银行包括 6 家国有商业银行、9 家股份制商业银行、4 家城市商业银行，按系统重要性得分从低到高分为五组：第一组 9 家，包括中国民生银行、中国光大银行、平安银行、华夏银行、宁波银行、广发银行、江苏银行、上海银行、北京银

行；第二组 3 家，包括中信银行、中国邮政储蓄银行、浦发银行；第三组 3 家，包括交通银行、招商银行、兴业银行；第四组 4 家，包括中国工商银行、中国银行、中国建设银行、中国农业银行；第五组暂无银行进入。

虽然无法按照国民经济分类进行对比，但就对 GDP 贡献的一个指标来说，无论是交通、基建、农业、保险等，哪个行业都无法超过民营企业对中国经济的贡献。

3. 看似花团锦簇的“非繁花”

相比之下，关于民营企业融资问题，无论是商业银行、股份制银行还是地方银行，都在积极地为民营企业提供融资服务。这种报道到处都是，年年更新。

中国人民银行：加大对民营小微企业的支持力度，继续推进民营企业债券融资支持，坚持“两个毫不动摇”，引导金融机构切实加强和改进金融服务，加大对民营小微企业的支持力度，进一步解决好民营小微企业融资问题。

中国农业银行：提出了支持民营企业高质量发展，明确建立民营企业“敢贷、愿贷、能贷”的长效机制，大力推广专项支持民营小微企业首贷户的线上信贷“首户 e 贷”，完善“链捷贷”供应链金融产品体系，创新“融通 e 信”、优化“票据 e 融”“订单 e 贷”“应收 e 贷”等线上业务操作规程，进一步简化民营小微企业开户流程，持续提升金融服务效率。

中国建设银行：打出支持民营经济发展“组合拳”，认真贯彻落实中共中央、国务院关于服务民营企业和民营经济的重大决策部署，深入研究服务小微企业和民营经济的具体举措，并连续出台《进一步加大支持民营和小微企业发展的通知》和《中国建设银行支持民营经济指导意见》，将构建一套具有建设银行特色的“支持民营经济发展组合拳”，坚持优先服务优质民营企业、优先支持重点行业、优先支持民营经济活跃区域、优先支持供应链企业、优先帮扶临时困难企业渡过难关“五个优先”，配套强化授信研究、强化产品创新、强化服务效率、强化金融科技运用“四个强化”，建立保障资金来源、保障资源配置、保障尽职免责、保障策略帮扶“四个保障”，给民营企业“输血”，以实际行动助力实体经济发展。

民生银行：将进一步整合金融资源，助力民营企业发展，创新服务手段，提升服务能力，助力民营企业发展“提速、提质、提效”，强化民营企业客群分层分类经营，做好民营企业客群扩容增效：大型战略民营企业持续推广“1＋3”作业模式，落实“五位一体”服务；中小型民营企业持续加强理念模式落地推广，加速新供应链金融模式落地，持续为民营企业及企业家提供“融资＋融智＋融商”服务。

中信银行：十四项举措支持民营企业，打造服务民营企业最有温度的银行。

上海银行：发布支持民营企业及小微企业30条，以“组合拳”深化金融服务……

（三）自茧的“世纪难题”

亚当·斯密提出了“中国人为什么勤劳而不富有”的“斯密难题”。李嘉图提出了“中国四大发明的后面为什么科技不够发达”的“李嘉图难题”。罗伯特·福格尔提出的“中国人为什么1750年后落后于西方”的“罗伯特难题”。民营企业“融资难、融资贵”问题，几十年来从中央到地方，从国家领导到各部委、工商联、协会，早已意识到，早已知道，早已重视，早已做过指示和部署，但是至今仍有待解决。

“融资难”“融资贵”，始终是民营企业尤其是民营中小企业面临的一个主要问题。融资难，关系到企业能否获得金融资源，关系到企业的生死存亡；融资贵，则主要涉及融资成本。造成融资难、融资贵的原因是多方面的，既有民营企业先天性信用缺乏、可担保的抵押物少等企业内部原因，也有我国金融制度不健全、银行体系不合理、银行竞争不充分等外部原因。而我国以民营中小企业为服务对象的信用担保机构发展并不充分，一般实力较弱，抵御风险能力有限，且服务意识和能力有待提高，对解决民营企业融资难、融资贵问题作用有限。

据一项对江西省A股上市民营企业的调查，近年来在去杠杆、债券违约潮、定增新规、P2P爆雷等叠加影响下，银行信贷收紧，上市企业定向增发、信托、发债、私募等融资渠道受阻，部分企业资金偏紧。融资成本不断攀升，以一年期为例，上市公司通过银行抵押借款，利率在7%—8%；通过券商股票质押，利率从2017年的5.5%上涨至2018年的7.5%左右，且质押折扣从上年的5至6折下降到3至4折；通过发债融资，综合成本普遍在8%以上，且AA＋以上评级才有资方认可；通过信托项目融资以及私募基金，利率达12%以上；通过P2P平台融资，融资成本高达15%—18%。上市民营企业融资尚且困难，其他民营企业融资难、融资贵问题就可想而知。

改革开放以来，工业经济、产品经济高速发展，使中国几乎在所有的市场领域都形成了买方市场。而在民营企业的金融市场中，却依然如故地保持着卖方市场。融资难，就是民营企业对金融市场的需求大于供给。市场需求本身就是经济发展的机会所在，市场机会就意味着有盈利空间。但是几十年过去了，机会仍然是机会，机会没有形成市场动员力，没有形成为民营企业金融服务和供给的有效市场。

建立为民营企业服务的金融市场，民营企业发展本身就提供了巨大的市场基础。从银行的角度，民营企业的资产规模、现金流、客户资源，对任何银行的存贷业务来说，都是超级的客户资源。民营企业为银行创造了超级的储户，提供了巨大的资金蓄水池；民营企业生产流动资金、研发资金、采购资金、销售资金的运转，为银行创造了巨大的流动性；民营企业壮大了银行的规模，仅以民生银行为例，根据新华社北京2019年2月22日报道，中国民生银行副行长石杰表示，从2012—2018年，民营企业客户资产规模从4 000多亿元增至15 000多亿元，年均新增近2 000亿元。

各类银行在吸纳民营企业的客户资产、获取金融市场资源等方面，敞开了怀抱，但在为民营企业提供融资服务方面有待加强。银行占有这些民营企业提供的金融市场资源，发展壮大自己，也需为民营企业提供有效的金融供给。

二、“结构性安排”

中国脱贫攻坚战：8年减贫近1亿人，古今中外，绝无仅有。中国提前10年实现《联合国2030年可持续发展议程》减贫目标。联合国秘书长古特雷斯指出：“精准扶贫方略是帮助贫困人口实现2030年可持续发展议程设定的宏伟目标的唯一途径，中国的经验可以为其他发展中国家提供有益借鉴。”

2021年2月25日，习近平总书记在全国脱贫攻坚总结表彰大会上庄严宣告：“经过全党全国各族人民共同努力，在迎来中国共产党成立一百周年的重要时刻，我国脱贫攻坚战取得了全面胜利，现行标准下9 899万农村贫困人口全部脱贫，832个贫困县全部摘帽，12.8万个贫困村全部出列，区域性整体贫困得到解决，完成了消除绝对贫困的艰巨任务，创造了又一个彪炳史册的人间奇迹。”

（一）脱贫攻坚战，结构性安排的作用

复盘一下脱贫攻坚战，就可以看出其中的“结构性安排”“系统性安排”。

1. 顶层设置

1986 年 5 月 16 日成立国务院扶贫开发领导小组，是国务院（副部级）议事协调机构，当时称国务院贫困地区经济开发领导小组——有权。

2. 机构动员

从中央到地方，省、区、市、县、村，贯穿整个政府体系。五级书记抓扶贫，全党动员促攻坚。全国累计选派 300 多万名第一书记和驻村干部，同近 200 万名乡镇干部和数百万村干部一道，组织脱贫，将领导力、组织力、执行力转化为脱贫一线超强的战斗力——有人。

3. 责任落实

为保障扶贫的执行力，中办、国办印发《省级党委和政府扶贫开发工作成效考核办法》，扶贫政绩与“官帽”挂钩，从“军令状”到“指挥棒”，把扶贫开发作为干部政绩考核的硬指标，层层加码，步步紧逼，既算“总体账”，又看“明细账”——有责任。

4. 财政安排

中央财政，在年度预算中安排财政专项扶贫资金。地方各级财政根据各地减贫工作需要和财力情况，每年预算安排一定规模的财政专项扶贫资金，并逐年加大投入规模。

2017 年，中央和地方财政专项扶贫资金规模超过 1 400 亿元。其中，中央财政安排补助地方专项扶贫资金 860.95 亿元，比上年增加 200 亿元，增长 30.3%；有扶贫任务的 28 个省（自治区、直辖市），省级财政专项扶贫资金规模达到约 540 亿元。

2012—2020 年，中央财政专项扶贫资金投入 6 896 亿元，2021 年安排中央财政衔接推进乡村振兴补助资金 1 561 亿元。

不仅各级财政的资金安排，还有扶贫信贷资金、社会捐赠资金，包括个人捐赠的资金、企业捐赠的资金、福利彩票的扶贫资金以及机关、企事业单位捐赠的

对口帮扶资金等——有钱。

5. 钱照给，人照派

除了结构性的安排外，为了保障扶贫成果，又进行了系统性的安排，还是从机构开始，由国务院扶贫开发领导小组办公室变身为（副部级）国家乡村振兴局。

“接过脱贫攻坚接力棒，向着乡村振兴加速跑”。接力棒、加速跑的前提是：财政的钱照给，人照派。财政部、农业农村部、国家乡村振兴局等部门联合发布《关于加强中央财政衔接　推进乡村振兴补助资金使用管理的指导意见》，进一步细化中央财政衔接，推进乡村振兴补助资金政策。2022 年，乡村振兴补助资金为 1 650 亿元，同口径较 2021 年增加 84.76 亿元，增长 5.4%。

截至 2021 年底，全国 18.6 万名驻村第一书记、56.3 万名工作队员全部选派到位，160 个国家或地区乡村振兴重点帮扶县确定，中央确定的主要衔接政策全部出台，脱贫攻坚向乡村振兴平稳过渡。广大脱贫地区干部群众用脱贫攻坚的“金钥匙”，开启乡村振兴的“致富门”。

中国脱贫攻坚战的胜利，充分地证明了结构性安排在取得全面胜利中的决定性作用，坚持对党的信念，只要党要解决的就一定可以做到。所以，中国民营企业“融资难、融资贵”也不应该成为“世纪难题”。

（二）结构性存在呼唤结构性安排

2019 年 2 月，中共中央办公厅、国务院办公厅印发了《关于加强金融服务民营企业的若干意见》，并发出通知，要求各地区各部门结合实际认真贯彻落实。

1. 中央明确提出：注重优化结构性制度安排

《关于加强金融服务民营企业的若干意见》指出：民营经济是社会主义市场经济的重要组成部分，在稳定增长、促进创新、增加就业、改善民生等方面发挥着不可替代的作用。党中央、国务院始终高度重视金融服务民营企业工作。各地区各部门及各金融机构认真落实，出台措施，积极支持民营企业融资，取得一定成效，但部分民营企业融资难、融资贵问题仍然比较突出。

为深入贯彻落实党中央、国务院的决策部署，切实加强对民营企业的金融服务，明确提出：“标本兼治，在有效缓解当前融资痛点、堵点的同时，精准分析民营企业融资难融资贵背后的制度性、结构性原因，注重优化结构性制度安排，建立健全长效机制，持续提升金融服务民营企业质效。”

2. 地方，率先成立“民营经济发展局”

青岛率先成立民营经济发展局，做法获国家点赞、全国推广。根据青岛新闻网2021年10月21日讯，国家发改委召开新闻发布会，介绍地方支持民营企业改革发展的典型做法。会上，青岛市副市长张军介绍了青岛在激发民营企业创新活力方面采取的措施，以及民营经济发展局成立以来所取得的成果。

在2019年的机构改革中，青岛市整合扩充全市服务民营经济和促进中小企业发展的工作职责，在全国率先组建了作为政府组成部门的“民营经济发展局”。为全面加强对民营经济中小企业发展工作的统筹领导，青岛市成立了市民营经济发展工作领导小组，由市政府主要负责同志任组长，市委、市政府分管负责同志任副组长，各市直属部门、区市政府的相关工作主要负责人为成员。同时，青岛市各区市的工信局等部门都加挂了民营经济发展局的牌子，成立了区一级的民营经济发展工作领导小组，形成了全市上下联动、左右协调的联动机制。

通过一系列的创新举措，2021年1—8月，青岛民间投资增长13.9%，占全市固定资产投资的比重为59%；民营企业进出口达3 660亿元，同比增长45%，占同期全市外贸总值的66.6%；民营经济实现税收902.8亿元，同比增长26.4%，占全市税收总额的62.5%；民营经济新吸纳就业22.3万人，占全市城镇新增就业的81.3%。由此可见，民营经济发展局的设立充分调动了青岛市各级各部门的积极性，也推动形成了青岛民营经济发展的强大合力。

会上，国家发改委体改司司长徐善长表示，此次汇编推广的72条典型做法中半数是全国首创，很多是“从0到1”的大胆创新，其中，他特别提到青岛在机构改革中率先成立了支持民营经济发展的专责机构——民营经济发展局。

3. 弹指一挥间，四年不算长

在青岛市成立“民营经济发展局”的四年后，2023年9月，中央机构编制委员会办公室正式批复在国家发改委内部设立民营经济发展局，作为促进民营经济发展壮大的专门工作机构，加强相关领域政策统筹协调，推动各项重大举措——早落地、见实效。

国家发改委副秘书长张世昕介绍，这是落实党中央、国务院促进民营经济发展壮大决策部署的有力举措，充分体现了以习近平同志为核心的党中央对民营经济的高度重视和深切关怀，体现了始终坚持“两个毫不动摇”和“三个没有变”，为促进民营经济发展提供了有力的组织保障。

4. 千呼万唤的民营银行

当民营经济已经是经济的超半壁江山的时候，还不存在服务于民营经济的金融结构。大型国有银行是服务于大型国有企业和少数大型民营企业的。用行政的方法要求国有银行服务中小型民营企业，根本无法解决民营企业融资的困境，必然成为民营经济融资难无解的世纪难题。

2004 年，温州九大行业中的 9 家龙头企业以各自的法人股入股，在国家工商总局以创始资本金 5 580 万元注册了一家中瑞财团，这是一个资产规模逾千亿的超大型“航母财团”，也是中国首次使用“财团”一词登记的民营公司。

此处所说的财团与欧、美、日等传统意义上的财团是不同的。传统意义上的财团其经营范围并不局限于金融业，而温州财团其经营范围主要是企业融资。国家工商总局把“01”注册号给了这家公司。9 家实力雄厚的股东单位均分股权，各占中瑞财团股份总额的 1/9，从而为中瑞财团建立符合现代企业制度的公司治理结构奠定了产权基础。中瑞财团的发起设立，旨在全力打造一家融产业资本和金融资本于一体的综合性民营财团。但是，中瑞财团生不逢时，最后还是以失败告终。

2004 年，温州泰力集团等 4 家温州民营企业联合杭州、宁波、绍兴、台州的 4 家民营企业，8 家经济强人呈报，共同组建一家民营银行。

温州民间资本规模估计为 8 000 亿元。对此，温州市政府金融办副主任叶新明表示，“据较为官方的统计，这个数据大概在 4 500 亿元至 6 000 亿元之间。当然由于温州资本常常在不同省份(甚至不同国家或地区)、不同业态之间随时流动，因此这个数据也只是一个概数。具体准确的数据，可以说无人知晓”。

2011 年，央行温州中心支行上半年进行的一次调查显示，当地民间借贷规模占民间资本总量的 1/6 左右，且相当于温州全市银行贷款的 1/5。民间资本借贷之所以如此火爆，一方面，民间资金想找出路，另一方面，中小企业“融资难”。中小企业难做、实体经济难为，使很多企业家从实业脱离出来，从实转虚。

2012 年 3 月 28 日，国务院总理温家宝主持召开国务院常务会议，决定设立浙江省温州市金融综合改革试验区，并确定了温州市金融综合改革的十二项主要任务。

有关专家认为，要求办民营银行的一大理由是，为大批的中小企业服务，解决他们的贷款难问题。温州有兴办民营银行的优势和客观条件：一是率先涉足金融的温州人有过多次沉重的金融风波教训，已经变得比较理智、成熟；二是温州列为全国金融体制改革试验地区，金融改革配套条件较完善；三是温州民资殷实、规模巨大的民间游资、企业融资迫切的需求、游走在政策边缘的地下钱庄、体外循环民间借贷、多种信息的频频释放、温州民间银行呼之欲出，只需要国家结构性安排。

2014 年，温州民营企业的"银行梦"得以圆梦。浙江省第一家民营银行在温州成立，13 家优质的温州民营企业共同发起成立这家注册资本为 20 亿元的纯民营商业银行，这是全国首批由纯民营资本自主发起、自担风险的商业银行之一。

在世界大多数国家，尽管国有银行仍然占有相当重要的位置，但民营银行已日益成为银行业的主流。目前，我国银行市场虽然经过了几十年的改革开放，但仍由国有商业银行主导，民营银行所占比例极小。从我国商业银行的股权结构现状来看，373 家主流商业银行中 95%是中央政府、地方政府、大型国有企业和地方政府平台公司控股；在 12 家股份制商业银行中，只有民生银行、平安银行属于民营银行；在 144 家城商行和 212 家农商行中，仅在江浙一带有 14 家小型民营银行，民营银行在主流商业银行体系中仅占 5%。在当前中国经济结构矛盾日益突出，转方式、调结构压力不断加大的背景下，民营银行等中小银行的发展对改善金融竞争生态，增加金融服务供给，缓解民营经济、小微企业面临的融资约束，提高宏观融资效率具有重要意义。

三、制度选择与发展空间创造

《中国经济时报》2023 年 1 月 13 日报道，2023 年，民营企业的金融服务力度将进一步加大。中央经济工作会议要求，从政策和舆论上鼓励支持民营经济和民营企业发展壮大。中国人民银行党委书记、中国银保监会主席郭树清在接受媒体采访时表示，货币政策加大向民营企业的倾斜力度，保持信贷总量有效增长，推动降低综合融资成本。近期，各地区各部门陆续出台一系列政策举措，加大对民营企业纾困帮扶力度。

民营经济已成为保障民生、促进创新、推动高质量发展的生力军。数据显示，2021 年，民营经济税收贡献已达 59.6%。民营企业占市场主体的 96%，比重进一步提高。

(一)结构性的信贷资源配置矛盾

中央财经大学经济学院教授兰日旭在接受《中国经济时报》记者采访时表示，长期以来，民营企业对经济发展、税收、就业、创新等方面的贡献与获得的资金支持存在严重不均衡，当前要保持经济的稳定增长，必须加大对民营企业的信贷扶持力度。

党和国家领导人以及政府对民营企业的“融资难、融资贵”的金融支持包括两个方面：一是政府的宏观调控；二是金融市场的主动行为。这两个方面都没有从根上解决这个“世纪难题”。

中国经济二元结构，导致国有企业的“预算软约束”和私营企业的“融资困境”并存的情形。国有商业银行贷款给国有企业，即使该企业无力偿还，政府也会为其担保救助，这就是国有企业的“预算软约束”，由此产生的呆坏账可以被冲减，而无需由银行领导者来担责。私营企业如果出现债务问题，呆坏账无法核销，银行领导者就要承担责任。国有银行自然不愿意为民营企业发放贷款，从而形成了民营企业的“融资困境”。这种结构性的信贷资源配置矛盾，产生的宏观效应与前述中国工业企业之间的资源错配现象相吻合，既阻滞了经济整体的全要素增长率增长和技术进步，又给银行业造成了不良贷款的堆积，不利于经济的高质量发展。

温州的民间金融滥觞于互助性质的“会”。作为古老的民间信用形式，俗称“抬会”“标会”的“资金互助会”最初并不具有营利性：亲友聚在一起筹集资金，轮流使用，主要是为了盖房、办婚丧事或买大宗物件。互助会蜕变为民间借贷组织，发生在市场经济改革之后。

改革开放以后，民间资金市场成为初步发育的金融市场，专门从事货币经营的金融专业户出现，并达到一定规模。民间资金市场已成为温州家庭工商业运行的齿轮，并推动温州模式的诞生。大量分散、沉淀在民间的闲置资金按市场导向配置，对创业、成长阶段的民营经济的发展壮大起到不可替代的作用。2011 年，温州民间借贷综合利率也屡屡刷新纪录，民间借贷规模约为 1 100 亿元。

（二）从创建民营银行到建立服务于民营经济的完整金融体系

著名经济学家、北京大学民营经济研究院院长厉以宁早在 2005 年就建议：“要切实解决民营企业融资难问题，尽快建立专门为民营企业提供金融服务的小型商业银行，吸收民间资本参股，促使民间资本从体外循环转入体内循环。”

厉以宁还提出：“要发展有利于民营企业融资的信用担保机构，主要包括：企业集资联合建立商业性的担保公司，接受民营企业的财产抵押；政府拨款建立非营利性的担保公司；民间组织建立互助性的担保基金和企业集资建立行业内互助性的担保基金。”

从中国脱贫攻坚战取得的胜利可以清楚地看出，只有进行结构性、系统性的安排，才能够真正落实和实现政治口号与设定社会目标和经济目标。民营企业在中国经济发展中结构性的存在，呼唤政府相应地做出结构性、系统性的安排。

中国已经打开了民营银行的发展空间。1996 年，中国工商联发起组建的“民生银行”是我国第一家由非公有制企业控股的全国性股份制商业银行。截至 2019 年 9 月末，民生银行服务的民营企业达到 24 万家，贷款余额为 1.5 万亿元。民营企业数量从 2012 年底的 1 085.7 万户增长到 2022 年 8 月的 4 701.1 万户。可喜的是——民生银行服务民营企业达到 24 万户；可惜的是——在 4 701.1 万户的民营企业中，24 万户仅占民营企业数量的 5‰，还无法真正破解民营企业融资难问题。

从创建民营银行到创建与民营经济相匹配的金融体系，是一个质的变化和升级。从机构创新的角度和发展的角度，创建与民营企业、中小企业发展相匹配的金融体系，以目前民营企业在中国经济发展中的结构性的存在和已经积聚起来的金融市场的资源要素，已经具备了建立与民营企业发展相匹配的金融体系的主体基础、资源要素基础和市场基础。

中国经济体制改革研究会副会长、著名经济学家樊纲在上海举行的“中国改革高层论坛”上指出:“金融体制改革的滞后已经成为制约中国改革整体进程的‘瓶颈’,中国需要通过建立多层次多种形式的资本市场和发展民营金融机构来突破这一‘瓶颈’。”

樊纲认为,突破金融体制改革“瓶颈”需要通过建立多层次多种形式的资本市场和发展民营金融机构来实现。他指出,成熟的资本市场,不仅是证券交易所的交易场所,而且包括场外交易、柜台交易、直接的产权转让等多个层次多种形式的资本交易。中国国民经济庞大的规模和丰富的层次决定了中国企业直接融资问题的解决,不可能仅仅依靠交易所和银行,而必须依赖于多层次的资本市场来完成。

樊纲强调,现有发达国家成熟的资本市场是从民间自发的股权交易逐步发展而来,现代银行体制也正是从最初的私人借贷行为发展而来,因此我们在建立现代金融体制的同时不应忽视民间自发的符合市场经济规律的新事物,这往往正是市场经济最基本和最重要的东西。

在涉及发展民营金融机构的问题时,樊纲表示,国有大型银行无法从根本上解决民营中小企业的融资问题,这是由两者在体制上无法兼容所决定。他说,民营中小企业的间接融资问题只能更多地依靠地方上的中小民营金融机构解决,因为中小民营金融机构与同一地区内的中小企业之间可以低成本地实现更高程度的信息对称,以民营经济结构性的存在进行系统性的结构性安排,创建与民营企业、中小企业融资相匹配的金融体系,从而实现更高的融资效率并有效地控制风险。

对于民营银行,国家已经打开了民营企业在金融业的发展空间。但是,从民营银行的出现到建立起完整、专门为民营企业提供金融服务的金融体系还有很大距离,必须大力发展专门服务于民营企业的金融服务体系,增加中小型金融机构的数量和比重,丰富金融产品,发展普惠金融,提供个性化、差异化和定制化的产品和服务,落实中办国办印发的《关于加强金融服务民营企业的若干意见》,建立对民营企业“敢贷、愿贷、能贷”的长效机制,并做好为民营中小企业贷款服务的一些细节上的补充工作。

(三)迎来了边界清晰的发展环境

中国历史上,战时国家掌控军队,和平时代国家掌控金融,不允许资本染指国家金融主权 。2021 年,反垄断和防止资本无序扩张,成了中国资本市场中的主旋律。蚂蚁金服折戟 IPO,国资入场。中国在 2021 年给民营资本划出了边界。联想集团遭遇“墙倒众人推,破鼓万人捶”的舆论冲击……这些事件显示了国家的意志,那就是要建立金融市场、资本市场的秩序,使之健康发展,不容动摇。

2022 年,包括从更远的时空和环境维度来看,中国国内经济环境中的资本正式进入一个边界清晰的全新环境和阶段。而对已经越界的资本清理、资本野蛮扩张、玩弄资本套路等进行了严格的国家管制,为民间资本的健康发展提供了良好的发展环境。民间资本,尤其是温州的民间资本市场,虽然曾经有过良好的愿景,却在没有规则中野蛮生长,最终还是以失败告终。正是在这种宏观环境背景下,在国家金融政策监管指导下,本着民资、民有、民营、民享的原则,组建以民营企业为经营主体、专门服务于民营企业的金融体系,势在必行。

四、创建服务于民营企业的金融体系

(一)创建民营企业中央银行

在世界大多数国家,尽管国有银行仍然占有相当重要的位置,但民营银行已日益成为银行业的主流,对改善金融竞争生态,增加金融服务供给,缓解民营经济、小微企业面临的融资约束,提高宏观融资效率具有重要意义。

制度的外围生存空间是其赖以生存的客观环境,没有适合制度生存的客观环境,制度规范便无法真正存在。创建为民营企业服务的专业银行——民营企业中央银行,作为民营企业金融系统的管理机构,就是创立了民营金融体系的一种特殊执行政策制度的空间。

创建民营企业中央银行,一是从金融的角度把握和指导民营经济的发展方向;二是执行和落实党中央、国务院对民营企业发展的政策性的金融支持。为保障民营企业中央银行的健康发展和政治上正确,政府可以设置黄金股。黄金股也称“特权优先股”或“特权偿还股”,可以行使比其他的股份优越的权利,原则上由政府通常是财政部持有。

所谓“黄金股”，最早是英国政府在 1979 年以后实施企业民营化时推行的，以确保社会公共利益、保护消费者、完善竞争条件及防止外国企业的敌对性的企业兼并为目的而发行的一种股份。黄金股及其在章程中规定的优越权利由黄金股持有人所有。即使将国有企业股份的 100%公开转让，使它变为民营企业，政府仍可通过黄金股和其在章程中规定的权利对企业行使管理控制。

民营经济四十五年的发展，积累了巨量的固定资产；民营企业的生产运营创造了巨大的流动性，产品销售直通五湖四海，仅一个义乌小商品就把市场拓展到全世界。我国应充分地利用民营企业已经积聚的金融资源要素：资产规模、流动性、现金流、市场、利税等，创建民营企业中央银行。主观有需求、客观有条件、经验有积累、国家有支持，政府只需要持有一份“黄金股”，发放一张金融许可证。

我国在解决民营企业“融资难、融资贵”的同时，不仅为政府创造了特殊的执行政策制度的空间，而且为民营企业开辟了金融行业新的投资发展空间；不仅创新、开拓了中国金融体制的新领域，而且对原有金融机构、金融体系注入竞争的市场活力。

(二)组建新兴战略性产业的企业财团

日本在第二次世界大战后之所以能获得举世瞩目的经济成就，得益于其经济发展的核心要素：财团体制和商社模式。财团模式成功的根本在于实业与银行的紧密结合，并通过“商”这个纽带和平台，将“产”和“融”有机结合起来，促进产业资本和金融资本的融合，为本国的实业发展争夺世界的定价权和世界财富的分配权。

以华为为例，中国成长起来的民营企业在新兴战略产业中不仅代表国内的先进水平，而且成为领先国际的企业。根据华为 2022 年度的报告显示，实现全球销售收入 6 423 亿元，净利润 356 亿元。2022 年研发投入达到 1 615 亿元，占全年收入的 25.1%，十年累计投入的研发费用超过 9 773 亿元。2022 年末，华为的资产负债率为 58.9%，净现金余额为 1 763 亿元。在近万亿的总资产规模中，现金、短期投资、运营资产等高流动性资产构成了资产的主体部分。

华为产业链上公司有 149 家；华为供应商市场约有 5 000 亿元规模；27 家 A 股上市公司来自华为的收入，占比超过公司总营业收入的 10%。以华为为核心，通过产业集群，将集聚以华为为核心的产业链公司、供应链公司以及无数配套的中小企业，形成庞大的企业集群。以此为基础，建立以华为为中心的“财团”，不仅可以为华为自身发展带来变化，而且金融资本的溢出效应也会惠及周边的配套企业，尤其是中小企业。

以中国领先的民营企业为核心，建立中国新兴战略性产业的“财团”，通过实业与银行的紧密结合，将产业资本和金融资本创新一种新的结盟：产业独享为企业发展设立的单一金融市场；金融机构也独占企业所创造的金融市场的全要素；资产规模、投资、研发、生产、销售等巨大的现金流、规模庞大的流动性等，在财团内部形成产业资本、金融资本互动、共荣的闭环。

（三）组建民营企业互助银行

许一力 2014 年在《时代》周刊上发表文章《美国民营银行的生存之道》，“美国绝大多数民营银行将当地家庭、中小企业和农户视为主要服务对象。”

1.“软”信息——关系型信贷业务

这些小银行主要从事“关系型信贷业务”。关系型信贷业务是指民营银行凭借中小企业以及社区成员长时期交往的定性“软”信息来发放贷款。这些“软”信息包括：银行信贷员与中小企业所有者常年直接交往形成的对其人品、可行度的评价；银行过去为中小企业提供存贷款或者其他金融服务获得的中小企业收支记录；与中小企业供货商、顾客、邻近上架交流过程中形成的对该中小企业发展前景的预测；等等。这些信息只能在一定范围内获取，难以在一个机构庞大、层级繁多的大银行内部有效传递。相比之下，大银行都是依靠财务报表分析、抵押物借贷等“硬数据”。

据统计，美国本土有 7 000 多家银行，大部分定义为社区银行，分散在各州。尽管资产不足 10 亿美元的社区银行占银行总资产的比例低于 11%，但其向中小企业的贷款却占全行业的 40%。这些民营银行的存在，就是为了填补商业银行特别是大型商业银行无力顾及的市场。

中国民间合作互助在农村、社区、家庭之间一直存在，在各种资金互助会也存在。互助成了中华民族的传统美德。任意企业之间都存在资金多缺调剂的空间；任意企业都有资金宽裕和紧张的时候。民间资金互助长盛不衰的根本原因就在于此。民间资本的活力取决于区域内经济发展的程度和独特的信用链。

2.“金融抑制”

“金融抑制”具体表现在这种体制外循环的资金流、结构和发展上。所谓金融抑制，就是指政府通过对金融活动和金融体系的过多干预抑制了金融体系的发展，而金融体系的发展滞后又阻碍了经济的发展，从而造成了金融抑制和经济落后的恶性循环。

美国经济学家约翰·格利和爱德华·肖认为，经济的发展是金融发展的前提和基础，而金融的发展是经济发展的动力和手段。罗纳德·麦金农和爱德华·肖在批判传统货币理论和凯恩斯主义的基础上论证了金融发展与经济发展相互制约、相互促进的辩证关系。他们根据发展中国家的实际情况提出了“金融抑制”。

在“金融抑制”下，由于银行不能根据风险程度决定利率，低的实际贷款利率吸引那些低收益和低风险项目，对生产性项目或高风险项目来说，要么得不到贷款，要么借助于信贷配给，而银行只能选择安全项目，从而使风险降低。对于生产企业来说，很难得到银行信贷，只好求助于非正式或场外市场，这样非正式的信贷市场就会产生。

“金融抑制”给民间借贷活动提供了生存空间。中小企业融资难是长期困扰其发展的难题，而大量的民间资金很难投资到各种类型的中小企业中，这样就形成了“闲散资金的大量富裕”与“中小企业资金短缺”的尴尬局面。

中国经济体制改革研究会副会长、著名经济学家樊纲早在2003年发表文章《发展民间金融　推动金融改革》，提出：中国需要大批的中小型、地方性民营金融机构。银行业首先是“服务业”，服务于企业之间短期的资金周转。人们需要银行，首先不是因为没钱要借钱，而是有钱要存放、要支付、要完成交易所需的资金往来。首要的一种“借钱”行为也是由于在售出货款或生产资金没有收回之前需要银行给予一些短期的流动资金信贷。无论如何，短期流动资金信贷也是银行业务的主要组成部分。我国大量中小企业目前最缺乏的其实也是这种银行服务（特别是缺乏由地方性小银行提供的成本较低的金融服务）。

大银行有其规模经济效益高的一面，也有其交易成本高、管理成本高的一面。多年来，我国政府鼓励国有大银行为中小企业增加贷款，但因种种原因难以施行，主要原因就是大银行获得中小企业信息的成本较高，审批程序较长，利率低了，无法贷款；利率高了，小企业又难以接受。外国的大银行进了中国，也不会、不愿、不能为那些大量的地方性中小企业提供服务。

3. 从“硬”信息到“软”信息

只有一大批地方性的、“土生土长”的中小民间金融机构，才能胜任这一工作，与地方性的中小民营企业共同成长。地方中小金融机构最能较充分地利用地方的信息存量，最容易了解地方上中小企业的经营状况、项目前景和信用水平，最容易克服“信息不对称”和因信息不完全而导致的交易成本较高这一金融服务业的障碍。

不同于大银行依靠财务报表分析、抵押物借贷等“硬数据”的传统做法，正如美国民营银行开拓出依靠“软”信息的关系型信贷业务，从而使金融业务的成本较低，服务价格自然也就可以较低，使供求双方都能发展。正是这一经济合理性，使得地方性的小银行可以有稳定的服务对象和市场基础，与国有大银行相辅相成，两者缺一不可。

4. 完善结构性的缺失

建立民营企业互助银行，可以完善这种结构性的缺失。民营企业互助银行，除了让民营企业进入金融领域发展的空间外，更重要的是确立为民营企业提供金融服务的专业银行。民营企业互助银行应有民间资本自愿、自由设立的具有独立法人资格的互助性金融机构，主要调节企业间资金余缺，为企业尤其是中小型企业提供金融服务，使之融资便利。民营企业互助银行的服务对象仅限于入股的企业，即实行会员制。企业按其入股比例享有相应的特别提款权比例。实行会员制主要出于控制风险，防止经营失败，成本外化。

民营企业互助银行的设立应以经济区域为范围，而不是以行政区域为范围。因为同一行政区域内经济发展状况未必一致，而且在同一行政区域内设立民营企业互助银行也难免不受地方政府的干预。资金来源和服务对象都局限于合作组织内部，但可以通过信托存款和委托贷款等方式，产生内部资金与外部资金的交流，以使互助组织保持适度的活力。通过这种互助的金融组织，可以加强中小企业共同发展与风险共担的能力，提高为中小企业金融服务和融资的质量。

(四)组建为民营企业服务的担保机构

担保通常是指经济和金融活动中债权人为防范债务人违约而产生的风险，以确保债务得到清偿，减少资金损失，由债务人或第三方以财产、权益或信用提供履约保证或承担相应的责任，保障债权实现的一种经济行为。

担保行业主要包括担保机构、被担保企业和资金供给方三类市场主体。其中，担保机构是担保行业最重要的市场主体，是担保业务的供给者。目前，我国担保机构按性质可分为三种，分别为政策性担保机构、互助性担保机构和商业性担保机构。被担保企业一般是担保市场上的资金需求者，也是担保业务的需求者；资金供给方包括银行、非银行金融机构和企业。

1. 建立市场化的中小企业信用担保体系

目前我国担保公司按性质和目标可划分为三类，分别为政策性担保机构、互助性担保机构和商业性担保机构。三种性质的机构具体情况如下：

国内最好的几家担保公司基本都是国有性质或者国资参与的担保公司，如中投保、中债增、中证信用、深担保(或深担增信)、深圳高新投、粤财担保(广东省再担)、安徽省再担保、江苏省再担保、三峡担保、兴农担保等其他省级的担保公司。民营的担保公司，基本谈不上有大规模或者能对债券进行增信的担保公司，甚至对于银行的信贷都不能起到信服的担保作用。

可以看出，国内最好的几家担保公司都是有政府背景的，意味着这样的担保公司都有着政策使命。各个省的再担保公司，例如，安徽省再担保、江苏省再担保、广东省再担保等，基本都是做本省业务，并且以城投为主，具有政策性。

根据 choice 数据，从全部信用债角度，有担保债券只占全部信用债的约 8%，存量余额有 3 万多亿元。其中，由第三方连带责任担保的债券存量约为 24 000 亿元，由担保公司担保的债券余额占比三成，约为 8 200 亿元，而这部分又有 97%以上是城投债，表明担保公司担保债券的种类主要为企业债中的城投债。

真正市场化的担保机构有深圳担保和深圳高新投。由于深圳的特殊经济情况，这两家机构在所有的担保机构中从规模、净资产、货币资金等角度，质量能够稳居前三。并且由于深圳较好的经济质量，各个区都比较发达，这两个机构不存在政策性的城投担保业务。因此，这两家是真正立足深圳，面向全国进行展业，并且能够市场化运作，市场化做金融产品增信、信贷等，同时也是少有不做城投业务的，真的是国内担保机构的楷模。

民营银行的发展需要一个有效的中小企业信用担保体系。中小企业信用担保体系需要解决两个问题：担保模式和担保机构的资金来源。担保模式可供选择的有三种：社会化组建、市场化运作，也就是企业集资联合建立商业性的担保公司，接受民营企业的财产抵押；政府组建、政策性运作，是政府拨款建立非营利性的担保公司；混合组建、市场化运作，民间组织建立互助性的担保基金和企业集资建立行业内互助性的担保基金。

资金来源可能的途径有：政府出资，商业银行资助，受担保企业交纳风险保证金，国际机构赞助，各种准备金、留存盈余等。通过建立完善的中小企业信用担保体系，既可以解决中小企业资信低、融资难的问题，又有助于民营银行的稳健经营。

2. 政策修复信用环境的国家融资担保基金

国家融资担保基金由中央财政发起，商业银行参加，构成以国家主导的担保体系。“银政”合作，首次出资规模 661 亿元。财政部认缴出资 300 亿元，占比 45.4%，华夏银行、浦发银行等在内的商业银行加上国开和进出口两家政策性银行共同认缴出资 360 亿元，银行认缴出资占比 54.5%。

国家融资担保基金具有准公共性质，意味着原则上不分红，不以营利为目的，本着“政府支持、市场运作、保本微利、管控风险”的经营原则，以再担保和股权投资为主要业务模式，形成国家融资担保基金（中央层面）、省级再担保公司（省级层面）、担保公司担保融资（基层）这一政府主导、上下联动的担保体系。

在金融去杠杆过程中，呈现出一定的信用市场“二元化”迹象。信用等级低的民营企业和中小企业融资较难，单纯靠银行去扩大风险偏好并不现实。国家融资担保基金的成立，可为符合条件的中小企业、小微企业进行定向的政府增信，从而一定程度地缓解现实中逐渐严峻的信用“二元化”问题。国家融资担保基金的成立可被视为政策修复信用环境的一连串动作之一。

五、金融环境建设

民营银行是金融企业，而不是一般企业。金融企业区别于一般企业的最大特征就是它是一个高风险、公共性企业。所谓高风险，是因为它直接涉及金钱的借贷，而借贷的基础是信用，而信用具有天然的脆弱性。信用关系的中断会给银行带来巨大的损失。所谓公共性，是指金融业的影响是外溢的，会波及社会。因此，对待金融企业要有特别的关注措施。

要推进民营银行的发展，首先就需考虑如何科学构筑隔离金融风险的防火墙，建立市场化的风险分散、转移补偿机制，有效防止金融机构失败风险外化和扩大，降低全局性风险发生的概率，维系金融体系安全稳定运行和解决公众信心问题，为民营银行健康发展创造稳定的制度环境。

为了使服务于民营经济的金融体系获得良好的外部环境、加快我国民营银行的发展、促进民间金融的繁荣，我国必须加强相关的外部制度建设。根据专家的总结，中国民营银行发展的制度支持具体包括：

（一）规范民营银行市场准入和退出机制

民营银行市场准入的审批和监管主要集中在中国人民银行和国家金融监督管理总局（简称“金监局”），而在审批过程中，主要的根据是《中华人民共和国公司法》《中华人民共和国中国人民银行法》《中华人民共和国商业银行法》和《金融机构管理规定》等有关法律法规，但没有一部是为民营银行“量身定做”的。因此，我国民营银行的准入制度虽已建立，但相应的制度规范过于简单，难以有效地控制民营银行的主体资格。而且民营银行准入制度设置了过高的准入门槛，这在很大程度上限制了市场竞争。进入壁垒对一般的民营资本来说是“高不可攀”的。

民营银行本质上是企业，企业由于经营不善而退出市场是正常的，不可能存在只有进入没有退出的情况。“退出”是一种可能的而又合理的市场行为，目标是提高金融稳定性，保证整个民营银行体系健康，防止出现所谓的“烂苹果效应”：一个烂苹果不清除，导致一筐苹果坏掉；一家民营银行破产，引发民营银行的全面危机。在具体的退出方式上，可以由国有商业银行、股份制银行或其他经营良好的民营银行接管或兼并，也可以进行破产清算，即在民营银行出现资不抵债、不能清偿到期债务时，由法院依法宣告其破产，退出市场。

(二)制定我国存款保险制度

在金融业的竞争日趋强化的环境下，良好的外部发展条件与民营金融机构的业务拓展也是密切相关的。通过建立民营金融机构的存款保险制度，以增强公众对此类机构的信心，协助民营金融机构提升金融服务能力，帮助提高社会公众对民营金融机构的信任度。

建立存款保险制度，是为了保护存款者的利益，而不是让有问题银行逃避责任。存款保险将避免在银行出现问题时过度提取资金，防止挤兑，有助于保护正常的支付体系，稳定金融体制。此外，存款保护还将有助于新设立的较小规模的银行同设施已经很完备的大银行机构进行竞争。存款保险制度在一定程度上可以阻止银行业过度集中。

(三)完善对民营银行的监管制度

监管当局要督促和推动民营银行建立现代企业制度，健全股东大会、董事会和监事会的职能，引进先进的商业银行公司治理模式，建立独立董事制度，提高公司治理水平；积极督促民营银行加强内部控制，强化内部搭理，防止各类金融案件的发生，督促民营银行提高资本充足比例，降低不良贷款率，同时，要进一步严格民营银行高级管理人员的任职资格审查，加强对高级管理人员的监管，对从事违法违规经营行为的商业银行负责人要严格依法惩处，取消其金融从业资格。

(四)设计不良资产处置方式

不良资产处置方式有两种：一是成立全行业资产管理公司。全行业资产管理公司是整个银行业或某类银行发生全行业的不良资产危机时所采用的一种方式。全行业资产管理公司将危机银行的不良资产归集到一个资产管理公司，由其统一进行搭理。比如，美国在解决其储蓄贷款协会的不良资产问题时，由“债权重组信托公司”(RIC)来负责 400 家以上有问题银行的不良资产的管理和清算。日本为解决其银行系统的不良资产问题也成立了日本式的全行业资产管理公司。二是通过我国已有的四家国有资产管理公司处置民营银行的不良资产。在操作上由国家赋予四家国有资产搭理公司民营银行清理不良资产的资格，准许民营银行委托已成立的四家国有资产搭理公司清理本行的不良资产；或者按照市场运作的方式，由民营银行把不良资产折价出售给四家国有资产管理公司。

（五）加快利率市场化进程

利率市场化有助于民营银行更加有效地实施资产负债比例管理，而在存贷款利率决定上拥有相对的自主权和浮动范围，可以促使民营银行提高金融创新水平和经营管理水平，积极参与信贷业务的市场竞争。目前，我国利率市场化已经具备金融基础条件，应当逐步提高存款利率的浮动范围，使之更加能够反映资金的实际供求状况。

（六）民营银行兼并、重组制度

在民营银行设立后一段较长的时间内，民营银行不可能通过大规模开设分支行实现规模扩张，如果能充分利用兼并手段，则可有效突破地域限制。为了使民营银行得到充分发展，我国应当制定相关政策，允许民营银行通过兼并重组的方式迅速实现地域扩张与业务拓展，提高直接融资比重，特别是股权融资比例，从源头上减少民营企业对债务融资的依赖；发展 PE（私募股权投资）、VC（风险投资）、天使基金等新金融业态，以提供相匹配的金融服务；大力发展科创板，助推创新型民营企业进入资本市场。

第六节　国家再次做出的选择

面对全球化的贸易保护主义、地缘政治冲突等逆全球化的复杂局势，如何继续发挥民营企业在经济发展中的作用，是我国在百年未有之大变局中掌握经济发展主动权和实现第二个百年奋斗目标的重要支撑，是支持民营企业在全球产业链价值链的重构中构筑以我为主的“三链”（产业链、价值链、供应链）；在“两个毫不动摇”的基础上，在新一轮的改革开放中，再次做出支持民营企业发展的选择。

一、贯穿始终的指示

2016 年 3 月 4 日，习近平总书记在全国政协十二届四次会议民建、工商联界委员联组会上专门就坚持我国的基本经济制度问题发表了讲话，阐明了党和国家对待民营经济的方针政策。目的是坚定信心，齐心协力，保持和增强我国民营经济发展的良好势头。

2018 年 10 月 20 日，习近平就民营经济发展问题给“万企帮万村”行动中受表彰的民营企业家回信，强调改革开放 40 年来，民营企业蓬勃发展，民营经济从小到大、由弱变强，在稳定增长、促进创新、增加就业、改善民生等方面发挥了重要作用，成为推动经济社会发展的重要力量。支持民营企业发展，是党中央的一贯方针，这一点丝毫不会动摇。

2018 年 11 月 1 日，习近平在民营企业座谈会上的讲话中指出：“民营经济是我国经济制度的内在要素，民营企业和民营企业家是我们自己人。”“是我们党长期执政、团结带领全国人民实现‘两个一百年’奋斗目标和中华民族伟大复兴中国梦的重要力量。”

2019 年 3 月 10 日，习近平参加十三届全国人大二次会议福建代表团审议时的讲话：要坚持“两个毫不动摇”，落实鼓励引导支持民营经济发展的各项政策措施，为各类所有制企业营造公平、透明、法治的发展环境，营造有利于企业家健康成长的良好氛围，帮助民营企业实现创新发展，在市场竞争中打造一支有开拓精神、前瞻眼光、国际视野的企业家队伍。

2022 年 12 月 15 日，习近平在中央经济工作会议上指出：“要从制度和法律上把对国企民企平等对待的要求落下来，从政策和舆论上鼓励支持民营经济和民营企业发展壮大。要依法保护民营企业产权和企业家权益；要全面梳理修订涉企法律法规政策，持续破除影响平等准入的壁垒；要完善公平竞争制度，反对地方保护和行政垄断，为民营企业开辟更多空间。”“各级领导干部要为民营企业解难题、办实事，构建亲清政商关系。”

2023 年 3 月，习近平总书记在看望参加全国政协十四届一次会议的民建、工商联界委员时指出，“要引导民营企业和民营企业家正确理解党中央的方针政策，增强信心，轻装上阵，大胆发展，实现民营经济健康发展、高质量发展”。

二、"1＋N"政策体系

2023 年支持民营经济发展的政策齐发力，政策叠加，为民营经济实现高质量发展，再次做出国家的选择。

7 月，《中共中央国务院关于促进民营经济发展壮大的意见》发布。这份文件强调，"民营经济是实现第二个百年奋斗目标的重要力量"。相关部门陆续出台了一系列配套政策举措，形成了"1＋N"政策体系。"1"代表了中央层面的顶层设计和战略规划，为民营经济发展提供了根本遵循与行动指南；"N"则代表着一系列具体政策措施，涵盖了财政、税收、金融、产业、市场准入等多个领域。

2023 年 1—10 月份，全国新增减税降费及退税缓费 16 607 亿元。民营经济纳税人是税费优惠政策的主要受益对象，金额占比近 75％。

9 月，中央编办正式批复在国家发改委内部成立民营经济发展局，作为促进民营经济发展壮大的专门工作机构，加强相关领域政策统筹协调，推动各项重大举措早落地、见实效。

（一）大力破解融资难题

国家发改委与 7 家银行共同签署投贷联动试点合作机制框架协议，为银行精准共享民间投资项目信息，降低民营企业融资成本，加大对民间投资的支持力度。中国人民银行、国家金融监管总局、中国证监会、国家外汇局、国家发改委等八部门联合印发通知，提出支持民营经济的 25 条具体举措，让更多金融活水助力民营经济发展壮大。

（二）营造良好的发展环境

国家市场监管总局、国家发改委、财政部、商务部联合印发通知，部署全面清理妨碍统一市场和公平竞争的各种规定和做法；重点清理妨碍市场准入和退出、妨碍商品和要素自由流动、影响生产经营成本、影响生产经营行为等妨碍建设全国统一大市场和公平竞争的规定和做法，为民营企业开拓市场提供广阔空间。

（三）激发民间投资积极性

国家发改委发布的《关于进一步完善政策环境加大力度支持民间投资发展

的意见》提出，依法保护民营企业产权和企业家权益，在防止资本无序扩张的前提下设立“红绿灯”，推出一批“绿灯”投资案例，从而规范和引导资本健康发展。国家发改委、财政部《关于规范实施政府和社会资本合作新机制的指导意见》发布，引导地方政府科学、合理、规范开展政府与社会资本合作工作，进一步深化基础设施投融资体制改革，成为切实激发民间投资活力的重要举措。

第五章　重构“三链”的六大优势

全球产业链、价值链、供应链是随着经济全球化发展和全球产业分工深化，通过全球采购、全球制造和全球销售，实现资源和要素的自由流动及配置效率提升的组织形态。

国际发展的必然选择：发达国家非常重视“三链”的发展。各国都有自己的产业链、价值链、供应链发展战略，并形成了由跨国公司支撑的全球现代“三链”体系。相比之下，中国“三链”发展起步较晚，在理念、发展基础、治理机制等方面与发达国家存在差距。要进一步提高中国在全球经济治理中的话语权，向全球价值链的高端跃升，占领未来全球竞争的制高点，必须加快中国“三链”的发展，服务“一带一路”更深、更广、更融入全球体系。

中国发展的必然选择：过去几十年，由于融入全球产业链、价值链、供应链，中国迅速成为“世界工厂”。我国制造业增加值已经连续 12 年位居世界首位，中国制造业规模及影响力正在不断扩大，制造大国的地位不断巩固，并逐步向高端产业链延伸。产业链、供应链基础的稳定，奠定了经济发展的基本盘。

但目前中国还处在全球产业链中劳动密集的环节。在技术、制度、大国博弈等因素驱动下，全球“三链”将呈现很多新的发展趋势，以全球地域为空间布局打造中国产业的“微笑曲线”，建立从战略资源、金融资本到制造生产，再到销售与服务市场的全供应链。现阶段，市场是推动中国供应链管理的根本动力。在打造全球供应链体系中，民营经济是主力，珠三角、长三角是主战场。全国已涌现了一批供应链管理优秀企业，供应链集成、供应链透明化、协同供应链、供应链金融、绿色供应链等快速推进。但在不同区域、不同行业，供应链发展极不平衡，市场运作亟须进一步规范。

中国物流总成本与 GDP 的比率近五年在 18%左右徘徊，比发达国家高出

1倍。造成这一结果的原因是多方面的，虽然与国民经济的结构有关，但与供应链管理的落后关系极大。根据中国物流信息中心计算：如果物流总成本与GDP的比率从目前的18%下降到13%（发达国家工业化中后期的经验比率），可节省物流成本2万亿元，如降到发达国家8%左右的水平，可节约物流费用4.8万亿元，这反映中国国民经济粗放经营并没有完全解决，或者说问题依然严重。

提升中国在全球供应链中的地位，是中国从制造大国走向制造强国的必然选择。当前企业降本增效必须有新途径。供应链上下游的资源整合、流程优化、业务协同能提高资源配置效率和国家运行质量效益。供应链协同整合，可有效降低经营和交易成本，提高供需匹配和协同效益。商务部副部长王炳南在2018年10月17日全国供应链创新与应用工作会议上说，经有关部门测算，通过优化供应链，企业每年能节约2万亿元的成本，劳动生产率可以提高15%—30%。

互联网和物联网支持下的云计算、大数据和人工智能，将传统供应链塑造成具有高度智能化、可视化、服务化的现代供应链，在现代供应链的各环节形成高效、高质协同，还在不同行业中形成供应链深度融合的产业生态链和产业价值链，从而推进全球现代供应链提升到国家战略高度。

中国具有发展现代供应链的独特优势。中国经济全球影响力巨大，中国拥有全球规模最大的消费互联网，中国的产业互联网也正在蓬勃发展。中国产业体系完整、中小企业众多，现代供应链协同发展空间巨大，前景广阔。

第一节　制度优势

制度优势是一个国家的最大优势，也是一个国家的核心竞争力。经过改革开放40多年的不懈努力，中国创造了经济快速发展和社会长期稳定两大奇迹。法国前总理让-皮埃尔·拉法兰赞叹："在疫情面前，中国政府展现出强大、高效的组织和动员能力，令我印象深刻，这正是中国制度的优势。"

一、制度稳定性、连续性的优势

旅法资深媒体人、中国研究院宋鲁郑在《从东西方对比看西方的民主制度危机》中写道:“西方是定期换人换党……;中国是定期换人但不换党;阿拉伯社会既不换人也不换党。从宏观的角度讲……一个制度要想良好运转,不仅要做到具有灵活性,还要做到具有延续性。”

稳定性、连续性的执政保证党中央始终发挥领导核心作用,在国家治理体系的大棋局中总揽全局、协调各方,始终保持战略定力,使得中国之治,全国一盘棋。国家治理体系高效运转,彰显决策体制优势,避免出现政党之间互相倾轧,利益集团施加影响,三权分立、相互掣肘,从而陷入无休止的争论和冗长的决策过程,甚至出现各自为政、一盘散沙的局面。

二、历史、文化传承的优势

历史上经历过无数次社会动荡、国家分裂、民不聊生的中国人民,深知国家统一、政治安定的重要性,珍视并拥护大一统政体,由此形成的文化基因(中国式社会契约论)代代传承,直到今天,仍然是中国政府获得合法性的坚实而深厚的法理根源。

中国制度是在我国历史传承、文化传统、经济社会发展的基础上经过长期发展、渐进改进、内生性演化而来的。因此,中国制度与中国历史传承、文化传统、现实国情相符,有根、有源、有生命力。

三、自我完善、纠偏能力的优势

中国之治既深深扎根于中国的社会土壤,又以海纳百川的气度吸收、借鉴其他制度的文明成果,改革开放以来,吸纳人类在经济活动中各种有效的经济手段、市场手段、金融手段、货币手段,根据时代发展和社会变迁不断作出改革调整,不断发展,日臻完善;吸纳不同制度文明的治国之道,形成具有中国特色的中国之治,具有强大的自我完善能力。

衡量一种治理体制是否成熟、有效,最重要的一点就看它在关键时刻究竟有没有发现问题并有纠偏纠错的机制和功能。我国治理体制的一个突出亮点,就是形成了不断完善的监督制度和执纪执法体系,以党内监督为主导,各种监督协调贯通,充分发挥监督在基层治理中的作用,让群众参与到监督中来,有效避免和纠正了决策偏差、失误、失效以及干部执行过程中的不担当、不作为甚至腐败等问题。

四、全民动员力优势

以人民为中心，是制度在价值层面“质”的规定性，体现了中国制度的价值追求。中国制度始终坚持以人民为中心，尊重人民的主体地位，发挥人民的主体作用，最广泛地动员和组织人民参与经济建设。改革开放以来，中国发展成世界第二大经济体，这彰显了中国制度的优势。

正是由于中国制度尊重人民的首创精神，能够调动和激发最广大人民和社会各方面的积极性、主动性、创造性，全社会的创造活力才得以竞相迸发，创新源泉才会充分涌流，才能极大地解放和发展社会生产力，创造出一个又一个“中国奇迹”。而“中国奇迹”的创造，正是制度的价值取向而让执政者在获取全民动员力的前提下所完成的。中国的劳动大军，向着世界工厂、向着脱贫攻坚、向着共同富裕和共和国一起砥砺前行。

五、一党执政，举国体制优势

中国举国体制的力量形成，来源于一党执政，并保持执政的稳定性、连续性；来源于内生性演化的优势，有根、有源、有生命力；来源于强大的自我完善、纠偏能力，不断发展，日臻完善；来源于“以人为中心”的价值取向，获取全民动员力。

习近平在党的十八届三中全会第二次全体会议上的讲话中引用诸葛亮所著的一部兵书《便宜十六策》中的《治乱》篇：“治国者，圆不失规，方不失矩，本不失末，为政不失其道，万事可成，其功可保。”我国的政治制度和治理体系是“中国之治”的根本支撑。发挥中央集权作用，以国家的整体能力集中力量办大事是中国制度的重要特征和显著优势。过去，我们自力更生，成功研制出“两弹一星”。而今，我们发挥集中力量办大事的制度优势，让北斗导航系统、港珠澳大桥、大兴国际机场等一系列全球领先的大工程在中国诞生。

中国制度无论是在平时还是在危急时刻都展现出强大的优越性和有效性，在经济发展和社会稳定上创造了史所罕见、世所罕见的奇迹。在国家供应链博弈上，中国更应该有制度自信。中国供应链虽然起步较晚，但社会主义市场经济制度所拥有的制度优越性能在重大决策上更高效推进，加速供应链创新和应用的发展。

第二节　超大规模的市场优势

“超大规模市场优势”的概念最早是在 2018 年 12 月的中央政治局会议上提出来的，会议强调要“促进形成强大的国内市场，提升国民经济整体性水平”。这里讲的“强大的国内市场”就是指超大规模市场。

2019 年 12 月，中央财经委员会第五次会议明确了“超大规模的市场优势”的提法，将其与集中力量办大事的制度优势并列在一起，突出了超大规模的市场优势的重要地位。

党的十九届五中全会进一步把发挥超大规模的市场优势提升到构建新发展格局的高度予以强调。构建新发展格局是把握未来发展主动权的战略性布局和先手棋，是新发展阶段着力推动完成的重大历史任务，是贯彻新发展理念的重大举措。因此，习近平明确指出：“市场资源是我国的巨大优势，必须充分利用和发挥这个优势，不断巩固和增强这个优势，形成构建新发展格局的雄厚支撑。”

一、超大规模市场的总量优势

中国 14 亿人口的超大规模市场和消费潜力，是激发全球供应链活力的重要引擎。当今世界最稀缺的资源就是市场。超大规模市场可以通过需求牵动供给，实现经济社会的快速发展和产品结构的优化升级。超大规模市场是中国的突出优势，从规模而言，2020 年中国拥有 14.12 亿人口、5.39 亿户家庭，相比 2000 年的 3.68 亿户家庭，增加了 1.71 亿户，平均每年增加 1 710 万户。

中国占全球总人口的比例接近 20%。西欧最发达的国家，比如德国、法国、英国，人口都在 6 000 万—8 000 万，只占全球人口总量的 1%左右。日本为 1.26 亿人，美国为 3.3 亿人。整个世界高收入国家的总人口大约为 12.15 亿人，而中国一个国家就有 14 亿多人，对于全球供需格局的影响比整个高收入国家的人口规模还大。

中国持续推进高水平的对外开放，营造公开、公正、公平的营商环境，打造各类开放平台载体，为跨国公司完善在中国的投资布局保驾护航，将成为构筑产业集群、打造产业优势的驱动力，创造出供应链的环境优势。

二、超大规模市场的结构优势

所谓单一市场，是指法律体系统一、税务体系统一、商业规则统一、语言文化统一、商业规则和市场环境也大体一致。中国就是一个典型的单一市场。这一点中国和印度很不一样，印度虽然也是拥有 14 亿多人口的大国，从人口增速来看，虽然印度人口超越中国早已经是必然发生的事情，只是时间问题罢了，但实际上印度可以说是一个碎片化的散装市场。印度是由 28 个邦、6 个联邦属地和一个国家首都构成的联邦制国家，每个邦都拥有很大的自治权，在宪法之外还有各自的法律体系和商业规则，各邦之间商品要素的流动面临重重壁垒。印度市场是由 20 多个大大小小的散装市场构成。因此中国超大规模单一市场的存在，不是比较优势，而是绝对优势。发挥超大规模的市场优势，主要通过总量优势和结构优势来体现。

三、国内市场需求不断增长的优势

从发展的眼光看，中国在超大规模市场的总量优势和结构优势的基础上还有需求不断增长的优势。凭借超大规模单一市场，中国已经成为全球最大的消费市场。2020 年，中国的社会消费品零售总额达到 5.07 万亿美元，超过美国的 4.89 万亿美元。同时，中国已经连续 10 年保持世界第二大货物进口国的地位。随着中国不断降低关税税率，到 2035 年，关税税率可逐步降至 OECD 国家水平。中国货物进口总额力争再上一个新台阶，按人民币计价，2035 年将达到 2021 年的 2.5—3.0 倍，从世界第二大货物进口国成为第一大货物进口国，使 14 亿消费者、5.4 亿户家庭消费福利最大化，中国也将成为世界各国最大的买家。

麦肯锡发布《2023 年中国消费者报告》，指出：“全世界没有哪个国家或地区能像中国一样每年新增这么多中产阶级家庭。越来越多的家庭年收入超过 16 万元，有力推动消费增长。中国作为巨大且持续扩张消费的市场，吸引力更是毋庸置疑。”

四、国际市场扩展的优势

中国市场的开放性，将持续为中国参与全球现代供应链助力。同时，这种合作会为全球注入新的利益分配理念。这种均衡分配的利益观得到了更多国家或地区的认可，从而增加了主导全球现代供应链体系的中国力量。

全球价值链体系的二元结构，以中国为核心枢纽，将高端和低端产业链有效衔接，从而连通产能合作路径，构筑公平贸易渠道。中国对发达国家和“一带一路”沿线国家或地区实现双向链接，融合特征非常显著：一方面，作为原有价值链的补充；另一方面，减轻了对传统“不稳定”主导国的依赖。这种转换将提升全球经贸环境韧性，共享全球化红利。

以中国庞大的市场为基础，通过“一带一路”的市场扩展，将中国一个国家扩展为沿线 65 个国家或地区，将 14 亿人的市场扩大到 44 亿人的市场。以中国为构筑供应链、价值链、产业链的核心和枢纽，在构筑贸易优势、产业优势、产能优势中，“一带一路”对中国市场优势的加持，在绝对优势的市场基础上将形成市场的超级优势。

五、集聚全球要素的优势

中国超大规模市场具有规模庞大、供求多元、创新活跃、拉动力强等特征，能够发挥全球要素的集聚效应。市场规模越大，经济发展水平越高，消费部门的总价值就越大，越能形成对各类资源和要素的虹吸效应，从而提高边际消费倾向，带来强大的需求激励。国内投资消费需求潜力巨大，从而造就了中国成为世界上最大的国内投资市场、第二大国内消费市场，这就使得中国在应对各种国际经济金融危机外部冲击时往往具有独特优势，总是能够率先走出经济金融危机。

这个巨大市场也是一种与其他投入要素同等重要的稀缺资源，且这种资源能够像其他要素一样在国际竞争中成为一种具有核心竞争力的比较优势。

六、对国内经济发展的四大支撑作用

(一)对现代化经济建设形成有效支撑

超大规模市场总量优势对我国现代化经济建设形成有效支撑作用:2020年,我国的GDP总量虽然不到美国的80%,但我国的社会消费品零售总额已经超过美国,成为世界第一大物质消费市场。随着我国居民收入稳定增长,特别是中等收入群体不断扩大,居民消费会有更明显的释放,市场规模将会快速扩大,从而形成对稳增长的有效需求支撑。

(二)对技术创新的有效支撑

超大规模市场总量优势对技术创新的有效支撑作用:超大规模市场可以为新技术、新产业、新业态、新模式、新产品等新经济发展提供足够规模的市场实现条件,从而分摊企业的研发成本,形成我国技术创新的低成本优势;可以为新技术、新产业、新业态、新模式、新产品等新经济的发展创造足够的利润回报,激发产学研对研发的投入与合作;可以吸引国外研发机构进入中国,通过整合国内国际资源,加快我国的技术创新。

(三)对国内大循环的有效支撑

超大规模市场对国内大循环的支撑作用:可以支撑产业间、产业内和产品内的分工协作,形成健全的产业链、供应链;可以支撑国内大循环,应对世界百年未有之大变局和外部冲击;可以对世界各类资源形成强大的吸引力,形成国内国际循环互动。

(四)对消费结构优化升级的有效支撑

超大规模市场对消费结构优化升级的有效支撑作用:带动产业结构、产品结构的优化升级,主要体现在品种丰富效应上。随着居民消费结构升级,消费者对产品的消费需求越来越转向个性化、创意化消费。商务部2018年5月发布的《主要消费品供需状况统计调查分析报告》表明,超过70%的消费者认为,品质是购买进口文教体育休闲用品、化妆品、家居和家装用品的主要考虑因素。消费者对产品品质的追求,倒逼企业运用现代技术改造传统产业,并通过技术创新创造新供给,持续地为消费者提供更高品质的产品,推动我国制造业的品质革命。

随着居民消费结构的升级，消费者越来越注重产品的品牌，年轻一代越来越看重国货品牌。据麦肯锡《2020 年消费者调查报告》显示，在乳制品、数码产品等品类中，近 1/3 的消费者在高端产品上选择中国品牌。因此，麦肯锡的报告认为，这引领中国企业不再着眼于生产低价产品，而是努力升级产品的品质、性能和价值。

居民消费结构升级的一个突出特征就是居民消费支出中服务性消费占比不断提高。国家统计局数据显示：2019 年，我国服务性消费在人均消费支出中所占的比重从 2018 年的 44.2％迅速提高到 45.9％，这就为我国大力发展服务业提供了巨大的发展空间。从中国与美国居民最终消费支出规模的比较来看，2019 年美国最终消费支出为 17.54 万亿美元，中国为 8 万亿美元，在社会消费品零售总额基本相当的情况下，中美之间的最终消费支出差距就表现为服务消费支出差距。

七、作为“武器”的市场威力

正是中国具有超大规模单一市场，加上门类齐全的制造业体系，造就了中国市场和工业独一无二的强大竞争力，对全球供需格局造成巨大影响，进而带来原材料价格、全球分工、产业配套等一系列的剧烈变化。

(一)摊薄成本

中国超大规模单一市场能够大幅摊薄制造业的各项成本：一是研发成本；二是固定投资成本；三是物流成本；四是原材料采购成本；五是市场开发成本；六是交易成本。而且一旦形成市场和制造的双重规模效应，劳动力成本也会被摊薄。

(二)主导产业落地

中国超大规模单一市场，可以主导产业落地，形成以市场为核心的产业优势。中国欧盟商会于 2020 年 6 月发布的《商业信心调查》显示，65％的会员企业仍将中国列为未来投资的三大目的地之一。

供应链形态也取决于供求状况，消费者的要求越高，厂商就越需要贴近这些消费者。现在全球范围内 2/3 的制造业已经设在最终消费地附近，通过本地化生产和个性化设计来拉近产品与消费者的距离，这也是与日渐强大的当地企业竞争的唯一方法。随着基础设施的改善、消费群体的崛起、运输成本的下降以及物流效率的提升，未来决定生产地点最重要的因素是市场规模和准入。

市场优势不断吸引资本密集型产业链和技术密集型产业链向中国集中，一方面，中国劳动力成本上升，推动劳动密集型产业链向低成本生产中心转移；另一方面，产能优势和市场优势不断吸引资本密集型产业链和技术密集型产业链向中国集中。因此，在中美爆发贸易冲突之前，中国不仅是全球和区域生产中心，而且是不断扩张的全球和区域性需求中心，在投入和需求方面，都在全球产业链中居重要地位。中美贸易冲突和疫情对寻求中国市场的资本密集型产业链的影响并不显著，这充分证明中国作为“世界市场”的重要性和抗打击性。

(三)影响价格指数

中国超大规模单一市场，可影响价格指数，最终体现在产品价格中，出现中国买什么、什么贵，卖什么、什么就便宜的现象。实际上劳动力成本在制造业总成本中的占比为 10%左右。劳动力成本高一点、低一点只能影响总成本几个百分点。所以，从这个意义上说，规模可以影响整个制造业成本的 30%—40%。一旦达到了充分的规模，就可以把价格压低 30%—40%。通常一类产品只要中国能够生产，马上就能够大幅度压低同类产品售价。

一国产业竞争优势大致有以下几种：因技术领先形成的技术优势；因劳动力供给充足、成本低廉形成的劳动力比较优势；因某种资源禀赋优质而具备的资源优势，以及油、电、煤、气、运等各类要素成本上的比较优势；等等。中国超大规模的单一市场，是全球唯一的，不仅有比较优势，而且具有不可比拟的优势。

(四)全球博弈的“超级武器”——“市场”与“资源”

在疫情和地缘政治冲突的双重影响下，虽然相互依存的全球化依然以惯性的方式得以维持，但普惠式的全球化红利将逐渐消失，市场武器化、资源武器化的趋势以及国际产业链、价值链、供应链安全化的重构将难以逆转，各国建立贸易“防火墙”和产业“隔离带”的需求将急剧上升，被动“脱钩”和主动“筑墙”的尝试或更加频繁，同时，关键供应链的近岸或在岸趋势或进一步加剧，成本驱动性通胀以及系统性金融风险上升。

中国超大规模单一市场，将可能成为全球博弈的“超级武器”。俄乌冲突，俄罗斯天然气占全球探明储量的28%。俄罗斯在全球并不是唯一的能源优势国家，但通过控制能源，进行全球博弈时，面对制裁，能源却能成为博弈的武器，取得显著的效果。

从比较优势的角度，中国的市场优势是独一无二的：占全球18%的人口所形成的消费群体；全球独一无二的中产阶级群体。这两大比较优势是全球独一无二的，也可以说是不需要比较的优势。

过去谈论更多的是中国“世界工厂”的地位。但是不要忘记，在全球博弈中，中国不仅是“世界工厂”，而且是“世界市场”，从产业链、价值链、供应链的角度利用这两个优势，将成为打造全球现代供应链的双重武器，作为全球博弈的武器。

综上所述，深化对超大规模市场优势的研究，从而充分利用这个优势，发挥在构筑中国全球“三链”中的作用，完成对经济发展的现代化、中国化的创新，这不仅为经济学的创新发展贡献中国智慧，而且也会确立和稳固中国在全球现代供应链中不可撼动的地位。

第三节　产业优势

霍建国、齐冠钧在《大重构：全球产业链供应链变局》一书中明确指出：“中国是全世界唯一拥有联合国产业分类中全部工业门类的国家，是全球工业体系和行业门类最完整、产业链条最长的国家，拥有41个工业大类、207个工业中类、666个工业小类。产业门类齐全，基础设施完善，各个行业的上中下游产业形成聚合优势。”

中国制造业具有强大的规模化生产能力。制造业增加值从2012年的16.98万亿元增加到2021年的31.4万亿元，占全球的比重从22.5%提高到近30%，相当于美(16%)、德(7.4%)、日(5.2%)三国之和，在全球具有不可比拟的优势。印度、越南等其他国家在短期内无法超越。据不完全统计，中国有220

多种工业产品的产量位居全球第一，全球 90%的个人计算机、80%的空调、75%的太阳能电池板、70%的手机和 63%的鞋子均产自中国。

一、全球产业链、供应链的“中国之环”

如果我们把全世界比作一个完整的供应链体系，那么各个国家就是这个体系中的一环或者多环。世界各国对中国供应链高度依赖，根据麦肯锡咨询公司 2019 年发表的报告：中国是全球 33 个国家的最大出口国、65 个国家的最大进口国。中国工业制成品的出口规模占全球的比重也持续提升，在 2020 年达到 19.5%，明显高于美国(5.0%)、德国(9.6%)和日本(4.5%)等制造业大国。中国还是亚太地区乃至全球中间产品供应链的枢纽，2000 年以后在全球产业链中的占比大幅提高，部分行业产出占比达到 40%以上。完整的产业体系和产业链具有集群优势，不仅使得中国经济具有很强的韧性，而且成为全球供应链上不可或缺的“中国之环”。

国际货币基金组织研究部世界经济主管丹尼尔·利说，当中国经济增长加快时，中国增速每提高一个百分点，世界增速就会提高 0.3 个百分点。在全球通胀达到 40 多年来未有的新高的情况下，2022 年中国居民消费价格指数涨幅稳定在 2%，大幅低于美国、欧元区 8%及以上的涨幅，成为全球变局下的“稳定器”。

近年来，面对一些国家遏制打压、“脱钩断链”的行为，中国凭借独立、完整的工业体系和完备的产业链稳住“世界工厂”的地位，目前制造业规模占全球的比重约为 30%，为建设现代化产业体系打下了坚实的基础。

2024 年 1 月 17 日，国务院新闻办公室举行的新闻发布会上国家统计局介绍 2023 年国民经济运行情况并答记者问。初步核算，2023 年全年国内生产总值为 1 260 582 亿元，按不变价格计算，比上年增长 5.2%；全年服务业增加值比上年增长 5.8%；全年全国粮食总产量为 69 541 万吨，比上年增加 888 万吨，增长 1.3%；全年居民消费价格指数比上年上涨 0.2%；全年货物进出口总额为 417 568 亿元，比上年增长 0.2%。其中，出口为 237 726 亿元，增长 0.6%；进口为 179 842 亿元，下降 0.3%。进出口相抵，贸易顺差为 57 884 亿元，印证了全球产业链供应链中“中国之环”的分量之重。中国超大规模单一市场加上门类齐全的制造业体系，造就了中国经济独一无二的强大竞争力。

二、不可替代的产业优势

在中国演化出全球规模最大的制造业供应链网络里，分工已经越来越细，网络中无数个企业彼此之间互为配套关系，而且配套关系可以依照订单需求不断动态重组，以生产出各种各样的产品。中国在产业发展过程中具有的集聚效应，导致任何新产品、新产业都离不开中国产业链。不仅是因为中国产品生产成本低，而且因为在中国产业链发展过程中专业化分工越来越细，产业集聚效应越来越明显，引致全球任何一种新产品没有中国产业链的配合就很难落地实现。这种产业链优势决定了全球所有的技术路线和发展方向，都会有中国企业和产业参与，不会有错失的可能。

比如，苹果手机的诞生，就是在中国产业链的配合下实现的。与此同时，以苹果为代表的智能手机的发展，也让中国手机突破了发展的桎梏，迈向全球，也让我国一举建立起全球最大的手机产业链。目前，特斯拉在上海设厂，在让马斯克成为世界首富的同时，也必然会让我国催生出更加强大的电动汽车产业链。目前，我国占据全球一半以上的电动汽车市场份额已经说明了一切。这种产业链优势是由我国庞大的产业规模所派生出来的。

中国产业的综合优势，目前不仅没有国家能够替代，而且会随着新的产业加入更加完善。当今世界，一国实力已不仅限于技术和资本，更包括产业链、价值链和供应链的综合优势。我国在全球产品供应链中的地位有目共睹。近年来，我国制造业产业增值链条不断延伸，并向深加工和核心技术领域扩展。

我国在国际分工中的角色也在发生积极的变化，在全球供应链中的地位从最初的廉价外包目的地转变为全球供应链重要的中心之一，与发达国家间正在从传统纵向分工向纵横交错、互补与并存发展。随着“一带一路”建设的推进，新的国际产业链和产业利益共同体加速形成，稳步提升我国在国际产业链中的地位。

三、劳动力人口优势

我国不仅拥有全世界最完备的工业体系，而且拥有世界第一大规模的劳动力人口。改革开放以来，中国劳动力人口数量持续增长。1978 年，中国劳动力人口有 4 亿。2022 年，世界银行公开的信息显示，中国劳动力总数约为 7.92 亿，几乎增加了一倍，与其他国家相比，具有倍数优势。印度的劳动力数量约为 4.71 亿，美国的劳动力数量接近 1.65 亿，印度尼西亚的劳动力数量约为 1.39 亿，巴西的劳动力数量接近 1 亿，巴基斯坦的劳动力数量约为 7 378 万，俄罗斯的劳动力数量超过 7 100 万。

四、产业工人的规模优势

我国不仅拥有全世界最完备的工业体系，而且拥有成熟的产业工人队伍。国家统计局《中国劳动工资统计资料(1949—1985)》显示，1920 年全国产业工人仅有 194.6 万人，1947 年仅有 226.5 万人。新中国成立后，1952 年第二产业就业人员达到 1 531 万人，1978 年达到 6 945 万人。改革开放以来，中国产业工人队伍迅速扩大。20 世纪 80 年代，中国产业工人数量超过 1.2 亿人，占劳动力人口的比例也超过 22%。

1992 年邓小平南方谈话之后，中国确立了社会主义市场经济体制的改革方向，带来了国营企业和民营企业发展的高潮，产业工人数量持续增长，到 1999 年达到 1.66 亿人，占劳动力人口的比例达到 23.7%。

进入 21 世纪，特别是中国加入 WTO 以后，产业工人的队伍伴随着中国融入全球经济的步伐和民营经济快速发展。2013 年，产业工人规模超过 2.3 亿人，之后基本维持在 2 亿人左右的规模。其中，高技能人才数量从 2016 年底的 4 791 万人增长到 2021 年底的 6 000 万人。

由于人口老龄化，我国人口结构发生了翻天覆地的变化，每年新增劳动力数量开始下降，过去每年新增劳动力 1 500 万人，现在和未来 10 年每年新增劳动力约 1 200 万人。过去 1 500 万人里有 1 200 万是农民工，他们进城从事中低端的制造业和服务业，外加两三百万的大学毕业生。未来十年刚好相反，每年 1 200 万—1 300 万的新增劳动力中大学生有 1 000 万，外加两三百万的农民工。这种转变创造了巨大的人才优势和规模效应。1 000 万大学生意味着未来十年在中高端的产业里完全有能力搞人海战术。就像当年在中低端领域，每年通过 1 000 万农民工降低成本，提高性价比，从而占领全球市场一样，中高端领域同样有规模经济优势。

五、工程师——新型人口红利

中国的经济竞争力不断提高，其中一个重要的原因就是中国优秀的工程师队伍。世界工程组织联合会主席龚克专业解释了工程和工程师的定义：“工程是利用科学知识、技术方法、设计和管理原理，在经济、社会、环境、文化条件的约束下解决人类生存和发展的问题。工程师是解决这些问题的人。”

中国的工程师数量不断增加，规模总量位居全球前列。根据 2018 年中国工程师协会发布的数据，中国工程师总人数已经超过 1 400 万。

除了数量上的优势，工程师的红利是适应高端制造和科技行业发展的新型人口红利。中国工程师在某些领域表现出色，例如，在高铁、电子、新能源汽车等领域，中国的工程师已经取得了令人瞩目的成就。托举制造强国，中国的工程师在中国经济中扮演着重要的角色。

在过去几十年中，中国的高等教育体系得到了极大的发展，这也为中国培养工程师提供了坚实的基础。除此之外，中国的教育体系注重实践能力的培养，这也是中国工程师在实际工作中表现出色的原因之一。我国每年应届大学毕业生约为 1 000 万人，理工科大学毕业生约占 46%，每年新增年轻工程师储备队伍 460 万人，这在世界上是绝无仅有的，成为中国工程师队伍不断发展壮大的源泉。

六、劳动生产率快速增长的优势

劳动生产率是决定一国经济是否具有未来增长性的标志性指标，是现代供应链效能水平的重要体现。以 2006 年为例，中国的劳动生产率增速为 9.5%，印度为 6.9%，欧盟 12 个新成员国的平均水平为 4.1%。中国工业劳动力年均创造财富 1.264 2 万美元，几乎是 1980 年的 8 倍。从劳动生产率增长原因来看，决定劳动生产率的因素多种多样。美国劳动生产率不断提高的原因主要体现在：以信息和通信技术为核心的技术革命、公司运作模式、激烈的商业竞争环境以及不断扩大的海外贸易和投资。这四大因素之间相辅相成及进一步的提升，成为美国劳动生产率强势依旧的“制胜法宝”。

近年来，欧洲各国劳动生产率近年来增长有快有慢。英、德、法等发达资本主义国家由于采取新措施，不断加强知识创新与技术改造，使制造业水平得到大幅提升、劳动生产率处于较高水平。劳动生产率成为决定一国经济是否具有未来增长性的标志性指标。由于中国对外开放很晚，经济长期落后，20 世纪 90 年代初单位劳动生产率非常低，不到美国的 2%，甚至低于印度。正是因为起点过低，所以在中国经济迎来高速发展后，单位劳动生产率也迅速增长。然而高速增长并不意味着中国的劳动生产率很高。根据国际劳工组织的数据统计，2015 年，全球劳动生产率高如美国，为 98 990.24 美元/人，低如埃塞俄比亚，仅为 726.32 美元/人。中国劳动生产率快速增长后才达到 16 512 美元/人。实际上，中国劳动生产率仍处在非常低的水平，具有巨大的提升空间。

根据世界劳工组织统计，中国是全球劳动生产率增长最快的国家，年均增长率达 6.7%，高于全球平均增速 5.1 个百分点。2021 年，中国劳动生产率达到 16 512 美元/人，显著高于越南（3 905 美元/人）、印度（6 688 美元/人）和印度尼西亚（9 151 美元/人）等。

中国劳动生产率快速增长，首先，中国经济增长是近几年来由技术密集型和资本密集型向知识密集型的转变，低效率的公司不断被淘汰，大量工人从农业等相对低效的行业转移到制造业，从而带动劳动生产率的提高。其次，中国的改革开放政策吸引了大量外资，使服务业得到极大发展。最后，基础设施的改善、国民受教育程度的大幅度攀升和劳动者的勤奋以及劳动时间较长，也是中国劳动生产率快速增长的重要原因之一。

中国有句话叫“勤能补拙”。中国不仅劳动生产率快速增长，而且劳动者工作时间长。根据经济合作与发展组织（OECD）的数据显示，各国平均年工作时长为 1 716 小时。日本劳动者年均工作为 1 710 小时，德国劳动者年均工作为 1 356 小时，而中国劳动者年均工作 2 000—2 200 小时（见图 5—1）。

七、中间品的最大供应国

中国成长为全球中间品的最大供应国。中国更多是以后以参与的方式融入全球价值链，这是因为中国以加工贸易作为参与国际分工的主要路径。进口中间品经过加工装配后再出口的生产与贸易特征，决定了中国融入全球价值链

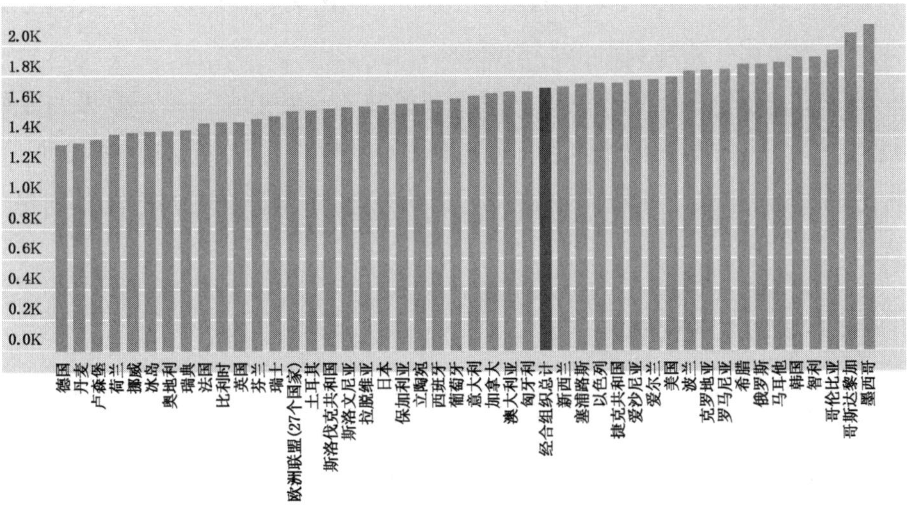

数据来源:经济合作与发展组织(OECD)。

图 5—1　各国平均年工作时长

的后向参与度要高于前向参与度。中国不仅对主要制造强国的后向依存度大幅降低,而且自身成为大多数国家进口中间品的主要来源甚至首要来源,在全球价值链中扮演着关键的角色。同时中国成长为全球中间品的最大供应国,在全球价值链中扮演着枢纽的角色。

在全球高出口中心度的产品中,中国在其中八成产品的出口上具有优势。2017—2018 年,《商品名称及编码协调制度国际公约》(HS)六位码下全球贸易共包括 3 556 种中间产品,中国在其中 2 247 种的出口规模位列全球前三;中国出口 858 种高中心度产品,该数量仅次于美国,位居第二,这意味着中国在高出口中心度的中间品贸易中具有重要的出口优势。

2020 年 3 月,联合国发布报告指出,全球约 20%的制造业中间品贸易来自中国,如果中国的中间品出口下降 2%,将导致 45 个主要经济体出口下降约 460 亿美元,其中,欧盟、美国、日本、韩国受影响最大。

第四节　基础设施优势

基础设施也是社会流动性和经济韧性的基石。中国从 20 世纪 90 年代初开始发起大规模投资，固定资产投资占其 GDP 的比重更是达到 40%，由此在过去 30 年，创造出年均增长近 10%的奇迹。

到 2021 年底，我国综合交通网总里程突破 600 万千米，220 千伏及以上输电线路 79.4 万千米，光缆线路总长度达到 5 481 万千米，水库总库容达到 9 035 亿立方米，形成了超大规模网络，高铁、高速公路、电网、网络规模等，长期稳居世界第一。

一、多个领域的世界第一

（一）铁路

在所有庞大的基建系统中，高铁网络所需资金、技术及组织能力几乎最高。2016 年底，中国高铁营业里程达 2.23 万千米，约占世界的 60%。2019 年底，我国高铁营业里程更是达到 3.5 万千米，占世界的比例为 70%。

高速铁路是新学科、新技术、新材料和新工艺的集大成者。中国铁路世界领先，铁路路网世界领先，铁路规模世界领先，铁路技术装备世界领先，铁路创新能力世界领先，铁路运输安全世界领先，铁路经营管理水平世界领先。高铁营业里程约占世界高铁总里程的 2/3，连续多年稳居世界第一。

中国高速公路已形成密集网状。要修建密集的高速铁路网和高速公路网，不仅需要坚定的决心和长远规划，而且需要海量的资金投入，并能承担得起资金回收、财政负担等风险，难度相当大。

（二）桥梁

全球前十高的桥梁中有 8 座在中国，而且全部是 2009 年以后建造的。在全球前 100 高的大桥中，中国占了 80 多座。最长跨海大桥、最长公铁两用桥等“世界第一”都在中国。

（三）港口、水利设施

在全球港口集装箱吞吐量排名前十名的港口中，中国港口占有七席。中国港口拥有生产用码头泊位约 2.4 万个，是 1949 年的 148.6 倍。

中国还拥有世界上最大的水力发电站：三峡水利枢纽；世界上最大的调水工程：南水北调……

(四)信息基础设施

我国信息基础设施加快升级。过去十年,我国已建成光纤长度增长约 2.7 倍,实现"县县通 5G,村村通宽带"。人工智能基础设施加快布局,数据中心规模达到 590 万标准机架,8 个国家算力枢纽节点启动建设,已初步建成卫星遥感、卫星通信广播、北斗导航定位三大系统,构成了国家民用空间基础设施体系。

二、"基建狂魔"

中国基础设施建设的能力,被世界形容为"基建狂魔"。帕拉格·康纳(Parag Khanna)曾说:"基础设施曾是不被看好的全球公共产品,但现在在世界上受到普遍认可,这在很大程度上要归功于中国。"

(一)全球高层建筑数量第一

世界最高建筑与都市人居学会(CTBUH)发布 2017 年度报告。报告显示,2017 年,144 栋高层建筑完工,是有纪录以来最高的一年。其中,在中国境内完工的高层建筑达到 76 栋,在所有国家中居于首位。美国在 2017 年内有 10 栋高层建筑完工,排名第二。韩国有 7 栋高层建筑完工,排名第三。

(二)全球桥梁建筑之最

中国公路桥有 80 万座、铁路桥有 20 万座,总量加起来有 100 万座,数量已经排在世界第一。而中国在桥梁上又创造了很多世界纪录。

(三)全球建筑材料数量之首

现代社会,主体就是建立在钢铁水泥之上,建筑材料在其中更是重中之重。2017 年,全球粗钢总产量达 16.912 亿吨,亚洲全年粗钢产量达到 11.625 亿吨,其中,中国的粗钢产量为 8.317 亿吨。其他国家的粗钢产量综合起来,才能与中国的粗钢产量持平。

(四)"基建狂魔"惊艳世界

全世界仰望的基建速度,中国"基建狂魔"惊艳世界。英国广播公司(BBC)评论,武汉用 10 天的时间建立了一家新医院,专门收治新型冠状病毒感染患者，如此“超高速”不可想象。南昌龙王庙立交桥 8 小时完成拆除；北京三元桥 43 小时拔地而起；港珠澳大桥缩短工期超过 2 年；221 天完成两岛筑岛的世界工程记录，被誉为桥梁界的“珠穆朗玛峰”。科技狂人马斯克曾忍不住感慨：“中国在先进基础设施上的发展要比美国快 100 倍。”

三、最大的基础设施出口国

全球人口数量已经突破 70 亿，但现有的基础设施仅能满足 30 亿人的需求。基础设施的供需矛盾从未如此突出。

随着全球人口的增长和城镇化进程的加快，未来 20 年，世界需要创造 3 亿新的就业岗位，唯有基础设施投资和相关产业能创造数量如此之大的岗位。世界银行指出，基础设施是实现联合国减贫、医疗、教育和其他千年发展目标的“缺失环节”，在 2015 年就已被正式纳入联合国发布的“可持续发展目标体系”中。

中国是基础设施建设的领头羊。当今世界还有许多基础设施有待建设，因此中国也必然会成为世界上最大的基础设施出口国。

（一）超过国防开支的基础建设投资

帕拉格·康纳在《超级版图：全球供应链、超级城市与新商业文明的崛起》中指出：“全球基础设施的发展正使得世界从割离走向互联、从民族分隔走向融合。基础设施就像是将地球上一切组织联系在一起的神经系统，资本和代码就是流经神经系统的血细胞。互联程度的加深弱化了国家概念，形成了整体大于部分之和的全球化社会。”

基础设施的发展改变了地理位置的重要性。随着高速公路、铁路、机场、管道、电网和光缆等全球物流大通道和基础设施的发展，世界正在从割裂走向互联。当前全世界每年对城市设施和高速公路、管道和港口、桥梁和隧道、电信设施和通信光缆、电网和污水处理设施等固定资产的投资总额为 3 万亿美元，远远超过每年 1.75 万亿美元的国防支出。

（二）基础设施投资

西蒙·安霍特（Simon Anholt）在《优良国家党》（*The Good Country Par-*

ty)著作中指出:今天基础设施的全幅图景中有长约 6 400 万千米的高速公路、200 万千米的油气管道、120 万千米的铁路以及 75 万千米的海底电缆,这些设施将全球主要人口聚居区和经济中心联系在一起。与此相对,全球国境线仅有 25 万千米。据测算,人类在未来 40 年里要建设的基础设施将超过此前 4 000 年的总和。世界不再是国与国的拼图,而是由基础设施连成的电路图,越来越像互联网。

(三)“新五同”建设

“基建狂魔”的能力,不仅在国内基础设施建设中取得了世界第一的中国成就,而且为世界的互联互通做出贡献。“一带一路”倡议的建设,也正是在探索这种国际合作共赢的模式。中国提出交通同网、能源同体、信息同享、生态同建、环境同治的“新五同”建设,以建成布局合理、高效利用的现代化交通网络、安全可靠的体系、融合的信息平台、绿色生态体系和完备的应急设施体系,形成支撑全球现代供应链的大网络,并进一步探索区域基础设施共建、共享、共管模式。

(四)“钢铁驼队”

“一带一路”是中国最大的全球基础设施项目。作为“一带一路”的“钢铁驼队”中欧班列,已经成为连接世界多国的重要陆路交通工具。数百年前,苏伊士运河和巴拿马运河等伟大的地理工程改变了全球航运和贸易版图。自 19 世纪以来,奥斯曼帝国的苏丹就梦想能在伊斯坦布尔建成隧道,以连通欧亚。此前土耳其曾被称为欧亚碰撞之地,现在则变成了欧亚互联之所。

第五节　国际贸易优势

国际贸易和投资因中国崛起而重新排列,改变了全球现代供应链的布局。目前,中国是世界上 124 个国家或地区的最大贸易伙伴国,而以美国为最大贸易伙伴国的国家只有 56 个,这就使得中国可以在世界范围内发挥更加重要的作用。

一、对世界经济增长的贡献居第一

十年间，我国货物贸易总额持续增加，从 2012 年的 24.4 万亿元到 2021 年的 39.1 万亿元；国际市场份额也从 2012 年的 10.4%提升到 2021 年的 13.5%；我国主动降低商品关税，关税总水平从 2012 年的 9.8%降至 2021 年的 7.4%。贸易新业态、新动能不断被激发，跨境电商进出口规模在过去 5 年增长近 10 倍。货物与服务贸易总额也于 2020 年跃居全球第一。全球货物贸易第一大国的地位更加巩固。如今，进博会、服贸会、消博会等高水平的对外开放平台越来越多。中国已设立 21 个自贸区和 1 个自贸港，自贸伙伴遍布五大洲。十年间，中国对世界经济增长的平均贡献率达 38.6%，居世界第一。

二、货物贸易大国地位

2023 年 1 月 13 日，海关总署发布数据显示，2022 年我国进出口总额为 42.07 万亿元，同比增长 7.7%，其中，出口总额为 23.97 万亿元，增长 10.5%；进口总额为 18.1 万亿元，增长 4.3%；出口国际市场份额连续 14 年居全球首位。同时，这也是我国外贸规模首次突破 40 万亿元关口。

2017 年以来，我国已连续 6 年保持世界第一货物贸易国地位。2005 年，我国货物贸易进出口总额首次超过 10 万亿元，2010 年突破 20 万亿元，2018 年超过 30 万亿元，再到 2022 年的 42.07 万亿元，外贸规模连续迈上新台阶。

民营企业作为外贸第一大主体的地位继续巩固，外贸“稳定器”作用持续发挥。2022 年，我国有进出口实绩的外贸企业为 59.8 万家，同比增加 5.6%。其中，民营企业进出口规模所占比重达到 50.9%，年度占比首次超过一半，提升 2.3 个百分点，对我国外贸增长贡献率达到 80.8%。

三、服务贸易连续八年稳居世界第二位

国新办 2022 年 8 月 23 日举行新闻发布会，商务部服务贸易和商贸服务业司司长王东堂介绍，服贸会十年，也是我国服务贸易快速发展的十年。2012 年以来，我国服务贸易进出口保持快速增长势头，年均增长 6.1%，高出全球增速 3.1 个百分点。我国服务贸易在世界的排名由第三位上升到第二位。

2012—2021 年间，我国服务进出口总额从 4 829 亿美元增长至 8 212 亿美元，十年间贸易规模增长了 70.1%，在世界服务进出口总额中的占比由 5.4% 提高至 7.1%，连续八年稳居全球第二位；在世界服务进口中的占比由 6.3%提高至 7.7%，成为世界上仅次于美国的服务进口大国。

根据商务部发布的数据显示，2023 年，我国服务进出口总额为 65 754.3 亿元，同比增长 10%，服务贸易规模创历史新高。其中，服务出口总额为 26 856.6 亿元，同比下降 5.8%；服务进口总额为 38 897.7 亿元，同比增长 24.4%。旅行服务增长最快。2023 年，旅行服务进出口总额为 14 856.2 亿元，同比增长 73.6%；知识密集型服务进出口总额为 27 193.7 亿元，同比增长 8.5%。

目前，我国正全面深化服务贸易创新发展试点，同时开展服务业扩大开放综合试点，持续释放试点制度红利。我国已经有 112 家特色服务出口基地，涵盖文化、数字服务、地理信息、知识产权和语言服务等 7 个领域。

四、双向投资稳居世界前列

2022 年 5 月 12 日，商务部副部长兼国际贸易谈判副代表王受文介绍：我国双向投资也稳居世界前列，去年吸引外资达 1.15 万亿元，比 2012 年增长了 62.9%。从 2017 年以来，中国吸引外资连续四年位居世界第二，对外投资流量稳居全球前三位，“一带一路”经贸合作高质量推进。

五、主导全球第二大贸易板块

2021 年全球经济总量已经突破 90 万亿美元，而这些经济产出主要集中在三个区域：北美、东亚以及欧洲，占全球的比重已经超过 70%。

(一)北美自由贸易区

由美国、加拿大和墨西哥 3 国组成，1994 年 1 月 1 日，协定正式生效，北美自由贸易区(NAFTA)宣布成立。三个会员国彼此必须遵守协定规定的原则和规则，如国民待遇、最惠国待遇及程序上的透明化等来实现其宗旨，以消除贸易障碍。自由贸易区内的国家货物可以互相流通并减免关税，而贸易区以外的国家则仍然维持原关税及壁垒。美墨之间因北美自由贸易区使得墨西哥出口至美国受惠最大。2021年,这三个国家的GDP分别为:美国为23万亿美元、加拿大为1.99万亿美元以及墨西哥为1.29万亿美元,总计高达26.28万亿美元。北美自由贸易区是全球经济实力最强的区域。

(二)欧洲联盟

欧洲联盟(德语:Europ ische Union,法语:Union européenne),简称欧盟(EU),总部设在比利时的首都布鲁塞尔,是由欧洲共同体发展而来的。欧盟有6个创始成员国,分别为德国、法国、意大利、荷兰、比利时和卢森堡,现拥有27个会员国。区域总面积为242.0万平方千米,人口为4.4亿。

欧洲联盟创建了欧元作为欧盟区域内的流通货币,现在已经有19个国家统一使用欧元作为法定结算货币,放弃了自己国家原来的主权货币。部分欧盟国家的金融政策、内部市场、外贸等已经统一起来,由欧盟实行管理并制定政策,使得欧洲联盟越来越像联邦制国家。在组织模式上欧盟无疑是最好的联盟方式。欧元的产生及欧元区的设立改变了长期以来美元的国际霸主地位,使欧元在国际外汇储备方面成为美元强有力的竞争对手。欧元的产生增加了欧盟各国的凝聚力,推动欧洲走向更高层次的联合,提升了欧洲在国际上的地位。

(三)中国一东盟自由贸易区

中国一东盟自由贸易区(CAFTA)是中国与东盟十国组建的自由贸易区。中国和东盟对话始于1991年,中国1996年成为东盟的全面对话伙伴国。2010年1月1日,贸易区正式全面启动。自贸区建成后,东盟和中国的贸易占世界贸易的13%,成为一个涵盖11个国家、19亿人口、GDP达6万亿美元的巨大经济体,是目前世界人口最多的自贸区,也是发展中国家间最多的自贸区。

东亚地区则主要由中、日、韩引领。2021年,中国(包括港、澳、台在内)GDP已经达到18.9万亿美元,日本为4.94万亿美元,韩国则达到1.8万亿美元,中、日、韩总计25.64万亿美元,在三大区域中暂居第二。

(四)“一带一路”成为全球第二大贸易板块

5月7日,《“一带一路”贸易投资指数(BRTII)》在北京发布,由中国国际经济交流中心、对外经济贸易大学、路孚特、国家开发银行研究院等共同编制完成。BRTII分为贸易指数和投资指数两大指数框架,从总体、区域、国别、行业等不同层面，对 2012—2017 年的 41 个样本国进行分析测算。结果显示，“一带一路”贸易总指数呈逐年上升态势，未来将创造巨大的投资和资本需求。

报告指出，“一带一路”沿线国家或地区在全球投资中的地位日益凸显，跨境资本增速远高于其他区域，已成为全球最重要的外资流入地。与欧盟、北美自由贸易区相比，“一带一路”内部贸易在全球总贸易中的占比提升明显，至 2017 年已达 13.4%。“一带一路”构成了全球第四大贸易板块，并超越北美自贸区，仅次于欧盟，规模位于全球贸易板块第二。

六、商品条码系统世界第一

全球统一标识系统，是全球应用最广泛的商务语言。编码识别技术已广泛应用于各领域。2018 年 5 月 14—17 日，国际物品编码协会全会在浙江省杭州市召开。国家市场监管总局、中国物品编码中心与国际物品编码协会签署协议，将进一步深化中国与“一带一路”沿线国家或地区的国际合作，推动构建全球电子商务生态圈，推进全球数据同步项目、海关快速通关项目，促进商品信息互认，同时将重点聚焦在大数据、云计算、物联网等基础信息技术方面，在电子商务与物联网、现代物流等领域全面引入全球通用的国际编码。

国际物品编码协会目前拥有来自不同国家或地区的 112 个成员组织，且标准应用于 150 多个国家或地区的食品、服装、物流等 30 多个领域。中国设有 47 个物品编码分支机构，形成了覆盖全国的采集编码管理、技术研发、标准制定、应用推广及技术服务于一体的工作体系。中国商品条码系统成员数量已超过 30 万户，居世界第一。

七、不可被复制的贸易优势

英国东亚问题学者、政治和国际关系分析师汤姆 · 福迪（Tom Fowdy）在《今日俄罗斯》网站发表文章说：“中国成为全球经济的基石，独一无二的贸易优势短期内不可能被复制。”“中国的供应链在价格上有竞争力、韧性更强、联通更广而且有本地需求的支持。即使有部分国家被视为可替代的选择，在短期内仍然无法复制中国这些优点。供应链不是随便就能盖起来的木屋，‘链’意味着需要一系列工厂、供应商、合作企业、组装线和基础设施，集中在一片地理区域组成网络。”“这个网络不是自动形成，而是相互依存的。可负担性、可靠性和效率都是建设成功供应链的关键。这个供应链要由大量临近的企业组成。在全球，中国主宰了其中的大部分。”

汤姆·福迪从三个方面分析了中国在供应链方面的明显特点：第一，中国的地理面积和人口使得其拥有大量的劳动力和有竞争力的基础建设，价格更能让人接受；第二，中国的市场规模和成本优势意味着国内需求很高，企业很容易产生利润；第三，中国几十年来成为全球贸易和商务中心，地位会继续得到巩固。

在福迪看来，这些优势对于企业来说是“双赢”的局面。“虽然总有人说要和中国脱钩并把供应链转出，但这种事情一直没有发生。这一点也不奇怪。”“中国在供应链方面的优势来源于更强的竞争力，‘一带一路’合作、中欧班列等大型项目，更是起到了加强作用。西方生产商之所以从未离开中国，正是因为中国市场的吸引力是如此之大。”“中国仍然是全球供应链的核心部分……，因为根本就没有实力相当的对手或别的选择。供应链的根本是可负担性、地理和便利因素，不是政治偏好。”

第六节 科技创新和新兴战略产业优势

世界知识产权组织 10 日发布的 2018 年全球创新指数报告显示，中国位列第 17 位，正式跨入世界科技创新型国家行列。新兴产业领域，拥有液晶面板、高铁、锂电池、造船、智能手机、笔记本电脑、平板电脑、芯片制造和封装、航空发动机、航天工业、卫星导航、民航客机、智能手机芯片设计、通信设备和无人机产业等。

(1)高铁：无论是性能还是价格优势，中国毫无疑问是拥有世界第一竞争力，而且全球也仅有几个国家掌握了核心技术。高铁产业可谓奇迹，短短十年不到就完全掌握了产业的核心技术，并形成了强大的制造体系。

(2)太阳能产业(晶硅发电)：竞争力无出其右，全球只能买中国货。

(3)风能：含输配电产业、叶片、电机、风塔、控制等，都依旧被逐一攻克，全产业链体系已经非常成熟。海上大功率风电的产业链优势明显，成为竞争力之冠。

(4)动力电池和新能源车：中低端车辆的性价比已经具备全球竞争力。三电配套产业已经非常成熟。中国的成本优势再加上市场驱动，仅有类似“特斯拉”等个别企业，才能跟中国的车厂抗衡。

(5)建筑和挖掘业：隧道桥梁工程都有很高的技术含量，还有勘探和挖掘类、化工工程类等，也只是少数几个国家能完全具备总包能力。

(6)造船业：对于那些大吨位的超级油轮、集装箱轮等，中国已经具备全球竞争力，成本控制超过韩国、日本。除了超级邮轮等高级船舶还稍微欠缺一些，其他的接单能力毫无疑问又胜出。造船业是传统产业，但超级船舶的制造需要足够的配套能力，这也是仅仅少数国家才具备。

(7)通信电子产业和精密制造：电信产业、大数据和数字化应用产业、手机等精密电子制造产业等，均已领先世界。华为5G技术已经众所周知，其他比如手机制造业，全球具备产业优势的也仅仅有美国、韩国、中国这三个国家，而在全球市场占有率位居中国第一。

无人机产业已经领先全球，还有一些综合电子和精密控制技术的高端武器装备可能仅次于美国。总之，在全球军火市场，中国跟美国、俄罗斯、法国、以色列等少数几个国家同台竞争，且已经在个别领域具备很大优势。

一、移动通信技术优势

5G深刻地改变整个社会，将成为一个“赋能者”。5G本身就是一个很长的产业链，凭借新的性能引爆垂直行业，从而深刻地改变整个人类社会。5G已经成为有史以来部署速度最快的蜂窝技术。中国也向世界展示出5G巨大的能量和潜力，为数字化转型提供了重要支撑能力。

(一)5G专利全球第一

经历“1G空白、2G跟随、3G突破、4G同步”的数十年发展历程，中国在5G通信产业中已取得显著成绩。2022年6月6日，国家知识产权局知识产权发展研究中心在京发布相关报告显示，当前全球声明的5G标准必要专利共21.774 9万件。这些专利共涉及4.687 9万项专利族，其中，中国声明1.872 8万项，排名第一，占比 39.9%;美国声明 1.620 6 万项,排名第二,占比 34.6%;其他排名前列的国家或地区包括韩国(4 293 项,占比 9.2%)、日本(3 736 项,占比 8%)和欧洲(1 833 项,占比 3.9%)。中、美两国的 5G 标准必要专利合计占比达到 74.6%,中、美、韩、日、欧 5 个国家或地区声明的 5G 标准必要专利数量合计占全球总量的 95.6%。

由于移动通信产业的国际化特点,因此争夺标准必要专利是移动通信产业全球竞争中的重要内容。而当前 5G 通信标准的 R15、R16 和 R17 标准都已完成“冻版”,对应的标准必要专利布局基本成为定局。在这样的形势下,我国的标准必要专利声明量位居全球前列,将对 5G 时代形成竞争优势起到重要作用。

在 5G 标准必要专利的全球专利申请人中,华为公司声明 6 583 项专利族,排名第一,占比 14%(见图 5－2)。以专利申请人在美国、中国、欧洲这 3 个国家或地区布局的同族专利数量来看,华为同样排名第一,随后是 QUALCOMM、SAMSUNG、LG 和中兴。值得提及的是,在全球排名前 15 的专利申请人中,除美国、日本、欧洲、韩国各有 2 家外,中国企业独占 7 席。

(二)最大的 5G 商用国家,实现“物超人”

全面领先的技术优势,让中国在发力 5G 网络方面有着领先优势,因此能够成为全球规模最大的 5G 商用国家。工信部发布 2022 年通信业统计公报,同时发布的解读指出,截至 2022 年底,我国累计建成并开通 5G 基站 231.2 万个,基站总量占全球 60%以上;每万人拥有 5G 基站数达到 16.4 个,比上年末提高 6.3 个。从现在的覆盖情况来看,5G 基站已覆盖全国所有地级以上城市市区,超过 98%的县区以及 80%的乡镇镇区,建成了全球规模最大、技术最先进的 5G 独立组网网络。

2022 年,我国成为全球主要经济体中首个实现“物超人”的国家。“物超人”意味着移动网络从过去的服务人和信息消费进一步发展到现在的服务千行百业,让“万物互联”的愿景真正成为现实。“物超人”首先标志着我国正引领全球移动物联网生态体系的发展。

在连接数量上,2022 年我国移动物联网连接数达 18.4 亿户,在连接规模和“物超人”比例上远远高于美国、日本、韩国、德国等世界主要发达国家。5G 行

排名（全球专利族）	TOP10专利权人	全球专利族
1	华为	14.0%
2	QUALCOMM	9.8%
3	SAMSUNG	9.1%
4	LG	8.3%
5	中兴	8.3%
6	NOKIA	7.6%
7	ERICSSON	7.2%
8	大唐	4.9%
9	OPPO	4.5%
10	SHARP	3.4%

资料来源：信通院《全球5G专利活动报告(2022年)》。

图5—2　5G标准必要专利的全球专利申请人占比

业虚拟专网数量突破1万个，移动物联网连接数占全球总数的70%，工业互联网已经全面融入45个国民经济大类。实现“物超人”，意味着移动物联网迎来规模化爆发的重要时间节点，迈向“百亿物联”的新时代。

(三)中国5G产业链的国际竞争优势

在技术标准方面，中国倡导的5G概念、应用场景和技术指标已纳入国际电信联盟(ITU)的5G定义。中国企业提出的灵活系统设计、极化码、大规模天线和新型网络架构等关键技术已成为国际标准的重点内容。

在产业发展方面，中国率先启动5G技术研发试验，加快了5G设备研发和产业化进程。中国5G产业发展的关键要素都已齐备，包括频率、芯片、终端、运营商等。中国5G产业链中公司，如主流设备公司华为、中兴、烽火等快速成长。运营商及基础设施公司如中国移动、电信、联通、中国铁塔等，PCB、光通信及上游原材料公司等也布局积极。

中国信息通信研究院公开发布的《5G经济社会影响白皮书》测算了5G对中国经济的影响：在总产出上，按照2020年5G正式商用算起，2020年5G带动了约 4 840 亿元的直接产出；2025 年和 2030 年这一数字将分别增至 3.3 万亿元和 6.3 万亿元；2020 年，网络设备和终端设备收入合计约 4 500 亿元，其中，电信运营商在 5G 设备上的投资超过 2 200 亿元，各行业在 5G 设备方面的支出超过 540 亿元；未来，5G 基站数量将是 4G 基站数量的 1.25 倍，单基站的平均成本将达到 15.67 万元，中国 5G 网络建设的总投资将达到 7 050 亿元。

(四)6G 将“先行一步”

作为第 6 代移动通信技术，和传统的通信技术是有很大区别的。在 5G 时代以及之前，移动通信基本依赖地面的基站传输来实现。而 6G 技术则突破了地面的限制，将通信延伸到太空，通过卫星与地面传输来达到通信传输的目的，这样可以实现全球无缝覆盖，网络信号基本上能够到达每一个角落。

6G 技术在传输能力方面明显大幅增加，6G 的传输能力可能比 5G 提升 100 倍甚至更高，网络延迟也可能从毫秒降到微秒级。一旦 6G 技术商用之后，很多行业都可能被颠覆。而且 6G 技术的发展也会带来很多新行业的发展，比如物联网、自动驾驶等，到时世界将会变成一个万物智联的时代。我们所接触的互联网有可能发生根本性的变化，甚至虚拟现实互联将成为可能。我们今天所看到的很多虚无缥缈的概念，比如元宇宙、多维沉浸式体验、触觉互联网、多感官混合现实等都有可能成为现实。

也正因为 6G 技术对行业的冲击可能比较大，潜在的发展前景非常多，甚至有可能成为未来一个国家竞争的重要转折点之一，所以目前全球一些主要国家都非常重视对 6G 技术的研究，包括美国、中国、日本、韩国、欧盟都在大力研究 6G 技术。我国对 6G 的布局早就已经展开，甚至在 5G 还未得到商用之前，国家就已经抢先一步。中国北斗卫星系统对我国 6G 试验卫星的发展起到了关键性作用，帮助 6G 卫星稳定试验信号。通过制定《6G 前沿关键技术研究报告》，我国确定了今后 6G 发展的主要方向以及标准，这意味着我国 6G 核心关键技术将“先行一步”。

能够实现 6G 技术突破还包括全球一些主要国家，同样也有部分 6G 技术积累，而中国的 6G 技术专利数量则位居全球第一。根据有关机构对 6G 领域 9 项核心技术涵盖的 2 万多项专利申请进行统计显示，截至 2022 年 9 月份，在

6G 专利申请量排名当中，中国占据 40.3%的专利申请量，位居全球首位；美国占据的申请量为 35.2 %，排行第二；日本申请的专利为 9.9 %，排行第三。从这些数据可以看出，目前我国在 6G 研究领域仍然处于全球前列的位置，至少在专利申请方面位居全球第一。所以至少从短期来看，我国的 6G 技术仍然处于全球领先的位置，但申请专利领先并不代表着我们能够高枕无忧。

在 5G 技术领域中，中国企业华为以绝对性的领先优势，超越美国巨头高通企业，握紧了 5G 领域的主动权。要知道在 5G 以前，美国高通在世界上可以说有着碾压式的领先，不仅掌握了大量的专利技术，而且在世界各国的布局还十分广泛。

相对于中国 5G 的发达程度，美国以及各大发达国家略显落后，于是它们干脆放弃 5G 的超越，准备在 6G 领域实现对我国的弯道超车。美国在 6G 领域中实现了多次突破，比如，马斯克的星链卫星计划已经在五大洲都实现了普及。星链计划中发射的卫星通信都是低轨卫星，对美国未来 6G 的发展有着重要推动作用。值得一提的是，全球只有中国和俄罗斯没有与星链签署协议，因为中国有北斗卫星，俄罗斯有格洛纳斯系统。除了星链计划之外，美国 6G 还与韩国、日本等发达国家一同进行了合作。6G 的建造环境是在太空，美国星链计划得到全球普及，证明美国 6G 依然有着极强的发展潜力。

6G 之所以被欧美国家视为足以弯道超车的技术，就是因为 6G 技术发展还没有出现明确的技术标准，所以每个国家的起步都是在一条起跑线上。尽管我国在前段时间掌握的 6G 专利占据全球 40%以上，可不到最后一刻，我们永远不知道结局会是怎样。对此，中国院士倪光南对国产企业发出了警告：只有真正将主动权掌握在手中的时候，才能够彻底摆脱被“卡脖子”的风险。

二、北斗优势

“北斗三号”一系列关键核心技术的攻关，集聚了 400 多家单位、30 余万科技人员集智攻克星间链路、高精度原子钟等 160 余项关键核心技术，突破 500 余种器部件国产化研制，实现“北斗三号”卫星核心器部件国产化率 100%。现在“北斗三号”在轨卫星加上原来超期服役的“北斗二号”，共有 45 颗卫星在轨提供服务。

(一)北斗产业链、供应链扩展

北斗产业链、供应链安全稳健,形成芯片、模块、天线、板卡等完整型谱,软件、算法等完全自主研制。国产芯片出货量超亿级规模,国外同类芯片支持北斗系统,形成良性发展态势。国务院新闻办公室2022年11月4日发布《新时代的中国北斗》白皮书。白皮书显示,北斗系统可提供多种服务,其中,有向全球用户提供定位导航授时、国际搜救、全球短报文通信三种全球服务;向亚太地区提供区域短报文通信、星基增强、地基增强、精密单点定位四种区域服务。

2021年,中国卫星导航与位置服务产业总体产值达到4 700亿元,年均复合增长率超过20%,行业领域实现全面覆盖。截至2022年6月,北斗终端数量在交通运输营运车辆方面超过800万台,在农林牧渔业方面达130余万台,在公安方面达180余万台。通信授时、气象监测、应急减灾、城市管理等领域正在加速推进北斗规模化应用。

大众应用融入百姓生活。北斗正在成为智能手机、可穿戴设备等大众消费产品的标准配置。2022年上半年,中国境内申请入网的智能手机中,128款支持北斗定位,出货量超1.3亿部,占上半年总出货量的98%以上。全球首款支持“北斗三号”区域短报文通信服务的手机已正式发布,用户不换卡、不换号、不增加外设,就能通过北斗卫星发送短信。

北斗地基增强系统具备向行业和大众用户提供实时米级、分米级、厘米级或者事后毫米级的高精度定位服务能力,已经为230多个国家或地区超过15亿用户提供北斗加速定位和北斗高精度服务,总服务次数达到2万亿次,日服务次数接近30亿次。

(二)“北斗+”和“+北斗”的新业态

中国宇航学会成员白国龙指出,中国北斗广泛应用于经济社会发展各行业各领域,与大数据、物联网、人工智能等新兴技术深度融合,催生“北斗+”和“+北斗”新业态,支撑经济社会数字化转型和提质增效,预计到2025年后北斗产业规模有望达到万亿元。

部分企业还积极结合“北斗三号”全球短报文通信技术,率先针对物联网、远洋船舶通信、地质灾害监测展开应用。在船舶上应用北斗智能终端,实现了船舶的监管以及货物的实时跟踪与监管；在物流车辆上配备北斗定位终端，实现了整个物流配送过程的全过程监控，并通过分析智能化的物流数据来优化物流过程中存在的问题。物流企业享受到基于北斗的电子商务物流体验，即综合利用无线通信技术、现代物流配送规划技术等，研发了基于北斗的电子商务云物流信息系统，实现了对物流过程、交易产品、运载车辆的全面管理；第三方配送大件订单轨迹功能上线，依托北斗与GIS技术，手机App及POS机可实现每30秒采集一次位置信息，每2分钟将信息上传一次服务器，可以使用户直观、明了地看到实时位置。随着我国高速铁路、轨道交通等的智能化升级改造，国内外工程施工领域的卫星导航定位技术创新应用得到发展。

北斗与物流业的融合加快了构建智慧物流的步伐。在物流车辆上安装北斗设备，采集车辆自身的物流大数据，可以进行物流智慧管理，包括定制服务线路、提高物流效率和管控成本，以及让信息更透明。

在北斗卫星导航系统的助力下，物流能够更加顺畅。北斗卫星导航系统在物流业解锁更多新技能，进一步发挥在智能网联、自动驾驶货车应用中的“千里眼”作用；在智慧铁路、智慧施工、智能供应链等方面形成新市场。“北斗＋”在全球现代供应链应用的前景十分广阔。

（三）导航专利居全球第一位

2019年12月27日，中国卫星导航系统管理办公室主任、北斗卫星导航系统新闻发言人冉承其在新闻发布会上表示，截至2019年底，中国卫星导航专利累计申请7万件，位居全球第一。冉承其说，自北斗提供全球服务以来，北斗规模化、产业化和国际化应用再上新台阶。

一是新信号催生新产品。支持“北斗三号”新信号的22纳米工艺射频基带一体化导航定位芯片，体积更小、功耗更低、精度更高，已实现规模化应用。同时，新一代北斗高精度天线、板卡、宽带射频芯片等系列产品完成研发，性能指标持续提升，已具备大规模应用推广条件。此外，国外主流厂商也纷纷推出“北斗三号”新信号的基础产品。

二是融合应用拓展新领域。在工业互联网、物联网、车联网等新兴应用领域，自动驾驶、自动泊车、自动物流等创新应用层出不穷。随着5G商用时代的到来，北斗正在与新一代通信、区块链、人工智能等新技术加速融合，北斗应用的新模式、新业态、新经济不断涌现。

三是传统应用增添新活力。北斗与交通运输、农林牧渔、电力能源等传统应用领域业务融合不断深化，规模进一步扩大，成效进一步显现，如交通运输部建设运行的营运车辆动态监管系统，入网车辆已超过 650 万辆，正在向铁路运输、内河航运、远洋航海、航空运输以及交通基础设施建设管理方面纵深推进。

四是保障环境支撑新发展。我国积极推进国家卫星导航法治建设，已基本完成《中华人民共和国卫星导航条例》意见征集。近年来，中国卫星导航专利申请呈快速增长态势，截至 2019 年底，累计申请 7 万件，位居全球第一；北斗国家标准和专项标准陆续发布，应用产业保障环境逐步完善。

中国卫星导航定位协会在线上发布的《2020 中国卫星导航与位置服务产业发展白皮书》显示，2019 年我国卫星导航与位置服务产业总产值达 3 450 亿元，较 2018 年增长 14.4%；截至 2019 年第三季度，在中国市场申请入网的手机有 400 余款具有定位功能，其中，支持北斗定位的手机近 300 款；截至 2019 年年底，国产北斗兼容型芯片及模块销量已突破 1 亿片，国内卫星导航定位终端产品总销量突破 4.6 亿台，其中具有卫星导航定位功能的智能手机销量达到 3.72 亿部。目前，含智能手机在内，采用北斗兼容型芯片的终端产品社会保有总量已超过 7 亿台/部，北斗卫星导航应用正在诸多领域迈向“标配化”发展的新阶段，北斗产业加速发展。

据中国卫星导航系统管理办公室主任冉承其介绍，“北斗三号”全球卫星导航系统自 2020 年 7 月 31 日正式建成开通以来，运行稳定，服务性能稳中有升，全球范围定位精度实测优于 4.4 米，亚太地区性能更优，为全球用户提供优质、可靠的定位导航授时服务，已经成为经济和社会发展的重要时空基石。

三、光伏产业优势

光伏发电技术的历史可以追溯到 19 世纪初，当时法国科学家贝克勒尔发现在某些材料中阳光照射后会产生电流。随着科学技术的进步，20 世纪 50 年代和 60 年代，太阳能电池的效率得到了大幅提升，开始应用于人造卫星和太空航行器等领域。1973 年，第一座商业化太阳能电站在美国加利福尼亚州建成，标志着光伏发电技术进入商业化应用阶段。此后,随着太阳能电池的性能不断提升和成本不断降低,光伏发电技术的应用范围逐渐扩大,从远离电网的山区和荒漠地带到城市居民的屋顶和墙面、从小型光伏发电系统到大型商业电站。图 5-3 为世界光伏新增光伏装机量。

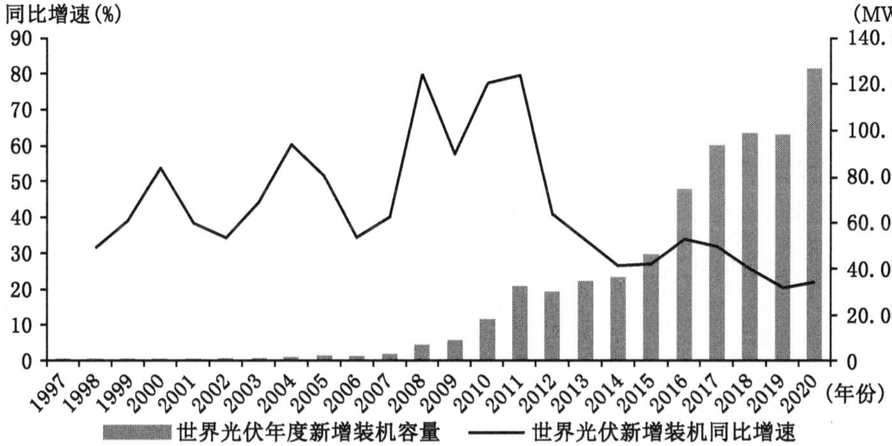

数据来源:Wind,截至 2020 年 12 月。

图 5-3 世界光伏新增光伏装机量

光伏产业迅猛发展,未来十到二十年间,光伏产业完全有可能呈现爆发式增长,其速度可能会比我们预想的更快。以光伏为代表的可再生能源的发展,必将推动并实现新一轮能源革命。

据国际能源署统计,截至 2022 年底,全球光伏累计装机容量超过 1 183 吉瓦,其中 65%是在 2018—2022 年新增的。在这场能源变革中,以电池和组件生产为代表的中国光伏行业脚步不停,不断寻找着更大的发展空间。

国际能源署发布的年度报告显示,2023 年全球太阳能光伏新增装机容量有望达到 375 吉瓦,总装机容量同比增长 31.8%。从各国和各地区情况来看,2023 年中国太阳能光伏新增装机容量相当于上一年全球太阳能光伏新增装机容量。

国际能源署署长法提赫·比罗尔表示,中国在太阳能、风能等清洁能源和电动车行业发展方面成绩斐然,"是清洁能源领域的冠军"。阿联酋工业和先进技术部部长、COP28 主席苏尔坦·贾比尔说,中国在清洁能源技术方面的持续引领是助力实现全球能源转型和应对气候变化、促进发展的重要因素。

全球能源互联网发展合作组织经济技术研究院副院长肖晋宇在接受本报记者采访时表示,中国把加快发展可再生能源提升到保障国家能源安全、加强生态文明建设的高度,短时间内实现跨越式发展。正是由于中国大力发展可再生能源,近年来全球太阳能发电成本降低近 90%,风电成本降低了 80%。

埃及电力与可再生能源部副部长艾哈迈德·穆罕默德·马西纳说,中国方案对全球能源转型和气候治理都具有重要意义,为非洲和阿拉伯国家推动能源转型、促进经济发展、改善生态环境提供了可行的解决方案。“一带一路”绿色发展国际联盟副理事长、联合国前副秘书长埃里克·索尔海姆表示,中国为全球可再生能源发展作出了巨大贡献,也为发展中国家经济发展和绿色低碳转型带来创新驱动力。

中国将成为能源革命引领者,改变世界大格局,兑现我国在巴黎气候变化大会上做出的庄严承诺,也为我们的子孙后代留住青山绿水、白云蓝天做出应有的贡献。

(一)迅速崛起

十年前,我国光伏产业落后于世界。作为全球最大的能源生产国和消费国,煤炭、石油等传统化石能源仍占据着我国能源消费的主体地位,如不尽早实现能源生产和消费方式的根本性变革,只会面临更大的能源需求压力、更严重的生态环境损害,甚至连全体国民呼吸一口干净、清新的空气都变得十分困难,这不仅严重阻碍我国的发展进步,甚至还将危及国家安全。

近年来,随着我国光伏产业技术的快速进步、产业规模的不断扩大,单位发电装机成本持续降低,国内每千瓦建设成本已从 3 万—4 万元大幅降到今天的 5 000—6 000 元,两三年内甚至可望降到 3 000—4 000 元,成为成本最低的发电方式。

从制造过程来看,我国光伏产业已全面建立起从核心原材料到主要设备、主要产品、系统集成的完整体系,规模全球第一、成本全球领先。2016 年,我国多晶硅、硅片、电池片、组件产量分别占全球总产量的 52%、91%、71%、73%;新增光伏装机 34.54GW，同比增长达 128.3%，连续 4 年位居全球第一；累计光伏装机 77.72GW，继续领跑世界。

从发电成本来看，如果以西方发达国家的利率水平来测算我国的发电成本，两三年后，西部地区实际度电成本只有 0.2—0.3 元，东部地区也只有 0.3—0.4 元，成为比各种化石能源发电成本更低的电力来源。从能源投入产出来看，制造光伏发电系统全过程的能源消耗在电站建成后的 3—6 个月即可全部收回，而系统则能以零排放、接近零消耗的方式持续发电二三十年。

2022 年，喀什地区在建光伏发电项目规模为 1 000 万千瓦，增加全地区固定资产投资 540 亿元。一批批新能源项目建设正酣、一个个光电企业集聚发展、一根根电网银线连接四方，将清洁能源送往祖国大江南北。

如果未来三五年内实现能源消费增长的可再生清洁化供应，二三十年内实现部分到大部分对化石能源的替代，以及由此带动的配套储能技术、智慧电网的发展，则有望在我国形成百万亿元、在全球形成百万亿美元规模的新兴产业。

(二)中国优势

1. 资源优势

中国是一个太阳能资源非常丰富的国家，全国绝大部分地区的年平均日照时间在 1 200 小时以上，南方地区的日照时间更长，因此在中国，太阳能资源的利用潜力非常巨大。此外，中国还拥有广阔的沙漠和荒漠地区，这些地区适宜建设大型光伏电站，进一步提高了光伏发电的利用效率。

2. 成本优势

近年来，随着技术的不断进步和规模化生产的实现，光伏发电的成本不断降低。而中国作为全球最大的光伏制造国，具有成本优势。据统计，目前中国在光伏组件制造方面的成本已经比德国、美国等发达国家低很多，这为中国在全球光伏市场的竞争中赢得更多优势提供了保障。

3. 规模优势

当前，中国光伏产业已进入万亿赛道，2022 年全年光伏行业的总产值突破 1.4 万亿元；若加上辅助材料和装备，总产值超过 2.2 万亿元。截至 2022 年末，

138 家光伏上市公司的总市值高达 3.8 万亿元，占 A 股市值的 5%左右。

我国光伏组件产量连续 16 年位居全球首位，多晶硅产量连续 12 年位居全球首位，光伏新增装机连续 10 年位居全球首位，光伏累计装机连续 8 年位居全球首位。

工信部电子信息司公布，2022 年全年光伏产业链各环节产量再创历史新高，全国多晶硅、硅片、电池、组件产量分别达到 82.7 万吨、357GW、318GW、288.7GW，同比增长均超过 55%。行业总产值突破 1.4 万亿元。

4. 政策优势

中国政府高度重视清洁能源的发展，出台了一系列的政策来支持光伏发电技术的发展，比如“光伏扶贫”政策、“光伏+”政策等。这些政策的实施，为光伏发电技术的推广和应用提供了强有力的支持。

5. 市场优势

从现在到未来，中国都将是全球光伏发电领域的最大市场。自 2013 年中国首次超越德国成为全球第一大光伏应用市场以来，中国光伏产业一直保持着持续增长的势头。

据中国光伏行业协会的数据，2022 年，全球光伏新增装机达到 230GW，创历史新高，其中，国内光伏新增装机 87.41GW，同比增长近六成。中国已经连续十年是全球最大的光伏新增装机市场。

据国际能源署（IEA）发布的《2019 年光伏报告》预测，到 2030 年，全球光伏发电装机容量将达到 1.6 万亿瓦特，占全球电力装机容量的 15%。目前，全球光伏发电市场主要集中在中国、欧洲和美国等地区。其中，中国是全球光伏发电领域最大的市场，2019 年全球新增光伏装机容量的 45%来自中国。欧洲和美国也在积极推动光伏发电的普及和应用，欧洲的光伏发电装机容量占全球总装机容量的 22%。2011 年，世界光伏装机总量的 63%在欧洲，德国以 27%的份额位居全球老大。2015 年，中国超越德国成为全球光伏累计装机量最大国，目前已在全球一骑绝尘。中国的出口目的国榜首就是欧洲，份额达到近 56%，其次分别是亚太和美洲。

与当初不同的是，中国国内市场已连续 8 年成为世界第一，中国企业得以进入一个“市场壮大—技术升级—市场壮大”的良性循环。欧盟有关研究报告指出,欧洲在 2021 年共有 8GW 的生产能力,而中国在过去 15 年中开发了约 300GW 的产能,差距巨大。

(三)全球产业链的优势

1. 全产业链优势

全球光伏看中国,中国广阔的市场和政策的推动,孕育了强大、完整的光伏产业链,在全球具有领先的规模优势。国际能源署(IEA)的数据显示,2023 年全球太阳能生产支出(约 3 800 亿美元)将有史以来首次超过石油生产支出(约 3 700 亿美元)。其中,中国生产了全球 80%的太阳能电池板、85%的太阳能电池和 97%的太阳能硅片。

光伏产业链布局完整,具有国际竞争力。从硅料、硅锭、晶圆到电池、组件,国内光伏制造业覆盖了太阳能的全部生产环节,占据全球至少 80%的产能。据中国光伏行业协会的数据,2022 年,中国硅料的产能占全球的 87%,硅片的产能占全球的 97.9%,光伏电池的产能占全球的 86.7%,光伏组件的产能占全球的 80.8%。

2. 创新技术优势

中国企业在光伏产业链中的技术积淀深厚,各种新技术层出不穷。从多晶到单晶、从 PERC 到钙钛矿,中国企业一直在光伏技术的变革中扮演着领跑者的角色。在专利方面,中国企业已遥遥领先。全球的光伏专利总共 15 万件,目前我国太阳能电池全球专利申请量为 12.64 万件,全球排名第一,占据全球 80%以上。国家知识产权局数据显示,我国光伏行业专利申请量年均增速达到 23.1%,专利质量也在不断提升,其中,在太阳能电池光电转化率方面,我国企业已经引领世界。

3. 产业布局优势

产业基础扎实,中国光伏企业在积极出海。在光伏产业结构中,中国目前占据绝对优势,中国晶体晶片产能占全球市场的 85%以上。事实上,虽然欧洲一些政客反对中国在欧洲设厂,但是欧洲实业家认为,中国的硅料和组件在欧洲客户端落地,缩短供应链可以导致成本降低、应用场景扩张,更重要的因素是未增加欧洲本地的环境负担。

4. 利润与资本市场的杰出表现

光伏产业整体利润在过去五年保持较高增长，2016 年光伏行业整体毛利润约为 900 亿元；到 2021 年，毛利润达 2 779 亿美元；2017—2021 年五年平均增长率为 27%。

光伏产业指数强。中证光伏产业指数样本涉及光伏产业链上、中、下游的上市公司，覆盖硅片、晶圆、光伏设备、电池片、逆变器、光伏玻璃等上下游环节。自成立以来指数年化收益率为 65.3%，大幅超越沪深 300 指数的年化收益率 8.45%。

（四）必须引起注意的特点

一是民营企业在光伏产业的地位。在 2023 年国内十大光伏企业排行榜上，从数量到规模，在央企、中外合资企业中，在民营企业的排行榜中，民营企业位列在先。

2023 年 9 月 7 日，胡润研究院发布《2023 胡润中国能源民营企业 TOP100》，列出了传统能源与新能源产业最具价值的中国民营企业 100 强。据榜单显示，宁德时代、比亚迪、理想汽车位居前三，共计 34 家光伏企业。榜单前十的企业中有 5 家光伏企业，分别是隆基绿能、阳光电源、通威股份、晶科能源、TCL 中环。

二是国外无法进行技术掣肘的行业。当前，中国光伏行业已拥有全球最完整的产业供应链优势，且不存在被国外技术掣肘的问题。未来，随着全球对绿色能源需求的不断增长，中国光伏产业仍将继续发挥关键作用，正悄然改变全球的能源结构，引领全球能源转型。

三是带动电动车产业的崛起。

四、汽车产业优势

汽车产业链庞大而复杂，拥有过去百年积淀，高度依赖全球化。短期内产业链生产制造正面临巨大挑战，中国汽车产业链深度参与其中，要积极应对其中的波动和冲击。过去，日、德、美、韩等汽车强国主导汽车产业链，中国汽车产业链依然处于整车“大而不强”、零部件“多而不强”的局面。

当前,汽车工业正经历百年未有之大变局。汽车产业链正处于由传统燃油汽车向电动智能汽车快速转变的历史进程中,全球汽车产业链的技术重心和产业核心都在发生根本变化,德、日、美、韩等汽车强国主导的产业格局正在成为历史。

2010年起始的汽车电动化创新,结束了传统汽车企业"发动机+变速箱"的技术壁垒。一时间汽车工业迎来众多新进入者、新品牌、新模式。2020年起始的汽车智能化创新,提升了技术在电动智能汽车中的重要性。技术创新迭代加快,产品创新周期缩短,以特斯拉为代表的新兴车企扩大了未来技术和规模的竞争优势。面对新兴车企、传统海外车企和更多科技巨头,中国汽车首先要面对的是技术创新主导的产业链变革挑战。

在燃油汽车时代,中国通过"以市场换技术"的合资策略帮助本国汽车工业发展壮大,但核心技术一直缺失,产业"大而不强",由传统燃油汽车向电动智能汽车快速变革,跨越了传统"发动机+变速箱"的技术鸿沟,重新定位汽车为移动智能终端,这为中国汽车产业带来了弯道超车的机遇。

(一)汽车上下游产业链

汽车产业链以整车厂为核心,上游是汽车零部件,下游是汽车后市场。汽车产业链以汽车整车为核心环节;整车核心零部件包括动力系统(发动机变速箱或者电池、电机、电控)、底盘系统、车身及内外饰件、电子电器、通用件,以及新兴的智能座舱、智能驾驶等,每个核心零部件都可继续拆分为细分零部件,最终追溯至钢材、铝、铜、石油、塑料粒子等大宗原材料。整车下游包括汽车金融、汽车保险、汽车租赁、维修保养、汽车用品及二手车等后市场领域。

汽车供应链呈网状结构,配套体系庞大而复杂,专业化分工和全球化程度较深。产业链以整车为中心,向外层层辐射为一级、二级、三级零部件供应商。三级供应商主要向二级供应商提供配套;二级供应商主要向系统集成商提供配套;系统集成商再直接向整车企业供货,并同时提供对应零部件的系统解决方案。

汽车供应链呈现专业分工和产业集群的特征。一般情况下,系统集成商具备与整车企业更深厚的客户关系和更强的同步开发能力,能获取更高的产业附加值,处于产业链金字塔上方。

(二)汽车产业的发展、变革

汽车产品从小众奢侈品到成为家庭耐用品,再到个性化消费品,最终朝着移动智能终端的新定义变迁。与之同步,汽车产业链及组织架构发生了四次重大变革,从诞生初期的“小批量全手工打造”进化至“福特纵向一体化大批量生产”(流水线),从而实现汽车普及;再演进到“丰田的专业化、外包化分工生产”(精益生产),实现了汽车的低成本和个性化;直到特斯拉引领电动智能汽车革命,将能源技术和人工智能科技引入汽车领域,采用纵向一体化整合的产业链,将汽车全新定义为移动智能终端。

汽车工业来到21世纪,特斯拉对传统汽车制造的颠覆式创新,率先以快速反应、超级链接、极致效率的产业生态满足用户需求,重新引领纵向一体化整合的全新电动智能汽车产业链。特斯拉自研自制电动智能化的软硬件全领域,并对上游零部件进行整合,其纵向一体化垂直整合模式打破了丰田模式的横向专业分工外包。特斯拉模式正在成为汽车产业链的新组织架构,不仅是对汽车制造的产业链创新,而且是对传统汽车在科技产业链融合上的降维打击。与传统燃油汽车的竞争模式不同,特斯拉将竞争维度上升至电动智能的比拼。电动化方面,特斯拉打造出性能领先的三电系统与领先的绿色能源充电网络(光伏屋顶 Solar City 及超充网络 Supercharger),从而实现动力系统的高维竞争优势。智能化方面,特斯拉已构建“机器视觉+AI+芯片”软硬件一体化的自动驾驶实现路径,搭建“海量采集、自动标注、模拟仿真”的闭环训练体系,并计划依托 Dojo 超算系统[成品 DojoExaPOD 内含 3 000 个自研训练芯片 D1,总算力 1.1EFLOPS(每秒一百京次的浮点运算),位列全球超算榜第5名]、Optimus 人形机器人和 Robotaxi 将 AI 能力泛化,使其作为出行和能源领域的技术底座,实现多维度的跨界融合创新。特斯拉持续构建的电动智能汽车技术壁垒,正在成为竞争对手短期内难以逾越的鸿沟,也是传统汽车产业链短期内难以企及和追赶的。

特斯拉不仅是产业链创新者,而且是产业链整合者。中国汽车产业链的高效率、低成本和产业集群优势以及在中国独立打造的上海工厂,帮助特斯拉完成“从 1 到 10”的规模扩张。其中,“中国制造”的速度优势与“中国制造”的成本优势得到了充分体现。至此,中国已成为特斯拉最大的单一销售市场,并成为特斯拉最大的制造基地。

(三)弯道超车

电动智能汽车革命创造了中国汽车产业链的弯道超车机遇,缩小了“发动机+变速箱”的技术差距,中国取得了电动智能汽车的先发优势和领先地位,中国汽车长期“大而不强”的局面有望改变。

1. 中国新能源汽车八年速度

从 2015 年开始,中国确立了发展新能源汽车是迈向汽车强国的必由之路。2017 年,尽管中国汽车销量见顶,但电动智能技术变革与自主崛起成了产业发展的主基调。中国持续的新能源汽车鼓励政策、更大力度的开放政策,例如,引入特斯拉、明确放开汽车准入,推动中国新能源汽车供应链的完善与优质新能源车型的供给,良性推动中国新能源汽车销量强劲增长。2022 年 1—9 月,中国新能源汽车累计销量达 436 万辆,占全球新能源汽车销量的 62%。

中国车企跟随特斯拉,实现了电动化和智能化两个维度的技术积累:电动化方面,推出集成电驱动系统,改善动力电池性能,完善充换电网络;智能化方面,推动辅助驾驶系统迭代、冗余前装大算力芯片与激光雷达等高级别传感器,工艺上跟进一体化压铸,渠道模式上吸纳直营模式的优点。在跟随的同时,中国车企也打造差异化优势,在不同价格的细分市场上,凭借精准的品牌及产品定位、深厚的电动化技术储备、快速的车型迭代以及创新突破的智能化赋能,保持了销量的规模优势和市场地位。

以蔚小理(蔚来、理想、小鹏)为代表的新势力品牌,经历产品迭代蓄力期,有望逐步实现更丰富、健康的产品矩阵,站稳中高端电动智能汽车市场。以蔚来汽车为例,蔚来的品牌定位非常精准——高端车。新品牌冲击这个阵营只有两个可能:生存和毁灭。大多数冲击高端的新品牌等来的是毁灭的结局。在 BBA 依托 B 端市场和文化入侵而统治豪华车市场很多年后,即便是其他欧美品牌也难以撼动其市场地位,所以大多数的高端新品牌消亡了。

蔚来的成功是以电驱技术对决内燃机车,取得全胜的第一步。标志性的第一枪就是电驱汽车在性能、能耗、NVH、智能系统的兼容性等诸多方面，都要比原始的内燃机车有绝对优势。蔚来以“理想的设计”“品牌形象”和“品牌文化”三个方面的成功，成就了自己成为热门品牌。

以比亚迪、埃安、长城欧拉、阿维塔、岚图、智己、极氪等为代表的传统车企新能源品牌，以哪吒、零跑、问界等为代表的新晋新势力以及跨界合作品牌均加速发力，价格定位布局10万—30万元的大众市场。优秀的产品力，助力月销水平快速提升。同时中国车企积极投入智能座舱和自动驾驶研发，逐步实现30万元以上市场的突破，推动品牌向上提升。

中国车企顺应产业革命，推动产业链纵向延伸。比亚迪目前是全球唯一一家同时具备动力电池和电动汽车大规模生产能力的企业，掌握功率半导体和电池“双芯”、电机电控等电动化核心技术，具备电动车全产业链整合优势。其他中国车企也加紧通过入股、合资/战略合作、自研等方式推进自动驾驶研发以及上游电子电气架构、芯片、算法等部件的产业布局。

2. 中国政府“看得见的手”

中国汽车工业与世界一流水平的差距，曾被认为是天堑鸿沟。中国制造的汽车因此很难出口欧美，往往只能销往亚非拉地区，同时普遍定价较低，品牌认可度差。直到2012年，中国汽车出口好不容易实现100万辆大关，而彼时日、德、法三国的年出口量都是中国的四五倍。

悄然间，全球汽车领域暗流涌动，电动化、智能化、网联化等几大趋势逐渐成为主流演进。就在全球各国还在观望之际，中国政府已毅然决定出手。2009—2010年，政府开始对民众购买包括电动车在内的新能源车提供补贴，还对相关厂商给予包括直接补贴在内的各类优惠政策。那时全国每年卖出的新能源车不过一两万辆。中国通过财税政策有效扩大了新能源汽车的国内市场需求，促进了相关领域的技术创新和市场竞争，使得中国的新能源汽车在全球具有一定的规模优势和技术优势。

在政府支持、引导的政策下，中国自主品牌取得了全球新能源汽车的领先规模优势和技术优势。十余年间，中国出炉了世界上针对新能源车的最多的指导意见和政策法规。如2014年国务院各部门就出台了30余项相关新政，“造车新势力”蔚来、小鹏、理想汽车先后诞生。2015年，中国新能源车销量达33.1

万辆，登上全球第一的宝座。

有关专家判断，未来中国汽车产业链在加快适应技术变革并确保规模优势和技术优势的情况下，有望实现从汽车大国向汽车强国转变的弯道超车。

3. 市场成绩——量价齐升

中国新能源汽车实现了全球出口，2022 年 1—9 月的全球市场占有率高达 62%，自主品牌的全球市场占有率达到 50%。在国内市场，中国品牌占据的份额已突破 50%，而欧洲等外资品牌的市场份额有所下降，比亚迪 2022 年超越大众在华合资公司一汽大众成为国内销量冠军。

2022 年，全球约 35%的电动车出口来自中国，已成为新能源车，尤其是电动车、动力电池和其他零部件的全球销售冠军。国际能源署《2023 年全球电动汽车展望》统计得出：从电动车全球市场份额来看，中国已超越欧美之和。

回顾中国汽车出口历程，2002 年仅为 2 万辆，2012 年首次突破百万辆，接下来近十年间始终在徘徊，个别年头甚至跌到 60 万辆，陷入“瓶颈”期。直到新能源车尤其电动车崛起的 2021 年，这一僵局才被真正打破。2022 年，中国汽车出口共 311.1 万辆，同比大幅增长 54%，超越德国，成为全球第二大汽车出口国。其中，新能源车的出口达 67.9 万辆，增幅达 120%。2023 年第一季度，中国汽车出口 107 万辆，同期日本汽车出口 95.4 万辆，中国有望首度成为汽车出口全球冠军。

与此同时，中国汽车的出口均价也在不断提高，甚至出现在欧洲市场定价普遍高于国内的倒挂现象。数据显示，中国汽车出口均价 2018 年为 1.29 万美元，2022 年增至 1.89 万美元，四年时间提升了约 50%，部分车型售价较国内高出 40%。

4. 形影不离的“卡脖子”与科技创新

从产业链配套来看，作为电动车的核心零部件，中国在动力电池领域已处于世界领先地位。2022 年上半年，全球装机量前十名中有 6 家来自中国。此外，近年来，中国在 5G、AI、云计算、大数据等多个领域已有较为深厚的技术积累与商业应用，恰逢汽车行业向着人机互动、智能网联的时代巨变，因此中国电动车企天然地参与甚至领导了这场智能化的变革。

中国汽车产业面临关键核心技术短板，这需要政府与市场配合，推动前沿技术实现国产替代。未来汽车产业的技术变革涉及大宗原材料、基础化工、机械设备、半导体、人工智能、大数据等多个产业。其中,“卡脖子”风险主要存在于汽车芯片领域。中国汽车半导体目前仍然存在着低端“卡产量”、中端“卡产能”和高端“卡迭代”的问题,需要实现国产技术的突破。

第六章　“三链”重构的背景与趋势

第一节　全球产业链、价值链的发展格局

全球产业链使得各国经济的联系更加紧密，但同时也增大了全球系统性风险。经济、金融、自然灾害、技术冲击、经济波动、人口结构演变、管制变动等因素都可能通过全球产业链影响世界经济稳定。疫情、俄乌战争、地缘政治冲突等导致全球供给和需求同步下降、价值链断裂、各国意识形态和价值理念分化和对立，正在改变以要素资源跨国配置为特征的全球化发展基础。

在多方力量相互博弈和权衡的未来的全球化中，全球产业链、价值链也将在技术、市场、成本、竞争和政府等多方因素的权衡下寻找新的稳态。市场、技术和成本因素将继续推动全球产业链的发展。从技术和成本看，随着全球要素禀赋格局的变化，全球产业链将进一步知识化、数字化和资本化。从全球制造中心的发展轨迹看，形成目前产业链发展格局的有三点原因：一是全球制造中心必须辅以强大的工业体系和发达的全球营销网络，具备明显的要素优势和技术创新优势；二是作为全球制造中心的国家，必须拥有足够的国内市场需求和开放的市场环境；三是全球制造中心的转移变化是客观趋势，任何一个国家不可能永远占据这种中心地位，只能努力使之延长或有限度地保住一些核心领域。

一、“三足鼎立”竞争格局的形成

在全球政治舞台上，中、美、欧三足鼎立的形成，成为当今世界的一大特征。这种三足鼎立的局面，是由多方面的因素造成的，不仅仅体现在经济总量增长和科技创新能力上，同时也涉及政治影响力的争夺、地缘政治的演变、经济实力

的较量，是一种新的全球权力架构。经济的全球化加速了中、美、欧之间的竞争。全球市场为各方提供了更大的机会，三方通过贸易合作和投资扩张来争夺市场份额，不断寻求新的增长机遇，同时也使得竞争更加激烈。

世界银行、世界贸易组织等联合发布的《全球价值链发展报告(2017)》指出，全球价值链的地理特征至 2015 年已经逐渐演化为三个相对孤立的区域价值链，分别是以德国为核心的欧洲价值链、以美国为核心的北美价值链和以中国为核心的亚洲价值链。

近年来，WTO 作用被弱化，但区域内经贸合作明显加强。据统计，近年来北美自由贸易区内部贸易速度已经达到世界贸易增速的 1.5 倍，内部贸易占比明显提升。据麦肯锡公司测算，自 2013 年以来区域内贸易占全球贸易的比例提高了 2.7 个百分点。目前，欧盟 27 国和亚太地区超过半数的商品贸易在区域内进行。

在各种区域经贸协定推动下，北美、欧洲、亚洲等“区域内”的循环和联系不断增强，全球供应链将由原来的美国等发达国家从事研发、高端与中高端产品制造、中国等发展中国家从事中低端产品制造和组装加工、中东和俄罗斯等提供能源的模式向新格局转变。原有全球“大三角”产业分工格局加速裂解，北美供应链、欧盟供应链和亚洲供应链“三足鼎立”格局加速形成。

亚洲开发银行发布的 2022 年《亚洲经济一体化报告》也显示，尽管疫情限制和供应链中断阻碍了全球贸易，但是亚太地区的区域内贸易却上升到 30 年来的最高水平。供应链安全逐渐替代利润最大化，成为跨国公司选址决策的优先目标。同时，出于对国家安全等因素的考虑，部分经济体(如日本)出台了供应链本土化、区域内多元化的引导政策。预计在后疫情时代，全球价值链“三足鼎立”的格局将更加显著，三大区域价值链之间的联系将有所减弱，但其内部的产业关联将会进一步增强。

(一)欧洲地区

欧洲一直是区域经济一体化水平最高的地区，起步最早、发展水平最高、制度化程度也最高。欧盟是当前发展最完善的区域经济一体化组织，但也出现一些分化和分歧。2016 年，英国公投“脱欧”就是对欧洲一体化的沉重打击。

欧盟从当初的“欧洲煤钢共同体”发展到今天的政治、经济、军事一体化的区域经济组织，从当初的 6 个成员方到今天发展成拥有 27 个成员方，有一个渐进的发展过程。欧盟具有超国家性、内部高度统一性。关税减免、使用统一货币欧元、成员国之间交易成本不断降低，大大促进了欧洲经济的发展，且在复杂产业链活动中尤为突出。2017 年，区域内贸易在欧洲前向和后向关联的复杂产业链活动中占比分别高达 59.6%和 64.6%（Global Value Chain Development Report 2019）。但是欧盟只有共同金融，没有实现共同财政。想要在近 30 个成员方之间完成产业结构整合，难度非常大。

（二）亚洲地区

全球战略家、美国国家情报委员会顾问帕拉格·康纳（Parag Khanna）在《世界即将亚洲化：未来世界的贸易、冲突与文化》的演讲中说：“过去 30 年，整个世界发生了巨变。然而，30 年间发生的一系列事件，包括苏东剧变、巴尔干战争、‘9·11’事件、阿富汗战争、伊拉克战争、金融危机、民粹主义以及如今的英国‘脱欧’，话语体系都以欧美为中心，其关注点都在西方。由于近年来亚洲的飞速发展，国际事务的叙事体现出‘泛亚洲性’，大家逐渐开始意识到以亚洲为中心的必要性。”“如果我们看人口分布，全世界有 50.1%的人口居住在亚洲这个圆圈内，比世界其他地区的总人口还要多。但不要忘记，亚洲的版图可延伸至非洲红海及欧洲地中海。”“观察亚洲各国的经济增长可以看出，中国不再是经济增长速度最快的国家。由于大宗商品价格下跌，非洲国家的经济增长速度也放缓，而南亚和东南亚经济体的经济增长率超过 7%，人均收入增长了 3—4 倍，它们转而变成了发展最快的国家。”“俄罗斯、土耳其、沙特阿拉伯曾经在 20 世纪 90 年代更倾向西方，但现在更倾向亚洲，这可以通过能源贸易、资金流向以及外交关系看出。它们通过贸易和投资实现亚洲化。它们在地理上本就属于亚洲，并且也正在与亚洲国家越走越近。”

亚洲地区区域经济一体化的发展是实践先行，制度滞后。从经济价值来看，2020 年底签署、2023 年全面生效的《区域全面经济伙伴关系协定》(RCEP)，由于中国的参与而变得更为重要。RCEP 的 15 个成员涵盖全球 GDP、人口和贸易的将近 30%，构成了全球最大的自由贸易协定，且成员之间发展水平多样、产业结构互补，具有巨大的发展潜力。

根据《2019年全球价值链发展报告》，2000—2017年，区域内贸易在亚洲产业链中的占比从40.3%升至46%，其中大部分来自东亚地区。在前向和后向简单产业链活动中，亚洲区域内贸易比重分别提高3.5个百分点和7.4个百分点；在前向和后向复杂产业链活动中，亚洲区域内贸易比重分别提高5.4个百分点和6.6个百分点。

促使这一变化的一个重要因素是大量中低收入的亚洲经济体融入亚洲生产网络中。未来，在“一带一路”和区域全面经济伙伴关系等合作倡议和协定的带动下，亚洲区域经济一体化程度有望进一步提高。

（三）北美地区

北美地区由美国一家独大，在经济上形成了显著的“中心—外围”模式，加拿大和墨西哥对美国都存在高度依赖。北美经济一体化进展也较为顺利，1993年的《北美自由贸易协定》和2020年的《美墨加协定》（USMCA）都是以美国为核心建立的，但在北美一体化过程中并没有寻求类似欧盟的治理一体化，而是局限于贸易和投资领域。

北美自由贸易区内有3.6亿消费者，国民生产总值总计超过6万亿美元，说明北美自由贸易区有强大的经济实力。区域组织内既有发展中国家又有发达国家经济。经济实力强大的发达国家美国、加拿大，经济水平较低的发展中国家墨西哥在该组织中共存。经济发展水平迥然相异的不同类型的国家处在一个区域经济集团中。

由于三个国家经济情况不同，因此它们在资源、技术等多方面存在互补性。美国在北美自由贸易区中发挥主导作用，居于支配地位。这个区域一体化意味着丰富的加拿大资源可以直接用于美国的实体产业复兴，丰富的墨西哥劳动力资源，可以直接用于为美国生产低端制造业的产品。一般商品的生产可以放在墨西哥，原材料的生产可以放在加拿大。美国把原材料、劳动力（重组）形成整个北美自由贸易区零关税这样一种体系，这个体系可以保证美国的产业得到最优惠的条件。

在中美贸易冲突和《美墨加协定》的背景下，劳动密集型产业和以美国为主要出口市场的产业加速了从中国的撤离。而以墨西哥、加拿大为代表的区域产业链在美国对外贸易中的重要性明显提升。2019 年 1—7 月，美国进口与 2018 年同期基本持平(显示进口需求变化不大)，但其贸易伙伴结构发生了明显调整——自中国进口下降 366 亿美元，而自墨西哥和越南进口分别提高 125 亿美元和 90 亿美元。

这三个中心虽然只占全球人口的 1/3，却贡献了全球 GDP 的七成以上，对全球经济产生巨大影响。然而，随着欧盟经济陷入困境，东亚地区迅猛崛起，正逐渐赶超北美。根据联合国公布的数据：2022 年，美国占全球总量的 25.41%，欧洲占 22.9%，东亚地区的 GDP 约占全球总量的 23.97%，是目前拉动世界经济增长的主要驱动力。

麦肯锡全球研究院发布的《全球价值链变革与新“中国效应”》指出，随着运输和沟通成本下降，加之全球价值链向中国等发展中国家扩张，长距离海洋贸易往来越发普遍，在 2000—2012 年间，同一地区内的国际商品贸易(而非远距离贸易)占全球总贸易的比例已从 51%下降到 45%。然而，这一趋向近年来受到全球价值链重构的影响正在发生逆转，突出表现为区域内贸易占全球商品贸易总量的比例在逐步提高。这种变化一定程度上反映出世界经济格局的变化，比如，新兴市场的消费增长，尤其是亚洲地区的增长势头迅猛，而该趋向在全球创新价值链中的表现最明显，因为这一类价值链需要密切整合许多供应商，才能展开准时生产排序。受到当前技术变化、逆全球化冲击等多种因素影响，全球价值链重构的区域化特征开始显现。

1. 经济总量的竞争

经济是国家和地区实力的基础，也是国家、地区之间互动的主要内容。中、美、欧三者都是全球经济的重要参与者和引领者，它们的经济发展水平和模式各有特色。在经济总量方面，中、美、欧三方都是世界上最大的经济体之一。

美国是世界第一大经济体，以其庞大的市场和金融体系享有全球经济霸主的地位，拥有强大的创新能力。

欧洲是一个经济一体化的区域，欧盟以多个强大国家的联合形式，通过资源共享和内部贸易，实现了高水平的福利和环境保护，形成了强劲的经济实力。

第二次世界大战之后，除了苏联，只有三个国家的经济体量占全球的比重超过10%。世界银行给出的2021年美国GDP总额为22.996万亿美元，大约是全球经济规模的23.93%。另外两个国家分别是日本和中国。但日本占全球的比重在1995年达到峰值18%后，逐渐“失落”。截至2021年，日本的经济规模约为4.931万亿美元，大约是全球经济总量的5.13%。相应地，中国经济2021年GDP上涨至17.727万亿美元，大约是美国经济规模的77.09%，占全球的比重则由2000年的4%一路升至2021年的18.45%。

中国是世界第二大经济体，凭借庞大的人口红利和快速发展的制造业，成为全球工厂和出口大国。中国在制造业、基础设施建设、电子科技和绿色能源等领域具有明显的竞争力。

2. 科技实力的竞争

科技创新是当今世界经济增长和竞争的关键。中、美、欧三方均将科技发展视为提升竞争力的重要手段。美国以其先进的科研机构和企业，占据了全球科技的制高点。中欧国家通过大力发展科教产业和加强国际科技合作，逐渐迎头赶上。在人工智能、生物技术、新能源等领域，中、美、欧三方都在不断推动创新。竞争不仅体现在技术成果上，而且集中在科研资源和人才的争夺上。三方纷纷加大投入，努力成为科技创新的引领者。

二、亚太地区成为全球产业链的重要节点

亚太一直是全球经济中最具增长活力、发展潜力和经济韧性的区域，成为全球增长引擎。地缘政治和新保护主义不断地搅动亚太地区的紧张局势。域外大国干预半岛局势、在南海问题上拨弄是非、日本强排核污染水入海等都成为地区不安定因素。更有甚者，一些国家试图在亚太地区搞“脱钩断链”“小院高墙”，扰乱产业链供应链稳定，给世界经济复苏带来负面影响。但是，亚太紧张局势的发展并没有阻止亚太地区的崛起。

随着亚洲的“新兴市场”经济体日益崛起，亚太地区的产业链正在逐渐成为全球产业链的重要节点，是目前生产链条最多、参与国家最多、贸易额最大和分工结构最为复杂的区域价值链体系。

2023年，亚太地区释放出引领全球经济复苏的强劲动能。国际货币基金组织10月发布的亚太地区经济展望显示，尽管遇到一些不利因素，2023年亚太地

区仍是全球经济发展的关键推动力，全年经济增长有望从 2022 年的 3.9%提升至 4.6%。

亚太地区经济总量在 2021 年达到全球经济总量的 61%，商品和服务贸易总量占全球总量的 47%。21 世纪被称为亚太的世纪，主要原因是中国和东盟两大新兴市场近年来平均每年对世界经济增长的贡献率合计高达 40%以上。基于全球价值链协作形成的东亚生产网络体系，是目前与北美和欧洲并列的全球三大生产网络体系之一。

2021—2023 年，全球主要经济体增长速度总体呈下行趋势。从整体来看，发达经济体 GDP 增速维持在 1.5%左右，新兴经济体维持在 4%左右，中国则保持在 5%左右。新兴市场国家将在 2024 年保持较快增长，在全球经济增长中扮演关键角色。其中，作为世界第二大经济体以及最大的新兴市场国家，中国经济的发展是其加速复苏的重要动力。

相比北美、欧洲两大经济圈，亚太地区国家数量众多，经济发展水平不同，在经济合作中往往面临更多、更复杂的问题。不过，合作共赢始终是亚太地区绝大多数国家认同的主流。基于这一共识，亚太地区的经济融合和一体化程度不断提升。亚太地区抓住经济全球化机遇，在区域经济一体化方面走在时代前列。过去 30 年，亚太地区平均关税水平从 17%下降至 5%，对世界经济增长的贡献达到七成。

《区域全面经济伙伴关系协定》(RCEP)已对 15 个成员方全面生效，标志着全球人口最多、经贸规模最大、最具发展潜力的自由贸易区进入全面实施的新阶段。2022 年，中国与 RCEP 其他成员进出口总额达 12.95 万亿元，同比增长 7.5%。

RCEP 签署之后，亚太区域融合出现从“小区域融合”向“大区域融合”、从双边融合向多边融合的发展趋势。这种融合态势有利于强化区域内国家的产业链分工。相比全球其他经济体较为集中的区域，亚太地区的产业链、供应链相对完整，上下游连接非常精密。随着 RCEP 的签署，亚太地区供应链完整的优势将更为凸显，经济潜力也将得到更多释放。

RCEP 成员方间将相互构成相对独立但齐全的国际分工体系。例如，在制造业各个领域，将形成一个兼具高、中、低端的完整产业结构，既满足各国的内循环，又实现在 15 个成员方之间形成循环的“小全球化”。区域内 90%以上的货物贸易将逐步实现零关税，进一步推动亚太地区贸易投资自由化和便利化，增强了亚太地区经济增长内生动能。

RCEP、“金砖国家”、CPTPP 等在全球经济中的地位趋于增强，亚太地区产业链地位日益提升，东亚经济圈正式形成，东亚经济增长内生性将显著增强，基于区域内相互贸易和投资所形成的价值链合作体系将日趋完善，将成为亚太区域可持续发展的动力源泉，也将成为全球经济稳定增长之锚。亚太国家已经融入全球产业链、供应链、价值链当中，并成为重要的节点和全球经济的重要组成部分。

第二节　“三链”重构的驱动力

全球制造中心国家间的转移是经济发展的客观规律。19 世纪英国在工业制成品和贸易方面的垄断地位、20 世纪上半叶美国在全球经济贸易发展中所确立的主导地位，以及第二次世界大战后日本经济的崛起和在贸易投资方面的冲击力都已是过往烟云。以上各国依次轮回替代的竞争历史，可以清楚地展现目前的竞争特点和变化趋势。

数十年来高速发展的全球化进程近年来呈现出停滞或转向的趋势，这一变化曾被英国《经济学人》(*The Economist*)杂志用一个新创词汇来概括，即称之为“全球化放缓”(Slowbalization)。这一趋势因近期出现的疫情和地缘冲突等“黑天鹅”事件而有所加快，与之相伴的则是全球产业投资和贸易格局的重构。重构的驱动力一方面来自本轮经济全球化自身发展到一定阶段后自发产生的产业链调整要求，另一方面则来自地缘政治变化格局及政府引导下跨国企业对产业链由“效率导向”向“安全导向”的战略转变。全球产业链重构，一方面对我国多年来融入全球化发展而形成的产业链依赖形成挑战，另一方面客观上也形成了使我国补强产业短板从而增强未来产业全球竞争力的外部条件。

全球产业链重构是过去几十年经济全球化进程转向的结果和表现。目前，产业链重构进程的推进，虽然地缘政治冲突和疫情暴发是其导火索，但是从更深层次的原因探究，却是本轮经济全球化开始转向的具体表现。全球化转向和产业链重构是多重因素共同驱动的结果。

一、强势逆流导致制造业回归的——内化驱动力

自2008年国际金融危机以来这种变化趋势尤其明显。随着中美贸易摩擦加剧以及全球地缘政治冲突，加之2020年以来的疫情冲击，贸易保护主义、单边主义、霸权主义来势凶猛，全球化遭遇了强势的逆流，成为促进制造业转移和产业链的全球变局、重构的巨大驱动力量。

国际垄断资本利润最大化目标的追求，在全球化的过程中进而驱动资本、技术和劳动力等生产要素在全球进行优化配置，其中，劳动力因素是资本全球化配置的最主要动力。但伴随着资本和产业由发达国家向不发达地区的迁移，加剧了发达国家实体经济的空心化，蓝领阶层失业问题加剧。资本和技术输出国，随着资本和产业向发展中国家的转移，加剧了国内贫富分化和失业等矛盾的升级和激化。尤其是进入20世纪90年代初，新兴经济体对外开放加快，劳动力优势和巨大的潜在市场吸引西方发达经济体的资本和技术迅速流入，经济全球化进程呈现加速的态势，同时发达国家民众和精英之间的矛盾日益加剧。

从全球生产要素禀赋配置的角度，全球化无疑提升了生产效率。但效率和公平往往难以兼顾，经济发展和技术进步往往伴随着社会财富分配的两极化。世界银行的相关数据显示，近年来，美国50%的底层人群财富收入同1%的富裕阶层财富收入的差距不断变大。而全球化背景下的两极分化，则是近年来欧美等发达经济体国内民粹主义兴起的主要原因。国内民粹力量的不断壮大，导致在全球范围内民粹政府的上台以及随之而来的贸易保护主义和单边主义的抬头。

(一)来自发展中国家产业链重构的驱动力

全球价值链分工虽然推动了世界经济的繁荣发展，但也积累了不少矛盾和问题，“机会不均等”和“地位不平等”就是其中最为突出的矛盾。

所谓“机会不均等”，主要表现为许多发展中国家，尤其诸如非洲等的许多国家和地区，由于受到要素禀赋、基础设施、地缘状况等条件约束，在国际分工中被边缘化。所谓“地位不平等”，主要表现为以往全球价值链分工的快速演

进，是由发达国家跨国公司推动和主导的。因此，即便像中国这样的“全球化的受益者”，仍然面临着分工地位不高、附加值创造能力较低等问题。

除了全球化所产生的“机会不均等”和“地位不平等”的外部性发展矛盾外，从中国等发展中国家和新兴经济体内部的发展角度，对自身在全球产业链中的定位也需要进行战略性调整：一方面，传统上以市场换技术等产业升级的路径越来越窄，无以为继，需要更多依靠自身科技创新突破技术上“卡脖子”等问题；另一方面，发达经济体产业链的收缩，对目前全球贸易和投资格局将带来长期影响，发展中国家和新兴经济体也应将经济发展的重点转向国内市场的拓展。

因此，推动全球产业链、供应链调整，为更多国家或地区提供参与国际分工的机会，促进全球价值链分工朝着地位更加平等的方向发展，成为广大发展中国家的普遍诉求，形成发展中国家产业链重构的驱动力。

（二）来自发达国家产业链重构的驱动力

在过去几十年经济全球化快速发展的过程中，发达国家是全球价值链分工的主要推动者和主要掌控者，也是最大的受益者。但 2008 年以来，受贸易保护主义、美国单边政策等因素的影响，多边贸易谈判陷入僵局，但北美、欧盟、RCEP 及美洲、非洲各类自由贸易区在构建区域内联系与对话机制、推动区域或双边多领域合作等方面发挥着越来越大的作用，促使全球产业链向区域化发展。

为了缓解国内矛盾，美国金融危机以后，西方发达国家就开始推动“制造业回归”计划。例如，美国 2010 年 8 月签署《制造业促进法案》，2012 年 2 月发布《先进制造业国家战略计划》；德国 2010 年 7 月发布《2020 高科技战略》，2013 年发布《实施“工业 4.0”战略建议书》；法国 2010 年 3 月实施工业振兴计划；等等。

2020 年以来，面对新冠肺炎疫情的冲击，西方发达国家进一步实施关键供应链回归政策。2021 年 12 月，美国商务部长雷蒙多宣布，寻求成立一个超越 CPTPP 的新型经济架构，聚焦供应链协调、出口管制和人工智能标准等领域，维持“安全的供应链”。

当前逆全球化趋势明显，提升关税税率，筑高贸易壁垒，全球出口占全球的

GDP 比例开始下降，主要是出口部分下降，这导致原来基于全球价值链分工而形成的全球化生产布局发生了很大变化。这种全球化生产分工开始“内化”，成为全球产业链重构的一个重要驱动力——内化驱动力。贸易保护主义抬头和逆全球化思潮的兴起，对全球产业链、供应链调整和重构具有强烈需求。西方目前一个流行的词汇称作“回岸生产”，就是指制造业由全球化配置向资本输出国的回归，这是内化驱动力推动产业链重构的具体体现。其动因有两个：一是“产业空心化”造成的国内矛盾；二是抑制其他发展中国家的崛起。

对于“产业空心化”问题，传统国际经济理论分析指出，从整个国家层面看，国际贸易或许是有益的，但并非意味着所有利益集团都会从中受益；从其内部利益集团角度看，经济全球化的最大受益者主要集中在发达国家跨国公司、知识精英以及政治精英等利益集团中，而作为普通劳动者则获益较少。这种利益分配不均乃至日益积累和不断深化的矛盾，在经济繁荣时期还能得到一定程度的掩饰，但一旦受到外部冲击或者经济变得不景气，则通常会以更加激烈的方式和更快的速度爆发。2008 年全球金融危机爆发以来，全球贸易保护主义尤其是美国等发达国家贸易保护主义抬头，以此促使制造业回流，缓解国内矛盾。

对于抑制其他发展中国家的崛起，也是发达国家进行全球价值链重构的重要动因。全球价值链分工，为一些具备基本条件且采取开放发展战略的发展中国家带来发展机遇。从分工和贸易利益角度看，美国无疑是最大的受益者。中国虽然也是经济全球化的受益者，但与美国相比，受益程度毕竟还存在相当大的差距。发起对华经贸摩擦并不断升级，其根本原因是抑制中国和平崛起的战略需要。换言之，美国发动贸易摩擦并不断升级，意图在于推动全球价值链重构以抑制中国发展。美国有对全球价值链重构的需要，并采取发起贸易摩擦等手段，实际上并非出于分工和贸易利益调整的需要，而是抑制中国和平崛起的战略需要。

二、科技创新的驱动力

新一轮科技革命和产业变革加快推动全球产业链、供应链、价值链重构。科技创新是大国崛起的战略基石，也是推动产业大规模转移的重要动力。迄今为止，人类社会发展经历了三次技术革命，分别是 18 世纪中叶开始的以蒸汽机为代表的第一次技术革命、19 世纪 70 年代开始的以电力技术为代表的第二次技术革命、20 世纪 40 年代中期开始的以信息技术为代表的第三次技术革命。

新一轮科技革命与其他技术深度融合，推动全球产业链跨行业、跨业态深度融合，产业体系发生根本性变革。同前三次科技革命相比，第四次科技革命不同于前几次革命的最大特征就是，它不仅将替代人类大量的体力劳动，而且将在很多领域替代人类的脑力劳动，这在一定程度上颠覆了支持现有经济全球化的逻辑基础。例如，机器人技术和智慧制造技术将替代人力，这将促使劳动力优势因素发生改变，从而改变推动发达经济体产业链全球化配置的基本逻辑。

新一轮工业革命的深化，将颠覆过去几十年所形成的全球产业链配置格局，成为全球产业链重构的——科技创新的驱动力，在信息技术领域，随着人工智能、物联网、大数据等技术的不断发展，并将其运用于生产和管理过程中。这种技术创新的驱动力不仅提高了生产效率，而且为产业链的重构提供了新的机会。

在新能源领域，随着全球对于环保问题的关注度不断提高，各国和企业纷纷加大对新能源技术的研发和应用。新能源和可持续发展成为产业链重构的关键因素之一。清洁能源的发展将为能源结构的转型提供契机，并改变传统产业的格局。

数字技术无形资产的市场结构具有内生不对称性，一方面，处于顶端的知识垄断企业具有加价、定价权，并形成高集中度；另一方面，龙头企业能够在低层供应商之间引发激烈竞争。根据联合国贸易和发展会议发布的数据，在世界前 100 个数字平台中，虽然美国仍遥遥领先，但亚太地区（主要是中国）也拥有 45 个平台。随着数字技术商业化应用不断向其他更多行业扩展以及越来越多的新兴国家加入知识垄断的竞争，全球产业链正在塑造新的格局。

三、全球产业转移推动产业链加速重构

全球产业转移，是指生产最终产品及服务的其中一个或若干环节，在不同国家或地区之间进行转移。产业链重构，是指伴随产业转移而产生的产业供应链和价值链的重新调整，以及由此带来的国际分工调整及产业利益格局变化。

(一)历史上的四次产业转移

19 世纪以来,全球共发生四次产业转移,每一次产业转移都深刻改变了全球产业布局和产业链结构,带动了新兴经济体的快速崛起。第一次产业大转移发生于 18 世纪中叶到 19 世纪初,英国凭借第一次工业革命成为当时名副其实的“世界工厂”及经济霸主,但也面临产业成本升高、市场容量有限等“瓶颈”问题,引发产业向法国、德国等欧洲大陆国家及北美国家进行转移。第二次产业转移发生在 20 世纪 50 年代至 60 年代,产业转移的路径是从美国向日本和原联邦德国转移。第三次国际产业转移发生在 20 世纪 70 年代到 80 年代,是由日本、德国主导,逐步向“亚洲四小龙”和部分拉美国家展开产业转移。第四次转移发生在 20 世纪 90 年代,我国因其巨大的内需市场、完备的工业体系、较低的要素成本等优势,成为该次产业转移的主要承接国。除了对东亚“四小龙”产业的承接,中国也吸引了大量的美国和欧洲投资,逐步发展成为“全球制造业基地”和“世界工厂”。

雁行理论(the flying-geese model) 1935 年由日本学者赤松要(Akamatsu)提出,指某一产业在不同国家伴随着产业转移先后兴盛衰退,以及在其中一国中不同产业先后兴盛衰退的过程。发展经济学学者研究战后东亚国家经济及产业结构变迁,认为东亚国家是雁行理论的经济发展形态:以日本为雁头,其次为“亚洲四小龙”(包含韩国、中国台湾、中国香港、新加坡),其后是中国大陆与东盟各国(包含印度尼西亚、马来西亚、菲律宾、泰国等),即日本先发展某一产业,当技术成熟、生产要素也产生变化时,这些产品在日本的竞争力转弱。接着“亚洲四小龙”自日本移转技术或产业转移,开始发展此产业。与此同时,日本产业结构升级到另一个新的层次。同样地,在“亚洲四小龙”在该产业发展成熟后,这些产品的生产又转移到相对更落后的国家发展。“亚洲四小龙”的产业结构也相应升级,先后发展。

总体来看,几轮产业转移呈现依次推进的特征,从劳动密集型产业开始,进而到资本、技术密集型产业的转移。转移主体从相对发达的国家转移到次发达国家,再转移到发展中国家和地区,逐层推进,“雁行”经济发展理论就是对这一规律的形象描述。

此外,要素和市场是产业转移的关键驱动因素。制造业成本的不断上升和市场需求的变动,是促使发达国家产业向外转移的内在动因,而产业承接国的成本优势和庞大市场则是产业转入的根本动力。跨国公司的发展又加速了技术的转移与扩散,并成为国际产业转移的重要主体。

(二)新一轮产业转移的特点

新一轮产业转移加快重塑世界版图。一大批新兴经济体和发展中国家群体性崛起,世界权力首次开始向非西方世界转移扩散,新型全球政治经济秩序正在加速形成。中国等新兴市场经济体将加快中低端制造的升级,并成为研发和高端制造的重要参与者。中东、拉美等能源资源生产国将加快工业化和产业多元化进程。

随着中国经济总量逐渐趋近美国,美国对我国的战略遏制同步升级。大国关系尤其是中美关系出现转折性变化。同时,2008 年以来,以美国为代表的西方国家受金融危机影响,经济减速、政治动荡、社会撕裂更趋明显,面临政治、经济、外交、舆论以及军事等多方面的压力,引发逆全球化泛起。

1. 正向驱动力

目前全球正在经历第五次产业大转移,涉及范围之广,影响因素之复杂,均前所未有,是世界百年未有之大变局的重要组成因素。其目的是通过改变产业结构和提高产业链价值,提升效率、增强竞争力,确保在全球经济中的竞争地位。这个过程,一方面是传统产业的升级与创新,另一方面则是新兴产业的崛起与壮大。传统产业的升级与创新已成为产业链重构的重要手段。制造业一直是其经济发展的重要支柱,但随着全球化的发展,许多传统制造业逐渐转移到低成本劳动力的地区。因此,加速对传统制造业进行升级和创新,通过引入先进技术和自动化生产设备,提高产品质量和降低生产成本,以保持其在全球产业链中的领先地位,从经济发展的角度形成全球产业链重构的正向驱动力。

2. 逆向驱动力

目前,全球产业链配置的原则逐步由"效率优先"(efficiency-oriented)向"安全优先"(security-oriented)转变,改变了传统产业链全球配置的逻辑基础。本轮全球化伊始,效率和利润最大化几乎是资本配置的指南。但近年来这一原则随着“黑天鹅”事件和国际经济政治格局的变化而有了大的改变。

新冠疫情暴发后，全球产业链、供应链的中断暴露了以往产业链全球化配置格局的脆弱性；俄乌冲突爆发则导致全球目前严重的能源和粮食危机，揭示了地缘政治变化对世界能源和粮食供求格局的巨大影响。这些因素都促使世界各国重新审视过去多年来所形成的关于经济全球化的惯性思维，进而以一种新的理念，重塑下一阶段的经济政策和发展战略，从经济发展的角度形成了全球产业链重构的逆向驱动力。

新理念的导向之一，就是各国在产业政策制定上提升了产业链安全性的优先级别，而效率因素的优先权则有所下降。这一理念的转变，将给全球各国的产业链布局带来长期的变化。从发达经济体的角度，不少西方国家政府和企业开始重新评估对中国等新兴经济体产业链依赖的安全性，并逐步调整其产业链布局；同时，俄乌冲突后西方主要经济体将改变其能源战略，逐步减少对俄罗斯的能源依赖，探索能源供应的多元化和安全性等。

第三节 “三链”重构的发展趋势

世界百年未有之大变局加速演进，新一轮科技革命和产业变革深入发展。逆全球化思潮抬头，局部冲突和动荡频发，全球产业链重组、供应链重塑、价值链重构不断深化，全球产业结构和布局深度调整。全球主要经济体纷纷出台政策措施加强对产业链、供应链的“国家干预”，产业链供应链分工格局、运行逻辑、规则体系、竞争范式正在发生深刻变革。全球产业结构和布局正在发生趋势性调整和转变。

全球产业链使得各国经济的联系更加紧密，但同时也增大了全球系统性风险。经济、金融、自然灾害、技术冲击、经济波动、人口结构演变、管制变动等因素都可能通过全球产业链影响世界经济稳定。全球产业链、供应链调整既有主观需要，又有客观规律使然。换言之，在这一过程中，既有可能是国际分工自然演进的趋向和结果，又有可能是各主要国家主观政策选择导向的结果。未来全球制造业和产业链、供应链格局将朝着区域化、本土化、数字化、智能化等方向加速调整和重塑。

一、区域化、本土化发展趋势

贸易保护主义和新冠疫情的冲击促使一些国家或地区意识到，一旦产业链条中关键环节和阶段出问题，就会危及产业链、供应链的安全。出于产业安全考虑，原有全球价值链布局会出现一定程度的收缩，将相关产业和产品生产环节迁回本土。诺贝尔经济学奖获得者约瑟夫·斯蒂格利茨（Joseph Stiglitz）指出：“当下的局势告诉我们，各国必须竭力在利用全球化与必要的自力更生之间取得更好的平衡。”美国等发达国家的重振制造业计划、日本拨出巨额贷款用于“供应链改革”项目等一系列鼓励产业回流的政策举措，无疑将加速全球价值链的本土化布局，并朝着本土化方向发展。如果将美国从亚洲地区进口制造业产品与其国内制造业增加值之比看作制造业回归指数或者说本土化发展趋向的话，那么根据联合国贸发会议发布的数据显示，就美国而言，制造业回归或者说产业链、供应链本土化发展确实取得了一些成效。

（一）从全球化到区域化，否定之否定的历史演进

在全球价值链分工体系形成过程中，区域价值链扮演着重要角色。区域一体化主要是以经济一体化的形式展开，也就是从区域经济一体化开始，再逐步扩展到其他领域的一体化。

对此，传统国际经济理论中有关区域经济一体化的论述表明，地理区位上的接近可以有效降低交易成本，是指有一定地缘关系的国家或地区之间以条约或协定的方式，协调彼此之间的经济贸易政策，逐步取消各种贸易障碍，实现商品以及生产要素在各国间的自由流动。按照难易程度，区域一体化的表现形式主要包括优惠贸易安排、自由贸易区、关税同盟、共同市场、经济货币联盟和完全经济一体化。无论是从价值链的前向关联度角度，还是从后向关联角度看，区域内关联程度显然都要高于区域外关联程度。

但伴随技术进步等，源自地理空间的交易成本约束日益弱化，国际分工突破国界和区域而向外部拓展和深化，在尽可能大的范围内整合和利用资源，以实现效率最大化，从而产业链、价值链构建呈现的区域化特征，将逐步让渡于全球化特征。

民粹主义、贸易保护主义抬头，逆全球化浪潮来袭，全球产业链呈现出一定程度的回归区域化甚至本土化的迹象，使区域化再次成为产业链、价值链重构的趋势，由此形成从区域化到全球化，再到区域化的历史演进过程。

区域一体化的发展曾经被认为与全球化相矛盾。因为在区域一体化的过程中，区域内国家加强合作则自然意味着它们与区域外国家的合作会相对减少，进而把世界分裂成条块，不利于世界作为一个整体发展。然而，在逆全球化浪潮的冲击下，面对全球多边合作动力不足的局面，区域一体化发展为凝聚多边合作的重要方式，有利于提振全球多边主义发展信心，进一步推进全球化发展。

(二)区域化发展趋势产生的动因及逻辑变化

国家层面将表现为由经济全球化向经济区域化演变，地区间贸易保护主义抬头，传统上区域间贸易和投资逐步向区域内转移，改变了资源、市场、技术资本等要素依据各国的比较优势进行全球化。随着产业链的安全性逐步成为各国制定对外政策和跨国企业进行投资决策的重要参考，过去几十年由效率驱动的全球化进程将逐步淡出历史舞台，并逐步被由意识形态、制度演进、安全、终端市场考虑所主导的区域性合作模式所取代。意识形态、制度演进、终端市场等要素，将成为产业链、价值链区域化重构的动因。

1. 用“意识形态”分割

意识形态更可能成为“破坏”全球价值链的角色。2006 年 9 月，安倍第一次当选日本首相，其外相麻生太郎提出了“自由与繁荣之弧”的概念，试图通过意识形态差异和日美的经济实力，整合出一个包围中国和俄罗斯的欧亚大陆圈，其中，东盟、印度、中亚五国、南高加索和中东欧诸国是这条弧线的组成部分。由于“自由与繁荣之弧”的冷战色彩十分浓厚，具有很强的排他性，因此在国际上未能引起呼应。

北美和欧盟的全球产业链以 WTO 和“志同道合”国家之间的贸易协定为基础，在区域伙伴的选择上更注重意识形态上的相容性。随着在全球 GDP 占比的下降，美国将越来越频繁地以意识形态划线对新兴国家采取遏制政策，对全球产业链带来重大冲击。

例如,欧盟的能源供应将由俄罗斯转向意识形态更为一致的北美市场,从而加大了彼此的依赖和区域合作。世界其他地区也将出现类似的分化。这一分化的结果是传统上区域间贸易和投资转向区域内,区域间贸易和投资的比重将逐步下降。

2. 制度演进

在推动全球价值链分工演进的因素中,制度因素在推动经济全球化和国际分工演进方面比技术因素更加重要。即便在技术可行条件下,开展全球分工和合作也需要制度因素保证。当前虽然技术进步使得分工越来越具有全球化特征成为可能,但是制度因素的变化起到了相反的作用,从而促使价值链分工的全球性特征向区域性特征演变。制度演进包括三个方面:一是 WTO 框架下的国际经贸规则和治理体系的演进;二是区域贸易合作的选择;三是主权国家内部国际贸易的制度安排。

一方面,由于受到发达国家单边主义行为及各种因素的影响,贸易和投资自由化制度的全球推行受到重重障碍,WTO 框架的原有国际经贸规则和治理体系受到冲击。在这一背景下,无论是部分国家出于抛开 WTO 而重新塑造对自己有利的国际经贸规则意图,还是部分国家出于继续推动国际分工与合作向前发展的努力,双边和区域性的贸易协定都成为一种必然选择和趋势,为应对逆全球化带来的不利影响和冲击,必将推动全球价值链进一步朝着区域化方向发展。另一方面,国际经贸规则重构也在推动区域化布局。中国社会科学院经济研究所所长黄群慧表示:“在全球宏观经济治理大变局下,第二次世界大战以来形成的全球经济治理规则、治理框架都面临着巨大挑战,种种基于全球经济治理规则的博弈都在迫使全球产业链重构。”

大国之间围绕全球经济治理规则进行博弈,尤其是伴随着中国成为世界第二大经济体,中国力量开始崛起,“东升西降”令国际力量对比发生了深刻的变化。依据 WTO 公布的“贸易监控报告”,在 2019 年 10 月开始,仅仅不到一年的时间,WTO 会员与观察员共执行 363 项贸易与贸易相关措施,其中,256 项措施为新冠肺炎疫情应对措施,分别是 147 项贸易促进措施与 109 项贸易限制措施。WTO 会员改为以采取贸易促进措施为主,且有将近 28%的贸易限制措施已被 WTO 会员或观察员予以撤销,全球经济治理规则发生变化。

当前，经济全球化进入速度放缓、格局分化、规则重构的调整期。随着《区域全面经济伙伴关系协定》(RCEP)、《全面与进步跨太平洋伙伴关系协定》(CPTPP)、《美墨加协定》(USMCA)等大型区域自贸协定的签署和实施，不同区域内的经济贸易合作正在增强，各自的产业链、供应链网络也变得更加紧密。

3. 终端需求

全球需求的地理格局变化是重塑全球产业链的重要力量之一，并将吸引跨国公司围绕终端需求形成新的区域集聚模式。国际产业链重构的核心是近市场布局，产业链的安全性被赋予更高权重，国际产业分工重构基于市场消费能力展开布局。

根据麦肯锡报告《变革中的全球化：贸易与价值链的未来图景》，2019 年 4 月，金融危机之前，发达经济体是全球化的消费主体。1999—2007 年全球 74% 以上的消费来自发达经济体。金融危机后，发展中经济体在全球消费中的比重快速攀升。2017 年，全球 38%的消费来自发展中经济体，较 2007 年提高了 12 个百分点。其中，中国、除中国外亚洲发展中地区和美洲发展中地区分别贡献 6 个、2 个和 2 个百分点。同时，根据麦肯锡的预测，到 2030 年，中国、除中国外亚洲发展中地区以及欧洲发展中地区在全球消费中的占比将继续上升 6 个、2 个和 2 个百分点，这势必将吸引更多的跨国公司围绕终端需求形成新的区域集聚模式。

二、多元化发展趋势

全球产业链、供应链等“链条”的脆弱性问题凸显，在风险规避驱动和政府主动引导下将推动全球产业链、供应链向多元化发展，这也是全球产业链重构的重要方向。新冠疫情进一步凸显了全球产业链、供应链的脆弱性，暴露了大多数企业过于依赖一两个主要供应来源的风险。很多企业会重新评估其供应链，建立更有弹性、多元化的供应链，规避贸易壁垒，减少突发事件冲击，防范供应风险。

经济全球化发展是社会生产力和技术进步的必然结果和客观规律，这一点是不以人的意志为转移的。因此，分工突破国界而向外部拓展和深化，在尽可能大的范围内整合和利用资源，以实现效率最大化，仍然是企业的战略需求。

跨国公司将通过多元化产业集聚增强产业链抗风险能力。

（一）增强供应链的韧性、灵活性

从产业链、供应链安全稳定角度考虑，一旦生产链条中某个环节遭到破坏，可能会导致整个生产过程难以继续运转的风险。从全球产业分工的角度看，任何一个国家或地区想要在各产业链的每一重要环节和阶段都有自己配套的生产能力和技术条件，即便能够达到和实现（对于部分大国来说），那也必然是无效率的，会带来严重的资源配置效率损失。因此，确保产业链、供应链安全稳定的另一重要方式，就是尽可能保证产业链各个环节和阶段均具有可替代性，即便某个供应方出于某种原因而中断合作，也可以有其他供应方及时替补。因此，多元化可以分散风险，减少对单个经济体或少数国外供应商的依赖。为化解产业链、供应链安全隐患并尽可能实现效率最大化，保证供应链的韧性和灵活性，强化产业链的抗风险能力，未来全球价值链重构将会朝着多元化发展趋势演进。

产业链多元化布局，主要体现在服务业和复杂的价值链制造业。以日本汽车行业为例，其零部件对华依赖度很高，新冠肺炎疫情在中国集中爆发期间，由于中国工厂停工和物流中断，日本国内企业因零部件短缺也被迫停工停产。2020 年 3 月 5 日，日本首相安倍晋三在未来投资会议上表示，“日本必须考虑让对一个国家依存度较高的产品和附加价值高的产品，生产基地回归日本国内。如果做不到这一点，就尽量不要依赖于一个国家，向东南亚国家转移，实现生产基地的多元化”。9 月 3 日，日本宣布扩大补贴计划，将印度、孟加拉国等地列为承接中国产业转移的目标国。

（二）中国的双重机会

由中国社会科学院主办的 2022 年《经济蓝皮书》指出：多元化的过程，可能会导致中国面临一定程度的产业外移，但这与纯粹的产业外移不同。在此背景下，我国如何进一步改善营商环境，如何确保供应链体系的稳定性、可预期性，给全球的下游生产商提供信心和保证，将关系到中国未来在全球供应链中的地位。

从人力资源和基础设施来看，中国、韩国、墨西哥、部分东南亚国家和少数东欧国家是产业链布局的主要候选地。中国作为新技术发展的重地，具有良好的基础设施、丰富的人力资源、强大的产业配套能力以及庞大的市场容量，这些条件和优势并未随疫情的冲击而发生根本性变化。在全球产业链重组过程中，中国依然是多元化选项中的一个，也是产业链变短的选择之一。

在此背景下，中国在全球化产业链多元化发展布局中具备双重机遇：一是在多元化趋势中进行产业巩固，通过产业转移，淘汰低端产业，让渡新的发展空间，并且在产业转移过程中避免出现产业空心化。产业转移不仅仅是让渡发展空间，而是站在产业链、价值链、供应链重构的角度，通过加大产业链的长度，确立以中国产业体系为核心的供应链，重塑价值链，提升中国“三链”的国际化程度，更确切地表述应该是产业链外延。二是成为多元化选择的承接地。当前，中国经济运行机制、体制仍然存在诸多结构性问题，中国市场对全球企业的吸引力的提升仍然大有空间。通过化危机为改革动力，中国仍将在全球供应链中保持最为重要的地位。

（三）“中国＋1”或“中国＋X”产业布局

跨国企业既不愿意放弃庞大的中国市场和巨大的发展机会，又不愿意承担关税成本上升的压力，往往采取“中国＋1”或“中国＋X”的产业布局，将面向中国市场和除美国以外的全球市场订单放在效率最高、配套最完善的中国生产，而将对美出口订单转移至东南亚等国家或地区生产，形成多元化供应链布局。

“中国＋1”策略受到广泛关注，为规避不可抗力和监管风险、节约人力成本，将20世纪90年代以来集中投资于中国的产业部分转移到周边经贸关联密切的新兴经济体，形成“中国＋1”。“中国＋1”策略正在成为外资供应链重组的主流方式之一。过去几年，外资垂直一体化的生产基地“＋1”布局已经悄然展开，东南亚的越南、柬埔寨、泰国和印度尼西亚，南美的墨西哥，均成为“＋1”的热土。

三、数字化、智能化趋势

数字技术迅猛发展，改变了人类的生产、生活方式，正在重塑国家的政治生态。它不仅成为国家发展和繁荣的重要驱动力，也带来了网络攻击、网络犯罪、网络恐怖主义等日益复杂的安全威胁和挑战。世界经济论坛执行主席克劳斯·施瓦布(Klaus Schwab)认为,“全世界进入颠覆性变革新阶段,假以时日,这些技术必将改变我们现在习以为常的所有系统,不仅将改变产品与服务的生产和运输方式,而且将改变我们沟通、协作和体验世界的方式”。

数字经济正在全方位影响着全球分工格局,重塑全球价值链。数字化推动了全球产业链的优化和重构。在资金成本长期保持低位的背景下,数字技术对劳动力的替代可能改变传统的比较优势逻辑。

互联网所引领的新一轮科技革命的确与众不同。在大变局和数字化时代的双重力量推动下,大国力量此消彼长,数字空间成为大国竞争的主要战场。数字优势竞争成为大国博弈的重要内容。

(一)数字化

数字化是指将物理事物、信息、过程等转化为数字形式的过程。数字化的本质是将现实世界中的事物、信息等,通过数字技术的手段,转化为计算机可以处理的数字形式,从而实现信息的存储、传输和处理。智能化发展的本质在于将人类的经验转化为数据、将数据转化为知识、将知识融入物理系统中,其发展潜力是通过数据信息深度挖掘、迭代而诞生出新业态和新动能。

数据具有“一物三性”的特点:在个人层面,它具有个人隐私和财产的属性;在经济层面,它是重要的生产要素,关系到产业竞争力和创新活力;在安全层面,大数据分析具有战略价值,事关国家的信息安全和政治安全。

数字产业的发展始于20世纪90年代IBM主导的主机时代,在2000年前后进入以微软和英特尔为代表的个人电脑(PC)时代。而2007年苹果推出第一部iPhone,开创了一个新的移动互联网时代。

互联网依托电脑和手机的迅速普及成为数字科技和经济的重要平台,推动了海量数据的形成、采集和利用;通信技术的提升(4G、5G技术),使数据传输规模和速度不断提升;算力的大幅提升和算法优化使得人工智能(AI)走向大规模的实际应用;去中心化的区块链广泛影响各行各业,从降低信息与核验成本到优化、催生多种金融服务,数字核心产业是全球产业链降本提效和升级重构的重要基础。

互联网带动各种平台的建立、通信技术的提升、算力大幅提升、区块链去中心化等,数字技术的重大突破催生新的需求。数字科技在过去三十年给全球经济带来了深远的影响,也大幅推动了全球产业链的结构升级,催发产业链的区域转移和布局。

当前,全球制造业正在加快迈向数字化、智能化时代。人工智能技术对制造业竞争力的影响越来越大,将使制造业发生深刻变革。世界主要国家或地区纷纷围绕核心技术、顶尖人才、标准规范等强化部署,力图在新一轮国际科技和产业博弈中掌握主动权。数字化和信息化是制造业及其产业链条智能化发展的重中之重。

当前世界主要国家纷纷围绕新技术新产业进行战略部署,力图在新一轮全球化中掌握主动权,这直接催动全球产业分工格局发生变化。数字化、智能化新技术的发展应用,不仅带来了产业思维模式的改变,催发新需求的产生,而且将推动不同生产要素的相对重要性发生变化,进而导致不同国家间的资源禀赋优势发生变化,最终影响全球产业分工格局。

(二)数字化重新定义资源禀赋,改变传统的比较优势格局

全球产业链将在中长期呈现知识化、数字化趋势。全球产业链布局的传统核心逻辑如比较优势、资源禀赋在数字时代虽然同样重要,但近代以来的传统工业以资本、能源、机器、劳动力作为重要的资源和要素。智能时代虽然仍沿袭原有的一些资源和要素,但发展趋势越来越显示出数据和技术正在成为核心要素。数据、算力、人工智能已成为新经济发展的关键资源和要素,数字科技正在改变经济体之间的传统比较优势。

1. 数字革命催生了以数据等为核心的新生产要素

数字革命改变了一些传统生产要素,导致不同经济体不同行业的资源禀赋、比较优势及其全球产业分布格局发生变化。自动化和人工智能有潜力削弱一些制造业和服务业产业链的劳动密集度,降低便宜劳动力作为比较优势的重要性,未来有可能在一些需要脑力判断的更复杂的工作中替代人力。数据成为新的核心生产要素和不可或缺的基础资源,具有可复制性和非竞争性。

平台和零工工作具有技能多样化、工作弹性和灵活性较大,但地点和时间不固定等特点，改变了劳动力要素的分布和产业链布局。国际劳工组织报告认为，共享经济在中国吸引了很多兼职人员和城市就业困难人员，发挥了劳动力市场的“蓄水池”和调节作用。

2. 跨越时间和空间的限制

传播不再像传统生产要素那样受时间和空间的限制。自动化、人工智能、互联网等新兴科技以及数字平台等推动了生产要素的变革，促使传统产业链布局中的物理距离的作用日益降低。数字化因此推动了更加分散的生产和更加复杂的产业链结构。

数字科技和平台服务近乎零的边际成本和网络效应，使得经济和互联网大国在数字产业发展上和传统产业的数字化转型上更具优势。数字经济和产业链的发展依赖大国规模充分发挥其规模和范围效应，美国和中国借助规模优势成为数字经济的“超级大国”，数字平台拓展流量、网络效应得以充分发挥。

（三）数字化开辟经济发展的巨大空间

数字化已经成为推动世界经济发展的重要因素和力量。从推动产业空间的扩大、资源要素禀赋的创新和增加、经济贡献方面，数字化影响国际分工和贸易，改变产业链形态和布局，有力地推动全球产业链、价值链的重构。

1. 扩大产业空间

从技术发展来看，以新一代信息技术、新能源、新材料、生物医药、绿色低碳等交叉融合为特征的新一轮科技革命和产业变革蓬勃发展，引领科技产业发展方向，开辟出产业发展的巨大空间，依托数字化实现柔性制造和敏捷制造，解决小订单生产问题；依托数字化实现传统车间向智能车间的转型；依托数字化可以实现从低附加值向高附加值环节延伸和转型，同时，在新的产业空间中，也为各国提供了进行产业链、价值链重新布局的机遇。

2. 增加核心要素

数字时代也使传统的核心生产要素市场产生了划时代的变化，进一步影响到各经济体的资源禀赋和比较优势。大数据是数字时代经济变革的核心力量，通过新技术和新的生产、贸易组织方式赋能等，使数据成为核心的生产要素。

自动化、人工智能等新科技降低了低技能劳动力在生产和产业链中的作用，数字平台、远程办公等新协同方式改变了人力资源的分布和组织形式。数据的零边际成本和平台经济中物理距离的重要性大幅下降，有利于生产和贸易在地理区域上多元化。同时，数字经济中涌现的一批新行业，对一些特定资源有更大依赖，推动比较优势动态调整，如云计算和挖矿等需要大量且廉价的能源；智能汽车制造需要锂、钴、镍等资源，而 AI、大数据等高技能劳动力资源相对丰富的经济体也具有优势，为各国提供了进行产业链、价值链重构的挑战和机遇。

3. 对经济发展的贡献

数字经济对全球经济的贡献持续增强，成为全球经济增长的一个重要支点。2021 年，全球 47 个主要经济体的数字经济增加值规模达到 38.1 万亿美元，同比名义增长 15.6%，占 GDP 的比重为 45.0%。数字化已成为全球经济的活力所在，成为推动未来全球经济增长的驱动力量之一。

以国际贸易为例，数字经济时代国际贸易成本持续下降，是全球生产分散化的主要驱动因素。WTO 数据显示，在 2000—2018 年间，全球贸易成本下降了约 15%。数字技术在应用过程中通过 AI、自动驾驶、智能机器人、区块链、物联网、在线平台等，降低物流成本，降低跨境、海关合规成本，降低信息和交易成本，降低跨境支付和金融服务成本。我国在降低贸易成本的同时加强生产纵向分散化，削弱本地市场规模优势，改变产业集聚位置，尤其是促进中小企业更多地参与国际贸易，促进贸易规模的扩大。

《2020 全球计算力指数评估报告》显示，计算力指数平均每提高 1 个百分点，数字经济和 GDP 将分别增长 3.3‰和 1.8‰。其中，当一个国家的计算力指数达到 40 分以上时，指数每提升 1 点，对于 GDP 增长的拉动将提高 1.5 倍；当计算力指数达到 60 分以上时，对 GDP 的拉动将进一步提升至 2.9 倍。自 2006 年亚马逊推出云计算后，数据储存和计算效率大幅提升。据 Gartner 预计，到 2025 年，80%的企业会以云服务替代自己的传统数据中心。目前，发达国家仍在云数据中心领域占据主导地位。促进数据要素跨国、跨行业、跨企业高效有序地流通，有利于提升数字经济潜力，加快产业链优化和重构。

(四)数字化转型将导致产业链朝两个相反方向重构

全球产业链、供应链的数字化转型将会产生两个方向相反的影响：一是进一步深化专业化分工，从而促使全球产业链、供应链不断向纵深延伸，新模式、新业态和新产业将不断涌现；促使全球价值链分工深入发展，减少了企业在试图加入全球价值链时面临的许多障碍。数字平台促进了买家和卖家的匹配，从而降低了企业参与全球价值链的初始固定成本。二是制造设备和工艺的数字化、智能化会提高一些行业一体化生产和本地化生产程度，推动制造业生产方式、发展模式和企业形态发生根本性变革，导致部分领域和行业的专业化分工减少，从而引起全球产业链、供应链收缩。

自动化、人工智能技术的进步可以替代部分低技术劳动力，这可能会影响跨国公司寻找低成本劳动优势的全球产业布局，转向本地化和替代离岸外包，加速发达国家的制造业回流和全球价值链重构，减缓经济全球化速度。

（五）全方位展开的竞争

数字科技创新和数字经济发展，逐渐由全球产业链分工协作走向竞争。发达经济体的“先驱先行”和新兴市场国家的保护政策，形成了发达国家和发展中国家之间的数字鸿沟，出现了技术标准及国际规则制定权的竞争。为争夺数字化制高点、加大科技创新投入，各国家和地区从政府到企业、从战略安排到产业布局开展了全方位的竞争。

1.“先驱先行”与“数字鸿沟”

主要经济体加速布局数字经济与数字产业战略，高度重视推动和扶持数字产业基础设施建设和核心硬件、软件及应用产业链，纷纷制定了推进数字经济发展的规划战略。

美国、日本、德国等传统科技和工业强国在数字产业布局方面先驱先行。发达经济体的数字经济政策思维逐渐从其倡导的“看不见的手”，即依赖市场引导产业发展的模式，加大国家干预，用“看得见的政府之手”，扶持发展数字经济。

美国作为数字化的重要发源地，注重前瞻战略部署、数字产业布局，以及先进的技术研发、实体经济数字化转型等领域，利用其领先地位，强调全球数字市场“自由开放”，其战略核心就是巩固其全球竞争力的领先地位。欧盟聚焦打造统一的数字化生态，健全数字经济规则制定，完善隐私保护规则，促进数字企业公平竞争。

印度、巴西、印度尼西亚等新兴市场国家出于保护本国市场，从维护数字安全的角度考虑，在数字治理方面呈现一定的保护和保守主义倾向，这也代表许多发展中国家的普遍倾向，由此造成发达国家和发展中国家之间的数字鸿沟。

各国聚焦重塑数字经济产业链核心竞争力，加速推进数字产业链本地化、多元化。2021 年 3 月，欧盟发布《2030 数字罗盘：欧洲数字十年之路》纲要文件，提出将先进芯片制造全球占比提升至 20%，以减少欧盟对美国和亚洲关键技术的依赖。同年 5 月，欧盟公布了一项供应链多元化计划，旨在减少其在半导体、原材料、医药原料等 6 个战略领域对海外供应商的依赖。

2. 技术标准及国际规则制定权的竞争

美、日、印、澳四国牵头成立“四方安全对话”，设立了关键和新兴技术工作组，制定技术标准，以期规范他国数字经济发展路径。美国通过世界贸易组织、亚太经合组织、二十国集团等平台，加紧输出本国数字治理模式，延伸数字管辖权。欧盟推出《通用数据保护条例》，加强了其在全球数字经济国际标准与规则制定中的话语权。中国也已申请加入由新加坡、智利、新西兰发起的《数字经济伙伴关系协定》(DEPA)，积极参与全球数字治理，应对数字化转型挑战。

3. 加大科技创新投入力度

研发投入是数字革命不断深化和巩固的重要源泉，数字创新不光靠政府，相关企业的创新意识和持续研发投入也不可或缺。各主要经济体也采取多种形式鼓励支持企业研发投入，加快科技创新步伐。

据欧盟统计局数据，从全球研发投入最多的 2 500 家企业的行业分布来看，信息与通信技术(ICT)制造占比 23%，ICT 服务占比 16.9%，汽车产业占比 16.3%。

在 2015—2020 财年，美国国防部共申请 22.4 亿美元预算经费用于人工智能技术科研活动，2021 财年预算中向人工智能、5G、微电子等关键领域投入 70 亿美元研究经费。《2022 年芯片与科学法案》涉及超过 2 800 亿美元的总投入，其中为美国芯片制造、研发及劳动力发展提供的补贴高达 527 亿美元，给予在美设立芯片工厂的企业 25%的投资税收优惠，并拨款约 2 000 亿美元，促进美国未来 10 年在人工智能、量子计算等领域的科研创新。

截至2020年12月，英国政府已向包括虚拟技术在内的沉浸式新技术研发投入3 300万英镑、向数字安全软件开发和商业示范投入7 000万英镑、向下一代人工智能服务等投入2 000万英镑的研发经费。

欧盟委员会也计划向“数字欧洲计划”投资19.8亿欧元，集中在人工智能(AI)、云数据空间、量子通信基础设施、高级数字技术以及数字技术在整个经济和社会中的广泛应用等领域。

四、绿色和可持续发展趋势

全球气候变化造成的极端天气频发、海平面上升等危害是全球性的，影响所有国家的产业链，且一旦地球系统生态平衡被打破，在上百年的时间尺度上难以恢复，影响的周期也更长。当前全球经济正进入复苏阶段，此轮复苏是告别了以往高污染、高耗能、高排放的“棕色复苏”之路。随着“绿色复苏”成为全球共识，绿色化是全球产业链重构的另一条清晰的主线。

全球绿色发展的内涵经历了从管控局地污染物向全球碳排放的转变，持续推动着各国产业转型，影响着全球产业链的发展。绿色转型一方面有助于修正气候负外部性导致的全社会效率损失；另一方面可以通过应对高碳活动所带来的长期气候风险，增强产业链安全。

全球绿色发展同样在国际金融危机之后迎来了一轮资金、技术和政策投入的高潮。各国积极寻求更加清洁的能源，抓住机遇，推动绿色技术创新，发展新兴绿色产业，创造绿色就业岗位，确保绿色增长成为经济社会变革的持久动力。“双碳”目标将根本性地改变产业链、价值链的空间布局。为了应用更清洁的技术生产更“绿色”的产品，全球和区域产业链、价值链的空间布局和组织结构等将迎来重大变化。

(一)必须选择的选择

在过去的几年中，全球面临的风险和挑战逐渐增加，并呈现出更高的复杂性和相互关联性。其中，全球气候变化是最显著、最紧迫的挑战之一。随着全球温度不断上升、极端天气事件频发，人类务必迅速行动，缩减温室气体排放，推动可持续进步，以减轻气候变化对全球经济和社会的影响。

1.“绿天鹅”

国际清算银行(BIS)出了一本书,名为《绿天鹅》。书中用“绿天鹅”指代气候变化引发的极端事件可能引起的金融风险,警告大众及时关注气候问题。比如前几年美国的卡特琳娜飓风、澳大利亚的森林大火、东非的蝗虫。该书作者之一国际清算银行副行长路易斯·佩雷拉·达席尔瓦(Luis Pereira da Silva)在接受英国广播公司(BBC)采访时强调:从经济角度来看,“绿天鹅”是可能具有极大破坏力的事件。他特意提到:澳大利亚山火和加勒比海飓风这类极端天气,会给人类社会的财产带来巨大损失。重大减产、价格暴涨或厂房遭受严重破坏,将会带来高昂的成本,直接影响一个国家的经济增长,以及该国企业和金融机构的财务状况。

2. 五大全球性风险

联合国发布《2019 年世界经济形势与展望》报告,列举了全球经济面临的一系列重大问题。随着世界上出现越来越多的极端天气事件,气候风险正在加剧。1998—2017 年,气候相关灾害造成的损失高达 22 450 亿美元,比 1978—1997 年间增长 151%。

全球 70%的央行和监管机构已将气候变化视为对金融稳定的“重大威胁”。根据国际货币金融机构官方论坛(OMFIF)与国际审计和咨询公司玛泽(Mazars)联合出炉的报告显示:各国央行和金融系统监管机构已经将此类风险作为预防目标,不断尝试寻找某种方式来预测或为“绿天鹅”的到来做准备,未来压力测试中加入气候因素的可能性将大幅增加。

世界经济论坛发布《2020 年全球风险报告》(The Global Risks Report 2020),警示未来 10 年全球前五大风险全部与气候变化相关。极端天气事件、减缓和适应气候变化措施的失败、重大自然灾害、生物多样性受损和生态系统崩塌、人为环境破坏是最可能发生且产生严重影响的前五大全球性风险。

3. 拉响全球变暖警报

第一位拉响全球变暖警报的科学家詹姆斯·汉森(James Hansen)被尊为“全球变暖研究之父”。35 年前,汉森在国会的听证会上向世人警告了世界即将遭遇的危险:“NASA 有 99%的信心认为,人为活动排放的温室气体已经导致全球变暖,并正在改变我们的气候,极端天气出现的可能性正在增加。”题为《冰盖融化、海平面上升和超级风暴》(*Ice melt, sea level rise and superstorms*)的论文强调,如果我们继续沿用化石燃料的道路,即使是IPCC考虑的中等情景,也将导致格陵兰和南极洲的融化不断增加,从而促使融化加快。全球变暖会增加极端天气事件,包括出现更强烈的热浪、干旱和火灾。另外,你则会看到更强烈的风暴。

4.“地球最热的一天”的纪录不断被刷新

此后全球范围内与气候变化有关的各种极端天气气候事件层出不穷。35年后的今天,“地球最热一天”的纪录不断被打破。世界气象组织11月底表示,2015—2023年的9年,是地球有记录以来最热的9年。2023年或将成为地球有气象记录以来最热的一年。

而2023年7月正式开始的厄尔尼诺现象,将进一步导致2024年的温度出现上升。在气候变化加剧的背景下,全球各类极端天气事件愈加肆虐,蔓延全球的热浪、加拿大的野火、巴西的暴雨、利比亚的洪灾,这些灾难事件给人类生命财产和地球生态都造成了严重影响。

据《中国科学报》报道,美国国家海洋和大气管理局与美国缅因大学汇编的初步数据显示,2023年7月6日,全球气温再次创下历史新高,地球表面以上2米的全球平均气温达到17.23℃,这超过了7月4日和5日创下的17.18℃的联合纪录,而后者之前曾打破了7月3日创下的17.01℃的纪录。自19世纪50年代有仪器记录以来,过去7天是地球上最热的7天。德国莱比锡大学Karsten Haustein说,“地球上一次如此炎热是在大约12万年前的艾木间冰期”“我们现在目睹的情况表明,气候变化已经失控”。美国伯克利地球公司Robert Rohde说,厄尔尼诺现象加剧,即太平洋温度升高导致全球变暖和更极端的天气,可能意味着今年晚些时候将出现更多破纪录的天气状况。

到目前为止,人类已在过去短短200多年中将大气中的二氧化碳含量增加约50%,科学家认为这种爆炸性的增长速率至少是地球百万年来史无前例的。世界气象组织秘书长佩特里·塔拉斯说:“温室气体水平创历史新高,全球气温创历史新高,海平面上升创历史新高,南极海冰创历史新低,这些纪录正在以震耳欲聋的刺耳声音被打破。”

气候变化在中长期将引起地表温度、海洋温度和海平面的上升,短期则体现在气候现象(例如,大气环流)的异常组合,导致极端灾害呈现频率增加、强度更强、多灾并发、波及更广的状态。在过去 20 年中,约有 60%的海洋表面经历了热浪。与此同时,全球海平面平均每年上升 4.5 毫米。冰川的消融在现代记录中是前所未有的。全球测量到的冰川平均每年变薄约 1 米。格陵兰冰盖和南极洲冰盖合计损失的冰量增加了 38%。

从产业链的角度来看,缓慢升温和海平面上升等影响的时间跨度较长,在中长期潜移默化地影响要素禀赋进而影响各行业以及各国的经济结构、比较优势;来自气候风险事件的冲击,则短期影响更直接,可能导致产业链断裂,对产业链的安全意义重大。

保护环境、绿色化、可持续发展,不管是地缘政治冲突、保护主义如何演绎全球的发展格局和国家或地区间的合作,都使人类共同做出必须选择的选择。

(二)拯救 1.5℃温控目标

在 2015 年通过的《巴黎协定》中,国际社会承诺努力将全球气温平均升幅控制在工业化前水平以上 2℃范围之内,并努力限制在 1.5℃内。1.5℃被科学家们认为是全球升温的关键阈值,超过这一水平的变暖将导致不可预测的灾难性影响。

欧盟哥白尼气候变化服务局分析指出,2023 年几乎肯定将成为地球最热的一年,11 月的平均气温比工业化前水平高出 1.75℃。

世界气象组织气候服务主管、英国气象局国际气候服务部负责人、澳大利亚南昆士兰大学气候科学教授克里斯托弗·休伊特(Christopher Hewitt)在接受《新京报》记者采访时表示:“我想说的是,留给我们的时间已经不多了。为了保住 1.5℃的温控目标,我们需要大幅度地减少温室气体排放。”然而,在温室气体排放总量持续增加的情况下,全球平均气温上升明显,极端天气事件频发,进一步增加了各国应对气候变化行动的紧迫性。世界气象组织(WMO)统计数据显示,2023 年 7 月份的全球平均气温比 1850—1990 年间的平均气温高出 1.58℃。而控制升温在 1.5℃正是全球盘点的主要目标,在拯救 1.5℃温控目标的呼吁声中,首次超过被科学家们视为关键临界点的温度阈值 1.5℃。

未来十年地球变暖可能超过 1.5℃,并且到 2050 年全球气温将上升 2℃。

快速的升温意味着各国在 2015 年达成共同应对气候变化的《巴黎协定》中设定的目标将无法守住，拯救 1.5℃温控目标已迫在眉睫。

（三）难得的共识

2015 年 12 月，在《联合国气候变化框架公约》第 21 届联合国气候变化大会上 195 个缔约方一致同意通过了《巴黎协定》，达成了具有里程碑意义的、具有法律约束力的气候变化协议，基本构建了 2020 年后全球气候治理的总体格局。

《巴黎协定》后，第一轮国家自主贡献计划的提交包含 191 个国家或地区，涵盖全球 90%以上与能源和工业相关的二氧化碳排放。根据能源和气候情报单位（Energy and Climate Intelligence Unit）的追踪，137 个国家或地区已承诺实现碳中和。在上述追踪的 137 个国家或地区中，超过 90%或 124 个国家或地区设定了到 2050 年实现碳中和的目标。已有 44 个国家和欧盟承诺净零排放，总共约占全球二氧化碳排放量的 70%。29 个缔约方提交了长期温室气体低排放发展战略，其二氧化碳排放量约占全球温室气体排放量的 28.2%。100 多个国家或地区宣布加入《关于森林和土地利用的格拉斯哥领导人宣言》，签署的国家至少覆盖了地球 85%的森林面积。

这些环境可持续发展目标和随之出台的规制政策，不仅将改变国家间环境治理方面的比较优势，而且会推动国内不同区域间资源优势和技术优势形成协同合力。

2023 年 11 月 30 日至 12 月 12 日的《联合国气候变化框架公约》第二十八次缔约方大会（COP28），来自近 200 个缔约方的谈判代表齐聚迪拜，数千场活动、超过 11 万人注册参会。会上虽然历经波折，充满艰辛，但全球还是达成一致，完成了《巴黎协定》的首次全球盘点，推动气候大会取得了积极成效。大会决定在最近 10 年加大气候行动力度，为将全球升温幅度限制在 1.5℃以内共同努力。

2023 年 12 月 5 日，由联合国环境规划署（UNEP）领导的“降温联盟”发布报告称，采取关键措施减少降温设备的能源消耗，至少可以削减该行业到 2050 年预计排放量的 60%，并在减轻能源网压力的同时普及拯救生命的降温服务。超过 60 个国家或地区当天签署了承诺书，以致力于减少降温行业对气候的影响。

1. 在竞争和对抗中——难得与美国取得共识

在此全球化逆流的国际形势中，尽管中美贸易冲突愈演愈烈，在此项合作中波折起伏不断，但最终达成合作共识。2023 年 7 月，美国总统气候问题特使克里访华。11 月，中国气候问题特使解振华访美。11 月 15 日，在中美两国元首在美国旧金山斐洛里庄园举行会晤前夕，两国发表了关于加强合作应对气候危机的阳光之乡声明，意味着中美气候合作领域的官方沟通渠道正式恢复，承诺在“21 世纪 20 年代强化气候行动工作组”下加速一系列具体的气候行动，这对于中美进一步开展气候行动意义重大，中美间取得了难得的共识。

2. 在分裂和对立中——难得取得全球的共识

在《联合国气候变化框架公约》第二十八次缔约方大会（COP28）上，当谈判进入最后阶段时刻，秘书长谈道：“在我们这个充斥着分裂和对立的世界里，第 28 届气候变化大会的召开，可以体现多边主义仍然是我们应对全球挑战的最大希望所在。”尽管地缘政治冲突紧张，贸易保护主义、单边主义盛行，但在气候变化和绿色化方面，的确取得了难得的全球共识。

全球对气候变化极端影响的认识不断提升，环境保护逐渐影响产业转移活动的行为逻辑。美国、欧盟、日本、巴西、俄罗斯、加拿大等全球主要经济体也于 2018—2021 年陆续提出在 2050 年左右实现“碳中和”的目标。中国于 2020 年 9 月提出“力争于 2030 年前达到峰值，努力争取 2060 年前实现碳中和”的“双碳”目标，在充斥着分裂和对立的世界里取得了难得的全球共识。

詹姆斯·汉森说：国际社会确实面临很多挑战，合作是解决气候变化问题的关键。首先，全球气候变化是一个全球性问题，没有国家可以单独解决。因此，国际社会需要共同努力，制定全球性的政策和协议来减少温室气体排放。美国和中国是世界上最大的温室气体排放国，合作对于全球应对气候变化至关重要。中美、全球“两个难得”的共识和合作，更说明了对应气候变化、绿色化、可持续发展对全球经济发展与人类生存的紧迫性和重要性。

（四）产业链绿色化的三个层面

产业链绿色化要以能源转型为前提和基础，以全链条和产品全生命周期的绿色再造为目标，在技术减排、结构减排和制度减排三个层面上共同发力。随着主要工业国相继发布碳中和时间表，相关领域大国竞合的格局开始显现。据联合国环境规划署 2022 年排放差距报告指出，2020 年，七大排放国或地区（中国、美国、印度、欧盟、印度尼西亚、俄罗斯联邦、巴西）的排放量约占全球温室气体排放量的一半。

1. 技术减排

技术减排主要是通过工艺优化、能源替代、能效提升、废物利用、排放处理等技术手段和措施，提高能源利用效率，减少能源消耗和污染物排放。在全球环境问题日益严峻的背景下，绿色和可持续发展成为现代产业链发展的重要方向。绿色产业链通过清洁生产、资源循环利用、低碳排放等方式减少对环境的影响，提高资源利用效率，实现可持续发展。

全球碳中和要求采取多样化的减排路径，运用数字技术对产业链实施绿色化升级，有助于精准识别排放责任，促进产业间融合特别是制造业与服务业的融合，带动绿色生产性服务业发展。

能源使用成本上升最终会导致高耗能产业的产量下降、产品价格上升。中金研究院、中金公司研究部《碳中和经济学》一书中测算的中国高耗能产业的绿色溢价分别为建材 138%、化工 53%、钢铁 15%、造纸 11%、石油化工 7%、有色金属 4%，反映出外部成本完全内部化导致的能源使用成本上升，并对高耗能产业造成负面影响。对整个经济而言，绿色转型初期的能源使用成本上升可能使经济面临滞胀压力，因此需要通过技术创新和能源转换促使能源使用成本更快地进入下降阶段。

技术创新是发达国家减排成功的关键因素之一。推动绿色技术研究与发展方面，发达国家投资大量资源在绿色技术研究与发展上，包括碳捕获与封存技术、节能技术等；在提高能源效率方面，发达国家提倡和鼓励用户使用节能设备和节能灯具等高效能源设备，以减少能源浪费；在推广清洁能源交通方面，发达国家投资在电动汽车和新能源交通基础设施上，减少交通运输领域的温室气体排放。

2. 制度减排

全球各国家和地区制定了严格的法律法规，以限制工业和交通领域的排放。2008 年，英国在《气候变化法案》正式生效后，成为全球第一个通过立法，明确 2050 年实现零碳排放的发达国家。在这一法案的影响下，包括美国、英国、德国、法国、日本、意大利、加拿大等发达国家陆续承诺在 2050 年实现零碳排放。

欧洲拥有全球顶层设计完善的碳中和规划体系，管理体制按碳排放类型划分。欧洲是全球碳中和行动起步最早、法律体系最完善的经济体，计划在 2050 年实现碳中和，2030 年前每年新增 2 600 亿欧元投资。

2020 年 9 月 22 日，中国正式向联合国大会宣布，努力在 2060 年实现碳中和，并采取“更有力的政策和措施”，在 2030 年之前达到排放峰值。国际能源网通过数据整理发现，截至目前，已经有 30 个国家明确提出了碳排放目标。

国家间也出台了一系列绿色标准和认证，以推动绿色产业链的发展，同时也要看到，在已确立碳中和目标的国家或地区之间整合低碳发展资源，进而形成统一的碳市场，会强化产业链的区域化倾向。

“碳边境调节机制”——在低碳化、绿色化的背景下，碳关税可能使出口导向模式的复制难度进一步增加。2021 年 3 月，欧盟议会通过了“碳边境调节机制”(CBAM)的决议。作为全球碳中和的先行者和全球气候变化领导者的欧盟，率先推出了碳边境调节机制，意在倒逼中国等出口大国的电力、水泥、化肥、钢铁和铝等高碳行业加快脱碳技术改造和产能退出。实行避免碳泄漏的典型国际政策是碳关税，给本已壁垒林立的全球贸易环境增加了新的机制性障碍。

碳定价政策——各国普遍通过碳排放总量和强度控制等命令控制型政策以及碳税、碳市场等市场激励型政策来管控碳排放，前者给产业链带来了隐性碳成本或影子价格，后者则带来了显性碳成本，即碳价格。

就碳定价政策而言，2005—2022 年全球碳定价工具从 9 个增加到 68 个，覆盖碳排放率从 5%上升到 23%。同时，碳定价政策在逐渐变严，约束性在变强。随着欧盟长期和短期气候目标力度的加大及碳配额的逐步收紧，欧盟碳配额的价格一路走高，韩国、新西兰、美国等国家的碳价也在日益上涨，未来仍存在上升空间。

碳交易市场——在制度减排推进的过程中，发达国家所建立的碳交易市场，所形成的边境调节机制通过碳排放许可证和排放交易机制来限制和减少企业的温室气体排放、绿色标准认证、不断细化的减排目标，将拉大不同行业以及不同国家产业链的“绿色级差”。

生产方式的绿色化、低碳化，主要影响依赖能源出口或正处于工业化进程中的发展中国家。气候变化、绿色低碳等因素使得后发国家在赶超的过程中又增加了一个额外的约束条件。在此背景下，一些状况好于最不发达国家，且仍处于工业化扩张阶段的国家（例如，越南、印度）以及依赖于高碳资源的国家（例如，石油出口国），其发展空间将可能面临额外约束。种种迹象表明，某些后发经济体甚至是全局意义上的劳动力密集型、高碳资源密集型的后发经济体，其赶超的历史窗口期有可能将逐渐关闭。这个关闭的过程取决于数字化、绿色化生产方式的发展速度。对于全球经济格局而言，数字鸿沟、绿色鸿沟可能使得国与国之间的阶层更趋向固化，一些后进发展中国家的赶超之路可能将更加艰难。许多发展中国家也在加大环境规制力度，越南、柬埔寨等国家的污水排放标准比中国的还要严格，中国纺织产业向外转移同样面临环保限制。

3. 结构减排

在全球能源消费结构中，化石能源占比仍高达 85%以上。结构减排是通过提高可再生能源、核能等清洁能源等在电源结构中的比重，逐渐替代火电等高碳电源，优化电力结构，减少碳排放，通过能源转型来减少化石燃料的使用，从而减少温室气体的排放。

发达国家投资大量资源用于研发新能源技术，如二代生物燃料、核能等，为可再生能源提供补贴和减税优惠，以促进其发展和普及化。通过研发和补贴，大力发展太阳能、风能等可再生能源，减少对传统煤炭、石油和天然气的依赖。

结构减排在全球各地区国家经济发展中三个典型的表现是：投资、补贴、研发竞赛。

(1)投资——清洁能源技术投资强劲增长，太阳能投资将首次超过石油

根据国际能源署（IEA）发布的《2023 年全球能源投资报告》，2022 年全球能源投资总额为 2.6 万亿美元。而到 2023 年，IEA 预计全球能源投资将达到约 2.8 万亿美元。其中，清洁能源投资将超过 1.7 万亿美元，比 2021 年增长 24%。全球清洁能源投资增长具体体现在以太阳能为主导的可再生能源和电动汽车两个方向。清洁能源投资增长由可再生能源和电动汽车引领，电池、热

泵和核能等领域也作出了重要贡献。IEA 预计，2023 年，低排放电力投资将占发电总投资的近 90%。其中，太阳能表现最佳，其投资将达到 3 800 亿美元，首次超过石油上游投资。

全球能源互联网发展合作组织《全球能源包容公正韧性转型——方案与实践》的报告介绍：绿色低碳发展已成共识。各国不断提升国家自主贡献减排力度，全球超过 150 个国家或地区提出了碳中和目标。绿色投资成为经济增长新动力。2022 年，全球能源投资达 2.4 万亿美元，其中清洁能源投资达到 1.4 万亿美元。全球能源投资中清洁能源相关投资的比重占近六成。同时，减排与安全、效率与公平、减缓与适应这三对矛盾复杂交织，能源转型已经进入攻坚期，需要先立后破，通盘筹划。

全球清洁能源发展远超预期，可再生能源装机持续攀升。2022 年，全球新增可再生能源发电装机容量累计达 33.8 亿千瓦，可再生能源发电量达到 8.3 万亿千瓦时。中国清洁能源发展势头迅猛，近 10 年可再生能源发电规模增长了 3 倍，中国可再生能源发电装机占全球可再生能源发电装机的比重超过 34%。

(2)补贴——从“补贴竞赛”到对补贴依赖度的降低

为了促进新能源产业发展，各国开启了“补贴竞赛”。拜登政府执政以来，连续出台《芯片与科学法案》《通胀削减法案》等重要法案，通过提供补贴以及限制投资的方式支持其本土高科技产业和绿色产业发展，意图维护美国经济安全并重塑美国经济竞争力。欧盟迅速跟进应对政策，于 2023 年 1 月正式宣布了“绿色协议工业计划”，此后又公布《净零工业法》和《关键原材料法》两份具体草案，包含对绿色低碳产业的补贴政策，掀起了一场关于全球绿色技术补贴政策的逐底竞争。近期，加拿大也加入“战局”，将对两家新能源公司的补贴金额增加至 50 亿加元，鼓励其恢复在加拿大的电动汽车电池厂建设。

据公开资料统计，截至 2023 年 8 月底，欧盟、法国、荷兰、西班牙等地相继提出了“绿氢”补贴计划。在欧盟继 3 月宣布推出欧洲氢能银行后，欧盟委员会计划于 2023 年 11 月 23 日开始，为欧洲经济区(EEA)的可再生氢生产商提供 10 年最高 4.5 欧元/千克的固定补贴；法国政府宣布为现有的氢能补贴计划提供 1.75 亿欧元资金，用以支付氢的制、储、运、加及应用的设备成本，重点打造氢能交通基础设施；荷兰政府宣布 2024 年开始增加 10 亿欧元财政投入，专门用于补贴可再生能源制氢项目。中国将新能源产业列入战略性新兴产业，大额补贴使中国新能源产业迅速发展壮大，甚至造成产能过剩。

随着新能源发电成本不断下降，新能源产业逐渐走向成熟，在政府补贴“退坡”后将进入市场化发展的新阶段。未来新能源产业的盈利能力将逐步增强，对补贴的依赖度会有所降低。

(3)研发——促进新兴战略性产业的崛起

随着全球对可再生能源的关注度不断提高，许多国家或地区加大了对新能源的投资和研发力度。从可再生能源来看，供给存在高度不确定性，易受极端天气影响，尤其是在气候变化加速和可再生能源占比提升的背景下，能源系统受扰动的频率和幅度都会上升。以风电发展较快的英国为例：2021 年 9 月，北海平静无风，风电量占总发电量的比例从 25%急剧下降到 7%，电力供应紧张导致英国 9 月电价翻了一番。尽管从长期来看可再生能源技术的进步会带来发电和储能成本的下降，但这需要大量研发投入。

美国拥有世界上最强大的科技创新能力，而这成为研发新能源的终极要素。美国政府根据《通胀削减法案》向美国能源部爱达荷国家实验室投入 1.5 亿美元，升级其核能基础设施，加强核能研发。英国的《绿色工业革命十点计划》宣布设立最高 3.85 亿英镑的“先进核基金”，用于投资下一代核技术，这包括最高 2.15 亿英镑用于开发国内小型模块化反应堆技术设计以及最高 1.7 亿英镑用于在 20 世纪 30 年代初期完成先进模块化反应堆(AMR)示范研发。

中国是世界新能源发展最快的国家，科技投入和研发促进了中国新兴战略性产业的发展。中国是全球首屈一指的最大的新能源汽车市场，已成为世界节能和利用新能源、可再生能源第一大国，连续六年位居全球新能源汽车产销第一大国。

(五)中国在绿色化中的大国责任

时任国际能源署(IEA)首席经济学家法提赫·比罗尔(Fatih Birol)表示，2000 年美国的能源消费量是中国的 2 倍。而不到 10 年的时间，中国的消费量就已经超越了美国，成为全球能源消费第一大国。2013 年，中国一次能源消费总量已达 28.52 亿吨，其中，煤炭占比最高为 67%，而新能源的占比仅为 3%。在发达国家中，尽管美国、德国和日本能源消费结构中仍以传统能源为主，但其煤炭占比均降到 25%左右。在日本福岛核事故之前，日本和美国新能源的消费占一次能源的消费比例都为 10%左右。

从国际对比来看，根据世界银行的数据折算，2018 年中国 GDP 和二氧化碳排放的比率为 7.4 吨/万美元，远高于美国（2.4）、日本（2.2）、英国（1.2）、法国（1.1）和德国（1.8）等其他主要经济体。尽管这一比率受到能源结构、产业结构、人口数量等多重因素的影响，但仍能反映出我国在环境科技领域不具备比较优势的现状。

在上一轮全球产业链变革的过程中，中国依靠低廉的劳动力和资源要素，顺应当时全球产业链的发展趋势，享受了承接大量产业转型所带来的经济发展红利，实现了自身工业化的加速推进，但与此同时给中国的环境保护带来巨大的压力和挑战，在某种程度上不得不“先污染后治理”。

中国的温室气体年度排放总量在 2005 年超越美国，升至全球第一。2016 年，中国的人均温室气体排放为 8.8 吨二氧化碳当量，比 G20 国家平均值高出 17%。2018 年，全球新增排放中有超过 1/4 来自中国。据丁仲礼院士在《中国碳中和框架路线图研究》的分析中指出：我国的生产端人均二氧化碳排放量是 7.28 吨/年，高于全球平均水平，不过比美国要低很多；从消费端来看，中国的人均排放量比英、法、美都低。

作为典型的后发经济体，中国尤其是中西部地区的工业化和城市化发展仍存在巨大的空间，能源需求仍处于增长趋势。碳排放作为生产活动中天然的副产品，如何通过产业转移的“绿色化趋势”，平衡节能减排与经济发展之间相互制约的关系，将成为产业有序转移过程中的重点。

新能源产业链可以分为原材料环节和制造业环节，上游锂、钴、镍等原材料具有资源属性，下游制造业环节则具有制造业属性。中国的新能源金属较少，虽然目前中国的许多新能源技术全球领先，但仍有广阔的创新空间，例如，固态电池、钙钛矿电池等下一代高端技术已经成为新能源产业发展的前沿方向。未来科技领域的大国竞争或将加剧，发达国家拥有资金、人才和工艺优势，但对中国的绿色低碳技术转移可能会越来越少，这意味着中国的新能源产业未来需要走自主创新的高质量发展之路。

(六)绿色化趋势促进全球产业链重构和产业转移

从产业链的角度来看,气候升温和海平面上升等影响的时间跨度较长,在中长期潜移默化地影响要素禀赋进而影响各行业以及各国的经济结构、比较优势;来自气候风险事件的冲击则短期影响更直接,可能导致产业链断裂,对产业链的安全意义重大。

全球产业链的深度融合和精益生产模式促使气候风险事件的影响沿着产业链传播,影响下游生产环节所在的国家或地区,从而产生多米诺骨牌效应。气候风险事件对全球产业链的冲击幅度取决于产业链特性、冲击环节等多重因素。

1. 气候风险,成为引起产业链重构和产业转移的重要原因

从各产业角度来看,受到气候风险冲击的产业,主要是与实物资产或自然资源有关的产业。由于广泛暴露于自然环境中,交通物流、农业、能源行业等成为气候敏感型产业。

(1)气候变化对农业以及食品的影响

一项基于2009年的各国实际产出、土地和价格等数据的研究显示,气候变化带来的粮食价值损失为1/6,相当于全球GDP的0.27%。全球气温每升高1℃,全球农作物总产量就会减少5%—15%。气候变化对农业的冲击会影响农产品的供给和价格,从而间接影响以农产品为主要投入品的工业部门,例如,谷物磨制品、糖及糖制品、植物油加工品等。

(2)气候变化对能源产业的影响

气候风险不仅冲击传统能源产业,而且在新能源占比越来越高的新型电力体系下对电力系统的冲击也更为突出,进而影响更广泛的制造业,尤其是高耗电产业。受得克萨斯寒潮影响,2021年2月,墨西哥湾炼油商的原油加工量较同年1月下降50%;2021年,美国艾达飓风导致原油、天然气产量减少。

(3)气候变化对农业以及食品的影响

气候变化对农业的影响是多方面且深远的,构成了粮食安全的新挑战。

(4)气候变化对制造业的影响

气候风险在短期内可能引起不同地区产量的此消彼长，长期有可能促使一些生产环节的转移或生产方式的转变。仍以 2011 年泰国洪水为例，由于当地很多企业无法按时交付零件，丰田增加了其在马来西亚、北美、巴基斯坦、菲律宾和越南的产量，以弥补泰国断供带来的损失。

2. 碳成本级差，成为产业链重构和产业转移的另一个原因

碳中和目标将深刻影响未来全球产业链的重组、重构，促进高碳产业的跨国转移。目前，各个国家脱碳政策节奏和力度不同，碳成本存在较大差异，形成了“碳成本级差”。这一差异不仅体现在各国实现净零排放的时间不一样，而且对各产业减排要求的细化程度也不同。

目前在有碳定价政策的经济体中，从覆盖范围看，韩国和日本的碳排放覆盖比例均在 70％以上；欧盟和中国的碳排放覆盖比例均在 30％－40％。从碳价格来看，欧盟和英国的碳价格远高于中国和日本、韩国。从欧盟旨在避免碳泄漏的碳关税到国际组织对国际航空航运业碳排放的限制，中国的碳成本级差优势逐渐消失，参与相关领域的国际政策环境日趋严峻。各个国家或地区的“碳成本级差”，将成为绿色化发展趋势中新的比较优势和促进产业链重构和产业转移的因素之一。

“碳成本级差”的存在也为高碳产业转移提供动机。虽然减排承诺国的碳排放量有所下降，但在非承诺国进口商品中的隐含碳排放量却上升，意味着高碳产业从减排承诺国转移到非承诺国，缩小“碳成本级差”的国际政策很可能也会降低高碳产业跨国转移的可能性。

五、服务化的发展趋势

服务业全球化是经济全球化进入新阶段的主要标志。服务业全球化目前正处在蓬勃兴起阶段，它不仅正从根本上改变世界服务业的发展模式，而且正日益深刻地改变着世界各国经济、产业、技术的发展模式，并对各国在世界产业链中的地位、利益产生重大影响，成为决定各国国际竞争力的关键因素。

服务业全球化的发展趋势，不断打破时间、空间乃至文化、观念的隔离，进入全新的发展阶段，这不仅使服务业的全球重组和资源优化配置达到空前高度，而且使世界各国的经济、产业、技术创新及经营管理模式出现全方位变革。

在早期的经济学文献中，通常认为服务是不可贸易的，这决定了服务产品是缺乏流动性的，也就意味着服务业难以参与产业转移。然而，随着科技水平的不断提升，服务产品的流通属性逐渐体现。现代科技的发展大大提高了服务业的可贸易性。服务贸易作为服务业的高级表现形态，规模日益庞大，成为大国竞争的焦点。

世界经济全面向服务经济转型。进入 21 世纪以来，发达国家已完全确立了服务经济的产业结构。OECD 的 30 个成员国中，服务业增加值占 GDP 的比重均达到 70%以上，服务业就业占总就业人数也达到 69%。发展中国家服务业增加值占 GDP 的比重也超过 50%。

21 世纪，服务业全球化蓬勃兴起。资本、技术、知识、劳务在全球内流动，不仅改变了各国服务业的发展模式，也为其他行业的转型升级提供了重要助力。

服务业全球化呈现以下主要趋势：一是跨国公司迅速扩张，跨国投资增长迅速，并购大潮迭起；二是全球服务贸易增长加快，其中商务服务业贸易增加最快；三是服务业与制造业关系不断加强，信息技术与现代服务业加速融合，推动服务业产品化。

(一)服务贸易增速是货物贸易增速的 2 倍

麦肯锡全球研究院在 2019 年发布的《转型中的全球化：贸易和价值链的未来》报告中就曾指出，2017 年服务贸易总额达到 5.1 万亿美元。虽然这一数字与 17.3 万亿美元的全球货物贸易相比还有不小的差距，但是在 2010—2019 的近十年中，全球服务贸易额年均增长 4.8%，是货物贸易增速的 2 倍；一些子行业，包括电信和 IT 服务、商业服务和知识产权收费，增长速度提高了两到三倍。这种变化一定程度上说明了全球价值链向服务业领域的拓展，即服务化发展趋向。

服务业在快速发展过程中与制造业之间形成良好的互动机制。生产的国际化带动了服务的国际化。跨国公司在全球范围内组织生产活动，也需要获得全球化的贸易、金融、通信、运输等服务。随着制造业全球化的整体推进和不断向发展中国家转移，一些发达国家的生产性服务业也日益全球化，并随之出现了向发展中国家转移的浪潮。许多制造企业的专业服务呈外包趋势，制造业中服务的投入大量增加，使制造业和服务业之间彼此依赖的程度日益加深。

《2019 年世界贸易报告》显示，服务业贡献了全球 2/3 的经济产出，吸引了 2/3 以上的外国直接投资，并为发展中国家提供了 2/3 的就业机会和为发达国家提供了 4/5 的就业机会。这份报告预测，到 2040 年，服务贸易可能占世界贸易的 33%（2019 年为 20%），这意味着 20 年后服务贸易在全球贸易的份额将增长接近一半比例。比较典型的案例是通过承接大规模的信息服务业外包业务而被称为“全球办公室”的印度。

当前，伴随着生产模式的智能化，知识密集型服务业的投入需求逐渐上升，一部分货物链条将被服务链条所替代，制造和服务环节将进一步融合。也就是说，未来生产性服务产业如金融业、软件业、商务服务业等将更多地参与到产业转移活动中，在全球价值链重构中扮演核心角色。

（二）服务业“全球化”“碎片化”特征

全球价值链分工不仅发生在制造业领域，而且存在于服务业领域。服务业“全球化”和“碎片化”成为当前经济全球化的重要表现形式和特征。

1.“无工厂”生产模式

以知识产权为代表的无形资本在现代全球价值链中占有重要位置。知识产权作用于全球价值链中的非生产环节。知识产权作为企业的核心资产，使设计和销售产品的企业可以脱离生产制造环节，极端情况下可以形成“无工厂”生产模式。

2020 年，苹果公司在中国的实体商品和服务销售额为 2 770 亿美元，其中的实体商品并不会出现在美国的贸易统计中。苹果公司通过对遍布全球各地的生产商进行知识产权授权，组织、治理苹果产品的全球价值链，实现苹果产业链的全球布局。掌握知识产权的苹果公司不是从事生产制造，而是提供服务。

2. 服务业自身价值链的兴起

随着全球经济的快速发展，服务业已经成为全球价值链的重要组成部分。在过去的几十年中，新的服务行业不断涌现，以及服务业不断深入各个经济行业中。

服务业在全球经济中占有重要比重，已经超过制造业。来自世界银行发展指标的数据显示，2019 年服务业增加值占全球 GDP 的比重已经快速上升到

64.33%，而制造业的这一比重则急剧下降到15.55%。服务业一般作为制造业的关键投入参与价值链，在制造业生产过程中发挥链接作用。当前服务业自身的价值链也正在兴起。例如，印度已经深度融入全球软件产业的价值链中，为全球客户提供日常软件编程和维护等服务，以及业务流程管理的信息通信技术(ICT)服务。菲律宾则深度参与了全球商务流程外包(BPO)价值链，其价值链环节包括呼叫中心和语音服务，处理国外客户的查询等相关业务。

伴随技术进步，全球价值链进一步从制造业领域向服务业领域拓展和延伸。当前服务业也是一个“碎片化”快速发展的行业，从而使得服务产品的不同阶段和环节被日益分解，并被配置和分散到具有不同比较优势的国家或地区。碎片化主要体现在：

随着服务业和服务贸易的发展，服务业不仅是中间投入，而且已经深入价值创造活动中，渗透到物质产品的生产活动中。比如，服务业创造了大约1/3的交易制成品价值，研发、营销、财务和人力资源等都为物质产品的生产和进入市场提供了不可或缺的支撑；又如，跨国公司向其全球附属公司投入的无形资产蕴含着巨大的价值，包括软件、品牌、设计、运营流程以及总部开发的其他知识产权等，这些都是服务的范畴。全球产业链供应链服务化发展趋向，在一定程度上增强了产业链、供应链本土化、区域化发展趋向。

服务业还在全球价值链中扮演着越来越重要的角色，为供应链管理、物流管理、营销和售后服务等提供了各种服务，这些服务都在这些企业的价值链中占据着重要的地位。服务业在全球价值链中的作用，已经不仅是在前期提供一系列的服务，而且注重于价值链内各个环节之间的协作和整合，以最大限度地提高整体效益。服务行业部门在全球价值链贸易中增长明显，这也成为全球价值链发展的一个重要特征。图6—1为服务行业部门在全球价值链的比例。

(三)掌控“三链”，站在生态顶端

微软公司、谷歌公司、苹果公司是生态主导型企业的典型例子。它们已经是一个无组件制造商，是一个以其知识产权为基础组织全球价值链特殊的商业组织。苹果公司不直接生产苹果手机，却凭借其拥有的专利、商标、版权、品牌、产品、设计、软件、数据库等，在生产前和生产后组织管理和经营着全球产业链

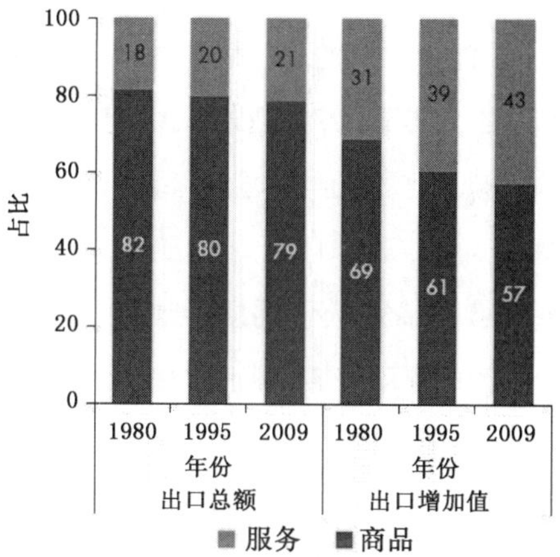

A. 1980-2009年商品和服务在出口总额和出口增加值中的份额

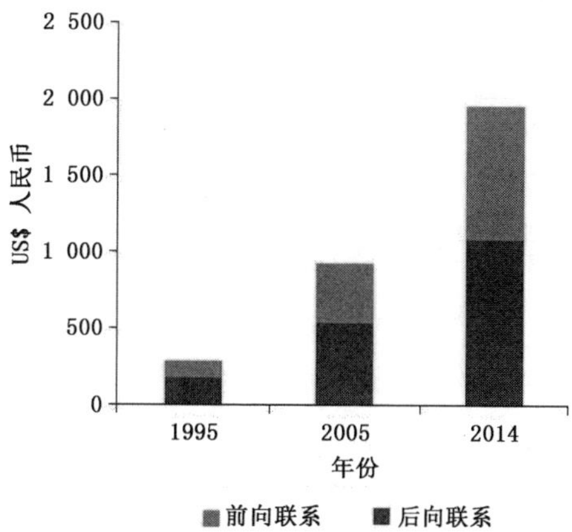

B. 1995-2004年全球价值链在服务出口中的参与情况

资料来源:WDR 2020 team. using data from Johnson and Noguera (2017) for value-added exports measure in panel a and WIOD data from the 2013 release for 1995 and the 2016 release for 2005 and 2014 for panel b.

图 6—1 服务行业部门在全球价值链的比例

的标准、供应链的纽带和价值链的枢纽,主导整个苹果的生态。苹果作为掌控“三链”的企业,不做制造业,只做一些服务业,但是掌握全球利润的 80%。而干活的上千个企业其实只分享利润的 20%,这类企业通过服务业和“三链”掌控,站在生态顶端。

(四)中国:低端饱和,高端不高

高端服务业是现代服务业的核心部分。高端服务业的高端不仅指其本身处于服务业产业价值链的高端,更重要的是指其能够向其他行业释放出较强的外溢效应,带动产业升级。高端服务业的本质功能是通过产业关联效应,提高地区经济和我国经济总体的竞争力。

中国高端服务业发展不充分,服务贸易水平低。中国服务业发展水平还不充分,服务业增加值占 GDP 的比重不仅远低于美国,与全球平均水平也有较大差距。尽管中国服务业比重呈上升趋势,但 2019 年仅为 54. 27%,低于全球的 64. 33%和美国的 77. 31%,尤其高端服务业发展不充分,缺乏国际竞争力。我国知识密集型服务业在全球价值链上所处的位置仍然偏低,对发达经济体的依赖程度较高，更多的是参与后向垂直专业分工。

长期以来，我国服务业的发展基本是以零售业、餐饮、食品、理发等传统产业为主。现阶段低端服务业已经趋于饱和。相比之下，咨询、设计、信息等中介行业刚刚起步；而体育、文化产业严重滞后，管理、投资、证券、会展尚在开发中，法律、建筑师、医师、税务等事务所亟待发展。

2019 年，中国服务贸易占 GDP 的比重为 5.25%，低于同期美国的 6.83% 和全球的 13.54%。服务贸易发展水平的不足也意味着中国服务业的全球价值链发展水平较低。

我国服务贸易逆差仍然很大，据国际货币基金组织(IMF)统计，2018 年我国服务贸易逆差为 2 922 亿美元，居世界首位，占全球服务贸易逆差的 41%。2021 年，我国服务贸易逆差比 2020 年下降了 67%，降到 327.5 亿美元，是 2011 年以来的最低值。我国服务贸易逆差规模大幅缩减，但我国长期处于服务贸易逆差的态势仍未改变。

查尔斯·金德尔伯格、罗伯特·阿利伯在《疯狂、惊恐和崩溃——金融危机史》一书中分析指出，人们在遭遇危机冲击时往往会表现出过度恐慌，从而采取一些非理性举措。因此，当前部分国家的跨国公司重新考虑全球价值链的区位布局问题，极有可能是过度恐慌和过度反应的结果。

在未来全球经济发展中，全球化的继续演进和逆全球化将交替而行。产业链、价值链、供应链“三链”重构的多元化、数字化、智能化、绿色化发展趋势，在国家制度安排、全球贸易秩序、规则演变、科技进步中将长期推动全球化的深入和发展。

产业链、价值链、供应链重构的区域化、本土化发展趋势，是效率因素让位于安全因素所导致，是由于保护主义、地缘政治冲突所导致的逆全球化的表现。如果过于强调产业链的区域化、本土化，将使各国难以充分发挥自身的比较优势，进行专业化生产，导致生产效率过低、最终产品价格更高、质量更低等问题，有违经济发展初衷和全球化的基本原理。

或许，在外生危机冲击之后，当人们的“理性”因素逐步恢复到“正常”水平时，效率因素可能会重新回归到主导地位，而所谓的产业链、供应链安全稳定又会退居次位，因此，由此带来的产业链、供应链调整是否具有长期性尚值得进一步观察。

第七章　重塑“三链”

在百年未有的大变局中，随着我国市场经济的不断发展和完善，企业的发展已经不再是一个单纯的经济问题，而是一个复杂的产业链、价值链、供应链问题。民营企业是我国市场经济中的重要组成部分，也是推动中国经济全球化发展的重要力量。在产业链中，中国民营企业承担着从上游到下游的各个环节，同时也是整个产业链中的主要衔接点，是提升产业链稳定性和竞争力的关键环节，这不仅为民营企业的发展带来了国际环境的挑战，而且为民营企业参与新一轮的全球化提供了巨大机遇。通过“三链”重构，可以推动民营企业构筑未来产业体系，为自身转型升级注入新动能，进而成为引领未来经济发展的新引擎。

创新力是民营企业融入未来产业体系的第一动力。我国通过强化和完善民营企业科技创新体系，释放民营企业创新新动能，实现融链、固链发展，多方组建创新联合体，基于前沿产业发展趋势和特色产业基础，持续发展未来技术，充分发挥未来技术对产业链的强链、补链作用，支持产业规模领先、创新活力迸发、数字生态繁荣、应用场景多样的科技领军的民营企业积极发挥“链主”作用。我国构建坚韧的产业链，推动民营企业向“专、精、特、新”转型升级，提升民营企业在未来产业中的核心竞争力。

我国应构建未来产业链生态圈，促进多链精准融合对接，聚焦国家战略需求，在重大标志性科技工程、重大科技创新项目中重点布局网络技术、绿色能源、人工智能、生物医药等未来产业领域的技术研究和产业培育，以联合技术创新中心建设为抓手，谋划未来产业先导区，组建高质量的创新联合体，开展核心技术攻关，在“三链”重构中促进产业链和创新发展。

专业人才是企业进军未来产业的第一资源，为民营企业依托未来产业转型升级提供智力支撑。民营企业应吸引和集聚各类高层次人才和高水平创新创业团队，优化人才培育流通机制，形成人才引领产业、产业集聚人才的良性循环，有力支撑未来产业培育孵化。

第一节 国际化的发展历程

民营企业的国际化的发展历程起起伏伏。在经历了改革开放的考验后，在百年未有之大变局中，民营企业国际化的发展历程可以说是迎来了第二次的发展机遇，同时也面临着新的挑战。

一、随风“落”与“起”

中华民族曾经的辉煌更让人懂得复兴的意义。近代，由于西方列强的入侵和封建统治的腐败，山河破碎，生灵涂炭，中华民族遭受的苦难之重，在世界历史上都是罕见的。只有历经苦难的民族，才对复兴有深切的渴望。中国是一个有着 5 000 多年文明史的大国，在历史上曾长期走在世界前列。在世界四大文明古国中，唯有中华文明有国有史一直传承到今天。

16 世纪以前，影响人类生活的重大科技发明约有 300 项，其中中国人的发明占 175 项。英国人李约瑟在《中国科学技术史》中写道，在现代科学技术登场前十多个世纪，中国在科技和知识方面的积累远胜于西方。中国历史上先后出现的“文景之治”“贞观之治”“康乾盛世”等，彰显了经济文化发展的繁荣景象和中国社会治理的博大智慧。

从鸦片战争到五四运动近 80 年间，无论是太平天国运动、戊戌变法，还是义和团运动、辛亥革命，都以失败而告终。

中国社会各阶级、各阶层和各种政治力量都曾登上历史舞台，力图挽救中国。20 世纪初，资产阶级政党政治在中国兴起，在北京、上海等地出现过大大小小 300 多个政党和政治团体，但很快就在中国政治舞台上销声匿迹。一次次抗争、一次次失败，中华民族追求梦想的道路艰难曲折。为了实现民族复兴，亿万人魂牵梦萦，几代人上下求索，奋勇不屈。

中华民族的昨天、今天和明天构成一幅宏大的、催人奋进的历史图景，一头连着中华民族的历史，另一头系着中华民族的未来。实现中华民族伟大复兴这一梦想，体现了中华民族和中国人民的整体利益，是全体中华儿女的共同期盼。

民族资本家也好，工人、农民也罢，都是从中国最艰苦、最具有屈辱的血泪史中走出来的，大家共同的愿景就是希望这个国家越来越好，希望中国能够重新屹立于世界民族之林，复兴民族历史曾有的强盛光景。“实业强国”这四个大字并不是中华人民共和国成立后才有的口号，甚至清末就有人意识到这四个字的重要性。100 多年间，多少人在这条路上前仆后继地奉献出所有。龚自珍在《病梅馆记》中提出“毁其盆，悉埋于地，解其棕缚”的主张，预料被束缚在盆中的梅花必定会恢复欣欣向荣的生机。

今天，改革开放、中国崛起被国际媒体称为“近年来最重要的全球变革”，中华民族伟大复兴的“中国梦”是建立在“世界历史”维度之中的话语和图景。实现国家富强、民族振兴、人民幸福，是孙中山先生的夙愿，是中国共产党人的夙愿，也是几代中国人的夙愿，既深深体现了今天中国人的理想，也深深反映了先人们不懈奋斗、追求进步的光荣传统。中华民族这种共同的美好愿望已经不局限于执政党本身，而是跨越了时代，深深地潜藏在中华民族深层的集体意识中。

改革开放，吹响了全民族奋进、崛起的集合令。这种“共同的愿望”才是改革开放动员力的基础，集合起各类人群、各个阶层、各个社会组织、各种团体，群起投入改革的大潮中。

二、国际化的“内生力”与“双驱动”

民营企业的国际化，既带有非正轨探索的特征，又带有自发性探索的迹象。真正意义上的中国民营企业国际化，是随着改革开放的推进，民营企业和民营经济的再生与重新崛起而发生的。

(一)夹缝中的自发性探索

最初的国际化尝试，发生在改革开放政策实施十几年之后。第一家涉足海外投资的中国民营企业，是广西桂林的一家企业。1992 年，民营性质的“桂林国际电线电缆集团公司”以 73 万澳元的价格收购了澳大利亚老牌电缆公司(Electra Cables)，成立了第一家带料加工型海外企业。第一家进行跨国投资的中国民营企业的海外并购，开启了中国民营企业的国际化之路。自那以来，民营企业国际化从无到有,在改革开放的大潮中茁壮成长。

2001 年中国加入 WTO 前,民营企业国际化从对外货物贸易起步,最后发展到对外投资等更高程度的国际化。但即使在外贸行业,由于民营企业在进出口经营权、商品出口配额的获得等方面,一直受到较为严重的限制待遇,行业进入壁垒较多,民营企业对外贸易发展缓慢。到 2000 年,在全国进出口额最大的 500 家企业中,集体、私营企业仅占 13 家,占比为 2.6%。

在对外直接投资方面,从党"十四大"开始,我国民营企业获得了更多外向发展机会,从部分民营企业开始,由原来单纯的商品货物输出转向对外直接投资如 1994 年浙江万向集团在美国正式成立子公司,此后陆续在美国、德国、加拿大等 7 个国家设立了 18 家子公司。到 1998 年,万向美国公司在美国的销售额已达 400 万美元。

民营企业对外直接投资虽然较晚,但一些国际化的捷足先登民营企业的示范效应,则有力地促进了其发展。能在政府的政策限制和国际环境的夹缝中生长的这类企业,毕竟是少数。在国家"走出去"战略推出之前,民营企业国际化受到种种限制,包括民营企业在内的中国所有企业的跨国投资等均须获得中央政府主管部门的批准。因此,民营企业的国际化,带有非正轨、自发性探索的特征。

(二)初始阶段的发展特点

在国际化的初始阶段,民营企业尝试了"绿地投资"与"跨国并购",这两种形式成为两种惯用形式。其中,跨国并购成为最近几年民营企业国际化的重要形式之一。

在对外投资形式上,民营企业青睐跨国并购甚于绿地投资。企业要真正"走出去",发展为跨国公司,对外直接投资尤其是跨国并购才是实质步骤。近年来,随着企业的发展壮大,我国民营企业开始在跨国并购领域崭露头角。在"走出去"动因上,民营企业获取技术与研发资源的目的较为突出,技术与研发资源寻求型的海外投资渐次增加。在渐近式的发展方面,多采取外源化而国际化的渐近路径模式,即由承揽外源化(outsourcing,外包)业务起步,进入跨国公司的全球生产体系。

(三)双驱动的快速发展

国家“走出去”的战略支撑和加入 WTO 的双重驱动，助推民营企业进入国际化的快车道。

2000 年初，中央推出“走出去”的国家战略，强调“积极鼓励和支持有条件的各类所有制企业走出去开展各种形式的经济合作，在全球范围内优化配置资源，开展跨国生产与经营”。这个战略促成了民营企业对外直接投资的增长。以民营经济超前发展的浙江省为例，自 1999—2003 年，仅官方审批的浙江民营企业在境外近 70 个国家或地区设立了 516 家企业，占同期新增境外企业总数的 60.2%，2004 年以来更出现加速增长势头。截至 2006 年初，境外投资规模和项目数量都翻了一番以上。

2001 年底，中国加入 WTO，中国民营企业大步走向世界，中国经济全球化水平大大提高，民营经济的国际化程度也大大提高。大批已经成长起来的民营企业开始深入参与到国际竞争中。民营经济积极参与经济全球化，也使自身的竞争能力得到了提高。

从外贸规模扩展上，可以清晰地判断出我国民营企业与国际市场的关联状况，也可推断出民营企业总体的国际化进程与所处的阶段。在双驱动下，民营企业国际贸易的大幅度增加，始于中国“入世”前后，尤其是“入世”后。统计资料显示，2001—2004 年四年间，民营企业进口占全国进口的比重由 5.4%上升至 10.8%，出口占全国出口的比重由 5.8%上升至 17.1%。仅仅时过近 2 年时间，按照商务部公布的海关统计数据，2006 年前三个季度，上述比重分别增加到 12%和 23%。

对外直接投资，是民营企业国际化经营的重要转折点。商务部、国家统计局联合对外发布了《2005 年度中国对外直接投资统计公报》(非金融部分)。公报显示，2005 年，中国对外直接投资首次超过 100 亿美元，达到 122.6 亿美元，同比增长 123%；2005 年底，中国的对外直接投资企业共分布在全球 163 个国家或地区，占全球国家或地区总数的 71.2%，对外直接投资存量达到 572 亿美元。以联合国贸发会议(UNCTAD)发布的 2005 年世界投资报告全球的流量、存量为基础进行测算，2005 年中国对外直接投资分别相当于全球对外直接投资

(流出)流量的1.68%、存量的0.59%。在统计涵盖的6 426家海外企业(分支机构)中,国有企业占境内投资主体的比重由2004年的35%降至29%,而民营企业所占比重为32%,比2004年增加了4个百分点;民营企业所占比重超过国有企业,跃居投资主体首位。

(四)站在全球的巅峰

伴随着中国改革开放的发展进步,民营企业也站在了全球的巅峰。2013年,中国经济增长7.7%,外汇储备达3.82万亿美元,成为120多个国家或地区的最大贸易伙伴。在此3年前,中国经济规模超过日本,成为世界第二大经济体。

《中国企业全球化报告(2015)》指出,2014年中国对外投资流量首超日本,成为世界第二大对外投资国。此后中国一直保持领航,持续释放增长红利。中国在世界经济版图上的角色发生历史性改变,在全球发展合作中的作用日益显著。

据联合国贸易与发展会议发表的报告书显示,2020年中国的FDI为1 630亿美元,超过美国的1 340亿美元,成为有史以来国际直接投资(FDI)的第一大国。美国《华尔街日报》评价说:2020年的投资数据表明,中国越来越接近一直由美国支配的世界经济中心。这是因为中国在新冠疫情期间巩固了“世界工厂”的地位,通过扩大全球贸易份额来加速发展。

数据库创建者、美国企业研究所的史剑道(Derek Scissors)称:“对外直接投资的猛增主要是中国私营企业对外收购推动的。”在投资对象上,过去的对外投资主要集中在发展中国家的能源、土地、矿产领域的直接投资;现在尽管能源矿产类的直接对外投资依然重要,但正变得越来越重视发达国家的高级资产,如制造业、服务业,包括体育、文化创意、旅游、互联网等的优质公司资产。在投资形式上,过去主要是绿地投资和实物资产收购,现在则转向公司股权并购。在投资目的上,过去的投资主要着眼于满足能源、矿产和高技术产品的实物供应,现在则转向获取技术、品牌、市场以及重要基础设施。

第二节 "三链"重构的因素及规律

一、多重因素冲击下的"三链"重构

最新一轮的全球产业链重构，与以往不同的是夹杂着更多、更复杂的非经济、非市场因素。决定产业转移流向和速度的，不仅是各国间的资源、制度比较优势，还有政治、国际关系、价值观、国家安全等非市场因素，在此多重因素的冲击下快速重构全球产业链，全球产业链重构进程，还将受到政治干预和市场力量之间反复博弈的影响。地缘冲突加剧，更使全球产业链面临碎片化和阵营化的风险。"区域化、本土化、绿色化、智能化"成为各国政府和企业产业链布局的重要方向。

(一)中美关系是重构"三链"的重要变量

中美地缘关系紧张是推动全球产业链迅速走向重构的重要变量。中美关系的急剧转向和美国对华战略竞争的变化，使中国产业链面临诸多新的挑战。美国 2010 年 8 月签署《制造业促进法案》，2012 年 2 月发布《先进制造业国家战略计划》。"去工业化"导致中国经济外循环地位下降；高科技头部企业身陷"小院高墙""精准脱钩"的困境，部分产业更是面临产业转移和贸易转移的双重风险。

2023 年 4 月 27 日，美国总统国家安全顾问杰克·沙利文在布鲁金斯学会的演讲中提出了美国新的国内外经济政策，即所谓的"新华盛顿共识"，倡导以国家介入为主旨的产业政策，重振美国的制造业，建立超越传统贸易协定的新国际经济伙伴关系。至此，冷战后新自由主义价值观下的"华盛顿共识"已经走向终结。美国精英阶层不再认为以"自由贸易、自由市场、自由竞争"为根本的全球化有利于美国。美国应当建立自己的内循环以及与盟友之间的局部外循环，以阻止中国这样的战略竞争对手从全球化中获益。美国贸易政策的转向不再是少数保护主义者的偏见，已经成为美国社会的主流共识。

美国决策者错误地认为，鼓励中国参与全球化实际上是培养了一个战略竞

争对手，因此必须减少与中国的经贸往来，削弱中国的国际经济影响力，打压中国经济和科技发展势头，从而维护自身的全球霸主地位。美国不仅通过贸易战来削弱中美双边贸易，通过科技战遏制中国的产业升级势头，还通过构建盟友体系来孤立中国。

从产业链的角度来看，美国的目标是阻止外国资本将产业链继续向中国转移，阻止外国技术输出到中国，打压中国的产业链升级，倒逼以美国市场为主要目标的企业从中国转移出去，迫使其他国家加入美国主导的供应链而脱离以中国为中心的供应链。由于美国依然是世界第一大经济体和第一大市场，因此美国一系列的对华政策对全球产业链重构产生了重大影响，一方面加速了中国产业链向东南亚、南亚、墨西哥等国家和地区的转移，另一方面对全球产业和金融资本与中国的合作造成了一定程度的“寒蝉效应”。

由于美国执迷于其世界领导地位或霸权，把中国的正常发展视为最大威胁，导致两个最大经济体之间缺乏互信，这意味着全球贸易治理体系赖以生存的安全共识开始崩塌。在此背景下，任何贸易限制措施都可以在国家安全的幌子下任意实施，而以往基于“贸易创造和平”“贸易实现共赢”理念而形成的贸易自由化成果也难以维系，这正是当前多边贸易体制面临的最大危机。

（二）疫情、俄乌冲突激发“三链”重构

2020 年以来，面对新冠肺炎疫情的冲击，西方发达国家进一步实施关键供应链回归政策。2021 年 12 月，美国商务部长雷蒙多宣布，寻求成立一个超越 CPTPP（Comprehensive and Progressive Agreement for Trans-Pacific Partnership，全面与进步跨太平洋伙伴关系协定）的新型经济架构，聚焦供应链协调、出口管制和人工智能标准等领域，维持“安全的供应链”。

2022 年爆发的乌克兰危机，对全球产业链格局产生了巨大的冲击，并促进全球产业链重构。新冠疫情冲击了企业的供应链管理，最有效率的即时供应在危机情况下暴露出重大风险。企业不得不付出更高的成本以降低风险，也意味着供应链要尽可能收缩，以相互靠拢，从国家间的产业链分布来看，意味着从高度的全球化转向本土化和区域化。为此，各国在贸易、投资和产业政策上也必然表现为更加内向，从而鼓励本国产业链更加完整，并降低对外依赖程度。

乌克兰危机的爆发不仅导致大批与俄罗斯和乌克兰有着密切商业往来的企业和国家，重新调整其供应链和产业链，而且使得新冠疫情所诱发的危机意识进一步增强，产业链布局的多元化和区域化进一步发展。

(三)科技革命带来的重构

推动全球产业链、价值链、分工演进的主要因素包括三个方面：一是要素禀赋结构；二是制度安排；三是技术变迁。三者共同作用推动着全球产业链、价值链的分工演进。

全球产业链前一轮的快速发展，得益于国际生产分割等技术的快速进步，以及贸易和投资自由化等提供的制度保障，从而使产业和产品在不同的生产环节和阶段，依据不同国家或地区的要素禀赋优势，呈现地理空间的分散和集聚特征。在科技全球化趋势中，能否有效利用全球科技资源，成为影响一个国家产业竞争力的重要因素。

为了在新一轮全球价值链分工演进中抢占制高点，各主要国家在新一轮技术革命和产业变革方面的竞争趋于“白热化”。以人工智能为代表的高科技领域，已经成为全球主要经济体竞争和博弈的主要战场之一。德国自 2006 年起每隔四年发布一份高科技战略计划，其中，2014 年的计划就包括广为人知的“工业 4.0”。2021 年 5 月，美国参议院商务委员会通过《无尽前沿法案》(Endless Frontier Act)，将在 5 年内为美国基础和先进技术研究提供超过 1 100 亿美元的资金支持。

随着高新技术的接连突破和不断落地，生产率和生产方式可能出现颠覆性的变革。生产活动的智能化趋势，将减少生产过程对劳动力的需求，从而促使生产环节更靠近消费市场，导致以劳动力为主要比较优势的经济体过早地去工业化。部分高新技术产业将呈现向科技优势较大的地区逆技术梯度集聚的态势，位于价值链中低端的经济体实现产业升级的难度也将有所增加。

新冠肺炎疫情发生以来，智能经济相比传统经济呈现出更强的韧性。根据国家统计局公布的数据，2021 年，我国规模以上高技术制造业增加值比上年增加 18.2%，高于全部规模以上工业平均水平 8.6 个百分点；我国高技术产业投资比上年增长 17.1%，高技术制造业和高技术服务业投资分别增长 22.2%和

7.9%，远高于全国固定资产投资增速(4.9%，不含农户)。

这种竞争不仅体现在各国制定的产业发展规划和技术创新等政策支撑方面，而且表现在一些不正当竞争方面，包括部分发达国家企图抑制其他国家技术进步，而保持自身相对优势所采取的贸易保护主义措施。此类不正当技术竞争在一定程度上阻碍了技术进步和推动新一轮经济全球化发展动能的形成步伐，对中国产业链、供应链升级也会带来消极影响。

在智能科技、数字科技全球竞争加剧的大背景下，虽然我国在战略准备上已经做了一定的部署，但是仍然面临着诸多现实挑战：智能制造的一些基础技术和关键核心技术的自主研发能力较弱，部分核心技术受制于人，“卡脖子”问题突出，对外依存度高，新兴技术掌控能力有待提升。不同行业的智能化水平差异较大，汽车、航空航天、国防工业在智能制造领域已实现领先发展。但纺织服装、机械等传统制造行业实现智能制造依然任重道远。中国数据安全法规体系和监督机制尚不健全，一定程度上抑制了企业智能化升级的步伐。

产业智能化与中国当前的就业结构存在矛盾。根据2020年12月人力资源社会保障部提供的数据计算，我国高技能人才仅占就业人口总量的7.28%。产业智能化的发展大幅提升了对高技能劳动力的需求，我国的就业结构性矛盾越发突出。

绿色化、“双碳”目标将根本性地改变价值链空间布局。应用更清洁的技术生产更“绿色”的产品将成为新发展格局下产业转移的一大特征。近年来，在全球对气候变化极端影响的认识不断提升，环境保护逐渐影响产业转移活动的行为逻辑。为了应用更清洁的技术生产更“绿色”的产品，全球和区域价值链的空间布局和组织结构等将迎来重大变化。

从国际对比来看，根据世界银行的数据折算，2018年中国GDP和二氧化碳排放的比率为7.4吨/万美元，远高于美国(2.4)、日本(2.2)、英国(1.2)、法国(1.1)和德国(1.8)等其他主要经济体。尽管这一比率受到能源结构、产业结构、人口数量等多重因素的影响，但仍能反映出我国在环境科技领域不具备比较优势的现状。

(四)贸易治理体系及规则的重构

产业和贸易产生的变化必然会对治理体系提出新的要求。同时，治理体系的变化又会引导产业和贸易发展。当前的全球贸易治理体系是为推动全球化和全球产业链合作而生。全球产业链重构必然带来全球贸易治理体系的变革，而全球贸易治理体系变革客观上也会对全球产业链产生重要影响。

在全球产业链加速重构背景下，全球贸易治理体系也出现明显变化。美国是第二次世界大战结束后全球治理体系的领导者和主要塑造者，其对全球治理体系包括全球贸易治理体系有巨大影响。近年来，在全球贸易治理体系变革中，美国依然是最大变量。

自2008年金融危机爆发以来，美国的全球经济领导地位相对衰落，其对全球治理体系的心态发生质变，这对全球贸易治理体系产生了深刻影响，冲击着全球贸易治理体系，对"二战"结束以来形成的以规则为基础的多边体系，受到了美国的单边主义行径和"新华盛顿共识"的最大伤害。

2008年7月，WTO日内瓦贸易部长会议对多哈回合谈判失败，成为关键的转折点，使得美国认为WTO的谈判进程不再受其掌控，美国对WTO的多边谈判机制彻底丧失信心，进而将关注点转向更易控制的区域协定谈判，小布什政府转向亚太经合组织（APEC）成员国发起的P4谈判；奥巴马政府抛弃了WTO这一多边谈判平台，特朗普政府瘫痪了WTO的争端解决机制，而拜登政府则摒弃了WTO贸易自由化的价值共识。但世界贸易依然需要秩序，除了继续保留多边体系中有价值的部分，包括美国在内的各国都在寻求新的路径，以继续维护稳定的贸易环境和实现更大的贸易利益。

以地理和价值观相近为特征的区域协定或集团成为主要的组织形式，以本国产业链安全和韧性为目标的政府干预性产业政策成为众多国家的政策选择。混合着经济利益和意识形态的多重政策组合、区域贸易协定呈现分化、政府干预日渐盛行、价值观等非贸易因素成为贸易治理的重要因素。

随着国家安全意识的上升和新冠疫情对全球供应链的冲击，发达国家集体转向采用更积极的产业政策，以提升本国产业链的完整性和产业国际竞争力。特别是美国拜登政府对中国制造业竞争力的快速提升和美国制造业的相对衰落倍感焦虑，自2021年后就开始密集出台一系列的产业政策，并增强对关键产业的控制力，以期摆脱对中国的依赖。欧盟、日本、韩国等也都采取了相似的行动，并形成了一股国家间补贴竞争的势头。

从当前的贸易治理体系看，WTO 是唯一系统性处理补贴议题的机制，但其现有规则存在不足，对于究竟如何判断补贴的好与坏或者是否扭曲市场竞争，缺乏可操作的标准和简便、可执行的救济措施。由于补贴具有天然的多边性质，因此这样的讨论只能在 WTO 框架下进行，但鉴于 WTO 当前的状态以及主要成员之间互信的缺失，产业政策将在未来一个时期处于各自为政的混乱状态。

价值观贸易导致全球贸易体系的裂解。全球贸易治理的宗旨，在于通过推动贸易自由化、创造更大的市场、实现更高的效率来增进全球福利，也通过相应的规则来平衡各国的利益分配。但以美国为首的西方国家刻意将包括国家安全、人权、环保、性别等在内的价值观因素纳入贸易政策和治理体系当中，使得贸易关系变得更加对立、贸易治理更加复杂。经济上的博弈加上价值观上的政治对立，使全球贸易体系的裂痕进一步加大。

全球产业链重构和全球贸易治理体系变革之间的互动，在未来一个时期必将持续演进。虽然短期看，政治因素可能表现出更强的主动性和干扰性，但长期看经济和市场的力量仍将是全球产业链格局重塑的决定性因素。

二、全球产业转移、产业链重构的规律

（一）从劳动密集型产业向资本、技术密集型产业的转移

劳动密集型产业对成本的变化敏感，但对技术水平、资本设备、产业配套和基础设施的要求相对较低，因此随着经济的发展，呈现出从高收入国家或地区不断向低收入国家或地区转移的特征。随着全球经济增长的放缓，劳动密集型产业对成本的敏感性进一步增强，加速了该产业的转移。

观照第二次世界大战结束后世界经济发展的历史，美国经济一度一枝独秀，但随后西欧、日本快速恢复，并于 20 世纪 60—70 年代在全球产业链中占据重要地位。虽然美、欧、日之间的产业竞争没有发生明显的要素转移，但从产业链重构的角度来说，美、欧、日三方通过贸易竞争和商品流动的方式，使得主要制造业的布局出现显著变化，即美国在全球产业链中的份额大大下降，贸易逆差出现，产业布局收缩到技术、资本更加密集的领域；而欧、日的份额快速上升，

产业格局从劳动密集型制造业不断向上攀升，逐渐打造了在资本、技术密集型产业中的强大竞争力。

几轮产业转移呈现依次推进的特征，从劳动密集型产业开始，进而到资本、技术密集型产业的转移。转移主体从相对发达的国家转移到次发达国家，再转移到发展中国家或地区，逐层推进，“雁行”经济发展理论，就是对这一规律的形象描述。此外，要素和市场是产业转移的关键驱动因素。制造业成本的不断上升和市场需求的变动，是促使发达国家产业向外转移的内在动因，而产业承接国的成本优势和庞大市场则是产业转入的根本动力。跨国公司的发展又加速了技术的转移与扩散，并成为国际产业转移的重要主体。

劳动力资源曾助力中国融入全球分工体系。过去 30 年，随着中国的融入，全球产业链逐步从“亚太一欧非”两极模式向北美、欧洲和亚洲“三足鼎立”的格局转变。加工贸易是中国早期参与全球产业链分工的重要方式之一。这种生产方式将跨国公司先进的生产技术和管理经验与本地劳动力和自然资源禀赋优势相结合，进而实现双赢。1990 年，中国 15—64 岁年龄段人口占全球劳动总人口的 23.3%，丰富的劳动力和土地等资源为发展加工贸易提供了坚实基础。1995—2007 年，加工贸易高于一般贸易，在中国进出口总额中占比超过 45%，并在 1998 年达到 53%的最高水平。劳动密集型产业和加工贸易带动了中国的经济增长，也为资本和技术密集型产业的发展积蓄了力量。

随着经济的发展，中国人力成本快速攀升，驱使劳动密集型产业或任务开始向人力成本更低的东南亚、南亚以及非洲转移。据日本贸易振兴机构调查，2014 年上海普通工人的月基本工资是东南亚和南亚国家相应城市的 1.15—6.97 倍，其中与缅甸、越南的差距最大，甚至是部分非洲国家的 10 倍以上。

劳动密集型行业或生产环节的产业转移，虽然会在短期内损害产业转移来源地低收入劳动力的利益，但是从长远来看，或许可以显著改善产业转移目的地的就业结构。这一现象在国际产业转移和我国区域间产业转移中均普遍存在。

(二)产业跟随资本转移

进入 20 世纪 70—80 年代，全球产业链重构持续发展，新的竞争者不断加入，特别是东亚地区，韩国、新加坡、中国台湾和中国香港显示出较强的竞争力。从 20 世纪 70 年代开始尤其是进入 80 年代之后的一个重要特征是，外国直接投资成为全球产业链重构的重要方式，产业跟随资本从输出国转移到输入国，产业竞争力也不再完全依赖于一个国家自身的要素禀赋，而越来越取决于其吸引外资的能力。

日本成为对外投资的主要来源之一，1985—1989 年，日本对外投资规模年均增长率达到 62%，而临近的“东亚四小龙”成为最主要的接受者和受益者，并在东亚地区形成日本引领的“雁行模式”。同时，美国、西欧的对外投资以及相互之间的投资同样保持高速增长，加速推动全球产业链的整合和重构。

20 世纪 90 年代后，中国成为全球产业链重构的主角。中国因实行改革开放政策和拥有庞大的市场体量，吸引了全球产业资本，承接了大量的劳动密集型制造业。资本带动产业进入中国，使得自身在世界贸易中的地位飞速上升。2001 年，中国加入世贸组织（WTO）更成为一个加速器。通过融入全球产业链，中国成为名副其实的“世界工厂”。经过 40 多年的积累，中国正致力于成为世界市场和世界“智造”中心，持续提升自身在全球产业链中的地位。相应地，中国的部分产业开始向外转移，并引发新一轮的全球产业链重构。

（三）技术进步带来的发展不平衡

农业技术的发展，使人类踏进了文明的大门；工业技术的进步，则给人类社会和自然界带来了翻天覆地的变化。技术创新，推动产品和服务质量的提升，降低生产成本，扩大市场份额，一方面推动了世界经济的增长和繁荣；另一方面，由于创新水平的差异，导致资源和利益的不均衡分配，进一步加剧了经济发展的不平衡。

在全球范围内，对发展中国家而言，发达国家或地区往往成为技术创新的主要发源地，拥有先进的技术和知识产权，享受着由此带来的经济红利。发达国家通过严格的知识产权法律和政策，保护自家企业的创新成果，获取技术和市场的主导权，通过技术和资本的快速流动，使得全球经济更加紧密地联系在一起。但是这种联系使得发达国家的公司能够更容易地进入发展中国家的市场，通过投资和合作，获取更大的利润。这种由发达国家主导的全球知识产权格局、国际分工格局，一方面推动了技术创新和经济增长，另一方面也加剧了全球经济发展不平衡的问题。

对发展中国家而言，由于知识产权制度和技术基础相对薄弱，面临着技术、资本、市场的多重限制，则多处于产业链的下游，往往成为生产和制造的基地，陷入低技术和低附加值的产业链中。

新兴技术不断改变传统工业的生产方式，增加经济赶超的技术壁垒，甚至替代了发展中国家的要素优势。技能偏向型技术进步引发对中低技能劳动力的替代，进而削弱发展中国家在传统劳动密集型产业上的比较优势。

世界银行发布的《2016 年世界发展报告》预测，受自动化进程影响，发展中经济体未来或将有近七成的岗位消失，其中一个重要原因是在制造过程中使用工业机器人的企业将生产活动外包到欧美以外的概率明显降低。

在以物联网、大数据、人工智能等构建的数字经济时代，大规模定制、动态供应链、智能生产和服务、精准推送等成为现代工业的新特点，这是以廉价劳动从事批量生产的低收入国家当前还难以学习模仿的。

这种全球范围内的不平衡发展状态，使得经济、社会和文化差异进一步扩大，贫富差距进一步扩大，进一步加剧了全球经济的不平衡发展。

（四）全球贸易关系与价值链重构

《2020 年世界发展报告：在全球价值链时代以贸易促发展》指出，在全球贸易和经济增长放缓的背景下，全球贸易关系与价值链面临重构，同时也对各国参与全球化的方式尤其是发展中国家的经济转型提出了挑战。

全球价值链的兴起推动了国际贸易快速增长。但金融危机之后，随着全球经济和投资收缩，全球价值链增长放缓。除此之外，全球价值链格局日趋成熟，这也为价值链的进一步分工带来挑战。当前劳动密集型、贸易拉动式经济增长模式面临两个潜在威胁：第一，自动化等节约劳动力的技术将促使各国减少劳动密集型生产外包；第二，大国之间的贸易冲突可能导致全球价值链的收缩或分裂。

全球价值链扩张也不可避免地带来不平等问题。参与全球价值链的收益并没有在国家之间和国家内部平均分配。许多参与全球价值链的大型企业价格幅度和利润在上升,意味着由此降低的成本并没有传递给消费者。在劳动市场内部,熟练工人与非熟练工人的工资水平差距越来越大。全球价值链虽然为女性创造更多就业机会,但带来了就业天花板问题,难以改变劳动力市场结构性问题,也带来地理区域发展不平衡问题。全球价值链活动高度集中在大城市区域或贸易边境地区。在发展中国家,全球价值链则主要集中在劳动力资源丰富的地区,导致这些地区的发展要快于其他地区。而一些发达国家则面临着制造业外流现象,从而导致制造业部门衰落、失业人口增加以及当地人口收入锐减。

第三节 "三链"重构中的风险挑战与机遇

全球产业链的演变和重构是全球经济发展的一个不可或缺的过程。从全球化到区域化,全球产业链将不断推动经济变革和创新发展。尽管全球产业链重构存在着挑战,但也带来了一系列机遇。第一,新兴市场和中小企业的崛起,为全球产业链的多元化发展提供了更多的选择和机会。第二,新型技术和数字化手段的应用也为全球产业链带来了更多的创新和变革机遇。

全球产业链、供应链的调整和重构,给中国带来的机遇大于挑战。机遇只是一种可能性,挑战则更多是一种现实,挑战要转化为现实,还需一定的条件。

一、风险和挑战

产业链、价值链、供应链三链重构的风险,既有科技发展进步带来的技术原因,也有全球格局变化带来的政治原因。我国目前的产业基础与先进发达国家所形成的技术差距,加之外部环境中的"卡脖子"、产业转移、精准脱钩、"小院高墙"等,由此面临着低端锁定、产业链断裂与断层、高端遏制的叠加风险挑战。

中国产业体系的安全性问题包含对外依存度、完整性和应变能力(适应性)。从对外依存度的角度看,中国进口的中间品中有 62 种产品的全球出口中心度、中国进口集中度双高。这些产品面临外部冲击时的脆弱性最高,进行供应链备份的难度也最大。在此基础上,根据产品层面的分析进行加总发现,电机、电气、音像设备及其零附件(HS-2:85),核反应堆、锅炉、机械器具及零件

（HS-2：84），光学、照相、医疗等设备及零附件（HS-2：90），是中国供应链脆弱度最高的行业。

全球范围内的产业链重构对新兴市场尤其是中国产业短期内形成调整压力，但同时也为产业链转型升级提供了新的战略发展机遇。全球化逆转短期内给中国经济带来冲击不可避免。跨国资本向母国回归、发达经济体产业链向本国收缩等，传统上全球性外部市场需求将转向区域内或该国国内市场。2021年，欧盟、美国和日本三个市场占中国当年出口总量约38%，如果未来十年对这些市场的出口减半，则我国产出的20%将不得不转由国内市场消化。

逆全球化、保护主义、地缘政治冲突，导致全球“三链”的调整和重构。一旦全球“三链”重构的方向朝着发达国家意欲引领的方向发展，尤其是向着本土化调整，不仅会给中国全球产业链、供应链带来严重的安全和稳定隐患，而且有将中国排除在全球价值链分工体系之外的风险。全球部分产业正从中国向美、欧、日等发达国家或地区以及东南亚发展中国家转移。而美、欧等国家推动的制造业回流，以国家安全名义推行“友岸外包”等政策，由此而引发全球产业链朝着本土化、区域化和多元化方向重构。

二、机遇大于挑战

全球范围内的产业链重构对新兴市场尤其是我国产业短期内形成调整压力，但同时也为产业链转型升级提供了新的战略发展机遇。当然，这一轮全球化趋势的逆转将是一个缓慢的调整过程，目前部分产业链的转移有资本主动寻找价值洼地的因素，也有产业链安全替代的考虑因素。但全球化以来我国作为“世界工厂”所形成的完备产业链以及健全的基础设施等优势，短期内难以被其他经济体所完全替代，也为我国产业转型过渡期提供了难得的时间调整窗口。

全球产业链重构，一方面对我国多年来融入全球化发展而形成的产业链依赖形成挑战，另一方面客观上也形成了使我国补强产业短板从而增强未来产业全球竞争力的外部条件，对新兴市场尤其是我国产业短期内形成调整压力，但同时也为产业链转型升级提供了新的战略发展机遇。

历史上曾出现过三次产业链变迁和重构，历史性地观察，产业链重构形成了国家崛起的重大机遇。第一次世界性的产业链变迁和重构出现在第一次世界大战前后，彼时美国制造业崛起，以重化工业为主的产业链以美国为中心集聚，这助推美国一跃成为世界经济强国。第二次大产业链调整则是自第二次世界大战期间持续到20世纪70年代，美国产业链逐步向亚太地区转移，多为消费品和电子工业，日本、韩国和部分南美国家因此受益。第三次产业链变迁从20世纪80年代开始，适逢我国改革开放，大量的产业链向中国集聚。尤其是中国加入WTO后，全球产业链大幅向中国转移，集聚速度不断加快。这次产业链调整不同于以往，既涵盖重化工业又涵盖消费品，助力中国成为产业链门类最齐全的国家。

（一）突破“低端锁定”的机遇

全球产业链重构为我国突破“中低端锁定”带来了机遇。改革开放以来，在以发达经济体和跨国公司主导的全球产业链、价值链分工体系中，我国以“低端嵌入”方式融入。从产业分工格局的角度，虽然在全球价值链分工体系中主要从事低附加值环节和阶段的生产，但是作为一种跟随式和被动式发展，在不需要进行大量创新等活动条件下，依然可以获取一定的分工和贸易利益，因而大部分企业也就缺乏创新的激励和动力。这一时期参与国际分工实现的产业发展虽然也有创新，但主要还是局限于跟随、模仿和被动式创新，自主创新不够，更多地依赖国外的先进技术，对中国企业研发创新行为具有显著的抑制作用，更有作为全球价值链主导者和控制者进行堵截的原因，从市场换技术的愿望变成市场换利润的现实，进而阻碍产业链、供应链的升级。

现在，随着新兴经济体在全球价值链分工中地位的不断提升，国际形势发生了巨大变化。例如，2022年《区域全面经济伙伴关系协定》的生效，意味着亚洲区域贸易投资自由化、便利化进入了一个崭新阶段，进一步丰富和发展了亚洲经贸合作机制内涵。

我国企业借助丝绸之路国际博览会、进口博览会、东盟博览会等重点经贸展会的线上线下平台，积极开展与成员国企业之间的多领域多形式经贸合作。区域原产地累积规则让企业优化供应链，灵活进行产业布局，建立更精细、更完善的产业链分工体系，降低最终产品的生产成本，推动区域价值链深度融合。其带来的巨大贸易创造效应和更高社会福利水平，为我国经济持续增长提供了新机遇。

马建峰、赵田明娣在《全球价值链分工地位对中国制造业全要素生产率的影响——基于行业出口与技术双重异质特征视角的实证研究》中指出，中国制造业已摆脱了绝对低下的全球价值链国际分工地位，虽然受全球金融危机影响，产生较大波动，但攀升趋势明显；出口型产业和资源劳动密集型产业的全球价值链地位略高于非出口型产业和知识技术密集型产业，但全球价值链地位相对较低行业的全球价值链地位指数波动更大且攀升速度更快。

产业链、价值链的重构，打破了原有的全球分工体系，为中国突破低端锁定创造了历史窗口和机遇；产业链、价值链重构的区域化发展趋势，构建了新的产业分工平台，而以区域价值链为切入点，通过构建区域价值链，从过去“低端嵌入”的被动分工到主动参与分工，到以我为主地打造产业链的全链条。因此，从这一意义上说，目前全球价值链重构对于中国突破低端锁定不失为一个重要的战略机遇。

产业链、价值链重构，不仅可以为我国提供突破“低端锁定”的机遇，而且可以极大地释放科技创新能力。在中国经济进入高质量发展新阶段后，产业链、价值链逐步向中高端攀升，原有全球价值链分工体系中的互补关系也逐步向竞合关系演变。对中国来说，依托自主创新构建自主可控的现代化产业体系，对于保障产业链、供应链安全极为重要，这将“倒逼”中国加快实施创新驱动发展战略，促进产业链升级。

从依赖到创新，从被动分工到主动参与分工再到打造产业链的全链条，加之在中国改革开放中形成的国内超大规模统一市场、全世界最完整的产业体系，利用此机遇，将叠加风险变成叠加优势。

（二）重构、升级的机遇

在全球价值链分工条件下，产业链升级主要包括四个阶段，即工艺升级、产品升级、功能升级和链条升级。全球产业链重构和转移“倒逼”我国产业链加快转型升级，主要有两个方面：一是提质升级；二是转型升级。

全球范围内的产业链重构对新兴市场尤其是我国产业短期内形成调整压力，但同时也为产业链转型升级提供了新的战略发展机遇期。世界各国对本国的产业链自主性与可控性越发重视，最终产品本地化生产的偏好更加明显，各国开始呼吁产业链回归本土化、就近化以维护本国产业的稳定发展。全球产业链的本土化、多元化趋势对我国的产业链发展具有较强的倒逼作用。

1. 提质升级

创新是引领发展的第一动力，是增强产业链自主可控能力的必由之路，要坚持创新在我国现代化建设全局中的核心地位，把科技自立、自强作为国家发展的战略支撑。全球产业链重构使得国内对关键零部件和核心技术的需求更加迫切，推动企业改变原有的跟随式发展和被动式发展模式，以突破新技术、改进完善现有产品或技术为目标，补齐短板，攻克关键核心技术“卡脖子”难题，保障我国产业链、供应链自主可控、安全高效的目标实现，尽全力将产业中的一部分举足轻重的零部件实现本土化，运用科技创新实现技术和工艺突破，以产顶进，通过加大投入、采取奖励创新等方式激励创新，通过工艺升级和产品升级手段，实现提质升级。

2. 转型升级

全球产业链重构和转移倒逼我国制造业加快转型升级，在功能升级和链条升级两个方面，加速我国在自主可控的基础上转型升级。

数字经济方兴未艾，将会重构企业边界。对于传统企业而言，数字经济降低了使用市场机制的成本，可能导致传统企业边界收窄；对于高度数字化的企业而言，有望用更低的内部组织成本来支撑同样的企业规模，有利于数字化企业边界的持续扩张。从全球数字化的发展趋势的机遇角度考虑，与其他国家相比，我国制造业的数字化发展具有独特的优势，主要有五点：一是数字化基础；二是工业规模；三是数据矿藏；四是平台；五是线上经济。

(1)数字化基础。数字化基础雄厚，数字经济规模已从 2016 年的 22.6 万亿元增至 2021 年的 45.5 万亿元。不仅如此，数字经济占 GDP 的比重也从 32.9%提升到 39.8%。统计显示，中国数字经济规模总量目前稳居世界第二。

(2)工业规模。规模庞大的制造业，其生产活动的经济效益随着国家规模的扩大而递增，凭借更大的人口总量和经济总量规模拥有额外的竞争优势。数字化技术的广泛应用降低了边际成本。根据 CCW Research(计世资讯)对中国部分重点行业数字化转型市场现状的调研数据，2018—2020 年中国制造业数字化转型的市场规模及增长率不断攀升，从 2018 年的近 2 000 亿元攀升到 2020 年的近 2 500 亿元。

(3)数据矿藏。涉及制造业转型升级的数据矿藏主要有两个：一是庞大的工业数据；二是电子商务活动所生成的海量数据，成为我国数字经济中的重要资产，是一座潜力巨大的数据矿藏，构成了新时代经济发展的重要生产要素。“数字红利”成了继“人口红利”“市场红利”之后的新动能。平台是工业互联网的核心。我国平台发展显著，11 家平台企业中工业设备连接数平均达到 59 万台，工业 App 平均突破 1 500 个，开发效率提高 40%，注册用户数平均超过 50 万，平台积累数据量平均超过 1 000TB。工信部公示了 2022 年新增跨行业跨领域工业互联网平台清单，2023 年又有 14 家企业在全国 600 多家工业互联网平台中脱颖而出。

(4)“根云”平台 3.0。平台的创新大幅提升产品后市场服务能力。而且，新的平台持续涌现创新品牌，美的、联想、中国电子、中联重科等一批行业龙头企业纷纷推出平台产品；树根互联“根云”平台推出 3.0 版本，数据接入效率提高了 5 倍，使平台迭代升级，持续加速。

(5)线上经济。线上经济催生新的就业形态并带来了消费者和企业、人与组织关系的全方位转变。线上经济已完成了对传统批发零售行业的替代，实现了供需的高效对接。2020 年 1—10 月，中国网络零售额为 9.1 万亿元，同比增长 10.9%，线上经济规模在全球排名前列。中国 2010—2019 年网民数量复合增长率约为 10.5%，居于世界第一位，线上经济全球领先。

我国凭借数字化优势、工业规模优势、数据矿藏优势、平台优势，实现制造服务精准化和制造过程数字化。其靶向路径主要依赖于数字技术与传统制造业的深度融合、与线上经济的深度融合，实现消费精准需求与制造有效供给的转型升级。

(三)扩大国际合作的机遇

全球制造业 45%在亚洲，其中 30%在中国。除了制造业份额优势外，通过追求关键核心技术领域的自立自强，中国已实现在“一般用途技术”(GPT 技术)上的“领跑”，短期内在全球供应链中的工业主导权不可撼动。

全球产业链重构带来更多国际合作机会。在全球产业链重构发展趋势下，我国发展较为成熟的这一部分产业链转移对于总体产业链发展具有一定的积极作用。一方面，向其他国家或地区转移的产业链、供应链，大多是国内现有的成熟产业体系。因为只有基于先进技术的成熟产业体系，并且在全球产业链分工格局上形成了较强的国际竞争力，才能谈得上所谓的对中国产业链、供应链的依赖。成熟技术的成熟产业体系当然也包括已经失去比较优势的部分产业和产品生产环节。而这一部分产业链、供应链向其他地区的转移，为国内产业链、供应链的转型升级腾出资源和空间，让我国发展其他未成熟的产业体系。另一方面，向外转移意味着我国将与产业转移的国家或地区间的联系更为紧密，在产业链层面与其他国家或地区的关联度会进一步提升，意味着中国与其他国家或地区开放合作范围的拓展，带来了更多的国际合作机会。

如果说过去几十年中国经济增长是在开放条件下取得的，那么未来中国经济高质量发展仍然需要在更加开放的条件下实现，无论是国际合作扩大还是产业关联度提升，实际上都是扩大开放的表现，更加有助于我们在全球范围内整合和利用资源，尤其是利用高端和先进的生产要素，从而有助于产业链的升级。

(四)重新进行产业布局的机遇

未来决定一个国家经济版图和竞争力的仍然是制造业。全球产业链、价值链的重构，为我国带来了产业链重新布局的机遇。从布局的范围来看，从国内到国际，提升了中国产业链、价值链的国际化水平，同时也创造了新的产业发展空间；从布局的角色定位和势能的转变来看，在全球价值链的前一轮深度演进过程中，中国以“被整合者”的身份和角色嵌入其中，与发达国家之间的分工主要是一种互补关系，竞争关系不明显。从被动到主动，提高了国际化的自主性、可控性。中国产业链、价值链布局面临三个方向调整的巨大机遇：外移、内迁、区域重组。

1. 外移节点

伴随国际的产业集聚与转移，中国初级要素的低成本优势逐步丧失，需要通过产业转移和集聚培育竞争新优势。随着低端产业的国际转移，释放出产业空间，在产业转移到东南亚国家的过程中，我国按照逆向创新的逻辑，在珠三角、长三角等产业发达地区，以产业体系、产业配套的在位优势，进行中高端产业的集聚，在集聚过程中从过去被国际分工提升到主动构建完整的产业链，引领全球产业链、供应链调整；在引领的过程中抢占全球产业链、价值链中更有利的位置，完成从产业集聚到产业链集聚的跨越；在现有产业基础上进一步实现升级，从而打造更加完整的产业链分工体系。

“亚洲替代供应链”背景下的产业外移，尤其是对中低端的生产环节来说，转移到东南亚正好顺应我国的产业升级换代需求，有助于形成以中国为关键节点的国际分工网络，扩大中国产业链的国际影响力。借此机遇，发挥中国的市场和技术优势，推动国际区域产业链整合，将有助于更好地推动区域经济一体化，使得中国经济更深度地融入国际区域分工网络中。

低端产业链向东南亚国家或地区转移，但是这种转移并不是替代性的，而是合作性的，形成更紧密的地区产业链、供应链体系，以我为主地进行产业链分工合作，过去是以市场换技术，两头在外，现在是以市场换链接，两头在内。只有进行产业链链接，才有可能享受到中国市场红利，以成品市场换取和链接东南亚国家的组装、加工生产。通过中间品的出口，各个生产环节外移，在这个外移的过程中，实现中国产业链向东南亚国家的延伸，构筑以我为主的“三链”的全链条，由此，通过跨境整合要素资源禀赋，形成中国产业链全链条的比较优势。从断链到组链，我国在产业断层和撕裂的风险挑战中腾挪出产业空间进行自主创新，推动产业链的升级，从而捕获重构产业链全链条的难得机遇。

以越南为例，中国向越南的直接投资和产业转移并不是替代性的，而是合作性的，形成更紧密的地区供应链体系。中国已经成为全球价值链的重要节点，越南则成为次级节点，从而使得中越在国际分工上的关系更为紧密，中国对欧美国家的部分顺差转变成中国对越南以及越南对欧美的顺差。中国国际收支失衡过于集中的压力得以减轻。

2. 内迁布局

中国产业门类齐全，但不同区域发展又呈现明显的不平衡和不协调现象。正是区域间发展处于不同阶段所具有的差异性，从而为构建更加完整的产业链、供应链生态系统提供了历史性战略机遇。

最新统计显示，西部人均 GDP 只相当于东部地区的 38%、中部地区的

45%、东北地区的71%。在全球产业链、价值链重构的机遇下,我国因势利导地发挥中西部地区的比较优势,推动产业链跨区域协同发展和协同创新,促进产业资源和生产要素自由有序地在区域内流动,与国际(东南亚国家)产业转移相比,创造出向国内产业转移的比较优势,形成广泛的知识溢出效应、技术溢出效应、协同创新效应优势,提高产业链的完整性和自主可控能力。

2022年1月,工信部、国家发改委等十部门联合发布《关于促进制造业有序转移的指导意见》(以下简称《意见》),以促进形成区域合理分工、联动发展的制造业发展格局。《意见》明确建议:

西部地区——建设国家重要的能源化工、资源精深加工、新材料、轻工产品等劳动密集型产业、绿色食品基地,以及区域性高技术产业和先进制造业基地;东北地区——加快高端装备、航空等传统优势产业改造升级;中部地区——着力打造能源原材料基地、现代装备制造及高技术产业基地;东部地区——强化关键核心技术创新,提升创新策源能力和全球资源配置能力,加快培育世界先进制造业集群。

2022年4月,《中共中央 国务院关于加快建设全国统一大市场的意见》发布,其中“充分发挥各地区的比较优势,因地制宜地为各类市场主体投资兴业营造良好的生态被列入主要目标”。然而值得一提的是,从过往的产业转移历程来看,国内区域间产业梯度转移往往与产业对外转移之间存在竞争关系,而且供应链配套更加完备的发展中经济体往往比中西部省份更能成为东部地区企业产业转移的优先目的地。

近年来,国际经济环境持续动荡,外部需求增长趋缓甚至陷入萎缩,民粹主义和贸易保护主义有所抬头,科技和贸易争端不断涌现。与此同时,我国经济增长对对外贸易的依赖程度不断降低,内需对促进经济增长的作用越发凸显。新发展格局为国内产业布局优化注入新动力。国内区域间产业梯度转移或将提速。不同于既往的区域发展战略,新发展格局强调全国一盘棋,在供给端统筹挖掘各地区在新发展阶段的新比较优势,通过区域协同发展形成国内生产体系的合力;在需求端依托全国统一大市场建设,打破地方保护和地区间过度竞争,畅通生产环节和消费环节的要素流动。因此,在新发展格局背景下,如何平衡国内区域间产业梯度转移和我国向亚洲新兴经济体的对外产业转移,成为另一个值得关注的问题。智能化、数字技术和高新科技为产业转移提供了新动能，高新技术行业将出现逆技术梯度的集聚态势，传统产业的转移将伴随着生产模式的智能化转变。

产业空间演化将进一步呈现分工深化和产业集聚的趋向。这一点无论是从全球范围看，还是从一国或地区内部看，都是如此。国内各区域之间进行产业空间布局，为国内产业梯度转移创造更加适宜的条件和环境，突破国际产业转移所遇到的不同政治环境、制度环境的差异。从这一意义上说，推动形成国内不同区域间的有效分工协作关系、合理布局产业链，不仅是促进区域协调发展的重要途径，而且是打造产业链、供应链整体竞争优势的重要途径。通过加快国内区域协调发展，打造良好的产业生态系统，能够为产业链、供应链升级构筑更加坚实的基础。

以国内产业从东部向中西部梯度转移为契机，进行国内产业链的重新布局。“新”就是按照产业链发展的规律，进行新的产业集群。这一次全球产业重构不是简单的搬迁，而是根据先进生产力发展的需要以及各地区所形成的基础设施、营商环境等生产关系要素，进行结构性的配置，并基于此，创新出产业链集群垂直整合的产业结构。

中国在制造业产业链集群上的优势是无可替代的。利用这次产业链集群的结构性重构，在制度安排、投资环境等方面提升中西部地区产业承接地的聚集度，不仅承接中国东部的产业转移，而且承接来自全球结构性调整中的产业转移。在中西部边境省份可以积极与越南、缅甸开展劳务合作。越南、缅甸劳动力成本低，年轻劳动力资源充裕，可在中国广西、云南等边境省份布局中低端劳动密集型产业，尝试“中国产业链＋越南劳动力”的经济一体化模式，通过引入境外劳动力要素，把产业链留在国内，在巩固国内产业链的同时完成国内的产业链的新布局。

3. 区域重组

国际产业转移对我国产业结构的调整和优化起到了积极的推动作用。健全产业链布局、拥有产业链集群是我国制造业发展的独特优势。当下的全球产业发展格局，要健全产业链，抓住关键问题，补齐短板，凸显劳动力成本、供应链成本、营商环境等优势，注重在新兴产业、高科技产业中吸引更多全球优秀企业加入我们的产业链集群，充分利用产业链、价值链重构中的区域化发展机遇，通过区域重组，构筑全产业链。

亚洲产业链中区域内贸易的重要性也在不断提升。根据《2019 年全球价值链发展报告》：2000—2017 年，区域内贸易在亚洲产业链中的占比从 40.3%升至 46%，其中大部分来自东亚地区。在前向和后向简单产业链活动中，亚洲区域内贸易比重分别提高 3.5 和 7.4 个百分点；在前向和后向复杂产业链活动中，亚洲区域内贸易比重分别提高 5.4 和 6.6 个百分点。导致这一变化的一个重要因素是大量中低收入的亚洲经济体融入亚洲生产网络中。未来，在“一带一路”和区域全面经济伙伴关系等合作倡议和协定的带动下，亚洲区域经济一体化程度有望进一步提高。

在区域产业链重组方面，疫情冲击欧美期间，欧洲的 20 多条汽车生产线一度停产，包括上下游的汽车产业链也不同程度停产。高度集成的汽车产业链是全球化生产的典型代表。欧洲的汽车产业链停顿，对韩国、日本、中国的冲击是非对称的，对中国的冲击是供给冲击；对韩国、日本的冲击是需求冲击。日、韩供给与中国进口需求具备对接的可能性。尤其从二级、三级等次级供应商来看，日本、韩国的汽车供应链可能与中国的汽车供应链形成有效匹配。供给和需求两端对接，就创造了东亚产业链合作空间，为区域重组创造了机遇。

历史地观察，欧洲的货币金融合作、欧盟、欧元区，包括欧洲的银行业监管联盟，这些上层建筑都是有产业合作基础的。大约 1956 年，欧洲的煤钢共同体就是从一个产业开始做的，之后才有欧共体、欧盟等合作。东亚国家从 1998 年东南亚金融危机以后缺少产业之间的密切合作。汽车产业作为高度集成的产业。尤其在新技术、新能源革命的背景下，传统汽车产业与人工智能、绿色能源紧密相连，中国、日本、韩国等东亚国家在新兴汽车产业中各自都具有一定的优势和巨大的合作空间。

中国在人工智能、无人驾驶领域较为领先，产业配套网络齐全，市场规模巨大，有望成为东亚区域汽车产业链合作的枢纽。但是我们也要看到，东亚地区的经济一体化合作在相当大程度上受制于地区内的政治关系，东亚地区的产业链合作在该领域也面临一定的挑战。但发展是恒久的，冲突只能是阶段性的。通过产业的区域重组，以合作共赢对冲政治紧张，区域重组将成为全产业链所有合作方的机遇。

(五)启动国内经济循环和统一大市场的机遇

2023 年以来,越来越多的数据表明,中国经济正在强劲复苏,老百姓的消费力也开始被重新唤醒,中国巨大的市场就是避免所谓的“企业回流”。很显然,这些企业把公司设在美国,却面临着无法把商品卖到中国的问题。但如果把公司和工厂都设在中国,就可以充分地享受到中国统一大市场的红利。

把握企业回流的机遇,这个回流不是外企从中国回流,而是在新一轮改革开放环境下通过制度创新、科技创新、投资环境改善,重新吸引外商投资和企业进入中国,改变保护主义制造业回流的方向,将有效排除地缘政治和保护主义因素,按照经济发展规律,形成由中国推动和带领的,以效率优先、市场优先的原则,促进全球产业的正向流动。

针对制造业回流的挑战,启动国内经济循环和统一大市场,对外吸引,对内容纳,鼓励出口型企业转内销。

在我国的出口数据中,美国是中国最大的贸易出口国,欧洲国家和东南亚紧随其后。美国经济在疫情之后陷入衰退期,经济复苏缓慢,国内矛盾不断。截至 2020 年,美国的国债总额已经超过 23 万亿美元,这给美国经济的稳定性带来了巨大的压力,降低了美国对中国产品的进口需求和购买力。2022 年,中国对美国出口仍为 5 818 亿美元,但 2023 年 1—8 月,仅为 3 265 亿美元,同比下降 17.4%。

全球化逆转,短期内给我国经济带来冲击不可避免,一方面,由于跨国资本向母国回归,造成短期内资本跨境流动的风险会有所加大;另一方面,随着发达经济体产业链向本国国内市场的收缩,新兴市场经济放缓的风险有所增大。传统上全球性外部市场需求将转向区域内或由该国国内市场消化。2021 年,欧盟、美国和日本三个市场占我国当年出口总量约 38%,如果未来十年对这些市场的出口减半,则我国产出的 20%将不得不转由国内市场消化。

外贸低迷不是短期的,针对这个长周期订单低迷的状态,加快启动国内经济循环和统一大市场,双向驱动内销:一方面,通过技术创新、产品创新,外贸企业进行产业、产品的转型和升级,驱动出口型企业把自己的产品,根据国内市场的需要进行改造升级，扩大内销的份额；另一方面，加大出口退税政策的扶持力度，助力出口型企业在困境中涅槃再生，在扩大内销的同时利用“一带一路”的平台，继续开拓沿线国家或地区的外贸市场。

第四节 “三链”重构为民营企业展开了宏大的发展场景

随着冷战后美国单一世界霸权向大国博弈的多极世界格局的演变等，全球化的世界格局“破”已天成，在国际风云的“乱”、世界格局的“破”、国际规则的“变”之中促发了全球产业链的重构。世界的“乱局”“破局”“变局”为中国民营企业“三链”重构展开了宏大的发展场景。

一、得天独厚的土壤

中国以独立于世界民族之林的大国地位入世，在 WTO 多个成员方中享有多边的永久的最惠国待遇和国民待遇。因此，对于处于具有比较优势产业中的民营企业，加入世贸组织，无疑为民营企业的发展创造国际和国内两个更加广阔的发展空间。

中国在改革开放四十多年中已经为民营企业“三链”重构积累和创造了六大优势：举国体制的制度优势、巨大的产业规模和完整的配套优势、超大规模的统一市场优势、基础设施优势、遍布全球 190 多个国家或地区的贸易优势、科技创新和新兴战略产业优势。中国本土成为民营企业再次走向世界、成长壮大的土壤，而这方热土——得天独厚。

二、千锤百炼的成长历程

民营企业在发展过程中经历了凤凰涅槃的生死磨炼，在计划经济体制的夹缝中成长起来，面对国企垄断和体制变化中的种种制衡，在一次次突破“禁区”的改革创举中，在自发性的探索中拓展了发展空间，在党和国家对民营企业的“政治认同”和“两个毫不动摇”政策的支持下成长壮大起来。民营企业在新中国成立初期“共同纲领”前后的“生与死”、在改革开放中发展与壮大的命运，造就了民营企业坚忍、韧性、竞争、有活力的特性。

在拓展国际发展空间、进行“三链”的重构中，面对激烈、复杂的国际环境，民营企业已经练就了进入国际市场的强大的开拓能力。民营企业是在市场环境下发展起来，面对国际上更成熟的市场环境，更凸显出其对国际环境的适应性。有些西方国家的投资环境，由于受政治因素、安全因素考虑，对国家控制的企业的投资态度谨慎甚至排斥，更偏向于接受所有制相同的民营企业。

三、“走出去”的风雨历练

中国民营企业已经不是改革当初刚刚打开世界窗口，面对纷繁复杂的世界，一片懵懂，而是经历了“走出去”的风雨历练。北京大学中国经济研究中心徐滇庆教授认为：“民营企业是资本输出的主力军。”

进入 21 世纪以来，中国民营经济进入了超常规发展的历史时期。民营经济开始翻开向尖端技术进军的新的一页。目前，民营企业拥有全国 66%的专利、74%的技术创新以及 82%的新产品开发。以“德力西”“正泰”“飞策”等生产的温州电器产品，已创造了连助“神五”“神六”“神七”飞天的辉煌业绩。民营企业入主上市公司，成为第一大股东的范例日渐增多，引起市场人士的普遍关注。一大批民营企业开始到海外资本市场“借壳上市”。

抓住国际机遇走出国门，去境外投资已经成为越来越多的民营企业的共识。杭州萧山的中国万向集团先后在 7 个国家创办了 18 家企业，并购美国舍勒公司，抢占技术优势，成功地在美国纳斯达克“买壳上市”，使其产品一夜之间融入美国市场。“华立”在泰国罗勇建工业园区；“康奈”将工厂“搬”到俄罗斯乌苏里斯克；新洲集团把目光瞄准了俄罗斯的森林和石油资源……

中国民营企业在过去“走出去”的历程中经过了开拓国际市场的历练，经历了产业从国内向国外延伸、转移的历练，经历了国际资本市场的历练，经历了投资并购的历练，经历了俘获资源、再造比较优势的历练……

在华为、比亚迪、海尔融入全球化和利用境内外两个市场、两种资源的过程中，中国民营企业也一步步地从“作坊时代”向“跨国时代”蝶变，在“三链”的重构中以跨国公司、跨国投资、跨国产业集群进行重新定义。

在曾经把中国视为“价值洼地”的欧洲许多地方，转而成为中国企业家眼中的“价值洼地”。中国企业越来越旺盛的海外投资冲动和欧洲的资金饥渴一拍即合。

英国《金融时报》在一篇文章中强调，在新的全球化经济中，中国企业将不再只是“追随者”和“融入者”，而将越来越多地成为“引领者”。越来越多投资欧洲的中国企业将从“用市场换技术”的被动合作者转变为引导企业发展方向的“领路人”。

第五节 “三链”重构的基础

改革开放四十多年，民营企业完成了自身的发展壮大，并在中国经济发展中形成了结构性存在，为中国发展、中国速度、中国特色做出了贡献。

未来，重构“三链”，世界为民营企业展开了宏大的发展场景，利用中国优势的支点，翻开民营企业发展的新篇章，在逆全球化的趋势中通过民营企业在世界范围内的“三链”重构，成为继续推动全球化的中国力量。

将中国改革开放中形成的六大优势，转化成民营企业走向国际、进行“三链”重构的重要支撑点。

一、超大规模的市场支撑点

根据美国人口普查局数据，2019 年，美国社会消费品零售总额为 62 375.57 亿美元，而中国为 411 649 亿元，按汇率折算为 59 672.25 亿美元，相当于美国的 95.67%，成为世界第二大消费市场。如果加上占全球 30%以上的基础设施投资需求，中国则拥有全世界最大的内需市场。如此庞大的内需市场，对全球企业家和投资者都具有吸引力。

中国已经成为全球第二大经济体，并且有着庞大的中等收入群体，因此已经具有在位的市场规模优势。“规模经济”具有“引力场”效应。从需求的角度看，超大规模市场意味着超大规模的本国消费和超大规模的进口贸易量；从生产角度看，超大规模市场意味着市场分工可以更加深化，有利于全产业链各环节之间甚至各工序之间都可以通过分工和专业化形成相互嵌套、相互共生的产业链集群。

全球化对于产业链的一个重要纵向含义，即通过扩大市场规模促进分工协作,同时分工深化也会推动市场规模进一步扩大,形成两者相互促进的正向循环。促进产业的正向流动,就是针对美国等西方发达国家的“产业回流”的趋势,吸引全球中高端产业,根据中国全产业链新的比较优势和不可替代的市场优势,构成双优势驱动,吸引中高端产业正向流动,促进产业链升级。

在全球价值链分工条件下,不同生产环节和阶段在不同国家或地区的区位布局,不仅取决于要素禀赋情况,而且取决于当地的市场规模。市场规模越大,越有利于吸引更加高端的、高附加值的产业转移。无论是基于传统的母市场理论,还是基于全球价值链分工条件下特有的作用机制,发挥市场规模优势都可以通过吸引和集聚高端要素,促进产业链、供应链升级,这也是新发展阶段中国所具备的新型比较优势,让中国的市场真正变为世界的市场、共享的市场,吸引更多跨国公司来华投资,与国内企业融合发展。

发挥本土市场规模优势,不仅可以通过充分发挥规模经济效应,而且在全球价值链分工条件下还能够诱发“逆向创新”效应。所谓逆向创新,主要是指伴随发展中国家本土市场规模扩大,跨国公司的生产经营活动在目标市场的定位上将会更加注重本土市场,从而基于本土市场创新并辐射全球。与以往基于发达国家市场需求的创新并辐射全球完全相反的战略模式,因此被学术界称为“逆向创新”。

二、完整工业体系的支撑点

一个国家的工业能力决定国家的地位和命运。新中国最伟大的成就是让国家工业化,掌握了现代制造业,从而让中国可以自信地立于现代民族之林。美国自 1894 年成为世界第一工业强国以后,曾面临五个“老二”:英国、德国、苏联、日本和欧盟,这五个国家的制造业和发电量都没有赶上美国,但中国是唯一的例外。

中国是全球产业链条最长的国家,产业体系完备,产业组织能力和供应链韧性强,在全球产业分工体系和供应链体系中占据着重要地位。制造业增加值占全世界的份额超过 30%,已经连续 13 年位居世界第一。增加值达到 31.31 万亿元,已经超过美国、日本、德国的总和,是名副其实的世界第一制造业大国,具有不可比拟的体量优势和产业门类齐全的配套优势。中国要利用已经取得的在位规模优势，提高其产业链的完整性和自主可控能力，在“三链”重构中以中国完整的工业体系、完整的产业配套为支点，分类构建国家、区域和全球多圈层的产业链格局。

2023 年，中国进出口总值达 5.94 万亿美元，连续 7 年保持全球货物贸易第一大国地位。完整的产业体系和配套能力，不仅使得中国经济具有很强的韧性，也使得个别国家难以通过“拉小团伙”建封闭的供应链、“去中国化”。

中国制造业覆盖了当今世界上的绝大部分产品。庞大的“规模经济”具有成本摊薄效应。进入中国市场的制造业，能够大幅摊薄研发成本、固定资产投资成本、采购成本、人力成本、物流成本、市场开拓成本。一旦达到了充分的规模，就可以把价格压低 30%—40%，从而形成产业发展的核心竞争力，这是中国在全球产业链中占有独特地位的原因。

特斯拉不仅是产业链创新者，而且是产业链整合者，但它依然依赖于中国。2014—2020 年，特斯拉受限于美国工厂的电池和产线改造速度，持续出现交付危机，此后马斯克 7 次访华，推动上海工厂落地与供应链国产化。2019 年 1 月，上海工厂动工；同年 12 月，上海工厂超预期建成，并开始交付国产 Model 3；2021 年初，Model Y 实现国产化，Model 3 与 Model Y 爆款车型同时也带动中国新能源汽车产业迅速爆发。

中国汽车产业链的高效率、“中国制造”的速度优势与“中国制造”的成本优势得到了充分体现，中国已成为特斯拉最大的制造基地、最大的单一销售市场。特斯拉就是利用中国产业链配套和产业集群的支点、超大规模市场的支点，完成“从 1 到 10”的规模扩张。

三、新兴战略产业的科技高地

以中国新能源、高铁、通信等产业的科技创新优势和产业优势在世界范围内形成了科技创新产业高地，作为“三链”重构的第三支点。

中国的产业结构不仅全面，而且经过几十年持续不断的产业技术创新和产业链升级，众多产业已经实现了国产技术对发达国家技术的赶超。比如家电、挖掘机、高铁、光伏、电动车等产业，国产技术发展较快，产业链不断延伸拓展，自主创新和自主品牌不断发展。国产产品在较大程度上实现对进口产品的替代。需要指出的是，这种大面积成功的国产替代，并非世界范围内的典型情况。第二次世界大战以后，不少发展中国家的国产替代战略以失败告终。

中国要围绕战略性新兴产业，通过更高水平的开放，实施“补链”“扩链”“强链”行动计划，实现更高层次的水平分工、垂直整合，打造空间上高度集聚、上下游紧密协同、供应链集约高效、规模达万亿元级的战略性新兴产业链集群。

（1）以新兴战略产业为支点，促进提高国家经济的规模和竞争力。例如，以信息技术为支点，推动经济数字化、智能化，提高信息化水平；而生物医药产业可以提高人们的健康水平和生活质量；等等。战略性新兴产业颠覆性的技术和革命性的产品，使得战略性新兴产业的发展不仅推动着成熟产业向高端转型，而且可以推动新的产业模式、商业模式的形成，成为中国产业升级的重要引擎，促进产业结构优化和转型发展。

（2）以新兴战略产业为支点，与其他产业进行协同发展和融合，推动传统产业向全产业链数字化、智能化转型。特别在一些交叉性领域，如生物技术与信息技术、信息技术与新能源等，衍生出新的产业形态。这些交叉产业链的形成对提高国家的经济实力和竞争力具有重要的贡献。

（3）以新兴战略产业为支点，形成新的产业生态，促发产业链、价值链向更高阶的生态位提升。共享经济和智能制造等新型产业模式的崛起，对传统产业进行了革命式的改造，不仅节约了资源，而且带来了新的商业模式、管理方式和社会效益。

四、对外直接投资的优势

根据商务部2022年度中国对外直接投资统计公报显示，2022年，中国对外直接投资净额为1 631.2亿美元，比2001年下降8.8%。其中，新增股权投资611.3亿美元，占37.5%；当期收益再投资为803.8亿美元，占49.3%；新增债务工具投资216.1亿美元，占13.2%。

截至2022年底，中国2.9万家境内投资者在国（境）外共设立对外直接投资企业4.66万家，分布在全球190个国家或地区，年末境外企业资产总额为8.4万亿美元。对外直接投资累计净额为27 548.1亿美元，其中，股权投资为14 845.6亿美元，占53.9%；收益再投资为9 626.4亿美元，占34.9%；债务工具投资为 3 076.1 亿美元，占 11.2%。其中大部分是民营企业。

走出去主体由“国家队”主导逐步转向“民企团”领军。民营经济是与改革开放和市场经济相伴而生的。民营企业产权明晰、机制灵活，是在计划经济环境、国企垄断的夹缝中成长起来的。这使它们在面对他国成熟的市场经济环境时更游刃有余。

第六节　重构“三链”中的角色淬炼

党中央高度重视产业链现代化发展，强调要全面提升产业基础高级化和产业链现代化水平，增强产业链、供应链的竞争力和安全性。企业是构建产业链的主体力量，因此，在“三链”重构的过程中，要按照各类企业在产业链中的作用和功能，进行角色的定位和淬炼。

一、培育壮大“链主”企业

产业链现代化是中国式现代化建设的重要组成部分，是我国在世界百年未有之大变局中掌握经济发展主动权和实现第二个百年奋斗目标的重要支撑。我国拥有独立、完整的工业体系和完备的产业链，能够为我国产业链的安全、稳定提供坚实的物质基础。但是，我国产业链大而不强、宽而不深，对战略性新兴产业和出口型产业链的控制能力不足，特别是关键技术自给率依然偏低，部分领域核心材料与设备仍过度依赖进口，缺乏具有主导行业生态和资源整合的本土“链主”企业。美国等西方国家实行技术封锁和科技脱钩导致我国关键领域出现“卡脖子”问题，致使我国企业处于西方大型跨国公司布设的“规锁”之中。

面对“大而”不强、国际“规锁”陷阱、国内外形势的深刻变化，我国应根植于强劲的内生发展动能，充分发挥政府力量与市场力量，加快产业链自主可控，加强科技自立自强，实现从“跟跑到领跑”的角色转变，积极探索本土“链主”企业引领产业链现代化发展的有效路径，瞄准产业链的薄弱环节和具备发展潜力的新兴领域，通过精准引导、靶向扶持，培育一批具有固链、补链、延链、强链能力的“链主”企业。

我国应鼓励民营企业对标“链主”企业做大做强。民营企业是社会主义市场经济的重要组成部分，是提升产业链稳定性和竞争力的重要力量。当前，中国民营企业数量占全国企业总数量的90%以上，大型民营企业更是我国直接参与全球产业竞争的主力军。我国应推动民营企业向“链主”型企业发展，重点扶持具有一定发展规模的民营企业成为产业链“链主”。健全“链主”企业的识别、选拔、培育、认定、评估机制，不仅要从规模实力、创新能力、辐射带动力、发展潜力等多个维度进行综合评估，而且应针对不同细分行业分类制定“链主”企业遴选标准，以进一步加强对准“链主”型民营企业的精准挖掘和有序储备。

我国应厚植民营经济发展沃土，鼓励民营企业对标“链主”企业做大做强；培育本土“链主”企业、引领现代化产业链发展；瞄准产业链的薄弱环节和具备发展潜力的新兴领域，通过精准引导、靶向扶持，培育一批具有固链、补链、延链、强链能力的“链主”企业，以“链主”撬动作用推动产业“建圈强链”。

我国应在“三链”重构中通盘整合和优化。“链主”企业通过整合上下游资源，在全产业链的构筑中找准关键环节突破，“研发＋应用＋产业创新”体系“一盘棋”；坚持数字化、绿色化、智能化的发展方向，积极嵌入全球价值链，以高附加值产品向价值链中高端攀升，坚持提高产业链的整体“硬实力”。

“链主”企业承担着产业链的组织者和价值分配者的角色，是引领我国产业链实现循环畅通的“架构者”。我国应充分发挥“链主”企业敏锐的市场嗅觉、强大的市场号召力以及产业链资源整合能力，深化产业链分工合作，促进产业链协同有序发展，提升产业链的现代化水平。

我国应发挥“链主”企业的配套组织能力，引领产业链发展方向，带动上下游企业共同发展，注重中小企业在供应链体系中的配套作用，推动形成以“链主”企业为主导、中小企业相配套的全球价值链体系，并强化国内国际供应链、产业链、创新链的关联互动。

我国应发挥“链主”的控制力。“链主”企业掌握着产业链关键环节的控制权，避免出现产业链外迁导致的产业“空心化”风险。“链主”企业可以依托敏锐的市场嗅觉以及产业链资源的整合能力，深化产业链分工合作，促进产业链协同有序发展，构建价值链治理结构。打通多边投资贸易通道，要从民营企业自身和国家引导服务两个方面推进：

(一)厚植土壤,重点扶持“链主”

“链主”企业是产业链群的“超级节点”和“关键变量”。政府应为“链主”企业厚植发展土壤,立足构建新发展格局,发挥好统筹协调功能,围绕“链主”企业的实际需求,在要素保障、市场需求、政策帮扶等领域精准发力。

1. 创新支持

企业的创新经验表明,通过不断开放创新资源和生态,能够更快构建创新生态,支持“链主”企业组建跨区域创新联合体,从国家层面开放创新资源,实施协同创新项目,联合高校科研院所,共建重点实验室和中试基地,优化成果转化的路径;带动上下游企业融入新技术、新能源的转型、升级;竞逐新赛道,积极抢占新技术、新业态、新模式发展的制高点。

2. 制度支持

深化“放、管、服”改革,纠正微观经济主体面临的激励机制扭曲,进一步落实惠企政策,建立全方位、立体化的服务机制,从制度建设的角度加大对“链主”企业的扶持力度。

3. 权益保护

我国应完善“链主”企业权益的维护机制,加强对技术创新成果和知识产权的保护,打造市场化、法治化、国际化的营商环境。

4. 梯次培育

我国应健全“链主”企业的识别、认定、培育、评估机制,分类制定“链主”企业遴选标准,加快形成民营企业培育库,详细梳理其运营模式和组织流程,进行精准“链主画像”,加强对准“链主”型民营企业的精准挖掘和有序储备,完善全方位、立体化的企业服务长效机制,通过对“链主”型民营企业的精准挖掘、有序储备、精准服务,完成对“链主”企业的梯次培育。

5. 拓展国际渠道

我国应支持“链主”企业积极参与跨区域、跨境产业链、供应链建设,建立跨区域的开放供应体系,引导“链主”企业在研发设计、行业标准、品牌建设等方面取得突破,助推企业对“一带一路”共建国家与 RCEP 框架区域内的国家输出其品牌与标准,提升自身的竞争能力与盈利能力,带动相关产业链群价值链攀升。

(二)“链主”企业的自我淬炼

在“三链”重构中，我国要发挥“链主”企业的引领力、组织力、控制力，首先是“链主”企业自我的淬炼。在自我淬炼过程中，我国要抓住数字化、绿色化、区域化的发展机遇，提级进阶。

“链主”在全产业链的集成中要发挥产业链的组织者作用，首先需有产业链集成设计能力，从而保持实现产业链上下游企业更加灵活的联结关系，保证实现各种要素的有序衔接，推动形成更强的抵御风险能力与恢复能力，建立产业链分工合作、利益共享的一体化组织新模式，协调各类创新主体展开关键核心技术攻关，实现关键材料、技术和装备的自主供给，摆脱关键零部件、基础材料和重要元器件的对外依赖，补齐产业链“卡脖子”短板及薄弱环节。

在产业链协作创新中，“链主”要培养自己“长臂创新”的本领，通过横向带动更多环节参与创新活动，主要包含两方面的内容：一是产业链内部，以“链主”企业自主创新为基础的“长臂创新”、带动全产业链原始创新、集成创新与开放创新的全面提升。二是外部整合，由“链主”企业牵头或参与，与科研机构、大学等外部科技资源组建高水平的研发机构和联合创新主体，强化在关键共性技术、前沿引领技术、颠覆性技术创新等方面的责任担当，将“卡脖子”产业目录作为引领科研攻关的方向。

“链主”企业要率先实现数字化、绿色化转型。实现数字世界和物理世界的融合，最显著的改变是减少甚至消灭了中间环节，重构商业链条，并向价值创造环节渗透，特别是向产品研发和制造服务化等领域渗透，包括技术的渗透和研发与服务模式的改变；牢牢把握数字经济发展与新能源革命的窗口期，拓展数字化应用场景，打造智能制造；加快智能车间、智能工厂建设。同时，“链主”企业还要率先建立碳足迹追踪分析系统，推动全生命周期绿色化产业链建设。

中国经济已经步入高质量发展阶段，外部环境发生了一定的变化，中国民营企业已达到一定的当量。综观全球资本市场，行业的“链主型”企业要实现跨越式增长，基本上都会采用并购手段。从美凯龙控股股东拟变更为建发股份，到万华化学整合六国化工与安纳达，以及美的系入主顾家家居，背后均有“链主型”企业产业整合的动机与特征。在“三链”重构中，“链主型”高质量的并购整合是未来的大趋势，也是在复杂的国际环境中自我淬炼提升的选择。

二、“卡位入链”的“隐形冠军”

“隐形冠军”企业在全球产业链中占据关键地位，难以被取代。重构“三链”需要在全球产业链上造就一批“隐形冠军”，提倡和培育工匠精神，使各类产品在市场的压力下精益求精，不断革新。未来，细分领域的“隐形冠军”企业多了，不仅可以大大优化内需产业链、供应链，而且可以提升中国制造在全球价值链的位置。

（一）“鬼之艺，匠之气”

“隐形冠军”最早由德国管理学家赫尔曼·西蒙提出，即深耕某一细分领域且具备不俗实力的中小企业，其所提供的产品、服务难以被模仿和超越。西蒙研究发现，近 2/3 的“隐形冠军”是家族企业，创立年限较长，经历了市场的起落而屹立不倒，将“鬼之艺，匠之气”的精神代代传承。西蒙对“隐形冠军”企业的另一个定义是“利基企业”，即拥有行业内的定价权，可以决定本行业平均利润的企业。

“隐形冠军”企业的核心竞争力概括为“四个专”：专用、专业、专注、专家。(1)从产品的角度——强调产品的专用性和不可替代性，深耕细分市场，性价比高，有独创性，难模仿；(2)从市场的角度——是指产品市场占有率或首位度具有较大优势，在所处行业中具有领导地位，有行业标准制定权和定价话语权；(3)从企业的角度——敢于从无到有，潜心若干年做出一个市场，企业的持久性强，传承性好，对多元发展持谨慎态度；(4)从企业家的角度——指该企业的主要负责人是具有工匠精神和科学精神特质的企业家，偏执、苛刻，有足够的战略定力与意志力。

（二）“不争 500 强，但活 500 年”

“隐形冠军”企业是提升制造业国际竞争力的主体。赫尔曼·西蒙研究发现，德国经济和国际贸易的真正基石不是那些声名显赫的大企业，而是那些在各自所在的细分市场默默耕耘，并且成为全球行业领袖的中小企业。这些企业的技术创新遥遥领先于同行，其人均拥有专利数甚至远远超过某些世界 500 强企业。因此，细分行业的“隐形冠军”和“高精尖特”企业一起，构成了一国制造业在国际市场上最核心的竞争力之一。

赫尔曼·西蒙收集了全世界 2 734 家“隐形冠军”企业的数据，其中，德国拥有 1 307 家“隐形冠军”企业，是汇聚最多的“隐形冠军”企业的国家；美国有 366 家；日本有 220 家；中国有 68 家。赫尔曼·西蒙研究发现，全球范围内共有 3 000 多家“隐形冠军”企业，其中绝大部分以从事产业链上游的基础材料、核心部件等研发制造为主，对行业核心技术、关键材料及部件等拥有重要的掌控能力。它们都是世界级领袖，却韬光养晦、不露锋芒、默默无闻。“不争 500 强，但活 500 年”，就是他们韧性、执着、方向的写照。

（三）造就“隐形冠军”的中国优势

“隐形冠军”企业是掌握关键核心技术的主体。在工业化高度发展、各企业分工越来越精细化的时代，关键核心技术往往并不掌握在终端的系统集成商手中，而是掌握在基础材料和核心零部件等环节中。赫尔曼·西蒙研究发现，全球范围内共有 3 000 多家“隐形冠军”企业，其中绝大部分以从事产业链上游的基础材料、核心部件等研发制造为主，对行业核心技术、关键材料及部件等拥有重要的掌控能力。“隐形冠军”企业是提升制造业价值创造能力、提高附加值的主体，站在了各细分行业的价值链顶端，创造了最大价值，带动制造业从低端向上攀升。

赫尔曼·西蒙首次从核心能力、内部能力、外部机会三个层面构建了“隐形冠军”竞争优势模型，并发现拥有远大目标的领导力、高绩效的员工、专注细分市场、贴近客户、全球化导向等是“隐形冠军”获得竞争优势和市场领导地位的关键特质。中国“隐形冠军”企业或者说中国企业在培育“隐形冠军”“高精尖特”企业方面拥有得天独厚的优势。

1. 规模总量优势

虽然从数量上德国的“隐形冠军”远远超过中国，但是由于中国整体经济体量大，发展速度快，我国“隐形冠军”企业的营业额、员工规模高于德国企业。根据西蒙顾和管理咨询公司的研究，中国“隐形冠军”企业的平均年营业额在 13 亿美元左右，而德国“隐形冠军”企业的平均年营业额约为 4.7 亿美元。从员工数量来看，中国“隐形冠军”企业的平均人数约为 8 000 人，德国“隐形冠军”企业的平均人数约为 2 000 人。

2. 发展速度较快

得益于中国经济的中高速增长，我国“隐形冠军”企业充分利用国际、国内“两个市场”，在过去实现了平稳较快发展。特里尔大学中小企业研究中心分析了德国北莱茵—威斯特法伦州的 690 家“隐形冠军”企业，同时间段德国“隐形冠军”企业的营业额增长了 20.8%，年均增长 3.9%，而中国“隐形冠军”企业的营业额增长超过德国。

3. 成长的基数大

中小微企业是诞生“隐形冠军”的摇篮。中国中小微企业体量大，有潜力的企业多。根据工信部的数据，截至 2021 年末，我国中小企业数量已超过 4 400 万家，在全世界来看相当庞大。这些中小企业分布在产业链各个细分领域的各个环节，构成了支撑产业发展不可或缺的“螺丝钉”。如此庞大规模的中小企业为“隐形冠军”企业的培育提供了充足的后备力量。

(四)国家行动

为推动制造强国建设，我国对“隐形冠军”企业的重视程度不断加强，无论是中央政府层面还是各地方政府层面都出台了众多有关资金、人才、土地、税收等方面的优惠政策，以鼓励和支持“隐形冠军”企业发展。

2021 年 7 月 27 日，国家领导人在全国“专精特新”中小企业高峰论坛上强调，“专精特新”的灵魂是创新，企业家要以“专精特新”为方向，聚焦主业，苦练内功，强化创新，把企业打造成为掌握独门绝技的“单打冠军”或者“配套专家”。

2021 年 7 月 30 日，习近平强调，要强化科技创新和产业链、供应链韧性，加强基础研究，推动应用研究，开展补链、强链专项行动，加快解决“卡脖子”难题，发展“专精特新”中小企业。

信息化部在《制造业单项冠军企业培育提升专项行动实施方案》中称，单项冠军与德国赫尔曼·西蒙教授提出的“隐形冠军”概念相类似。“方案”定义了制造业单项冠军企业，就是指长期专注于制造业某些特定细分产品市场，生产技术或工艺国际领先，专用产品市场占有率位居全球前列的企业。

当前我国经济正处于由高速增长阶段向高质量发展阶段转型的关键时期。而"专精特新"企业就是这样一批集专业化、精细化、特色化、新颖化等特征于一身的企业，并在创新能力、市场占有率、关键核心指数以及质量效应方面都属于行业领航企业，也是支撑高质量发展的重要组成部分。

"专精特新"企业分布的领域主要有三个方面：一是与工业强基有关的；二是与中国制造 2025 中规划的十大重点领域相关，所谓十大领域，是指新一代信息技术、高档数控机床和机器人、航空航天装备、海洋工程装备及高技术船舶、先进轨道交通装备、节能与新能源汽车、电力装备、新材料、生物医药及高性能医疗器械、农业机械装备；三是与"卡脖子"技术和产品相关。

自"专精特新"概念 2011 年被提出后，2019 年第一批"专精特新""小巨人"企业名单公布，2021 年被提升至国家战略层面。

(五)T 型成长战略

中国制造业的规模虽然庞大，但并未把握关键的核心价值链，尤其是产业基础短板明显。"关键的核心零部件、关键的基础材料、先进的基础工业、行业的技术基础"被称为"工业四基"。产业链、供应链在"工业四基"领域存在着严重的短板。"隐形冠军"又被称为"利基企业"，培育和造就了中国的"隐形冠军"，推进实施了产业基础再造工程，把原有基于"模仿性创新"的这种产业基础全部打破，再造一个基于高水平、自立自强创新技术而形成的产业。

中国制造"隐形冠军"评选评委、丹麦哥本哈根商学院终身教授李平，对"隐形冠军"的 T 型成长战略，从纵、横两个方面进行了概括：T 型战略由两部分组成，第一部分是纵向深耕单一聚焦领域，以技术原创为核心；第二部分是横向扩展多元化市场应用场景，具有高度开放潜力。这就是聚焦与多元化悖论双方的平衡与整合，即在产业供应链的上游进行聚焦，而在其下游进行市场多元化，让上游聚焦与下游多元化互为杠杆，形成良性循环。

1. 纵向——集聚、深耕

中国工业化起步晚，多数企业成立于改革开放以后。而德国早在 19 世纪中期便进入了电气时代，其工业化历程已超过 150 年，孕育出一大批"百年老店"，这使得中国"隐形冠军"企业与德国企业相比，历史沉淀不足，缺乏一批"百年老店”。集聚、深耕，提高专注度，学习德国的“隐形冠军”企业，专注于一个很小的细分领域做上一百年、两百年，最终能达到对所处领域产品80%乃至90%以上的“垄断”，牢牢占据着全球市场份额。

集聚，就是专注一个领域、扎根一个领域，塑造坚守实业的工业文化，引导企业戒除浮躁和急功近利，形成浓厚的从事基础产业技术研究的能力、环境和氛围，增强发展实业的信心。深耕，就是做实、做深、做精，增强和培育中国企业家的“大国工匠”精神，出台支持“隐形冠军”企业发展的专项政策，提升核心竞争力，设立“隐形冠军”企业上市“直通车”制度，支持金融机构量身定做“隐形冠军贷”系列产品。

2. 横向——多元组链

多元组链要打开全球化的视野，植入全球化基因，利用“三链”重构的历史机遇，进行国际化布局，支持链式企业充分利用“一带一路”、RCEP等多边机制，通过搭建国际交流项目合作和市场开拓平台等，进行全球化布局。

多元组链要实现产业链上下游的融通创新，通过定向采购、服务外包等，提供多元化应用场景等方式，带动上下游企业建链组群，营造产业融通发展生态。

多元组链要联合上下游企业及各类相关服务机构，通过发展产业技术联盟、联合战略投资、并购重组等方式，整合上下游创新资源，推动产业链上的链条企业通过交叉持股、定向委托订单、联合研发等形式，解决链中堵点、断点问题，联合推动科技创新、产品创新、模式创新，创造出新的企业组织形态——链式组织。

三、与中小微企业的“链式集群”

链主企业和“专精特新”企业在“链式集群”中是主导。但从全产业链的角度来看，它们只能算是骨干。只有占绝对多数的中小微企业参与进来，才能形成以产业链布局的企业集群。因此，链式集群既要有强大的“链主”企业，即跨国公司，又要有一批专精特新的中小企业来把守、卡位，更离不开众多的中小微企业“附链成群”。链条上链头和链身缺一不可。

工信部体系有三个序列：一是中小企业局主导的专精特新小巨人序列，二是产业政策法规司和中国工业经济联合会主导的单项冠军序列，三是科技司主导的新兴产业领航企业序列。这三类序列企业，都是培育“隐形冠军”的基础和摇篮。今日的、“产业领航”的企业，就是中国明日的“隐形冠军”。

数据显示，当前，我国已有 11.3 万家专精特入库培育企业；专精特新中小企业超过 9.8 万家、小巨人企业为 4 992 家，国家级专精特新“小巨人”企业(中央财政重点支持的有 727 家)有 1 832 家，单项冠军企业有 596 家。

对中小企业的支持政策已呈现连续性、梯度性。在资金保障上，工信部联合财政部在“十四五”时期通过中小企业发展专项资金，累计安排约 100 亿元奖补资金，分三批重点支持 1 000 余家国家级专精特新“小巨人”企业高质量发展。

(一)卡位入群

我国应引导“专精特新”“单项冠军”和“隐形冠军”企业卡位入链，增强产业链的韧性与活力，实现各种要素的有序衔接，推动形成更强的抵御风险能力与恢复能力。政府还要在重大领域积极引导“链主”企业与优质的“专精特新”“单项冠军”和“隐形冠军”企业之间开展合作，优化产业链上、中、下游企业风险共担、利益共享的协同发展机制，着力提升产业基础能力和产业链韧性。

我国应在单一细分领域深耕，不断积累技术资源与市场资源，在产业链各环节细分领域为链上企业提供优质精良的产品与配套服务的同时，在链式集群的特殊环境中成长为具有全球竞争力的“单项冠军”和“隐形冠军”企业。

(二)附链成群

链主、专精特新“小巨人”“单项冠军”“隐形冠军”等企业，需要庞大的上下游企业配套，发挥中国完整的工业体系优势，按照产业链布局，围绕骨干企业，由同类或关联的中小企业进行链式产业集群。产业集群的大小、强弱，将是未来地区竞争和国家竞争的秘密武器，这就是链式集群的力量。

中小微企业是产业链群的重要组成部分，要坚持链群思维，围绕大型企业，推动中小企业集群成长发育，在实现中小微企业可持续发展的同时增强其对整个产业链群的支撑能力。我国应支持中小微企业“附链成群”，引导中小企业以资本为纽带，采用联合、兼并、重组等方式，依托大企业做大做强，形成以“链主”企业为枢纽的上下游配套产业链。对中小微企业的链治主要体现在两个方面：一是政府层面，二是中小微企业自身。

1. 政府层面的链治

对中小微企业的“精准服务”，除了政治口号外，还要围绕着“人、财、物”进行措施落实。

(1)“人”的精准服务。要完成“精准服务”，一方面需有人，有人就要管理，就要形成组织机构，因此，首先是加强对中小微企业综合服务机构的设立和建设；另一方面，“精准服务”要建立针对中小微企业的服务平台，为重点产业链上的中小微企业的人才培训、管理咨询、市场开拓等提供“精准服务”。

(2)“钱”的精准投放。一是对中小微企业科研的精准投放。针对中小微企业技术创新难点、痛点，创新对中小微企业的技术创新投放的政策、渠道以及具体的实施办法。二是创新为扶持中小微企业的各类政策性补贴，让中小微企业也能享受到举国体制的优越性。三是减税、减费、减负，促进中小微企业实现低成本扩张。四是积极利用整链授信、订单仓单质押贷款等金融工具，加大对重点产业链中小微企业的供应链金融服务。

(3)“物”的精准投放。我国应打破国有企业、大企业的垄断，包括资源垄断、行业垄断和市场垄断，拆除门槛，让中小微企业有机会平等地获取资源，实现资源、市场的“精准投放”。

2. 中小微企业层面的链治

我国应实现治理结构和现代化企业建设的“双提升”，在治理结构方面，逐步完善现代企业制度，强化内部经营管理、产品质量管理、产品科技创新和品牌建设；在现代化企业建设方面，循序渐进地进入绿色环保、现代制造、高新技术等潜在增长领域，进行企业数字化的提升，在完成“专精特新”蜕变的发展过程中最终成长为中国的“隐形冠军”。

四、打造共生、共长的链群生态

我国围绕“链主”型企业，按照产业链的垂直整合，专精特新“小巨人”、单项冠军型企业“卡位入链”，中小微企业“附链成群”，形成一个产业链式集群，增强链群企业的群落共生力，优化产业链上中下游企业风险共担、利益共享的协同发展机制，以此打造一个产业生态。

苹果公司凭借其拥有的专利、商标、版权、品牌、产品设计、软件、数据库等在生产前和生产后组织、管理和经营着全球产业链的标准、供应链的纽带和价值链的枢纽，主导整个苹果产品的"生态圈"，是一个以其知识产权为基础组织全球价值链的特殊商业组织。

当前，中国在部分领域已有此类企业出现，比如华为、比亚迪等。加快提高产业链韧性与产业链治理能力是产业链现代化建设的重要内容，要求产业链上下游企业保持更加灵活的联结关系，实现各种要素的有序衔接，推动形成更强的抵御风险能力与恢复能力。

随着新一轮科技革命和产业变革深入推进，当前区域竞争已经成为产业链和产业生态体系的竞争，要推动产业链集群大中小企业融通发展，以构筑"链式集群"为机遇，用全球化的视角，催化产业链、价值链、供应链的国际重构；在"链主"企业、"专精特新"企业和中小微企业之间开展合作，着眼协同创新、科技赋能协同链治，在链式集群新的产业生态中支撑产业链、供应链、价值链整体提升。

（一）协同创新

我国应强化企业科技创新的主体地位，加强以企业为主导的产、学、研深度融合，面对"卡脖子"的问题，加强关键核心技术攻关和国产替代。从国家的角度，国家科研课题及财政投入，从向上申请到定点下沉、从资金到政策，创造各种条件推动创新要素向企业汇集，加强企业的底层创新；从企业的角度，我国应集合国家、科研机构、高校和链群上下游"专精特新"企业，形成科技创新合力，组建创新平台，构建高水平的产、学、研开放"协同创新体系"。

我国应围绕"链主"企业协同创新，支持打造"上规、上榜、上云、上市"企业集群，加强企业上规、企业上榜、企业上云、企业上市（国家单项冠军、专精特新"小巨人"、高新技术企业等榜单）服务支持。

"协同创新体系"的建立，可以有效地解决"卡脖子"问题。攻克难点、痛点的"卡脖子"问题，变成国家的己任，变成科研机构、高校的己任，变成企业和整个链群的己任。一个"协同"把整个国家、民族集合起来，这是举国体制优势的一个新内容，与一党执政的举国体制最大的不同不是权力驱动的"举国"，而是各协同方的"内生性"，成为举国体制的核心驱动力。

"协同创新体系"的建立，还可以缩短科技转化的阶段和时间，缩短从科技攻关、成果转化到产业化的路径。我国是专利大国，科研成果突出，但是成果转化，尤其是产业化率很低。"协同创新体系"的建立，可以有效地优化研究、成果、产业化的路径。

（二）科技赋能

我国应通过链群企业绿色化、智能化、数字化等转型升级，促进产业链企业协同转型，进行链群的科技负能；支持"链主"企业和其他有实力的"专精特新"企业，建立数字化、智能化转型服务的"资源池"，带动链属企业运用工业互联网新技术、新模式，推进和加快全产业链的"智改数转"，实现协同升级。

我国应支持"链主"企业，投资搭建面向行业的各级、各类工业互联网平台、科技创新平台、行业性公用平台、供应链服务平台、人才交流交往平台等，促进数字经济与实体经济深度融合，在支持建设工业互联网平台上提升平台设备接入、应用开发等支撑能力，同时支持企业数字化、智能化改造，鼓励企业开展数字化车间、智能工厂建设。

（三）协同链治

通过促进形成链式发展的生态环境，建立协同发展机制和治理体制，需要政府、行业协会组织、链主企业等，实现协同链治；支持产业链上的"专精特新""单项冠军"和"隐形冠军"企业发展，增强"链主"企业与"链员"企业之间的互补性、依赖性，促进形成以"链主"企业为核心，以"专精特新""单项冠军"和"隐形冠军"企业为骨干，上下游配套中小链群企业协调发展的链式生态环境；积极引导"链主"企业与"链员"企业通过市场整合、资源共享、供应链共建等方式开展协作，优化产业链上中下游企业风险共担、利益共享的协同发展机制；建立以"链主"企业为核心，"专精特新"和其他中小企业共同参与的产业链治理体系；实现产业链式集群中的链治。

第七节　"三链"重构的措施与建议

改革开放四十多年来，党中央支持民营经济发展的各项政策、法规，扶持和推动了民营企业的发展壮大，使民营企业发展形成了中国经济发展中的结构性存在，在全球大变局中再次做出支持民营企业发展的国家选择，就是要从单向的政策制定到系统的制度安排。

一、科研攻关的“链治”——从向上申请到定点下沉

（一）科技攻关的制度安排和措施落实

我国针对工信部的《工业“四基”发展目录（2016－2020）》，有682项短板亟待攻克项目，为攻克中国制造基础零部件、基础材料、基础工艺、基础技术和基础动力、基础软件等“卡脖子”难题及产业基础能力，以产业基础的高级化，有力支撑产业链现代化，做出科技攻关的制度安排。

2022年11月7日，国家发改委发布《关于进一步完善政策环境加大力度支持民间投资发展的意见》，提出支持民间投资，参与科技创新项目建设，鼓励民间资本积极参与国家产业创新中心、国家技术创新中心、国家能源研发创新平台、国家工程研究中心、国家企业技术中心等创新平台建设，支持民营企业承担国家重大科技战略任务。

（二）从鼓励民营企业向上参与到主动下沉

参照211、985，从专制入手，成立682个专项推进机构，发挥举国体制，协调中科院、各大学等科研机构，各有关部委、财政、银行、金融机构等，围绕682短板、“卡脖子”项目，进行两个确立：一是确立682国家攻关课题，集合国家的科研力量和财政力量；二是戴帽下达，改变过去向上申请、由上到下的审批模式，组织专家、协会及有关部委，直接甄选确立682个承接企业；将培养链主企业和682攻关结合起来；将国家科研力量（专家资源、财政资源）、企业科技队伍和科技攻关投入集合在一起，形成国家力量和企业力量的攻关合力：实现“卡脖子”专项攻关和科研成果转化一体化，产品生产与产业发展一体化，产业发展和产业链重构一体化。这不仅可以大大地缩短科技成果转化的过程，提高转化率，而且可以大大缩短支持民营经济发展的政策法规到具体落实的阶段和时间，将党中央支持民营企业发展的意图和新一轮改革开放的选择落实到产业链重构的具体操作中。

科研组织的创新，就是将社会主义举国体制的优势和民营企业的创新优势融为一体。面对“682卡脖子”的短板，通过国家力量与民营企业力量的融合，将形成无数个与国际接轨的技术创新中心、产业创新中心、工程研究中心、重点实验室等一流创新平台。在科技创新中，国家与企业直接对接，形成了特殊的科研组织形式，创新科研、应用、产业化、产业链重构一体化、全程化的制度安排。

这个平台集聚了基础理论研究、应用研究、产品研究、市场研究、产业组织的各类人才，这种集聚力不仅吸引国内的人才集聚，而且吸引全球人才涌入。各层次科研梯队围绕着“682卡脖子”短板的组合，不仅可以缩短攻关历程，而且还可以引育创新人才，成为人才培养的摇篮。为了从“卡脖子”短板到引领全球创新科技优势的跨越，进行人才储备，这种创新中的创新将成为中国特色社会主义的一个新的“注解”。

二、在“数字天空”画一个“圈”

打造“三链”重构中的超级区(港)：发挥中国自贸试验区(港)的窗口和示范作用，积极推动对外投资与引进外资工作，培育衔接国际国内产业链、供应链的链主企业，推动跨境产业链建设，引导链主企业充分利用国际局势变化的有利机遇，利用好自贸港区平台，进行“三链”重构，形成“三链”重构的中国模式，即政策优化模式、产业集聚模式、产业链模式等。

(一)在政策优化模式上

一是集合和优化国内关于各个“自贸试验区(港)”的各项优惠政策。链主企业已经形成了上下游企业的空间布局。这样一个现状，加之数字化、智能化等新技术的应用，已经没有必要进行物理空间的集聚。将自贸试验区(港)各项优惠政策与“三链”重钩的链主企业进行数字化链接，创造出独特的数字化的区(港)；将全国所有自贸试验区(港)的政策进行优化、整合，使各个链主、链群企业成为区外区、港外港；享受的不是某个区(港)的优惠政策，而是通过优化、整合后所有适用国际化重构的政策；推动链主企业在自贸试验区(港)的平台上用好、用足政策，进行组链、扩链的国际化重构。

二是形成与WTO等国际组织各项国际规则相融相通的政策、规则体系，同时，建立国际环境的中国应用场景。国家主权主导的开放政策与全球治理的统一规则高度地结合，形成“超级区（港）”。这个区（港）不仅是国内的超级区（港），而且形成国际先行先试的“超级国际区（港）”。过去，中国改革开放的总设计师在中国的南海边画了一个圈，造就了改革开放的样板“深圳”，推动中国第一轮的改革开放，短短的几十年使中国成长为世界第二大经济体。而今天这个超级的区（港），就是在共和国的数字天空中画了一个圈，将成就中国第二轮改革的辉煌，实现从大国到强国的“中国梦”。

（二）在产业链式集聚模式上

产业集群不仅是物理空间上的集聚，而且是在“三链”的国际化重构中按照产业链的分工和协作进行组链、集聚，形成链式集聚的模式，也就是说，要完成从产业集聚到链式集聚的转变和提升，以链主企业为核心，以全产业链为目标，结合在中国已经形成的市场、产业体系、投资、新兴产业四大支点，进行国际化、全球化范围的组链；以中小企业的“隐形冠军”、“小巨人”企业卡链、入链；以产业体系的优势，组织集群配套，从而在“三链”重构中形成有中国特色、中国引领、中国为主的“雁阵模式”。

三、“一带一路”上的“链治”

2023 年是共建“一带一路”倡议提出 10 周年。在过去的 10 年间，“一带一路”推动平等互利的国际合作，完善全球治理体系，促建“以合致和”的新型国际关系，已有 150 多个国家或地区、30 多个国际组织加入其中，签署 200 多份共建“一带一路”合作文件，有力地促进了全球互联互通，也为世界经济复苏发展注入重要活力。

“一带一路”上的“链治”，具体就是打通“三链”重构的市场通道，贸易通道，产业重构通道，绿色、数字化赋能通道。通过对这四大通道的“链治”，引导“链主”企业充分利用国际局势变化的有利机遇，掌握“一带一路”沿线国家或地区的法律法规和市场环境，利用有利的贸易环境和更低的贸易成本，提升自身的竞争能力与盈利能力，通过贸易流、资金流、基础设施建设，带动国内产业链条攀升，助推企业对“一带一路”沿线国家或地区输出其品牌与标准，促进国际国内产业链、供应链重构和循环畅通。

(一)打通市场通道

与沿线国家或地区共建“一带一路”共享市场，与中国超大规模统一市场形成一体化的合作，一方面将中国超级市场优势赋能“一带一路”国家或地区，共享中国市场优势红利；另一方面也增加了国内市场的国际场域，由统一的国内大市场发展成为合作共赢的国际市场、区域市场。中国单一市场已经是世界唯一，再加上“一带一路”国家或地区市场的扩容，市场威力将发生几何级数的变化。

(二)打通贸易通道

加快“一带一路”沿线国家或地区的标准、规则、法规的对接，与沿线国家或地区共建“大通关体制”，从而有望实现“软联通”。

2023 年 3 月 2 日，国务院新闻办公室举行“权威部门话开局”系列主题新闻发布会，介绍“坚定信心，奋发有为，推动商务高质量发展迈出新步伐”有关情况，并答记者问。商务部部长助理陈春江介绍，自“一带一路”倡议提出以来，我国与共建国家的贸易和投资规模稳步扩大，基础设施互联互通不断加强，产业链、供应链合作水平持续提升。在投资方面，2013—2022 年，我国与沿线国家或地区双向投资累计超过 2 700 亿美元。截至 2022 年底，我国企业在沿线国家建设的境外经贸合作区累计投资达 571.3 亿美元，为当地创造了 42.1 万个就业岗位。在工程建设方面，2013—2022 年，我国在沿线国家或地区承包工程，新签合同额、完成营业额累计分别超过 1.2 万亿美元和 8 000 亿美元，占对外承包工程总额的比重超过了一半。

从贸易方式看，中间品贸易成为“一带一路”沿线国家或地区贸易的主要形式。张茉楠在《“一带一路”凸显新型国际合作框架五个重要特征》的解读中分析：“2017 年，‘一带一路’中间品贸易占区域内贸易的 61%。与欧盟、北美自由贸易区比较，‘一带一路’沿线国家或地区内部贸易在全球总贸易中的占比提升明显，至 2017 年已达 13.4%，其体量已相当于欧盟内部贸易的 65%。‘一带一路’沿线国家或地区成为仅次于欧盟的全球第二大贸易板块，贸易红利进一步显现。”

根据中国国际经济交流中心联合课题组研究测算结果，2017 年中国中间品进口总额为 9 431.2 亿美元，占“一带一路”沿线国家或地区中间品进口额的 36.3%，其比重较 2013 年上升 5.0 个百分点。其中，自“一带一路”沿线国家或地区进口 3 023.1 亿美元，占中国中间品进口总额的 32.1%。中国巨大的市场需求极大地促进“一带一路”沿线国家或地区的贸易增长。

通过降低关税，带动交易成本、跨境物流成本以及制度成本的降低，不仅能够实现更加通畅的贸易通道建设，而且对全球化多边合作具有示范效应。我国应充分发挥链主的作用，在 61% 中间品贸易的基础上通过产业转移及产业链、供应链的重组，重构“一带一路”国家或地区的价值链新体系。

（三）打通产业重构通道

以贸易和投资作为双引擎，“一带一路”倡议通过开展国际贸易合作、对外直接投资、建设境外合作区等多种模式，以产业需求为牵引，推动产业结构不断优化升级。

一是利用国内产能转移的机遇，从国内角度，在“一带一路”更大的空间布局中进行产业链重构，实现沿线国家的产业互补、资源互补。国际产能合作是推动全球经济、重塑全球价值链的创新方式。由于共建“一带一路”国家或地区的经济发展水平不同，存在一定的产业梯度，我国可利用在部分产业领域的先发优势，将国内一部分产能转移到其他国家或地区。例如，钢铁、水泥、玻璃、纺织等产能合作，对一些共建国家的基础设施建设、工业化起步至关重要。在合作过程中，先发国家积累的工业技术、产业标准、管理经验加快向后发国家转移。实现国家间优势互补和资源优化配置，冲破“低端锁定”，助推产业转型升级，提升我国产业在全球价值链分工的位势。

二是推动中国新兴战略产业、优势企业以科技前沿创新成果、核心技术、自主创新能力等为基础，带动技术、标准、产品和服务“走出去”。“中国制造”出口份额持续提升，在高铁、光伏等行业的产业链、供应链中已经建立起“中国标准”且已走出国门，信息化服务也已开始向海外拓展。复旦大学经济学院院长张军说：“中国企业要借助‘一带一路’国家，不断地走向国际，也为中国科技企业的研发技术升级以及在全球范围的推广提供了广阔空间。在‘一带一路’国家，构建以我为主的高科技产业链条。”

培育一批具有产业链主导力的“链主”企业，加速形成中国在“一带一路”价值链中新的优势地位，不仅可以拓展产业链、供应链、创新链协同的广度和深度，而且可以优化产业链、供应链、创新链的空间布局，进而增强我国作为“链主”的企业对全球价值链的整合能力，从技术上强化全球价值链。中国在增强产业链、价值链自主可控的基础上强化全球价值链的相互依存性，以合作共赢之力抵御一些国家的“去中国化”倾向，从“一带一路”的角度高端引领，同时蕴含着高端整合，以“链主”企业为主，构筑“一带一路”沿线国家或地区的产业全链条，引领“一带一路”沿线国家或地区，以“一带一路”“三链”重构为核心，吸引全球的产业资源入链、组链，形成了超越国家主权的“三链”重构，使目前西方国家推行的贸易保护主义、地缘政治逆全球化只能在“一带一路”国家或地区随风而过。“一带一路”将重启新一轮的全球化。

（四）打通绿色化、数字化赋能通道

数字化、绿色化是“三链”重构的重要驱动力量，已经成为国际共识。智能低碳技术驱动正取代以往的劳动力、土地等要素驱动。长期以来，全球制造业的聚集地都是享有劳动力、土地、资本等传统要素成本优势的地区。但是，随着新一轮科技革命和产业变革的加速演进，数字技术快速崛起并应用，大大改变了传统的生产方式。

新一代信息技术最基本的特征便是“泛在、虚拟、互联”。在“一带一路”的“三链”重构过程中，链主企业要注重带领链上企业利用数字化手段，以促进数据价值化为支撑，以加速数字化治理为起点，以加快推动数字产业化为新增长点，着力推动数字经济与实体经济深度融合发展，促进制造业加速向数字化、网络化、智能化、协同化发展。

1. 重构产业链之间的企业关系

通过云平台、供应链整合、细化产业链分工、协同制造等，不同环节的企业间实现信息共享，并通过协同、组建虚拟社区、产业联盟等手段，加强产业链之间的合作，使各环节集中发挥核心优势，围绕着产业链所形成的产业集群企业的共建、共生，打造“一带一路”产业链现代的生态系统。

2. 重构生产者与消费者的关系

企业与用户的关系由单一的生产者与消费者向多维度延伸，新一代信息技术正在驱动着企业与消费者的关系从供给导向向需求导向转变。个性化定制与个性化生产等越来越多的新兴生产模式进入了传统制造业的日常经营管理。消费者也越来越多地被引入企业的产品研发设计、营销宣传推广等环节，成为企业生产价值链的重要一环，从而促进了制造业柔性化、服务化发展。

3. 中国绿色贷款存量规模全球第一

2023 年 11 月 30 日至 12 月 12 日，《联合国气候变化框架公约》第二十八次缔约方大会(UNFCCC COP28)在阿拉伯联合酋长国的迪拜顺利召开。能源转型和融资问题是 COP28 的主要争论点。融资一直是限制气候应对行动的主要因素。截至 2021 年末，中国绿色贷款存量规模居全球第一，绿色债券存量规模居全球第二，为新能源产业提供了持久动力。就绿色经济而言，中国已站到制高点，欧洲相关的企业呈现衰落趋势，未来主要的竞争对手还是美国，我国需要把握好这两大趋势，掌握全球产业链布局的主导权。

链主企业要充分利用本国的这一优势，围绕碳达峰、碳中和目标，按照循环经济发展要求和低碳经济理念，在“一带一路”国家或地区进行产业链重构时运用工业生态学原理，通过清洁生产、绿色制造、技术改造、信息化融合等，对传统生产工艺进行改造升级，构建绿色、环保、高效的生态产业链，在企业内部、产业链上下游关联企业之间及其侧向关联企业之间有效促进物质、能量的循环利用，降低产业能源、资源消耗，确保污染物达标排放，促进产业链生态化绿色发展。

4. 开辟新的合作共赢的空间

打通产业合作的绿色赋能、数字赋能通道，不仅提高“三链”重构的产业位级，而且还将开辟新的合作共赢空间。美国企业公共政策研究所数据显示，从 2014—2020 年，中国在“一带一路”建设项目中可再生能源投资占比大幅提升近 40%，超过化石能源投资。加强绿色基建、绿色能源、绿色金融等领域合作，一方面，聚焦可再生能源项目，助力共建国家能源供应向高效、清洁、多样化转型；另一方面，推动基础设施建设和产能合作绿色化，为产业重构进行绿色赋能和环境、生物多样性保护。

“地中海之心”马耳他的能源结构曾以重油为主。中方与马耳他政府合作，在戈佐岛打造欧盟第一个试点“零碳岛”。双方还携手开拓第三方市场，在黑山共和国建设莫祖拉风电站，每年可提供 1.12 亿度清洁电能，减少 9.5 万吨温室气体排放。肯尼亚内马铁路专门建设 6.5 公里大桥，穿越内罗毕国家公园，保护野生动物迁徙通道。阿联酋迪拜哈斯彦清洁燃煤电站项目聘请专业珊瑚移植团队将施工区近 2.9 万株珊瑚移植至邻近水域。据阿联酋海洋环境组织主席阿里·萨格尔介绍，珊瑚目前“很安全”，海滩上鹰嘴海龟数量也在增长。

5.“数字丝绸之路”

从数字基建到数字产业化，再到产业数字化，“数字丝绸之路”推动共建国家搭上互联网和数字经济发展新快车。2017 年，中国与 6 国共同发起《“一带一路”数字经济国际合作倡议》。截至 2022 年底，中国已与 17 个国家或地区签署“数字丝绸之路”建设合作谅解备忘录，与 18 个国家或地区签署《关于加强数字经济领域投资合作的谅解备忘录》。

中菲 4G/5G 通信基站项目使菲律宾成为东南亚首个开通 5G 网络的国家；中非合作建设的无线站点及高速移动宽带网络帮助非洲 600 万家庭实现宽带上网。从巴基斯坦的港口运营到缅甸的土地规划再到文莱的智慧旅游，北斗卫星系统为共建“一带一路”国家或地区产业赋能。

四、多边贸易中的“链治”

商务部网站消息，2023 年 10 月 17 日，在中国国家主席习近平和塞尔维亚总统武契奇的共同见证下，中国商务部部长王文涛与塞尔维亚国内和对外贸易部部长莫米洛维奇分别代表本国政府签署《中华人民共和国政府和塞尔维亚共和国政府自由贸易协定》。这是中国与中东欧国家签署的第一个自贸协定，也是中国签署的第 22 个自贸协定。

亚太地区两个大的自由贸易区框架：TPP 和 RCEP。两者被普遍视为推进亚洲经济一体化进程的重要路径。RCEP 是一个综合性自由贸易协定，由东盟十国在 2012 年发起，历经 8 年谈判，于 2019 年 11 月 4 日完成谈判，并于 2020 年 11 月 15 日包括中国在内共 15 个成员方正式签署“区域全面经济伙伴关系协定”(RCEP)。2021 年 11 月 2 日，成立自由贸易协定 RCEP，该协议将于 2022

年1月1日起正式生效，宣告了全球最大自贸区正式诞生，覆盖23亿人、GDP总和超过25万亿美元、约占全球贸易的25%。降低关税方面，柬埔寨、老挝和缅甸30%的货物享有零关税待遇；其他成员国65%的货物享有零关税待遇。各个国家至少开放100多个领域的市场。RCEP是目前全球范围最广、体量最大的自由贸易协定。

商务部数据显示，2022年1—11月，中国与RCEP其他成员方的进出口总额为11.8万亿元，同比增长7.9%，占中国外贸进出口总额的30.7%。其中，中国向RCEP其他成员方出口同比增长17.7%，超过中国出口总体增速5.8个百分点。

中日、日韩之间通过RCEP首次建立起自由贸易关系，开放红利尤为明显，既促贸易，又利投资。2022年1—11月，韩国、日本实际对华投资同比分别增长122.1%和26.6%。

根据德国慕尼黑经济研究所的估算，若将来在RCEP框架下继续深化一体化水平，一个深层次的RCEP的成员方受益水平将得到显著提升，6个成员甚至可能获得两位数的经济增长率。其中，马来西亚和越南分别以24.5%和22.82%位居前列。中国的收益将会很高，经济增长区间大致为2.26%—7.98%，且贸易附加值将会有明显增长。

联合国贸发会议秘书长格林斯潘表示，在全球开放程度不断下降、贸易成本不断上升、供应链出现“瓶颈”的情况下，RCEP为世界经济发展作出贡献。在促进全球开放合作与维护多边贸易体制方面，中国发挥着越来越重要的作用。据国际智库测算，2025年，RCEP有望带动成员方出口增长比基线多10.4%。

（一）RCEP为民营企业带来四大机会

1. 在货物贸易方面

RCEP成员方均作出了高于各自“10+1”自贸协定水平的开放承诺，中国新增了研发、管理咨询等22个承诺服务部门。其他成员在中方重点关注的建筑、医疗、金融、运输等服务部门都作出了高水平的开放承诺。RCEP生效之后90%的商品贸易最终会实现零关税，中国进口的产品未来绝大部分也会是零关税，这对从事进出口贸易的民营企业会带来巨大的机遇。

2. 在投资领域

中国在 RCEP 里面作出了相当高的开放承诺。同样，其他国家对其投资领域内的开放也是高水平的，这样就给中国企业走出去，到 RCEP 的其他成员方投资带来了机会。

3. 在营商环境方面

RCEP 生效后，对民营企业来说，其在一个成员方所申请到的著作权、专利、商标、外观设计，到 RCEP 的其他国家也能得到保护，这使得企业在从事电子商务方面获得稳定的互联互通环境，从而大大减少了企业的经营成本、交易成本。

4. 在通道建设方面

商务部等 6 部门印发指导意见，高质量实施 RCEP。全国商务部门、贸促系统组织 RCEP 系列专题培训；各地海关不断优化原产地证书签证模式及监管流程；工信部支持扩大优势工业产品出口，加快改造提升传统产业和培育发展新兴产业；市场监管总局与多个 RCEP 成员方建立固定标准化信息交换渠道，以标准支撑，更好地开拓国际市场。

(二)充分利用多边贸易协定中的条款

民营企业作为参加多边贸易合作的主体，尤其是链主企业，要充分地享受和利用中国大国外交所取得的成就，充分地利用多边贸易协定中的条款：

一是深刻地挖掘货物贸易对产业发展的影响，充分利用 RCEP 成员方高于各自“10＋1”自贸协定水平的开放承诺及零关税，实现从产品贸易到产业贸易的跨越和提升。

二是用好原产地区域累积规则。RCEP 使用区域累积原则的原产地规则，将增加产业链、供应链布局的灵活性和多样性，助推区域内企业建立完善的跨国产业分工体系。例如，RCEP 各成员方可依托区域内发展中国家资源要素、中间品生产基础及发达经济体的技术优势，充分利用区域内原产地累积规则，形成区域内产业链、供应链和价值链的闭环，深度参与产业链、供应链动态调整，发挥链主的号召力、控制力，主动推进在多边贸易合作中的“三链”重构，进行产业升级和全新的国际布局。

三是抓住 RCEP 服务业和投资开放带来的新机遇。RCEP 各国在服务贸易领域均作出高于各自“10＋1”自贸协定水平的开放承诺，并结合各自利益关切，以正面清单和负面清单相结合的办法推进区域内服务贸易整体开放，这体现了包容性、灵活性与渐进性的特点，释放未来区域内服务贸易高水平开放的稳定预期。

四是 RCEP 首次在亚太区域内达成范围全面的多边电子商务规则，在跨境信息传输、信息存储、在线消费者保护、个人信息保护、网络安全等焦点问题上达成共识，为数字经济与数字贸易发展提供稳定、便利的制度环境；充分利用 RCEP 成员方统一的电子商务规则将创造的国际化场域和制度环境，在参加统一电子商务的构建中加快区域产业链、供应链、数字化的国际布局。

五是积极对标国际先进产业水平，应对挑战，增强参与国际合作竞争的功力。随着云计算、物联网、移动互联网等新一代信息技术的出现及快速发展，互联网作为经济社会发展的基础生产要素、必备基础设施，已经全面渗透进人类生产生活的方方面面，对生产生活的方方面面产生了颠覆性的影响，进而深刻改造和改变了人们早已习以为常的价值传递环节。

(三)打造民营企业“三链”重构的中枢神经

22 个自贸协定、29 个自贸合作伙伴和国家、各个国家至少开放的 100 多个领域的市场、成员方 65％的货物享有零关税待遇。中国新增了研发、管理咨询等 22 个承诺服务部门等，每一个协定、每一项条款都涉及复杂的外交问题，还包括商务、海关、产业政策、标准等。涉管的国家机构包括外交部、商务部、海关、工信部、市场监督管理局和各行业、协会组织，及与此对应的各个国家的相关部门。其条款背后还包含着各个国家或地区的发展历史、国别差异以及现实的投资环境。各大部委的工作人员大多由精英组成，围绕着国家各大部委，都有专门的研究机构。而对于民营企业来说，“读懂”出自精英并接受专门研究机构的指导服务，站在国家、国际关系的高度所形成的协议条款就很难。从“读懂”到“掌握、运用”就更难。

目前，关于对外投资合作咨询服务，国内外有多家机构，如中国商务部研究院海外投资咨询中心、UNDP中国企业海外可持续发展办公室、南南合作促进会海外投资项目信息中心、全荷兰中资企业协会等，对此，需整合这些资源，建立服务民营企业的官方机构。这个研究咨询机构不仅是民营企业走出去的外脑，而且是发挥举国体制、打造指挥民营企业进行全球范围重构“三链”的中枢神经。

我国应协调各大部委，把单项服务进行优化整合和进行协议的应用研究；针对协议，进行每一个条款的应用研究和咨询服务；针对协议国，进行国别研究、产业政策的应用研究、投资环境研究、国际关系研究等；为民营企业提供投资项目目录、对标资格甄选、政策、环境、风险应对等咨询服务。

（四）国家外交商务信息服务和外交保护

民营企业缺乏获取国际市场信息的规范、快捷、有效的渠道，即使企业想对外投资，但是苦于信息不灵，不知道应向哪里发展。由于信息不全面而导致项目不理想的情况时有发生，也使一些企业望而却步，成为跨国经营的一个制约因素，因此，必须积极发挥驻外使领馆商务处的信息收集和服务工作，为民营企业的对外直接投资提供信息服务，并协助处理当地政府的关系。

我国必须积极采取外交保护。所谓外交保护，是指允许一国按照一般国际法对另一国违反国际法使其国民遭受损失的行为要求赔偿的权利。根据国际法的一般原则来推断，在我国的海外投资者在东道国受到不法侵害或不公正待遇，得不到合理的司法或行政救济时，我国政府应当通过正当的外交途径，对该东道国提出求偿要求，这完全符合国际法属人优先权原则。国家基于属人管辖权，有权利也有义务为在受到侵害的民营企业人员实施外交保护，这是一项被各国普遍接受的习惯法规则。

五、构建“三链”国际金融服务平台和体系

跨境直接投资是一项系统工程，既存在商业风险，又存在非商业风险，尤其是国际上的政治风险。我国企业在“走出去”的过程中应结合自己的实际情况，根据国际法律框架和规则，充分利用相关的国际担保机构和国内机构，建立国际、国内的金融担保体系，综合运用多种手段来转移风险、解决争端，保证投资

安全。

民营企业的融资难，已经成了中国的世纪“难题”。跨境直接投资，在国际范围内重构“三链”，更大的发展空间、更宏伟的目标、更大的民族责任，在广阔的区域空间、国际空间并购、重构、跨境投资，资金的需求量也随之加大、再加大。过去的融资需求没有解决，今天的融资需求又再加大，这就使民营企业的融资难上加难。除了我们自身积极解决民营企业融资难的问题外，换一个思路、换一个场景，在更广泛的国际空间尝试解决融资的世纪难题。国内银行、金融机构融资难，国内担保机构少，就到国际上去匹配。

改革开放，我们为世界打开国门。几十年的改革开放，我们已经融入全球化，参加了全球性的各类国际组织和机构。改革开放的另一个重要方面就是按照国际规则，让世界组织、全球机构也为我们开放。当我们融入后、进入后，中国作为有担当的大国，不仅是成员，而且还是创始成员、理事成员。我们兑现承诺和履行国际责任的时候，应用好、用足国际规则，充分地享有成员的权益。

（一）搭建对外投资担保服务的国际平台、体系

目前，国际上政治风险保险机构大致分为三类：一是官方出口信用保险机构（Official Export Credit Insurance Agency，ECA），二是多边投资担保组织；三是商业信用保险机构。

海外投资保护的国际法规则已构成基本的法律框架，主要由以下三部分组成：一是双边投资协定（BIT），又可分为友好通商航海条约、投资保护协定和投资保证协定等几类，其中以投资保护协定为主流；二是区域协定和多边公约，最主要的是《能源宪章条约》《关于解决国家和其他国家国民投资争端公约》（《华盛顿公约》）以及《多边投资担保机构公约》（《汉城公约》）；三是自由贸易协定（FTA）中的投资章节。

其中，多边投资担保机构（Multilateral Investment Guarantee Agency，MIGA）成立于1988年4月，是“世界银行集团”的第5个新增成员。MIGA兼有银行和国际组织双重属性，其宗旨就是针对投资者在东道国可能遇到的政治风险，一是通过向投资者和贷款者提供政治风险担保；二是通过提供技术援助，协助发展中国家吸引私人投资，并为双方提供投资争端解决服务。现行的主要多边投资条约为《多边投资担保机构公约》《解决国家与他国国民间投资争端公约》、WTO 中《与贸易有关的投资措施协议》以及虽然未曾成功但是比较有影响力的《多边投资协定》。

1. 保持零纪录

中国于 1988 年 4 月 30 日向世界银行递交了对该公约的核准书，从而成为多边投资担保机构的创始会员国。认购股份达 3.138%，在第二类会员国中居第一位。

MIGA 既承保股权投资，保险金额可以达到投资额的 100%加上不超过投资额 500%的收益；又承保贷款和贷款担保，保险金额可以达到本金的 100%加上不超过本金 150%的利息等收益。

尽管我国企业对外直接投资势头迅猛，但就海外投资获得担保的案例较少。我国企业海外投资不仅没有获得本国投资担保机构的有效保障，而且对于 MIGA 担保机制的利用率也极低，这与我国企业海外投资的快速发展趋势并不相称，与多数资本输出国的实践存在较大差距。

截至 2021 年 2 月底，中国企业海外投资获得 MIGA 担保的比重明显低于奥地利、卢森堡、南非、西班牙、开曼群岛、英国、法国、德国、日本和荷兰等国家（地区），位列全球第十位。从投资者来看，在获得 MIGA 担保的 8 家中国企业中，7 家为银行，具体包括国家开发银行、中国银行、中国银行（香港）、中国工商银行、中国建设银行、汇丰银行、中国民生银行，剩余 1 家为中央直属企业中国水电建设集团国际工程有限公司，没有一家民营企业。而 MIGA 为鼓励中小企业到发展中国家农业、制造业、金融业等领域投资，专门推出小型投资计划。依据 SIP 政策，只要投资者符合“中小型”标准，而且被投资的企业符合三项条件中的两项，即可获得 MIGA 提供的总额不超过 1 000 万美元的担保。

中国国有银行、国有企业，相比民营企业具有更强的资金实力、更优的投资资源以及更丰富的国际合作经验，有效地利用 MIGA 的担保功能。我国民营企业，包括中小型民营企业，是我国对外投资的主要力量之一，但在获取 MIGA 担保时，至今保持着零纪录，没有 1 家。这与我国作为全球第三大资本输出国的投资地位及发展趋势不相适应，与民营企业作为中国海外投资主体的角色极不适应。

2. 通路建设

依据 2017 年中国出口信用保险公司发布的《“一带一路”沿线 65 个国家风险状况分析》，沿线约有 84％的国家或地区为高风险（风险级别为 5—9 级）。公约恰好限定 MIGA 仅对在发展中国家的外商投资进行担保，而且“一带一路”沿线国家或地区中，除文莱和巴勒斯坦外均为 MIGA 成员国。因此，MIGA 担保的投资区域几乎可以实现对“一带一路”沿线国家或地区的全覆盖。

因此，利用 MIGA 担保机制、国际官方信用保险机构（ECA）、商业信用保险机构，保障民营企业海外投资权益的实践，还有很大的发展空间。

塔桥通路——对外投资企业首先学习 MIGA 投保的流程与要求，熟悉申请、初审、投保险种、规模及环境与社会影响评估，按照要求，形成公司设立文件、财务报告、财务模型、财务预测、可行性研究报告、贷款或融资担保情况、环境许可证或环评报告，从而提高获批的成功率，并为后期自行投保做好准备。

借桥通路——与海外投资项目与具备成熟经验的境外机构合作，与这些机构共同申请 MIGA 担保。像高盛、渣打、摩根这些国际金融机构在国际投融资领域深耕多年，深谙 MIGA 投保流程，我国企业可以借鉴中国银行、中国建设银行等企业的成功经验，与这些国际知名金融机构共同投资并投保，借助其丰富的经验及资源，提高投保成功率，并为以后独立投保积累经验。

重续通路——有些企业已在发展中国家进行投资，可以就追加投资或再投资申请 MIGA 担保。MIGA 承保的项目既包括新项目，又包括已有项目的新投资。而且，为已有项目追加投资或再投资申请 MIGA 担保，无需拘泥于新项目投资交割的期限限制，时间更加从容，投资者可以提前进行合理规划安排，预算拟追加投资的规模以及需要担保的金额，争取获得 MIGA 担保，以保障新增投资的收益。

我国是 MIGA 成员国。中国出口信用保险公司（简称中国信保，英文 Sinosure）是我国唯一承办出口信用保险业务的政策性保险公司，也是我国四家政策性金融机构之一，符合申请 MIGA 再担保的资格。中国信保自 2003 年起正式开展海外投资担保业务，承保项目及承保金额逐年上升，2019 年承保金额已达 613 亿美元。针对已经承保的海外投资项目，中国信保可以考虑向 MIGA 申请再担保，分散担保风险。

(二)搭建重构“三链”的国际金融服务平台和体系

从国内的角度，鼓励政策性金融机构，在产业链重点领域和薄弱环节加大投入，加大对重大项目、重大技术推广和重大装备应用的政策性贷款力度，引导金融机构加大普惠小微贷款投放力度，针对中小微企业，增加专项再贷款再贴现额度；发展政策性融资担保，创新“政、银、担”三方共同参与、共担风险的合作模式；建立针对民营企业的“国际投资风险基金”和“对外合作基金”，支持民营企业对外直接投资的发展，在金融服务方面，着力推动跨境投融资便利化，大力发展跨境金融服务，构建“三链”金融与综合服务平台，扩大人民币跨境使用，打造双边本币结算先行试验区。从国际的角度，推动跨境金融联盟。加强亚洲基础设施投资银行(亚投行)、丝路基金、中国开发性和政策性银行及商业金融机构，与世界银行、欧洲复兴开发银行、亚洲开发银行等多边开发机构以及国际和本地金融机构积极合作，支持符合条件的 RCEP 成员国金融机构互设经营机构，建立透明、高效、互利的共建国际投、融资“朋友圈”，形成服务与民营企业重构“三链”的国际金融服务平台和体系。

第八章　布局全球供应链

第一节　认识供应链

供应链是21世纪高效配置和利用资源的必然趋势，认识供应链、把握供应链，需要掌握供应链思维，坚持整合与优化结合，专业化与一体化结合，灵活性、弹性与韧性结合，平台化与生态化结合。

全球价值链是一种更加广泛的概念，它将产业链中的供货商、客户、研发机构、营销企业、服务机构等研发、生产、销售、服务等各个环节纳入其中，并将各个环节之间的关系用供应链来展示，这表明全球供应链已经成为全球化产业链的一个更广义的表述。

供应链已成为西方社会的共同思维，用于审视和处理政治、军事、经济、外交和社会问题。发达国家已制定了供应链国家战略或全球战略，并形成了完善的供应链体系，掌握了国际供应链的主导权。为了应对国际供应链竞争，要改变目前中国在全球供应链体系中所处的地位、规避供应链风险，中国必须构建中国特色的供应链话语体系、战略运行体系和战略保障体系。

供应链是一个国家、一个产业、一个城市、一个企业在经济与社会领域通过资源整合与流程优化，将产品与服务提供给最终用户的上游与下游企业所形成的网链结构。它是将供应商、制造商、分销商、零售商，直到最终用户连成一个整体的功能网链模式，是运用计算机网络技术、物流技术、物联网技术等现代化技术手段，全面规划商流、物流、信息流、资金流、人文流，并进行计划、组织、协调与控制。它不仅是一条联接供应商到用户的物料链、信息链、资金链，而且更为重要的是它也是一条增值链，是经济新常态下推动中国经济高速增长的新动能，对经济从粗放经营到集约经营，对提高经济质量与效率、改善有效供给、调整经济结构具有推动作用，在提升中国经济与社会运行的软实力方面将发挥重要作用。

一、供应链的发展

(一)供应链的出现

供应链、供应链管理的概念最早来源于彼得·德鲁克提出的“经济链”。经济链是一个从生物学移植到经济学中的概念。食物链又称营养链，指生物群落中各种动植物因生存消耗食物的关系而形成的依存关系和内在联系。作为移植概念的经济链，也是一个关系范畴，指人类经济活动在研制、生产、流通、消费等环节，由于消耗成本和获取利润而形成的人与人之间、组织或集团之间、地域之间的依存关系和内在联系。

1985 年，美国管理学家迈克尔·波特在代表作《竞争优势》中提出了基于“经济链”的“价值链”的概念，强调企业及其与战略相关的各环节都是价值活动的主体。他的研究扩展形成了国家竞争优势理论，成为现代供应链国家战略的来源。1996 年，Rater(美国最权威的客户服务研究机构)在整合了迈克尔·波特的“价值链”思想的基础上首次提出了供应链的定义，即供应链是一个运作实体的网络。帕拉格·康纳在《超级版图:全球现代供应链、超级城市与新商业文明的崛起》中指出，生产和服务的全球流动呼唤全球供应链的出现。

人类社会发展有着这样一条规律，这条规律从原始社会开始就始终被证明是正确的，并经过各帝国和国家的验证，那就是:供给和需求。这也是指引人们走向未来的最佳向导。供应链，将供给和需求相连;供应链，如同国家，一种更深层次的组织力量。现在我们进入了以供应链为人类新型组织方式的时代。

随着人类文明的不断发展，人类的物质生活不断丰富。这种丰富背后反映的真实逻辑就是:人类的生产力在不断提高，生产所需要的材料、产业分工、中间品等需要在全球空间内进行配置。我们可以生产出远比以前多得多的商品和服务，这就要求那些能够源源不断生产出大量商品和服务的供给者，不能把眼光单纯放在一个国家或者地区，而要不断开拓市场。这种生产和服务的全球流动自然而然地呼唤全球供应链的出现，因此将现在的世界称为“供应链世界”。

（二）供应链的理论表述

哈理森（Harrison）将供应链定义为：“供应链是执行采购原材料，将它们转换为中间产品和成品，并且将成品销售到用户的功能网链。”

美国的史蒂文斯（Stevens）认为：“通过增值过程和分销渠道控制从供应商的供应商到用户的用户的流就是供应链，它开始于供应的源点，结束于消费的终点。”史蒂文斯对供应链的起点与终点给出了较为准确的定义，对所涵盖的参与者的范围做出了界定。因此，供应链就是通过计划（plan）、获得（obtain）、存储（store）、分销（distribute）、服务（serve）等这样一些活动而在顾客和供应商之间形成的一种衔接（interface），从而使企业能满足内外部顾客的需求。

美国的苏尼尔·乔普拉（Sunil Chopra）和彼得·迈因德尔认为：供应链是由直接或间接地履行顾客需求的各方组成，不仅包括供应商和制造商，而且包括运输商、仓储商、零售商，甚至包括顾客本身。在每一个组织中，例如，制造企业中，供应链包括接受并满足顾客需求的全部功能。这些功能包括但不限于以下功能：新产品开发、市场营销、生产运作、分销、财务和客户服务。苏尼尔和彼得不仅对供应链包含的参与者以及发生的活动做出了详细的描述，更重要的是他们意识到顾客在供应链中的特殊地位。顾客不仅只是供应链终端、产品和服务的接收者、需求的源头，而且更重要的是可以及时向上游反馈信息，甚至直接参与供应链绩效评估。

供应链概念所涵盖的范围从企业内部延伸到企业外部，从单个企业向上延伸到供应商以及供应商的供应商，向下延伸到顾客以及顾客的顾客，直到最终的消费者；供应链的结构则从“单链”扩展到“网链”。《中华人民共和国国家标准：物流术语》（GB/T 18354－2006）将供应链定义为：生产及流通过程中涉及将产品或服务提供给最终用户活动的上游与下游企业所形成的网链结构。

（三）供应链的形成——分权与聚合

供应链的形成，得益于两个方面的努力：一是传统基础设施的不断建设和完善，包括铁路、公路、机场、港口等，还包括在传统设施基础上的迭代升级。其中有现在正在大力推进的“一带一路”倡议、俄罗斯和西欧以及中亚各国的输油管道、土耳其穿越马尔马拉海的隧道等，以及未来的“钢铁侠”，也就是特斯拉公司掌门人埃隆·马斯克所设想的可以瞬间传送的超级地铁。

二是数字性基础设施的高速发展，最主要的就是互联网的飞速成长，在不断打破虚拟世界和现实世界边界的同时，将全球紧密地连接在一起。互联网链接实际上也是要靠实体基础设施建设的，最简单的就像服务器存放，实际上需要大量的实体空间，这些基础设施的安全与否，决定了与之关联的网络是否可以顺利运行。

随着传统基础设施和数字性基础设施的发展、建设和逐渐完善，供应链不再局限于国家或地区，“供应链世界”正在形成。供应链世界的形成，满足了我们对于商品和服务的需求，促进了世界总体经济的增长。供应链世界正变得越来越稳固，对人类整体的影响也越来越深。

供应链世界形成后，带来了全球性的互联互通，无论是个人、城市、地区和国家都会深度参与其中，从而带来一系列巨大的变化。这种变化体现在全球就是超级城市和地区联盟的分权与聚合。分权是指在产业链世界的影响下，主权国家和多边机构等的权力和影响力将不断被削弱和分散，而超级城市及地区联盟的权力和影响力将越来越大。

但是，正如一枚银币有两面一样，大部分事物会呈现好坏并存的情形。供应链世界的形成，满足了我们对于商品和服务的需求，极大地促进了世界范围内总体经济的增长。但同时，供应链世界的形成也带来了不良影响，表现在两个方面：第一，供应链世界的发展会造成对世界资源无情地掠夺。第二，供应链世界的发展会加剧全球的贫富分化。

(四)供应链发展的四个阶段

第一个阶段：整合阶段。供应链组织对资源进行整合，对功能进行集成，一体化管理，提高经营效率。

第二个阶段：价值链阶段。在整合的基础上优化业务流程，供应链涵盖了生产链、价值链，可以更有效地利用资产，实现增值链“链赢”。

第三个阶段：协同组织阶段。此阶段协同组织战略合作伙伴，增强整个供应链的效率，提升产品服务的质量，追求价值链网络最优化。

第四个阶段：网链阶段。此阶段也称扩展供应链阶段或智慧供应链阶段，呈现网络化趋势，供应链与物联网融合，以大数据、人工智能为特征；供应链组织扁平化，云技术与管理有效结合，形成更智能的供应链生态圈。

二、供应链的功能

（一）竞争场景的转换——从企业竞争到供应链竞争

从企业的层面，英国学者马丁·克里斯托弗（Martin Christopher）认为，“21世纪的竞争不是企业和企业之间的竞争，而是供应链和供应链之间的竞争”。一些企业已从单纯的生产、流通、服务的组织者变成资源的整合者。实体经济的发展既经历了通过社会分工提高生产率，又经历了通过产业融合提高生产率的过程。供应链是产业融合的推进剂。在国际上，供应链整合能力是衡量一个国家、一个城市、一个产业、一个企业综合竞争力的重要标志。

从国家的层面，全球现代供应链的竞争，取代了各国之间军事和领土竞争的理念，成为当今全球新的聚焦点。

（二）全球文明的基石——从征服到联系

帕拉格·康纳在《超级版图：全球现代供应链、超级城市与新商业文明的崛起》中指出：全球现代供应链体系现在已经替代国家成为全球化文明的基石；无论哪个国家都无法单凭自身力量来创建这套体系，也不具备将其关闭的最终权威；各国之间只能在21世纪开展“供应链大战”，大战的目的不是征服，而是要在世界上建立起物理和经济上的联系。

（三）经济合作超过了军事对峙

在今天的地缘政治角力中，经济合作的重要性超过了军事对峙。尽管如今各国相互依赖程度的加深也使得金融制裁、网络攻击和供应链中断成为武器，但无论如何，军事对抗升级的成本要远远超过百年之前，因为这会立刻损伤本国在敌对国家的商业利益。

与对手发展经贸关系或者与对手的邻国发展经贸关系，是实现战略影响的重要方法，但这种竞争性的解放基于供应链而非国家领土。在“冷战”的地缘政治范式中，对手之间通常不会相互投资，至少美国和苏联就没有。但在当今世界，全球投资不分敌友，何况大部分国家“亦敌亦友”，这也显示出世界已经走出以国际法为制度帮助主权国家之间交往的“威斯特伐利亚体系”，步入供应链时代。

世界上主要国家在经济上相互依存，投资和贸易具有同等重要的地位。这主要反映在，各国持有按其他国家币种计价的证券，在其他国家投资工厂、房地产、银行和农业等生产性设施。这些虚拟和实体投资高达数万亿美元，各国在别的国家开展建设活动，希望有效利用他国市场。因此供应链有助于消除冲突背后的动因，而脱离供应链则可能会导致仇视对立的升级。

(四)重新定义地缘政治

全球跨境贸易和投资的深入发展，使得今天的国际关系要远远比此前的地缘政治时代复杂。在供应链时代，各自为政的地缘政治板块现在已经越来越站不住脚，当今各国都通过基础设施和协议联合在一起，打破了地缘政治板块。

21 世纪，本质上是一场争夺供应链的角力，新军备竞赛的内容是连接全球各大市场。比起争夺领土，争夺连接本区域与其他区域的输油管道、铁路、公路、隧道、大洋航线、网络电缆和电网更符合各国利益。在这场角逐中，中国领先；中国围绕“一带一路”，已启动一大波连接欧亚大陆的基础设施投资。

被称为“经济北约”的《跨大西洋贸易与投资伙伴协议》(Transatlantic Trade and Investment Partnership，TTIP)，是指美国和欧盟双方发起的贸易优惠协定，通过削减关税、消除双方贸易壁垒等来发展经济、应对金融危机的贸易协定，力图打造的欧美自贸区，将成为世界最大的自贸区，涉及全球 40%的经济产出和 50%的贸易活动，覆盖世界上较富有的 8 亿人口。据欧盟估计，一旦欧美自贸协定生效，每年将分别给欧盟和美国经济创造 1 190 亿欧元和 950 亿欧元产值，同时也将对国际经贸规则的制定产生深远影响。

该协定不仅涉及关税减免，而且更重要的是消除非关税贸易壁垒，让欧美市场融为一体，包括相互开放银行业、政府采购等，统一双方的食品安全标准、药品监管认证、专利申请与认证、制造业的技术与安全标准，并实现投资便利化等。

发展中国家的崛起,特别是新兴市场国家经济力量的快速提升,打破了原有全球经贸、财富聚集西方的格局。郑永年指出:“美欧推进 TTIP 并非仅因经济因素,重掌国际贸易主导全球贸易话语权,才是其背后的真正动因。”

(五)化解高风险因子

印度和中国曾在 1962 年爆发边境战争。但是连接中印的“南方丝绸之路”所建立起来的供应链,中印两国贸易出现了井喷,将化解中印冲突的爆发。中印的年贸易额已经突破 1 000 亿美元,并且还在继续增长。在 2014 年习近平对印度的国事访问中,签署了高达 35 亿美元的投资协议,包括在印度总理莫迪的家乡古吉拉特邦修建新的工业园。在 2015 年莫迪对中国的访问中,两国签署了 220 亿美元的协议,覆盖能源、物流和娱乐等各个领域。此外,两国还同意设立军事指挥官之间的热线。

亚洲还存在其他各种高风险因子:美国重回东亚的策略意味着会有更多的基地、舰艇、战斗机、军事行动和冲突爆发点,无论这些冲突爆发是有心还是无意;印巴冲突等。但是,现在亚洲供应链不仅深度融入中国、日本、韩国和东南亚,而且中美许多供应链也是通过亚洲其他国家串起。这些供应链的建立,将化解亚洲的高风险因子。

(六)打破地理宿命的工具

“地理决定命运”是此前形容世界发展的著名格言之一。地理决定了气候、文化、资源的丰富程度等。如果小国被夹在大国之间,通常则会命运多舛。贾雷德·戴蒙德(Jared Diamond)在其名著《枪炮、病菌与钢铁》中对地理决定命运就有精彩的论述:“随着全球交通、通信和能源基础设施的发展,高速公路、铁路、机场、油气管道、电网和光缆等正在重塑未来:互联互通决定命运”“全球基础设施的发展正使得世界从割裂走向互联、从民族隔离走向融合。基础设施就像是将地球上一切组织联系在一起的神经系统,资本和代码就是流经神经系统的血细胞”。

普林斯顿大学经济学家、诺贝尔经济学奖获得者安格斯·迪顿(Angus Deaton)在其著作《逃离不平等》(*The Great Escape*)中敏锐地观察到,尽管地理环境和机构条件“糟糕”,但全世界还是有数十亿人通过构建互联互通参与全球市场。有些宿命已经被打破:热带国家不一定农业生产力和劳动力效率低下,内陆国家也不一定经济发展落后。赤道附近的新加坡和马来西亚是发展势头良好的经济体,卢旺达、博茨瓦纳、哈萨克斯坦和蒙古国等内陆国家也表现出强劲的经济增长势头。一个国家无法改变其地理位置,但互联互通给了各国打破地理宿命论的工具。因此,对于发展中国家的数十亿底层民众而言,供应链提供了救赎的机会,现在发展中国家政府都在拼命吸引全球供应链落地。

(七)传导功能

供应链通过链条上每个环节进行危机传导。2008 年的全球金融危机对全球贸易的冲击力五倍于其对全球 GDP 的冲击。首先是信用收缩造成了需求冲击,这意味着耐用消费品采购的直线下降。随后存货调整开始横向蔓延,大部分货物的贸易开始收缩,并引发德国、韩国和中国等国家工业生产率下降。2014 年,全球石油价格下跌时也出现了类似情况。当油价暴跌时,从加拿大麦克默里堡到马来西亚,石油开采投资都相应下降。目前即便是有着丰富石油储量的文莱也宣称要实行财政紧缩。供应链也是传导链,链条上的每个环节都会受到影响。

(八)福祉、祸害

对文明而言,供应链既是福祉,又是祸害。供应链是摆脱地理限制的抓手,能创造此前无法创造的经济发展机会,并将观念、技术和业务实践带到气候恶劣、土壤贫瘠和条件艰苦的地方。

供应链也是市场掠夺世界的途径。正是借助供应链,地球的雨林被肆意砍伐,污染气体直接排入大气。从北极的天然气到南极的石油、从玻利维亚到阿富汗的锂矿、从亚马逊到中非的原始森林、从南非到西伯利亚的金矿,在供应链世界中,每处矿藏几乎都有人开发。海洋也出现了过度开发的问题,过度捕捞和海底矿藏开发让海洋不堪其扰,另外还有石油泄漏和工业废水的严重污染。

三、供应链的重要意义

美国经济学家弗里德曼在《世界是平的》一书中把全球供应链列为“把世界夷为平地的十大力量”之一。帕拉格 · 康纳说,相比国家,供应链是一种更深层次的组织力量。英国政治地理学家麦金德的名言是:“谁统治了东欧,谁就统治了大陆腹地;谁统治了大陆腹地,谁就统治了世界岛;谁统治了世界岛,谁就统治世界。”这里的世界岛是麦金德对欧亚大陆和非洲的合称。麦金德的这句话是20世纪地缘政治学的名言,被很多军事领袖和政治领袖熟练引用。帕拉格·康纳说,在21世纪,正确的说法变成了,“谁统治了供应链,谁就统治了世界”。

(一)供应链在国家发展中的重要性

推进和优化供应链管理,可以极大地改变一个国家的经济发展方式、产业发展方式、城市发展方式、企业发展方式,对经济从粗放经营到集约经营的转变做出不可估量的贡献。

1. 美国

美国以超强的全球供应链整合能力始终走在世界前列。研究历史上三次经济危机与三次产业革命,可以发现,美国凭其研发基础、金融服务、新技术产业化、合理税收与移民政策等方面的优势,始终把整合全球资源作为国家的核心竞争力。国内外一切经济、军事活动,都离不开物流与供应链,物流是供应链的一部分。要在全球范围内发展产业链、供应链与价值链,并用高科技(在当代是互联网)来支撑产业链、供应链与价值链的发展,以取得大国间的平衡与优势。

2012年,奥巴马政府发布《全球供应链安全国家战略》,首次提出供应链弹性概念,并将供应链安全视为美国国家经济和安全的核心利益之一。其继任者特朗普,多次以国家安全为由,采用出口管制实体清单、强制退市等方法打压华为、中芯国际等一批中国高科技企业。

拜登政府延续了奥巴马政府对于供应链安全的战略认知,自上任第一天起,拜登就一直致力于执行全面的工业战略,解决新冠疫情全球大流行带来的短期供应链震荡,建立具有长期弹性的关键供应链,签署了第14017号行政令,指示集合全政府之力,评估美国关键供应链的脆弱性并加强其弹性,组建了历史上首个供应链中断工作组(SCDTF),以应对受新冠疫情影响带来的经济复苏方面的挑战,同时也确定了确保产品供应链免受各种风险和漏洞影响的解决方案，将供应链弹性作为国家经济和安全的重要组成部分，恢复美国在供应链上的全球领导地位。

2. 德国

早在2019年，《德国工业战略2030》提出要把工业生产制造所有的环节放在一个经济地区，打造完整的产业链、供应链，增加工业附加值，减少外部冲击和威胁。《面向21世纪欧洲工业政策宣言》亦有如此内容。与此同时，德国加强了对境外企业的审查。2020年4月底，德国通过了被第三次修订的《对外贸易和支付法》，该法案对非欧盟国家投资实施更加严格的审核。“我们将实施这些规则，以便能比以前更安全地保护我们的关键基础设施。”德国经济部长彼得·阿尔特梅尔(Peter Altmaier)彼时称。

此外，德国还强化对重点领域的技术自主权。比如，新冠肺炎疫情暴发后，数字技术及产业对经济的驱动力日趋明显，数字产业以及“数字化+制造业”在疫情中面临越发严峻的供应链和产业链压力。德国不仅进一步提升对技术自主相关概念的重视和强调程度，一方面加大对相关技术产业的投入，另一方面构建推进技术主权制度体系，同时也推动欧盟范围内的相关讨论与合作。

3. 日本

从“走出去”到“内外并举”，日本为应对国内资源的匮乏，将构建全球供应链作为重要的经济发展战略。在大变局面前，日本供应链重组政策可以概括为以下方面：

(1)开展多元化供应链改革。2020年4月7日，日本推出《新型冠状病毒感染症紧急经济对策》。安倍表示，这是日本前所未有、最大规模的紧急经济对策，比2008年金融危机的经济刺激规模还要大。对策中的“供应链改革”部分备受中国产业界关注，引发了“日企是否要撤离中国”的讨论，其中包括一项企业改革供应链的计划，为向中国之外其他国家分散生产基地、谋求产地多元化的企业提供经济补贴。2021年6月，日本宣布确立“半导体·数字产业战略”，决定加大投资，重建生产体制，以增强供应链的韧性。

根据“海外供应链多元化支援”政策，对生产高度集中在特定国家的产品和对国民健康生活极为重要的产品，支持企业对供应链进行多元化和分散化，将生产从特定国家迁往以东南亚为中心的国家。

(2)防止重要技术流失。日本修改了《外汇与外国贸易法》,收紧了技术投资和出口监管。3 800 家日本上市公司被列入外资收购所需要事先申报、满足条件并事后报告以及事后报告的目标上市公司清单,其中有 518 家属于核心行业,从供应链的角度看,将关键技术掌握在自己手中,增强了供应链的可控能力。

(3)建立供应链国际互补机制。除了加强重点国际合作对象东盟之外,日本还寻求与更多国家或地区的合作,2021 年就曾与澳大利亚、印度共同发表了"供应链强韧化倡议(SCRI)"。

供应链的重要性,还体现在国家的外交选择上。美国的出口有 1/4 是运往亚洲,而进口中有 40%来自亚洲。所以美国重返亚洲,并不仅仅是要保护自己的盟国,也要保护太平洋上日渐增长的贸易往来。为了更加有效地保护供应链,美国海军将使用航空母舰、潜艇、无人机等其他武器,其目的在于保护供应链。

澳大利亚海军正在推行"三大洋"策略,其目的就是要保护天然气运输船不受海盗骚扰、海底互联网光缆免受恐怖分子破坏,甚至是不让满载着印度尼西亚非法移民的船舶靠岸,总之,应对的都是移动资产和海外威胁,目的就是保护国家供应链安全。

谁把握了供应链,谁就掌握了全球化的进程。实现全球化、推进人类命运共同体的进程,必须要有全球现代供应链。基于经济的全球化,全球现代供应链涉及的上下游没有区域的界限。如果在全球推进和优化现代供应链,就可以极大地改变各国经济的发展进程、企业发展方式、产业发展方式、城市发展方式、国家发展方式,对全球经济从粗放经营到集约经营的转变做出不可估量的贡献。

(二)供应链成为全球新的"公共品"

竞争性的解放是基于供应链而非国家领土。全球现代供应链的竞争,取代了各国之间军事和领土竞争的理念,成为当今全球新的聚焦点。"全球安全"被普遍认为是最重要的"公共品"。过去"全球安全"的主要提供者是美国。但到 21 世纪初,情况发生了变化,全世界最重要的"公共品"变成了基础设施。"一带一路”和中欧班列是我国积极向全世界提供的“基础设施”。我国布局的“物流与供应链枢纽”不仅是向全世界提供的“基础设施”，而且是融入全球现代供应链网络与体系的重要节点。

(三)供应链关乎全球经济增长

2013 年 12 月 7 日，WTO 成立以来首份全球性多边贸易协定——《巴厘协定》正式达成。该协定涵盖了简化海关及口岸通关程序、协助最不发达国家发展贸易等内容。这份协定的达成将推动国际贸易便利化，以降低贸易成本，大幅度提高最不发达国家在国际贸易中的份额，铲除发达国家针对发展中国家的市场准入壁垒，促进全球资源的合理配置和世界市场的统一。

《巴厘贸易促进协议》签订后，各国统一海关管理程序(减少审批)，这给全球 GDP 增加 1 万亿美元，并创造 2 000 万个就业岗位。世界经济论坛和贝恩咨询公司共同开展的一项研究表明，供应链标准的顺畅衔接将可能令全球 GDP 增长 5%，而落实现存所有世贸协议仅能让 GDP 增长 1%。

帕拉格·康纳认为，供应链变革很可能会推动世界版图的变动，因为供应链对经济的影响太大了。

现在有一种论调是，随着中国经济的发展，过去使中国成为世界工厂的成本优势正在逐渐消失，所以“中国制造”过去的竞争力也将被消耗殆尽。但仔细研究供应链体系，你会很清晰地感受到，也许“中国制造”的真正优势才刚刚开始浮出水面：强大的基础设施以及全面的工业门类，为厂商在中国建设完整的供应链生态提供了最好的条件；消费群体的崛起，意味着本地供应链的黏性会不断增强(全球范围内 2/3 的制造都设在最终消费地附近)；对智能化改造的友好，会让这里成为全球产业升级、智能化改造的试验田。

在供应链管理作为一门学科出现的前几十年里，以降本增效为目标的传统供应链理念，是真正的核心。它是欧美各大制造业和零售业巨头们蹚出的路，是欧美式的全球供应链。或许，我们可以期待供应链在重新定义未来世界格局的过程中能够走出一条中国式全球供应链的路。

四、供应链的全球版图

世界正在进入超级的全球化阶段，一幅全世界范围内互联互通的超级版图正在形成,让世界从民族国家时代过渡到供应链时代。

(一)“三足鼎立”的供应链格局

早期全球供应链有三大中心,分别是以德国为中心的“欧洲工厂”、以美国为中心的“北美工厂”和以日本为中心的“亚洲工厂”。当时,日本一度被称为亚太地区的供应链中心,美、中、韩以及其他许多亚洲国家将日本作为终端需求的供应源。随着中国改革开放政策的不断深化,尤其是加入 WTO 后,中国迅速崛起,逐渐取代日本,成为亚洲供应链的中心。

根据斯蒂芬·安格里克(Stefan Angrick,2019)测算,中国除附加值最高的商品和服务出口份额比日本低外,其他各类产品的出口份额均高于日本。不仅如此,中国与其他中心国以及几乎所有亚洲国家均建立了更加密切的贸易联系。此外,中国在全球供应链中的地位不同于当时的日本,中国对美国的依赖度相对更低,而且近些年与美国密切联系的国家数量在逐步减少,更多的是转向中国。

目前全球供应链是一个“三足鼎立”的状态,全球形成了以中、美、德为供应链中心的新格局。从贸易流的数据可以很清楚地看到,这三个区域内部的贸易非常紧密,三大区域之间也有很大的贸易量。这三大体系之间形成了一个全球供应链的版图。

从具体行业来看,产业链格局的演变与总体趋势是一致的,但不同国家之间存在一定的差异。比如,中国是全球最大的纺织业供应链中心,而美国是全球最大的服务业供应链中心。不过需要提醒的是,虽然中国也向多数亚洲国家供应服务业产品,但很多服务业最终产品的生产非常依赖于来自美国的中间品。

中国、欧洲和美国世界三大经济和贸易体占世界 GDP、投资和贸易的绝大部分,尤其是中、美、欧三者之间的贸易,冲突、合作和竞争在复杂关系中相互交织。

(二)供应链将全球互联

西蒙·安霍特(Simon Anholt)在《优良国家党》(*The Good Country Party*)著作中指出:“我们所生活时代的最核心事实就是,每个国家、每个市场、每类通信媒介以及每种自然资源都相互联系。”“地缘政治在过去数百年间仿佛就意味着领土的征服以及对邻国或对手的统治。如今，该原则可被简称为竞争性互联：互联程度最好的国家会胜出。各国必须保护自己的国界，但最重要的是这些国家可以控制多少供应线：商贸路线和跨境基础设施。所有伟大的战略家都深刻理解这句话的重要性：外行才谈战略，内行谈后勤。”

传统的国界线表示国与国的隔离，强调本国的国土主权，限制人员、资本、资源、技术的流动，而在互联网时代，国家必须选择与其他国家、其他区域连接，因为连接的力量远远大于政治和军事的力量，必须打造供应链，实现资源、生产、服务、消费的连接。21 世纪，本质上是一场争夺供应链的角力，新军备竞赛的内容是连接全球各大市场。比起争夺领土，争夺连接本区域与其他区域的输油管道、铁路、公路、隧道、大洋航线、网络电缆和电网更符合各国利益。

供应链将代替任何超级大国或者多国联盟，成为稳定全球社会的锚。没有任何国家，哪怕是美国，能够打破供应链系统。连接供应链的能力比军事力量更重要，而军队的主要任务会转变成守卫供应链而非传统国界线。在 21 世纪，互联能力是军备竞赛的新焦点。

在《超级版图：全球供应链、超级城市与新商业文明的崛起》中，帕拉格·康纳指出：得基础设施者得天下，一条条供应链就是人类发展进步的脉络，你不仅能看到 21 世纪的全球文明图景，而且更能看到在各国各地区以新的形式互联的情况下国家和城市应如何重新思考发展目标。

五、中国在全球供应链中的地位

（一）物流绩效指数排名：20 位

全球物流绩效指数（LPI）是一个国家或一个地区内物流水平与参与全球供应链能力的国际性指数，由世界银行每两年发布一次。2012 年参与的有 155 个国家或地区，排名第一的为新加坡；2014 年参与的有 160 个国家或地区。2014 年排名第一的为德国。物流绩效指数由 6 个指数构成，每个指数的满分为 5 分。在 2016 年世界银行发布的 LPI 排名中，中国位居第 27 位。在 2018 年世界银行发布的 LPI 排名中，拔得头筹的是德国，中国排在第 26 位，位于韩国之后。新冠肺炎疫情防控期间，供应链出现了前所未有的中断，交货时长激增。在2023年世界银行发布的LPI排名中，新加坡的LPI整体分数排名第一，芬兰第二，丹麦第三，中国香港排行第10位，中国台湾排名第16位，中国排名第20位，美国排名第18位。

虽然世界排名从2016年的第27名跃居2023年的第20名，但与世界第二大经济体、第一大进出口贸易伙伴的地位极不相称。中国必须寻求供应链变革，在新常态下，"供应链＋"必与"互联网＋"一样，在供给侧结构性改革中成为两个"翅膀"。

世行集团宏观经济、贸易与投资全球实践局局长弗罗恩德指出："物流服务业是国际贸易的支柱。良好的物流可以降低贸易成本，但供应链的牢固程度取决于它最薄弱的环节。对于发展中国家来说，搞好物流服务，就意味着改善基础设施、海关、技能和监管。"

不难发现，在供应链中占主导地位的高收入国家在物流绩效上往往排名较高。排在前20位的多为经济合作与发展组织(OECD)成员，包括大部分欧洲国家以及美国；而排名低的往往是那些低收入、孤立、脆弱或面临冲突动乱的国家。在中等偏低收入国家中，印度、印度尼西亚等大型经济体和越南、科特迪瓦等新兴经济体脱颖而出，成为绩效最佳的国家。

上述报告还显示，目前发达国家和发展中国家同样面临物流业劳动力短缺的挑战，不同的是，发展中国家需要更多管理层员工，而发达国家面临的是货车司机等蓝领工人的短缺。同时，高收入国家比低收入国家更有可能为防范网络安全威胁做好准备。

世行集团宏观经济、贸易与投资全球实践局经济学家维德若表示："在国际贸易通过全球价值链而日趋分散的情况下，良好的物流比以往任何时候都更加重要。小的供应链中断会迅速波及其他国家和地区。"

(二)只有两家企业进入2020年度全球供应链25强

全球领先的信息技术研究和顾问公司Gartner公布了"2023年度全球供应链25强"榜单(The Gartner Supply Chain Top 25 for 2023)。施耐德电气升至第一位，进入前五名的还有思科、高露洁棕榄、强生和百事公司。两家中国企业上榜，联想进入前十名，列第八位，阿里巴巴名列第 23 位。2023 年新上榜公司为特斯拉、百威英博、葛兰素史克和陶氏化学。

供应链持续表现卓越的亚马逊（Amazon）、苹果（Apple）、宝洁（P&G）和联合利华（Unilever）今年仍处在“大师”（Masters）级行列。这些公司在过去十年中至少有七年的得分进入前五名。

全球供应链 25 强榜单旨在对相关企业稳定持久的领导力表示认可，上榜公司来自《财富》全球 500 强和《福布斯》全球 2000 强企业，年营业收入要高于 120 亿美元。排行榜依据 Gartner 和同行的意见，公司最近 3 年的资产报酬率、库存周转水平、收入增长水平、环境社会治理（ESG）等指标，最后得出各企业的综合分数，并排序。

Top 25 排名由两个主要部分组成：一是对业务绩效的定量衡量，另一个是对同行和 Gartner 分析师意见的定性表示。这两个部分被合并成一个综合总分，最终决定排名情况。2023 年，Gartner 还对评选规则进行了微调：一方面，扩展企业社会责任（CSR），将权重增加 5%，而且增加了道德企业（ethical company）和性别平等标准（gender equality criteria）；另一方面，调整库存周转率，从之前的权重 10%降低至 5%。

中国只有联想与阿里巴巴两家上榜，美国公司占 13 家。在供应链的战略与实施方面，中国与美国的国家供应链，德国、日本的产业供应链，新加坡的港口供应链相比，仍有很大差距。

第二节　供应链战略

2024 年 2 月 29 日，国家统计局发布 2023 年国民经济和社会发展统计公报，全景呈现 2023 年我国经济社会发展成绩。初步核算，全年国内生产总值（GDP）为 1 260 582 亿元，比 2022 年增长 5.2%；全年人均国内生产总值为 89 358 元，比 2022 年增长 5.4%，国民总收入为 1 251 297 亿元，比 2022 年增长 5.6%。国家统计局副局长盛来运分析，2023 年，中国经济顶住多重压力实现量的合理增长，与此同时，在爬坡过坎中经济实现质的有效提升，社会民生事业取得新进步。

经济总量和人均水平持续提高，意味着我国的综合国力、社会生产力、国际影响力、人民生活水平进一步提升，我国发展基础更牢、发展质量更优、发展动力更为充沛，我国经济韧性强、潜力大、空间广且长期向好的基本面没有改变。

在中国经济表现中，中国民营企业发挥了不可替代的作用。在国家供应链发展战略中，成千上万的民营企业构成了全球供应链上的节点，民营企业作为外贸第一大主体。

2023年，我国有进出口记录的外贸经营主体首次突破60万家。其中，民营企业55.6万家，合计进出口22.36万亿元，增长6.3%，占进出口总值的53.5%，提升3.1个百分点。同期，外商投资企业进出口12.61万亿元，占30.2%；国有企业进出口6.68万亿元，占16%。

要打造全球现代供应链，民营企业是不可或缺的重要力量，所以支持民营企业建立全球现代供应链是一项重要的战略。

支持民营企业打造全球现代供应链，充分利用中国在构建全球现代供应链中的七大优势，从国家层面来说，首先就是发挥中国举国体制的优势，建立国家供应链战略，助推民营企业在世界范围内构筑跨越主权国家、跨越地区的全球现代供应链。

一、国家供应链竞争力

(一)中国供应链发展历程

1. 职能部门阶段

20世纪50年代至80年代末，是我国供应链管理的第一阶段。供应链管理只局限于生产过程之中和生产企业之间。供应链管理的研究是从物流管理研究起步的。产业环境的变化和企业间相互协调重要性的上升，使人们逐步将对供应环节重要性的认识从企业内部扩展到企业之间，从而被纳入供应链管理的范畴。

2. 集成供应链阶段

20世纪80年代末至90年代后期，是集成供应链阶段，强调价值增值链。由于需求环境的变化，原来被排斥在供应链之外的最终用户、消费者的地位得到了前所未有的重视，从而被纳入供应链的范围。这样，供应链就不再只是一条生产链，而是一个涵盖了整个产品“运动”过程的增值链。

3. 价值链网络阶段

进入21世纪，随着信息时代的到来和全球经济一体化的迅猛发展，供应链管理进入价值链网络阶段。这种网链正是众多条“单链”纵横交错所形成的网链结构，使供应链从一种运作工具上升为一种管理方法体系、一种运营管理思维和模式。供应链是一个范围更广的企业结构模式，包含所有加盟的节点企业，从原材料的供应开始，经过链中不同企业的制造加工、组装、分销等过程，直到最终用户。它不仅是一条增值链，而且从增值的功能提升到创造网链企业间的战略合作关系。

(二)现代供应链

传统供应链是一个企业微观层面的概念。互联网和物联网支持下的云计算、大数据和人工智能，将传统供应链塑造成具有高度智能化、可视化、服务化和智慧化的现代供应链。

现代供应链各环节形成高效、高质协同，还在不同行业中形成供应链深度融合的产业生态链和产业价值链，在生产和流通过程中，为了将产品和服务交付给最终用户，由上游和下游企业构建网链结构。这个网链结构是利用信息技术，将商流、物流、信息流、资金流等进行计划、组织、协调和控制的一个完整系统。它不仅是一条连接供应商和用户的物流链、信息链、资金链，而且是一条增值链，包括经营层面、管理层面、战略层面的协同，从而推进全球现代供应链提升到国家战略高度。

在这种全球化现代供应链中，企业的形态和边界将发生根本的变化，甚至国与国之间的边界概念也产生了巨大的改变，这种区域的界限在全球化供应链上的业务经营中将被逐渐淡化。

全球现代供应链的运作是按照国际分工协作的原则，利用全球化供应链网络，实现资源在全球范围内的合理分配、流动和优化配置，促进全球经济的进一步发展。全球现代供应链就是要求用全球化的观念，将现代供应链的系统延伸至整个世界范围。

各个国家都日益重视供应链的作用，欧美国家已经将全球现代供应链竞争从企业微观层面提升到国家宏观战略层面。可以说，21 世纪，全球竞争的主线已日益深化为全球现代供应链的竞争。尤其全球供应链的安全可控，中国作为全球供应链的深度参与者，受到很大冲击。中国 GDP 不断增加和占美国的比重不断提升，导致美国及其同盟对中国多领域进行多层次打压。2020 年开始新冠疫情近 3 年影响和 2022 年爆发的俄乌冲突，导致构建安全可控的产业链供应链体系越来越重要。中国供应链外部面临"前有美国围堵，后有越南、印度等国家追赶，同时有法、德、日、韩等国摇摆"的各种挑战。

（三）国家供应链竞争力

一个国家的供应链水平决定了它在全球范围内的资源配置能力、协同能力及服务支撑能力。特别是在推动"一带一路"建设的过程中，中国需要通过提升供应链水平进一步提高统筹两个市场、两种资源的能力。

建立国家供应链发展战略，就是要有效地提升国家供应链的竞争力。国家供应链竞争力是国家参与国内、国际市场互动的国家能力的一种表现形式。供应链服务能力又表现为服务实力和服务效率两个主要方面。随着国际市场的进一步开放，各国之间长期持续的竞争不可避免，这使得国家供应链竞争力不仅与本国的供应链发展水平有关，而且与国家参与市场竞争的深度及市场互动的激烈程度有关。

（四）提升供应链竞争力的三大动因

全球市场、国家制度、产业转型升级以及企业市场行为，是推动供应链发展的原动力。从影响与推动便于供应链发展的宏观、中观与微观三个不同层面可以归纳出如下三大动因：

1. 获取国际市场资源配置的有利地位

由于全球化的资源、生产与消费的时空分配不均衡，各国需要通过提升供应链竞争力，以取得国际市场资源配置的有利地位。全球统一市场中各种原料、产品时空分布的不均衡性以及市场需求的国际化，推动了全球供应链的活跃发展。

2. 强化国家产业竞争优势

产业竞争是国家竞争的主要战场。随着由资源、资金驱动的竞争发展到由创新、增值驱动的新型竞争，国际产业竞争日益加剧，竞争的广度与深度不断拓展，在这种情况下，产业升级是积极应变的关键。

3. 挖掘企业新的生产力机会

企业发展需要不断寻求利润空间，提升国家供应链竞争力，使各国为本国企业挖掘新的生产力提供机会。如何摆脱资源禀赋、劳动力等自然属性在激烈的国际竞争中获胜是各国政府积极探寻的问题。根据比较优势和竞争优势理论，各国可以选择有比较优势的产业发展，同时通过技术创新、管理创新来获取竞争优势。供应链可以对传统物流进行流程再造，需要对技术和管理方式进行改革，而该领域的改革创新将提高相关产业生产资料的利用水平和劳动者的工作效率，从而释放出更多的生产力，突破现有的利润空间，并将这些潜力转变成综合实力。

二、供应链战略的顶层设计

改革开放以来，我国对外贸易取得了突飞猛进的发展，进出口总额位居世界第一，轻工纺织等大部分商品在国际贸易体系中占举足轻重的地位，但我国出口大多采取 FOB(离岸价)，进口大多采取 CIF(到岸价)。国际贸易的供应链大部分环节并未处于我国物流企业和贸易商的掌控下，价值链的大部分被外资企业获得，国际贸易大而不强问题凸显。

国家供应链的水平是国家竞争力的重要标志。全球现代供应链整合能力和协同效率已成为国家经济的核心竞争力之一。现代供应链的安全在很大程度上会影响消费安全。同时，一个高效的供应链还能够降低百姓的生活成本，带来实实在在的便利。

基于全球供应链的集聚力和辐射力，发达国家非常重视供应链的发展，都有自己的供应链发展战略。欧美国家将其提升到战略层面，作为对国家安全至关重要的资产。美国 2012 年发布了《全球供应链安全战略》，把促进商品的高效和安全运输、培育有弹性的供应链作为战略目标；英国 2015 年发布了《加强英国制造业供应链政府和产业行动计划》，重点支持供应链创新、上下游协作、供应链融资、弹性安全等；德国将构建智能化供应链作为工业 4.0 的重要内容。

相比之下，我国供应链发展起步较晚，在供应链理念、发展基础、治理机制等方面与发达国家有很大的差距，要进一步提高我国在全球经济治理中的话语权，向全球价值链中高端跃升，占领未来全球竞争的制高点，必须加快我国供应链的发展。

2017 年，国务院办公厅印发《关于积极推进供应链创新与应用的指导意见》，为参与全球供应链协同合作提供了制度保障与政策支撑。习近平总书记一再强调，“产业链、供应链在关键时刻不能掉链子，这是大国经济必须具备的重要特征”“为保障我国产业安全和国家安全，要着力打造自主可控、安全可靠的产业链、供应链体系”。

(一)“全链域”倡议与顶层设计

当一个国家强大到要走向全球化发展时，供应链就会上升为国家战略。2014 年 11 月 11 日，国家主席习近平在出席 2014 年亚太经合组织(APEC)领导人非正式会议记者会时提出了实施全球价值链、供应链的领域合作倡议，被称为“全链域”倡议。由此，中国拉开了建设全球现代供应链的序幕。

“一带一路”倡议与“全链域”倡议是相互衔接、相互呼应的，这是促进全球合作和共同发展的中国方案，为全球现代供应链领域的合作与发展指明了方向。中国已把供应链战略提升为国家战略。“一带一路”倡议和“全链域”倡议的提出，是在经济新常态和国际经济新形势下中国从顶层设计发出的最强音。

2017 年 10 月 18 日，习近平总书记在十九大中第一次提出“现代供应链”，这对我国现代供应链发展具有里程碑意义，为加快推进我国现代供应链创新发展提供了充分的政策依据。

(二)密集部署

国家政府部门对供应链方面的工作已经开始抓紧行动。从 2017 年 8 月至 2018 年 5 月，仅仅 9 个月的时间，国家各部委频繁颁发关于供应链的重大文件：2017 年 8 月 16 日，商务部、财政部联合发布《关于开展供应链体系建设工作的通知》；2017 年 10 月 5 日，国务院办公厅颁发《关于积极推进供应链创新与应用的指导意见》；2018 年 4 月 17 日，商务部等 8 部门发布《关于开展供应链创新与应用试点的通知》；2018 年 5 月 28 日，财政部、商务部联合下发《开展流通领域现代供应链体系建设的通知》；2021 年 3 月 12 日，《国民经济和社会发展第十四个五年规划和 2035 年远景目标纲要》（简称《规划》）正式发布，13 处提到供应链，这也是中国历史上五年规划中首次如此高频部署物流与供应链；2021 年 3 月 30 日，商务部等 8 单位颁布《关于开展全国供应链创新与应用示范创建工作的通知》。国家各部委重磅颁布关于供应链的系列文件，就供应链创新发展出台文件，为现代供应链的发展指明了方向，将全面提升我国现代供应链的发展能力。

（三）国家现代供应链发展规划

2018 年 12 月 21 日，国家发改委、交通运输部联合发布《国家物流枢纽布局和建设规划》（以下简称《规划》）。《规划》结合"十纵十横"交通运输通道和国内物流大通道基本格局，选择 127 个城市作为国家物流枢纽承载城市，规划建设 212 个国家物流枢纽，包括 41 个陆港型、30 个港口型、23 个空港型、47 个生产服务型、55 个商贸服务型和 16 个陆上边境口岸型国家物流枢纽。《规划》提出，到 2020 年布局建设 30 个左右的国家物流枢纽；到 2025 年布局建设 150 个左右的国家物流枢纽，推动全社会物流总费用与 GDP 的比率下降至 12%左右；到 2035 年基本形成与现代化经济体系相适应的国家物流枢纽网络。2019 年 9 月 11 日，国家发改委、交通运输部联合印发《关于做好 2019 年国家物流枢纽建设工作的通知》，共有 23 个物流枢纽入选 2019 年国家物流枢纽建设名单。

二十大报告指出，要坚持推动以高质量发展为主题的三大着力点：一是着力提高全要素生产率；二是着力提升产业链、供应链韧性和安全水平；三是着力推进城乡融合和区域协调发展，推动经济实现质的有效提升和量的合理增长。其中强调要着力提升产业链、供应链韧性和安全水平，同时以战略思维布局"国家安全"，在国家"一带一路"背景下提出构建全球现代供应链发展战略，高水平、高起点构建区域和全球现代供应链服务体系，更好地促进相关战略实施，在全球现代供应链战略指引下，从国家战略层面深度参与全球现代供应链体系建设，提高我国在全球现代供应链体系中的控制力。

面对新形势、新时代，供应链未来创新发展将展开一场新的变革；从其发展历程来看，已经进入现代发展的新阶段。随着互联网等信息技术的快速发展，信息传递零时差、零距离、零成本，供应链与互联网、物联网、人工智能大数据深度融合，赋予现代供应链大数据支撑、网络化共享、智能化协作的智慧化新特点，组织形态更加扁平，协同效率大大提高。

现代供应链的整合能力和协同效率已经成为企业、产业乃至一国经济的核心竞争力，供应链在原材料保障、降低成本、提高效率方面的重要作用已经从单个企业内部扩展到整个产业链、整个地区甚至整个经济。供应链的功能也从保障供应、降本增效扩展到产品与服务的创新研发以及产业的转型升级供需的精准匹配，以提高整个供给体系的质量。

在全球现代供应链方面，积极融入全球供应链网络，提高全球供应链安全水平，参与全球现代供应链体系制定与推动，在国家供应链战略指引下，让中国现代供应链迈向全球价值链中高端。

（四）六大保障措施

2021 年是“十四五”规划开局之年，3 月 12 日，《国民经济和社会发展第十四个五年规划和 2035 年远景目标纲要》（简称《规划》）正式发布。《规划》作为指导今后 5 年及 15 年国民经济和社会发展的纲领性文件。

针对目前我国供应链发展基础薄弱、人才匮乏、治理机制不完善等问题，提出了六个方面的保障措施：一是营造良好的供应链创新与应用政策环境；二是积极开展供应链创新与应用试点示范；三是加强供应链信用和监管服务体系建设；四是推进供应链标准体系建设；五是加快培养多层次供应链人才；六是加强供应链行业组织建设。

三、国家供应链的战略重点

从国家层面，亟待构建多维供应链服务体系，以增强现代供应链的综合实力。

（一）战略重点一：打造供应链枢纽城市

当今世界迈入互联网与供应链时代，国际分工日益深化，城市之间的竞合主线逐渐演变为供应链与供应链之间的竞争与合作。基于供应链枢纽经济视角寻找城市创新动力源则是全球供应链环境下创新产业聚集模式的新途径。

1. 供应链枢纽经济与城市发展“互动”

建设国家供应链枢纽城市，就是推进供应链节点城市的创新发展。从发达国家打造全球供应链枢纽城市的成功实践来看，通过供应链枢纽城市建设，可以快速、高效聚集各类资源要素，集链、补链、延链、强链，实现产业链的集群协同发展。

枢纽经济是“枢纽”和“经济”的有机“合成”。在互联网经济业态不断创新、综合运输和物流枢纽服务组织不断强化的支撑下，以城市为载体的枢纽经济发展正呈现出全新的发展格局。发展供应链枢纽经济依赖于供应链枢纽城市与枢纽经济的“双重”协同发展：供应链中“产供销”协同、枢纽经济与枢纽城市协同发展，同时，集聚技术、管理、人才、政策、信息、市场等各类要素于一体，运用供应链管理理念，从资源、产业基础、环境营造和模式创新等方面选择产业，进行产业研究，设计交易、金融、营销、信息、供应等相关产业服务体系，培育产品链、产业链和价值链，集聚形成供应链枢纽城市发展的产业集群。

供应链枢纽经济与城市发展“互动”，在经济全球化浪潮推动下，由于供应链技术和以互联网、物联网为核心的信息技术的不断创新，中心城市经济聚集和扩散效应形态正发生改变，纽约、伦敦、东京、香港均在这种趋势中获得了发展红利。供应链枢纽城市是全球供应链体系和供应链服务体系的叠加与优化结合，将成为全球供应链体系的核心成员，参与全球供应链体系构建。

在全球化的背景下，供应链日益成为产业组织的一种主流模式，从全球供应链视角，打造集平台数字化、智能化、产业供应链于一体的载体，加快融入全球供应链体系，对更好地加快整合全球供应链体系具有重要意义。大力发展数字经济、枢纽经济，实现产业数字化、智能化，必须有坚实的“地基”。作为“地基”的枢纽城市，布局规划包括国家交通物流大通道，为城市后期的发展奠定坚实的基础，这不仅关系到产业的未来发展，也直接关系到国家经济发展的未来。

2. 国家供应链枢纽城市布局

2015 年，商务部等 10 部委在全国布局规划 37 个国家级、66 个区域级和若干地区级流通节点城市；2017 年，商务部和财政部确定 17 个供应链体系，建设首批试点城市，国务院办公厅印发《关于积极推进供应链创新与应用的指导意见》，提出“构建全球供应链”等六项任务，形成覆盖我国重点产业的智慧供应链体系;2018 年,商务部等 8 部委又确定了 55 个供应链创新与应用试点城市。国家发改委、交通运输部贯彻落实国务院常务会议关于发展"通道+枢纽+网络"的现代物流体系的决定,印发《国家物流枢纽布局和建设规划》,提出在 2025 年规划建设 150 个国家或地区物流枢纽,2035 年基本建成与现代化经济体系相适应的国家物流枢纽网络。

3. 国家供应链枢纽城市创建链式服务体系

国家物流枢纽城市是最有效率的链式服务体系,其本质是体现物流枢纽经济价值增值效应,将是未来财富的聚集点。供应链是产业间的纽带、城市间和国家间的桥梁、"未来城市"建设的战略资源。发展供应链、形成新型"城市群",可以推进数字城市与物理城市同步规划,实现供应链与城市环境空间和谐发展,城市、地区、国家之间互联互通与战略协同。

枢纽经济是以交通、物流、信息等枢纽平台为载体,强化对经济活动和信息流动的集聚与辐射,寻求创新驱动发展的一种新模式。枢纽经济是以资源聚集平台为载体,以强大的聚集能力和扩散能力为特征,以优化时空配置要素为手段,把"商、物、人、资金和信息""五流合一",重构产业在地理、空间、时间方面的分工与协同,具有高度的供应链、产业链、产业化、集群化的组织形式。

在国内国际双循环新发展格局下,高效整合各类资源和要素,提高企业、产业和区域间的协同发展能力,在现代供应链领域培育新增长点,形成新动能,对区域经济的高质量发展具有重大的推动作用,对于城市及市政府来说是机遇也是挑战。

城市具有经济要素的聚集性和承载性,是枢纽经济的发展载体。枢纽城市以交通、物流、信息等枢纽平台为载体,强化对经济活动和信息流动的集聚、辐射与扩散。枢纽城市在区域网络结构中具有创新行为,作为沟通全球与各国内外的供应链运作节点,是最有效率的供应链链式服务体系。

国家物流枢纽城市服务能力,将成为新一轮创新发展与跨越可能性的动力源。建设国家物流枢纽城市,可使内陆成为广袤地区交流融通的前沿阵地,在大区域中的作用也将会大幅提升,利于融入大城市群,由边缘变前沿,利于提高城市地位。建设国家物流枢纽城市是一张国家级的名片,无论是在省城市排名还是国家物流战略定位上都能更进一步。国家供应链枢纽城市是全球供应链体系和以供应链服务业为核心的全球供应链体系的叠加与优化结合，可以实现资源的高效配置和利用。

国家物流枢纽城市的能力就是城市竞争力，在这场演变中起到了决定性作用。可以说，国家物流枢纽城市，可以激活一座城市。国家物流枢纽城市的建设以价值链、智慧和共生为目标，实现高效、精准、敏捷的服务；通过人工智能、大数据和机器人等技术的创新与应用，实现整个物流体系操作的无人化、运营的智能化和决策的智慧化；通过供应链和价值网络全局去重新规划行业间、物流企业间的分工和协同化发展，实现降本增效。国家枢纽城市建设将会是未来财富的聚焦点。

4. 国家供应链枢纽城市的服务对象

国家供应链枢纽城市不是为单一城市或某一地区服务的，而是作为国家对特定区域内物流产业发展服务的大本营。

国家供应链枢纽城市的开发整合，建设物流枢纽基础设施，通过提供各项专业服务来实现价值和创造价值。产业价值链也随之逐步裂变和不断延伸。产业价值链形成的基本动力在于创造产业价值最大化，其本质是体现物流枢纽经济价值增值效应。国家物流枢纽城市正是通过关注并满足已经变化了的产业链、供应链的需求，开拓新的需求链，实现物流向枢纽转移并将价值链延伸。

5. 加快供应链枢纽城市的国际化步伐

当今世界已进入与互联网、物联网深度融合的供应链时代，城市规划建设面临新技术、新模式与新业态的挑战，培育和壮大供应链枢纽经济成为城市创新发展的动力源和新引擎，从“需产供”一体化视角，构建基于产业集群的供应链枢纽城市创新发展模式，涵盖供应链枢纽基础设施网络、产业经济、社会事业、国际化等方面的建设。

发展供应链枢纽经济，通过区域比较优势来吸引产业要素、资源聚集，走出一条比较优势驱动下经济发展的新模式，吸引更多外向型生产制造、国际商贸物流产业集群发展，参与区域乃至全球供应链的分工合作，积极引导流通节点城市、重要物流节点城市向供应链节点城市、供应链枢纽城市和国际供应链枢纽城市迈进，提升城市国际化水平。建设国家物流枢纽城市是一张国家级的名片。响应“一带一路”倡议，将枢纽城市主动融入互联互通大通道建设，加快物流供应链体系建设，构建跨国采购与物流平台，保障国际货运畅通，加强国际经贸合作，将产品链、产业链和价值链向国际延伸，提升城市国际化水平。

供应链枢纽城市创新发展融入“一带一路”建设，是适应经济全球化的必然选择，也是提升城市核心竞争力的重要抓手，是建设国际供应链枢纽城市的有效途径，从城市对世界贡献的角度找寻城市发展的新内涵、新动力，通过强化高质量的物流服务供给，设施装备与规模企业“双重”高度集聚，实现产业转型升级，跨上价值链中高端，由内向外扩展，助力枢纽经济提质增效，支撑枢纽城市国际化。

(二)战略重点二:布局国家交通物流大通道

2021年，我国社会物流总额超330万亿元，较2012年翻了近一番，货运量、货物周转量、快递业务量等居世界前列，物流业总收入近12万亿元，成为全球最大的物流市场。但现代物流“大而不强”问题突出，规模经济效益释放不足，存量物流基础设施网络“东强西弱”“城强乡弱”“内强外弱”，因此在国家供应链战略中，重点布局国家交通物流大通道，从“大而不强”到“大而强”。

物流大通道服务于供应链要求，通过全球战略形成全球现代供应链，需要各种运输方式，形成现代供应链战略协同。物流大通道以创新规则为驱动，以跨界服务为运行手段，以追求经济规模为出发点，实现设施联通与信息服务系统衔接。

枢纽型物流资源是整个高效供应链上的“中场发动机”。构筑线下实体物流枢纽和线上虚拟物流枢纽的融合，利于强化这个发动机的智能化。

1. 物流枢纽的功能

物流枢纽不是为单一城市或某一地区服务的，而是作为国家对特定区域内物流产业发展的服务大本营，从视角方面就要跳出单一城市、跳出单一地区，从更大区域的角度来看待物流枢纽的发展，提供国际和国内两大市场广泛使用。

国家物流枢纽建设需要创新物流要素聚集方式，结合城市既有的城市宏观发展层面来考虑物流枢纽发展战略走向的问题，从宏观层面上把握城市发展的定性、定位、定向，关注土地利用的空间结构、生态格局、交通系统。

国家物流枢纽服务能力，将成为新一轮创新发展与跨越可能性的动力源。

依托处于大城市辐射的边缘地带，建设国家物流枢纽，可使内陆成为广袤地区交流融通的前沿阵地，在大区域中的作用也将会大幅提升，利于融入大城市群，由边缘变前沿，利于提高城市地位。

2. 国际国内的物流通道建设

重点打造面向中亚、南亚、西亚的战略现代供应链枢纽，即面向东部的陆海联运、江海联运、联运节点和重要航空港，建立省级和跨国合作机制，促进信息资源的共享。

东部地区要适应居民消费加快升级、制造业转型、国内外一体化的趋势，进一步提升国际现代供应链能力。中部地区要发挥承东启西的优势，加强与沿海、沿边地区的合作，加快资源输送和南北区域合作的现代供应链枢纽城市和供应链节点城市。西部地区要结合推进丝绸之路经济带建设，加快构建形成面向东南亚、俄罗斯，连接欧洲的现代供应链。推进全球现代供应链发展，加强现代供应链枢纽在港口、机场、铁路、公路等各类口岸的供应链基础设施建设，加强与周边国家或地区的跨境物流体系和走廊建设，加快物流基础设施的互联互通，增强进口货物集散能力，构建全球贸易营销网络、跨境电子商务供应链支撑体系，为国内企业走出去和开展全球业务提供现代供应链服务，支持优势供应链企业加强联合，加强国际现代供应链联盟建设，构建全球现代供应链服务网络，打造具有国际竞争力的跨国现代供应链创新企业服务平台。

推进港站一体化建设，实现铁路货运站与港口码头无缝对接，完善现代供应链枢纽设施，提高货物转换的便利性和兼容性，在“一带一路”沿线国家或地区、中心城市和产业园区周边加强现代化配套中心建设，形成仓储配送网络，优化航空、货运网络布局。

3. 加快国内航空货运建设

航空物流在高时效、高附加值、长距离的货运物流中具有得天独厚的比较优势，其发展程度是衡量各国流通体系现代化水平的重要标志。目前，航空物流已成为高端产业国际供应链体系的核心环节。据统计，航空货运量大约占全球贸易总量的 1%，但货值却占全球贸易总量的 36%。航空物流作为重要的战略资源，不仅能带动区域经济发展，还能有效串联全国、全球的经济带，实现产业和社会供应链之间的高效融通。在新一轮全球产业重构中，国际航空物流能力已成为影响新一轮全球产业重构的“基础设施”。

2021 年，我国全货机机队为 198 架，较 2019 年增加 25 架；货运航空公司 12 家，较 2015 年增加 6 家。2021 年，我国货运定期航班通达国内 242 个城市（不含港、澳、台），联通全球 44 个国家的 67 个城市，其中全货机定期航班通航国家 30 个。全国形成以机场群为核心，国际以欧洲、东北亚、北美洲、东南亚四大市场为主的航空货运网络市场。但我国航空货运，尤其是国际航空货运与中国的经济体量和国际地位严重不匹配。

一是运力不足，结构失衡问题突出。海外航空巨头占我国国际货运市场 60%以上的份额，尤其关键航路、关键产业链节点城市几乎均被国外航空公司垄断。此外，国际三大物流巨头运力主要以全货机为主，但我国全货机运量占比仅为 30%。疫情导致国际客运量断崖式下跌、国际货运能力大幅萎缩、我国航空货运运力结构性失衡、全球竞争力和抗风险能力不足等问题凸显。

二是航空物流基础设施薄弱。受传统的“重客轻货”观念影响，既有机场规划建设侧重客运功能，存在货运设施落后、发展空间受限、地面运行效率低等问题。

三是全球网络布局有待加强。我国航空物流全球网络布局严重滞后于其他产业，对接全球物流市场的能力不强。目前，我国国际航空货运通航全球 44 个国家或地区，但仍以周边地区市场为主，远程国际航线则主要集中在欧美市场，南美洲、非洲等地区覆盖能力较差。如顺丰航空作为我国最大的货运航空公司，截至 2021 年末，自有货运飞机为 69 架，覆盖 53 个国内站点、35 个国际及地区站点，全球累计运营 111 条航线，与覆盖遍及全球 220 个国家或地区、拥有 1 950 个转运货站的 FedEx 相距甚远。同时，由于海外网络布局不足，在海外终端配送方面，国内航空货运公司大多借用当地物流商的海外网络实现，受掌控能力不足、服务质量难以保证等多重因素影响，很难满足国内企业全球市场拓展和产业布局需求。

四是航运市场主体规模小。在航司业务规模上，根据 2022 年 8 月中旬国际航空运输协会（IATA）公布的 2021 年世界航空运输统计（WATS）Top25 排名，我国仅有南航、国航进入全球航空公司货运量前 25 名，分别以 80.78 亿吨千米、70.16 亿吨千米的货邮周转量分列第 10 位和第 12 位，与排名前三位的

FedEx 206.6 亿吨千米、卡塔尔航空 161 亿吨千米和 UPS 155.3 亿吨千米的货邮周转量相比差距较大。在航空货代领域，我国共有 8 家货代企业上榜全球空运 50 强榜单，其中，中外运作为中国大陆上榜企业之首，仅位列榜单第 12 位。此外，“三大巨头”依托完善的全球供应链服务体系，与全球众多相关产业链形成了深度黏性，也是国内航运市场主体短期内难以逾越的竞争壁垒。

五是国际市场份额占比低。我国航空运输企业承运的我国进出口货运量总体份额偏低，也就是国货难以国运，与我国在全球供应链中的地位严重不匹配。根据民航局局长冯正霖在发言中披露的信息，2019 年，我国货运公司在国际航线上的市场份额仅为 34%，外方占据近七成的份额。

航空物流大发展凸显了民航在陆、海、天、网“四位一体”互联互通布局中的重要作用和地位，枢纽机场在地方经济中的地位越发重要，主要表现为航空货运枢纽建设助力国际航空货运业发展，推动“空中丝绸之路”建设实现了高质量发展。

加快国内航空货运枢纽建设，加快国内机场连接、国际重要航空货运中心的大型货运枢纽建设，形成仓储配送网络，优化航空、货运网络布局，引导传统供应链、运输国际货代提高能力，支持走出去的企业，发挥其专业性、精细化服务优势，积极为“一带一路”建设提供现代供应链服务，进一步优化现代供应链组织模式，积极发展共同配送、统一配送，提高多次联运比重，提升现代供应链的专业化水平。

4. 创造价值链战略环节上的优势

不同的定位和功能的物流枢纽参与的价值活动中，并不是每个环节都创造价值，只有某些特定的价值活动才真正创造价值，这些真正创造价值的经营活动就是价值链上的战略环节。保持的竞争优势，实际上就是在价值链某些特定的战略环节上的优势。这也就意味着，物流枢纽需特别关注和培养在价值链的战略环节上获得重要的核心能力，以形成和巩固企业在行业内的竞争优势，就是致力于物流集约化、规模化、信息化以及物联网的研究和实践，优化物流服务流程和模式创新，将需求链和供应链进行完美结合。

5. 建设“四横五纵、两沿十廊”的物流大通道

现代物流是经济的“经脉”，一头连着生产，一头连着消费。《“十四五”现代

物流发展规划》明确了“十四五”时期现代物流发展的总体思路、空间布局、重点任务和重大工程。对内，将建设“四横五纵”9条国内物流大通道，即串接东、中、西部的沿黄、陆桥、长江、广昆等物流通道，以及联接南北方的京沪、京哈—京港澳(台)、二连浩特至北部湾、西部陆海新通道、进出藏等物流通道，提升相关城市群、口岸城市物流的综合服务能力和规模化运行效率;对外，将建设“两沿十廊”国际物流大通道，包括沿海、沿边物流走廊以及10条国际物流通道，对接区域全面经济伙伴关系协定(RCEP)等，强化服务，共建“一带一路”的多元化国际物流通道辐射能力，为构建新发展格局奠定坚实基础。

目前，中欧班列通达欧洲24个国家196个城市，国际道路运输合作范围拓展至19个国家，水路国际运输航线覆盖100多个国家或地区，航空网络覆盖60余个国家或地区，立体化、全方位、多层次的“一带一路”交通互联互通网络加快建设。

自2019—2022年4批共包括95个国家物流枢纽先后公布，旨在能够为“一带一路”建设、京津冀协同发展、长江经济带发展、粤港澳大湾区建设、长三角区域一体化发展、西部陆海新通道等重大战略实施和促进，形成强大的国内国际市场提供有力支撑。在国家层面的高度关注与重视下，建设中国物流枢纽城市的大幕掀开。国家物流枢纽建设是按照发改经贸〔2018〕1886号文，选择127个城市作为国家物流枢纽承载城市，规划建设212个国家物流枢纽，其中有41个陆港型、30个港口型、23个空港型、47个生产服务型、55个商贸服务型和16个陆上边境口岸型国家物流枢纽六大类型。

6. 加大投资和金融支持力度

中央和地方财政利用现有资金渠道，积极支持枢纽相关设施建设，研究设立国家物流枢纽中央预算内投资专项，重点支持国家物流枢纽铁路专用线、多式联运转运设施、公共信息平台、军民合用物流设施以及内部道路等公益性较强的基础设施建设，适当提高中西部地区枢纽资金支持比例;引导商业金融机构在风险可控、商业可持续条件下积极支持国家物流枢纽设施建设;支持符合条件的国家物流枢纽运营主体通过发行公司债券、非金融企业债务融资工具、企业债券和上市等多种方式拓宽融资渠道;按照市场化运作原则，支持大型物流企业或金融机构等设立物流产业发展投资基金，鼓励包括民企、外企在内的各类社会资本共同参与国家物流枢纽规划建设和运营。

(三)战略重点三:参与全球供应链体系,分享全球价值链

全面提升配置全球资源的能力和竞争力,调整供应链全球化的参与方式,在全球供应链公共产品领域和全球供应链治理中发挥积极的建设性作用,承担与中国全球制造中心和第二大经济体相适应的全球供应链建设责任,逐渐形成有中国特色的、开放创新、优势升级、内外协调、互利共赢的全球供应链体系。

世界各国各地区的经济、产业与企业已通过全球供应链形成“你中有我,我中有你”的局面,一荣俱荣,一损俱损。全球供应链带来市场垄断、环境污染、收益差距等外部性问题,各国政府对全球供应链的干预带来的市场扭曲,都需要各国政府与机构协作,共同推进全球供应链治理的改善;要利用国际合作平台,加强供应链产业政策的谅解与协调,实施符合国际多边规则的中性政策,营造国际公平竞争环境,促进全球供应链的共同参与,实现全球价值链的共同分享。近年来,我国参与全球供应链,迈向全球价值链中高端的努力已取得明显成效,但与全球新型供应链相比,仍然存在较大差距,需要跨越不少鸿沟。

1. 供应链迭代演进带来的机遇

现今,经济全球化依然是不可逆转的时代潮流,人员、资本、技术等生产要素的跨境流动成为常态,并不断以全球产业链、供应链和价值链形态迭代演进。互联网、数字化技术迅猛发展,与产业链、供应链深度融合,全球供应链处在一个深刻变革的关键时期。把握好全球供应链构建、重塑、创新带来的历史性机遇,积极参与全球产业链合作,跨越全球供应链转型升级鸿沟,进一步迈向全球价值链中高端,是高水平开放促进高质量发展的战略选择。

以智能化、智慧化为特征的新型供应链正迭代传统供应链,供应链的核心竞争能力将取决于数字化应用。我国供应链数字化起步早,在数字应用领域已拥有一批走在世界前列的企业,华为、美的、海尔、联想等企业是实现供应链数字化管理成功转型的代表。但总体来说,我国企业数字化供应链的构建与创新仍滞后于发达国家跨国公司,真正实现全流程数字化管理的企业仍为数极少,有些机构及企业甚至没有 ERP 系统,大量的数据处理依赖 Excel 完成。数字领域的基础设施支撑不够,操作系统、工业软件等关键技术“软肋”,成熟解决方案匮乏，加之投入成本较高，导致许多传统企业不能也不敢数字化。

2.“一带一路”的五通与供应链

以推进“一带一路”建设为引领，把握全球供应链的发展趋势，积极参与全球价值链合作，在全球新型供应链的构建、重塑、创新进程中发挥积极作用。“一带一路”倡议是沿线国家或地区着眼于共赢发展的战略层面，构建具有全球性或区域性的现代新型供应链体系的共举，体现了参与各方的一致意愿，惠及沿线国家或地区，将激发巨大的辐射和普惠效应。

落实“政策沟通、设施联通、资金融通、贸易畅通、民心相通”五通。五通推进要在宏观、中观和微观层面精准发力。在宏观层面，沿线国家政府政策、合作机制等公共产品服务至关重要，是构建“一带一路”价值链的主导者、推动者；在中观层面，根据各方优势与需求，构建要素资源畅通、市场需求互补的产业链条体系；在微观层面，按照市场原则、国际规则与合作协定，倡导国际国内有实力、有运营能力的企业参与，形成具有技术引领、产业支撑、流程协同、配套完善的新型供应链体系。

“一带一路”价值链、产业链、供应链的构建、塑造与创新，是全新的、高水平的开放合作，既有市场内在的需求驱动，又有政府的主动而为。利用国际供应链重塑、传统产业转移时机，开展沿线国家或地区的国际产能合作，引导国际产业链、供应链向沿线国家转移落地，推动沿线国家参与全球供应链体系；利用沿线国家或地区枢纽城市或港口优势，培育若干具有全球或区域影响力的供应链合作平台，形成一批具有研发、采购、生产加工、物流配送、营销等流程的供应链功能集聚区。

(四)战略重点四：提升我国的供应链水平

要参与全球供应链体系、实现全球价值链的共同分享，其前提是尽快提升我国的供应链水平。当前全球供应链构建、重塑与创新的最突出特征是数字化，互联网、物联网、大数据、人工智能、5G、区块链、云计算技术与供应链的深度融合，从数字化、智能化、柔性化、平台化、绿色化、区域化六个方面提升我国的供应链水平。

1. 数字化

数字化构成了全球供应链构建、重塑与创新的核心特征。世贸组织研究报告指出，传统的供应链管理是一种从供应商、生产商、分销商到消费者的线性模型，数字技术正在将其转变为全息流动(综合信息多方向流动)的模型，应用于全球供应链。供应链的数字化贯穿于研发、设计、采购、生产、物流、营销全流程。随着工业互联网、工业软件、智能机器人等技术和设备的投入使用，数字化正在向工业制造端延伸，将极大地改善供应链效率。麦肯锡全球研究院报告，到2030年，去中介化、分散化、非物质化的数字化推动力将创造10%—45%的行业总收入。

我国要积极顺应全球供应链数字化发展新趋势，因势利导，构建数字供应链体系，跨越数字鸿沟；推动技术创新、运营模式创新和业态创新，提升全球供应链的广度和深度。

当前国际社会和各国政府将数字化提升到重要的战略层面。如2020年2月，欧盟委员会发布数字化转型规划，包括《欧洲数据战略》《人工智能白皮书》等文件。设计与开发、供应商选择、物料采购、生产控制、物流配送、分销渠道等供应链领域，具有数字化发展的巨大空间。

推动数字化构建从供应链销售端向供给端延伸，贯穿全流程各环节，包括数字化规划、数字化精准营销、数字化设计、数字化采购、数字化生产、数字化物流、数字化运营及质量管理等，促进数字贸易、数字外包、数字服务等数字业态的发展。

构建数字供应链资金投入大，建设周期长，整合难度大，技术门槛高，既需要企业有数字规划、投资实力和管理能力，又需要政府提供数字供应链构建的公共服务，实施促进供应链数字化发展的综合政策，提升数字技术基础研发水平和大规模应用能力。

2021年6月9日，Gartner在康涅狄格州斯坦福公布了2021年八大供应链技术趋势，已经不再是只关注单个的技术，而是聚焦在集成的技术趋势上。而技术主题则是更为广泛的技术趋势，每个主题可以包括多个技术趋势的组合。它们不仅具有助力供应链数字化转型的潜力，而且具有培养供应链运营弹性的能力。

(1)趋势1:超级自动化

结合机器学习（ML）、人工智能（AI）和机器人流程自动化（RPA）来自动制定决策，以帮助自动化交易流程，例如，订单到现金和复杂的决策制定。Gartner 表示，这最终将增强人类能力并支持创建自主供应链，因为人们和企业需要将越来越多的决策权委托给智能应用程序、物理机器人和软件服务助手。

（2）趋势 2：数字供应链孪生

数字供应链孪生（DSCT）是物理供应链的数字表示，是本地和端到端（E2E）决策制定的基础，可确保所有决策在整个供应链中横向和纵向一致。通过与现实世界的连接，态势感知能力大大增强，决策可以更快、更准确。它是根据从供应链及其操作环境收集的数据开发的。Gartner 表示，它为供应链决策提供了基础，并确保它"在整个网络中水平和垂直对齐"。

总之，数字供应链孪生是数字供应链战略性的新基建。按照高德纳对新兴供应链技术的预测，到 2026 年，约 80%的组织将因未能整合其数字供应链孪生和控制塔计划而遭受重大价值损失。对寻求数字增长的供应链组织，数字供应链孪生已经不是可有可无的、更好的，而是必须拥有的能力。

（3）趋势 3：沉浸式体验与应用

沉浸式体验与应用通过将专业设备（如头戴式显示器）或通用设备（如智能手机或平板电脑）与人工智能和其他商业应用相结合来实现。Titze 说："沉浸式体验技术有可能从根本上影响供应链管理的轨迹。它在整个产品生命周期中展示了新的交互模型，不仅与人类，而且与其他流程、机器和应用程序，领先公司已经从成果中受益，例如，更安全的工作环境、更快的维修时间、更高的工作错误率、更好的协作以及技能和知识的保留。"

（4）趋势 4：边缘生态系统

边缘生态系统由边缘计算和边缘数据处理应用程序组成，这些生态系统允许管理数据处理能力，以生产产品和做出决策。Gartner 提供了跟踪和监控产品生命周期中的条件或温度要求的示例。

（5）趋势 5：供应链安全

供应链安全汇集了一种更全面的方法，以应对整个 E2E 供应链中的安全风险，例如，假冒或网络犯罪。随着数字连接的端到端网络成为许多组织的理想目标，新一代可扩展的供应链安全技术解决方案有望发展。

(6)趋势 6:环境社会治理

环境社会治理(ESG),从实现排放目标到追踪原料来源以打击现代奴隶制,技术有望在帮助组织履行其社会责任并保持合规方面发挥重要作用。全球供应链在绘制和评估 ESG 风险和机遇方面发挥着关键作用。当前的技术允许跟踪产品的来源,例如,棕榈油或大豆,并与企业生物多样性和气候变化目标保持一致。ESG 数据的示例包括对公司的碳排放、水消耗或违反客户隐私的行为进行量化。机构投资者、证券交易所和董事会越来越多地使用可持续性和社会责任披露信息来探索公司的 ESG 风险因素管理与其业务绩效之间的关系。2020 年,Gartner 供应链排名前 25 方法论将社会责任标准从 CSR 改为更全面、更合理的标准 ESG,权重从 10%增至 15%。

(7)趋势 7:嵌入式人工智能和分析

嵌入式人工智能和分析利用收集的数据始终是企业级技术的主要驱动力。对于供应链,这将包括直接向企业业务应用程序提供实时报告、交互式数据可视化以及高级分析和智能的软件功能。这一技术堆栈可用于仓储。移动机器人控制或智能机器人拣选系统利用其嵌入式分析进一步优化操作。Garnter 指出,这也可以与工业物联网结合以进一步优化运营。

(8)趋势 8:增强数据智能

增强型数据智能是多种技术的组合,可促进在数据湖/平台之上进行高级数据处理,并进一步提供有洞察力的信息、预测和建议。Titze 总结道:“供应链组织通常没有做出良好决策所需的所有信息。技术领导者正在寻找一种解决方案,以帮助他们提高可见性,并从数据中产生洞察力。这是在核心业务应用程序旁边增强数据智能的地方。这些解决方案能够收集、关联和分析多个数据管道,并为领导者提供他们需要的信息。”

2. 智能化

从数字化供应链发展到智能化供应链,乃至智慧供应链,是生产组织结构和方式的大变革。以 5G、人工智能、工业互联网、物联网为代表的新型基础设施,为企业数字化转型提供了技术支撑,从传统供应链到智慧供应链,不再局限于对单一环节或系统功能的改造,而是由终端需求计划驱动扩展的端到端的供应链整体运作,是对全价值链进行数字化整合的过程,更加强调系统优化与全供应链的绩效。

工业和信息化部、商务部等八部门联合发文《关于进一步做好供应链创新与应用试点工作的通知》，部署进一步做好供应链创新与应用试点工作：要加快推进供应链数字化和智能化发展。试点城市要加大以信息技术为核心的新型基础设施投入，积极应用区块链、大数据等现代供应链管理技术和模式，加快推动智慧物流园区、智能仓储、智能货柜和供应链技术创新平台的科学规划与布局，补齐供应链硬件设施短板。

我国已经从传统服务时代正式踏入智能供应链服务时代。目前，我国已建成 2 100 多个高水平的数字化车间和智能工厂，其中，209 个是示范标杆工厂。通过对这 209 个企业做智能化改造前后的成效分析得出，产品研发周期缩短了 20.7%，生产效率提升了 34.8%，产品的不良品率降低了 27.4%，碳排放减少了 21.2%。

2023 年 3 月 1 日，工业和信息化部副部长辛国斌在新闻发布会上表示：今年在制造业智能化发展方面将着重推动三个方面的工作，开展多层次的应用推广，要面向重点行业，打造一批世界级智能工厂和智慧供应链；面向中小企业，大规模推行工艺优化、精益管理和流程再造等针对性解决方案；面向重点省市，建设一批智能制造先行区，探索形成具有区域特色的发展路径和模式。

3. 柔性化

传统供应链管理注重“先生产后销售”式的供给端要素配置，其流程优化设计往往根据成本最优原则，批量生产、批量营销。柔性化供应链管理则是需求拉动型，从“成本中心”转化为“机会中心”，以更好地满足消费者需要为出发点，精准把握消费者的行为偏好，根据消费者的需求意愿和偏好精准营销，将碎片化的订单信息集中处理，进行“柔性化生产”，尽可能在短时间内将定制产品或服务送到消费者手中，发挥中国供应链的五大优势，建立高效协同的柔韧性供应链。

目前，全球很多国家或地区供应链出现危机，让产业链供应链韧性成为世界焦点。建立高效协同的柔韧性供应链主要包括以下三个方面：

（1）要聚焦供应链整个体系，分析供应链的弱点

供应链体系不等于供应链管理，供应链管理更多的是讲“软性”的。围绕着

制造业供应链体系，从韧性供应链角度需要考虑制造业供应链的安全性，包括产业链的安全、物流链的安全以及信息链的安全。此外，从供应链柔性角度，我们要提高供应链的敏捷反应能力，这需要以供应链智慧化为主线，以供应链高效协同为目标，来提升供应链柔性，让供应链敏捷。围绕供应链体系建设，聚焦供应链的安全性、稳定性与柔韧性，以 SCOR 模型供应链运作流程参考模型，把业务流程重组、标杆比较和流程评测等著名的概念集成到一个跨功能的框架之中，找出供应链体系弱点，升级供应链体系，打造柔韧性供应链。

物流常常是供应链体系的短板，号称供应链体系最好的美国、英国、欧盟，目前供应链出现危机，问题也都是出现在物流体系的短板上。以美国为例，目前，美国供应链危机，日用品和工业用品缺货，港口出现物流世纪大拥堵，带来供应链崩溃。

核心技术目前是中国产业供应链最大的“软肋”，我们一定要发挥我国独特的社会主义优势，全面推进科技创新，力争在各类“卡脖子”的核心技术方面取得突破，打造中国制造业的柔韧性供应链体系，确保供应链安全。

(2)提升供应链的软硬两个实力、强链、固链

第一个实力是供应链的硬实力，主要指实体产业链和物流链的实力。从供应链、产业链角度，目前中国是全球唯一能够生产联合国工业目录所有品类产品的国家，工业产值已经超过了全世界第二名美国、第三名日本、第四名德国、第五名印度，工业产值加起来的总和从规模上看已经很强大。第二个实力是供应链的软实力，主要体现在供应链管控实力与供应链技术实力上。这方面是中国的短板。很多产业链布局在中国的跨国企业，其供应链的管控实力在国外。另外，在供应链产品配套中我们还有很多品类产品技术水平落后，容易被“卡脖子”，如芯片。

提升供应链的两个实力重点是提升供应链的软实力。基本路径是通过推动技术创新，突破核心技术，保证高技术产品供应主导权；创造产业链综合配套优势，降低供应链综合成本；完善物流服务综合实力，掌控供应链的产业链布局主导权等。

(3)推动供应链体系的三个升级

①产业链核心技术升级：通过技术创新推动制造业供应链体系升级，推动

自主创新，把核心技术掌握在自己手里。

②物流链服务系统升级：中国供应链的物流服务在国际化方面有巨大的短板。中国物流服务体系基本集中在国内，还没有走出去，今后主要推动中国物流服务体系的国际化，建立与世界第一进出口大国相适应的中国物流服务体系。

③基础设施的智慧升级：基础设施智慧升级就是新基建。目前，世界进入智能时代，数字化的虚拟空间也已经成为基础设施，虚实融合带来了传统基础设施的智慧升级，为科研创新服务的基础设施也需要升级发展，旧的、静止的基础设施开始向智慧化发展。根据这一基础设施发展新趋势，结合疫情带来经济下行冲击的影响，中国政府提出了加大新基础设施投资建设来对冲经济下行风险，并为中国下一轮经济在新的基础设施上腾飞提供动力。

4. 平台化

基于现代信息、互联网、大数据等在全球供应链领域的广泛应用，供应链组织形式从链式主导，部分转向平台型主导，涌现出一批面向供应链客户端的平台型企业，如亚马逊、阿里巴巴、腾讯、eBay 等。目前，数据智能化、供应链一体化、工业软件、智能工厂等技术逐步成熟，供应链制造端正经历平台化的深刻变革，将催生一批基于工业互联网、物联网的“超级车间”“超级工厂”“超级货仓”。未来区块链技术的应用，将对平台型企业形成新的发展助力，基于安全、信任、可追溯和可控等优势，通过创建安全、透明的分类账本系统，整合生产商、零售商、物流服务商和监管机构等相关利益方，纳入同一平台管理，整个供应链流程变得可信、透明。

5. 绿色化

全球供应链本身是跨境、跨领域的生态体系，具有极大的外部溢出效应，与公共利益密切相关。绿色供应链管理着眼于可持续发展，综合考虑供应链对生态环境的影响，如避免资源消耗浪费、生产资料可降解可循环、工作人员环境安全舒适、产品有机健康、产品回收处理等。从绿色设计、绿色采购、绿色生产到绿色物流、绿色包装、绿色销售、绿色回收与处置，绿色理念与绿色管理已遍及供应链整个运营流程。

6. 区域化

全球供应链作为国际产业分工的组织形态，随着全球供应链重塑动力增强，区域化属性日渐突出。据麦肯锡全球研究院报告，2013—2017 年间，区域间贸易在全球货物贸易总额的占比增加了 2.7 个百分点。全球供应链的中高端环节逐渐向美欧等发达国家集聚，低端环节则流向劳动力更密集、资源更富集、成本更低的国家或地区。其中，加工组装环节从中国流向越南、柬埔寨等东南亚国家的产业转移具有代表性，既有科技创新、环保压力、用工成本等因素，又与美国等采取关税措施、鼓励制造业回流、跨国公司重构全球供应链有密切关系。

(五)战略重点五:打造适应全球供应链的营商环境

我国营商环境全球排名从 2017 年的第 78 位跃升至 2019 年的第 31 位，连续两年入列营商环境改善幅度最大的十大经济体。但营商环境的改善存在区域不平衡现象。相比东部地区，中西部基础设施落后，区位偏僻，物流、通信、土地等成本高，存在诸多客观性制约因素。市场准入、人才环境、中小企业融资、知识产权保护、执法透明度、契约精神等软环境上的差距则更大。中西部参与全球供应链，承接产业转移，面对东南亚等地区的激烈竞争和国外贸易壁垒，不仅靠用工、资源等价值洼地，更需要在改善营商软环境上下功夫。

全球性的供应链，其运营流程必须要求有一致性的商业规则和营商环境，如果营商环境差异大，全球供应链的布局和正常运营就难以进行。全球供应链运营的通行规则、标准和模式，体现了市场化、专业化、全球化的特征。

进一步降低关税税率，减少服务贸易壁垒，保护知识产权，不搞强制性技术转让，打造符合市场化、法治化、国际化的营商环境，符合跨国公司将价值链、供应链拓展到中国的需求，也是中国构建开放型经济体制的努力方向。

顺应全球供应链发展趋势，推进贸易投资自由化、便利化，也与构建符合我国经济高质量发展的开放型新体制有着内在逻辑一致性。中国主动商签 FTA 协议，履行更高标准的开放承诺，可以对国内体制机制形成创新倒逼；设立自贸试验区，建设自由贸易港，实施负面清单制度，则是对标国际高标准规则的主动开放措施。推进制度、规则、标准和管理开放，需要进一步参与全球价值链、供应链的国际合作和治理，提出中国议题，实现全球价值链、供应链共建、共营、共享。

(六)战略重点六:构建供应链国家信息系统

构建供应链国家信息系统,必须加强北斗导航、物联网、云计算、大数据等先进技术在现代供应链领域的应用,加快企业供应链信息系统建设,发挥整合能力,打通现代供应链、信息链,实现信息全程可追踪,加快现代供应链公共信息平台建设,积极推进全社会供应链信息资源的开发利用;支持运输配载、跟踪追溯等有实际需求、具有发展前景的现代供应链信息平台发展,鼓励各类平台创新运营服务模式,进一步推进交通、运输公共信息平台发展,整合铁路、公路、水陆、民航、邮政、海关、检验检疫等信息资源,促进现代供应链信息与公共服务信息有效对接;鼓励区域间和行业内的供应链平台信息共享,互联互通,按照"一带一路"建设的要求,加快推进重点区和连通国际国内的物流通道建设,重点打造面向中亚、南亚、西亚的战略现代供应链枢纽,即面向东贸的陆海联运、江海联运,联运节点和重要航空港,建立省级和跨国合作机制,促进信息资源的共享。

(七)战略重点七:培育核心企业

培育核心企业,必须加快培育一批竞争力强、影响力大的跨国公司及跨国供应链服务商,培育在全球产业链有控制能力、运营能力、配置能力的核心企业;迎接全球供应链重塑带来的挑战,有舍有取,有序引导产业转移;加强新型供应链的战略支撑与保障;积极参与全球供应链治理,实现全球供应链的共建、共营、共享。

培育核心企业,必须抓住全球技术变革新趋势,以企业为主体,以市场为导向。政府为引导、开发、挖掘、突破全球产业链中的"独门工艺""卡脖子"技术和关键中间品,跨越技术门槛;抓住全球经济信息化新趋势,鼓励精益管理、快捷反应、综合服务、解决方案等运营模式向数字化、智能化、平台化、网络化转型,通过线上线下结合、前端后端融合,推动一批企业成为供应链数字化、智能化、柔性化、平台化运营的标杆。

培育核心企业,必须遵循全球产业分工新特征,推动生产与贸易、国内贸易与对外贸易、货物贸易与服务贸易、进口与出口、贸易与投资、国内环节与国际环节、实体流程与数字流程的融合和联动，实现由链条参与者向链条运营者转变、由业务承接方向业务组织方转变，形成一批在全球产业链有控制能力、全球供应链有运营能力、全球价值链有配置能力的核心企业。

第三节 布局战略性新兴产业全球供应链

战略性新兴产业是引领国家未来发展的重要力量，在全球变革中加速战略性新兴产业崛起，是主要经济体国际竞争的焦点。加速发展战略性新兴产业不仅是顺应世界技术大潮、应对新一轮竞争的必然选择，也是构建国际竞争新优势、掌握发展主动权的迫切需要。加速发展战略性新兴产业是拉动经济增长、扩大就业、改善民生的重要引擎。

当前，我国正处在转变发展方式、优化经济结构、转换增长动力的攻关期。经济发展面临需求收缩、供给冲击、预期转弱三重压力，同时又遭遇严峻、复杂的国际环境，迫切需要加快战略性新兴产业发展，推动新一代信息技术、生物技术等在传统产业的应用，培育形成经济发展新动能，优化产业结构，构建现代化产业体系，促进数字经济、生物经济、低碳经济发展，提高全要素生产率，促进经济高质量发展，为现代化建设夯实物质技术基础。

战略性新兴产业的渗透性、融合性强，通过与传统产业交叉、渗透、融合等，能够推动传统产业升级，促进先进技术产业化，提升产业层次，更加合理地利用资源建设现代化产业体系，也大大增强全社会可持续发展能力。战略性新兴产业具有科技含量高、带动性强、市场前景好、发展潜力大的特点，能够形成强大的投资效应、规模效应、产业链带动效应、产业集群效应，具有激发和引领消费的作用，对于扩大内需、增强内生增长动力、创造新就业岗位有重要作用。加速发展战略性新兴产业是推进产业升级、加快经济发展方式转变的重大举措。

一、战略性新兴产业的提出及发展

2010 年，国务院发布的《国务院关于加快培育和发展战略性新兴产业的决定》（国发〔2010〕32 号）首次明确提出战略性新兴产业的概念，“战略性新兴产业是以重大技术突破和重大发展需求为基础，对经济社会全局和长远发展具有重大引领带动作用，知识技术密集、物质资源消耗少、成长潜力大、综合效益好的产业”。

2012 年 7 月发布的《“十二五”国家战略性新兴产业发展规划》明确提出了我国发展战略性新兴产业的指导思想，将新兴产业和战略性产业进行产业融合，将节能环保、新一代信息技术、生物、高端装备制造、新能源、新材料、新能源汽车七大行业作为我国的战略性新兴产业。通过推动战略性新兴产业快速健康发展，抢占经济科技竞争制高点，促进产业结构升级和经济结构转型，实现经济可持续发展。

2016 年 12 月，国务院印发《“十三五”国家战略性新兴产业发展规划》，对“十三五”期间我国战略性新兴产业的发展目标、重点任务、政策措施等做出全面部署安排，提出到 2020 年，战略性新兴产业增加值占国内生产总值的比重达到 15%，形成新一代信息技术、高端制造、生物、绿色低碳、数字创意五个产值规模 10 万亿元级的新支柱，并在更广领域形成大批跨界融合的新增长点，平均每年带动新增就业 100 万人以上。产业结构进一步优化，产业创新能力和竞争力明显提高，形成全球产业发展新高地。

根据国家统计局于 2018 年 11 月公布的《战略性新兴产业分类(2018)》，我国战略性新兴产业具体包括以下 9 大领域：新一代信息技术、高端装备制造业、新材料产业、生物产业、新能源汽车产业、新能源产业、节能环保产业、数字创意产业、相关服务业。

2019 年 12 月，国家发改委公布了我国第一批 66 个国家级战略性新兴产业集群名单，旨在通过建设一批战略性新兴产业集群，强化产业链、优化价值链、提升创新链，打造世界级产业链集群，壮大战略性新兴产业的国际竞争力；着眼前沿领域、颠覆性技术，瞄准产业链中高端，超前布局未来产业发展。

“十四五”时期战略性新兴产业以提升产业创新能力、坚持开放融合发展为发展方向，以筑牢产业安全体系、破解产业发展“卡脖子”问题为核心任务，以集中优势资源实施重大攻关、打造世界级产业集群为主导路径，面向 2035 年，梳理战略性新兴产业六大发展方向：新一代信息技术产业、生物产业、高端装备制造产业、新材料产业、绿色低碳产业、数字创意产业。

自 2010 年以来，我国战略性新兴产业历经 10 余年风雨历程，持续快速发展，经济增长动能引擎作用不断增强，为经济发展行稳致远注入了强劲动力。2020年，我国战略性新兴产业增加值占GDP的比重为11.7%，比上年提高0.2个百分点，比2014年提高4.1个百分点。未来较长一段时间内，我国战略性新兴产业规模将保持较快增长，平均增速有望继续高于经济总体，产业发展支柱性引擎作用将越发突出。预计至2025年底，战略性新兴产业增加值占GDP的比重将超过17%。我国将涌现一批推动经济高质量发展的支柱性产业，产业也将由快速发展期向高质量发展转型。

(一)战略性新兴产业的特征

发展战略性新兴产业，具有战略先导性。战略性新兴产业的关键驱动力在于新兴技术的率先试错、持续迭代，具有未来主导性。战略性新兴产业推动并满足消费需求升级，是未来的主导产业，具有生态适配性。战略性新兴产业对自然生态更友好，同时适应并促进社会生态进一步优化。

从宏观上看，战略性新兴产业有以下五个特征：一是战略性新兴产业具有战略性，与其他产业的关联度大，对国民经济有重大的辐射带动作用。战略性强调国家整体利益，关乎国家经济命脉和国家安全。二是战略性新兴产业是建立在技术突破基础上的技术密集型产业，产品技术含量高且市场竞争力强。新兴性指产业发展代表新的市场需求、科技产业化的新水平、产业升级的新方向。三是战略性新兴产业前期研发和运营投资较大，但业绩可能较差，而且由于研发周期长，需要长期投资。四是战略性新兴产业具有成长性，是未来高速增长的产业，且有较大发展空间。五是战略性新兴产业具有高收益，投资战略性新兴产业会有高收益。

从微观上看，战略性新兴产业面临很多不确定因素。首先，战略性新兴产业在技术上有很大的不确定性。战略性新兴产业中技术创新的不确定性远远高于传统产业。其次，技术不确定性使得技术创新和技术的产业化由哪个企业、个人实现是不确定的。最后，战略性新兴产业的市场需求有很大的不确定性。产品的市场需求受众多因素影响，而作为一种新产品，其不确定性就更大。

(二)抢占新一轮经济增长的战略制高点

世界已经历了四次大的科技革命，每一次都极大地推动了产业的发展，创造了经济的繁荣。

1. 技术创新是经济发展的基础

德国学者杰哈德·门施在20世纪70年代研究了110种技术创新，通过统计创新时间，画出了创新发生时间、创新频率曲线，结果曲线呈波浪形的长期波动趋势。曲线表明，18世纪60年代、1825年、1885年和1925年这几个技术创新的高峰时刻正是世界性经济萧条的中期。因此，他得出结论，经济萧条是技术创新迸发的前提，技术创新是经济发展新高潮的基础。从历史上来看，经济危机总是周期性地重演。自1825年在英国第一次发生普遍的生产过剩的经济危机以来，每隔一定时期就会发生一次，有的局限于部分国家，有的则是世界性的经济危机。但是，每一轮全球经济的再次复苏，都离不开技术创新。

经济危机往往孕育着新的科技革命。正是科技上的重大突破和创新，推动经济结构的重大调整，提供新的增长引擎，使经济重新恢复平衡并提升到更高的水平。

2. 科技突破催生大量新兴产业

世界近现代史表明，全球每一次科技突破均会催生大量新兴产业，形成新的经济增长点。一个国家能否在新一轮竞争中胜出，多是因为充分挖掘和发挥了新兴技术的作用，培育和发展了战略性新兴产业。在新的历史时期，加速发展战略性新兴产业具有特别重要的意义。

3. 打造面向前沿新兴产业的新优势

战略性新兴产业，代表产业发展的未来方向，在促进经济增长中发挥着关键作用。面对新一轮前沿科技发展浪潮，全球各主要经济体，均在持续加强与完善顶层科技战略布局与战略科技力量部署，力图打造面向前沿新兴产业的科技发展新优势。美国、欧盟、日本、韩国、巴西等国都已经把加快培育和发展战略性新兴产业作为提升国家竞争力的战略选择，并相继推出各项政策措施，加快对战略性新兴产业和新兴技术的布局，力争抢占新一轮经济增长的战略制高点。

(1)美国

2020年10月，美国白宫发布《关键和新兴技术国家战略》，重新定义20项关键和新兴技术，提出全力维护美国在量子、人工智能等尖端技术领域的全球领导地位。

2021 年 1 月，美国总统科技顾问委员会（PCAST）提交了标题为《未来产业研究所：美国科学与技术领导力的新模式》的咨询报告，从背景、目标、组织模式、管理机制、资金来源等方面提出了未来产业研究所的构想。未来产业研究所是美国为实施未来产业发展战略设计的新型创新主体，将成为促进美国创新生态系统进一步融合、协同的关键。

2021 年 5 月，美国提出《无尽前沿法案》，该法案的提出宣告美国在大科学战略目标上的重大调整，国家竞争意味浓厚。该法案指出了美国未来技术的发展方向和实施路径，规定了人工智能、量子计算、自然和人为灾害预防等十个关键科技研究领域。

美国白宫 2023 年 2 月 7 日发布新版《关键和新兴技术（CET）清单》，这是自 2020 年 10 月白宫发布《关键技术和新兴技术的国家战略》以来的首次更新。新清单的 20 项 CET 包括：高级计算、先进工程材料、燃气轮机发动机先进技术、先进制造、先进的网络传感和签名管理、先进核能技术、人工智能、自主系统与机器人、生物技术、通信和网络技术、定向能技术、金融科技、人机交互、超声速、联网传感器与传感技术、量子信息技术、可再生能源开采和储存技术、半导体与微电子、空间技术及系统。

（2）欧盟

欧盟发布《2021—2027 年度财务框架》《塑造欧洲数字未来》《人工智能白皮书》《欧洲数据战略》等顶级科技战略文件，并计划投入巨额资金支持人工智能、超级计算、量子通信、区块链等颠覆性和战略性技术发展。

（3）日本

日本发布《科学技术基本计划（草案）》，提出未来科学技术创新要点是发展数字技术，推动研究系统的数字化升级，发展前沿未来产业领域，为新时期战略性新兴产业发展提供新的增长点。

得战略性新兴产业者得天下。战略性新兴产业作为世界主要经济大国竞相发展的产业，不仅关乎一个国家的国际竞争力，而且是衡量一个大型企业集团发展后劲的重要指标。战略性新兴产业是引领国家未来发展的重要力量，是主要经济体国际竞争的焦点。

改革开放 40 多年来，中国经济以平均每年近 10%的速度增长，创造了世界经济史上的奇迹。四大动力成就了中国经济的高速增长：改革红利形成的制度激励、要素红利形成的成本优势、全球化（WTO）带来的国际分工与外部市场、后发优势带来的低成本学习与模仿的技术进步。但是，任何动力都无法避免边际减弱甚至消失的周期约束。经过 40 年的高速发展，随着中国成为世界第一大贸易国和第二大经济体，全球经济格局发生了重大调整，经济失衡现象日益严重。依靠能源与资本的高投入并导致对资源环境的过度消耗，这种传统工业发展道路是不可持续的。

战略性新兴产业将新兴技术与新兴产业深度融合，创造社会新的市场需求，技术门槛高、带动能力强、综合效益好、成长速度快、市场潜力大、产业规模大，在产业供应链微笑曲线中处于高附加值位置，抢占战略性新兴产业的制高点，对中国提高产业供应链掌控权和对全球产业供应链体系的构建以及国民经济全局和长远发展都具有重要意义。

（三）战略性新兴产业与国家安全

战略性新兴产业是确保国家经济安全、产业安全、科技安全的关键支撑，与国家安全的关系越来越密切和重要，如果没有得到发展，国家安全则将面临更大挑战。比如，俄乌冲突中，运用了空天信息网络和无人机；欧洲能源危机中，凸显了发展新能源技术和产能的迫切性；美国对中国技术的遏制中，涉及高端装备和信息技术服务业；奥密克戎毒株在不断变异和蔓延中，暴露出生物医疗技术的应对乏力，这些都体现了战略性新兴产业与国家安全的关系越来越密切和重要。未来，这些战略性新兴产业如果没有得到发展，国家安全则将面临更大挑战，甚至难以保障。

（四）我国战略性新兴产业的体系

经过加快培育与发展，目前我国战略性新兴产业发展总体势头强劲，规模不断壮大，创新能力和竞争实力不断提升，产业结构不断优化，进入快速化、规模化发展阶段。从创新引领、产业景气、区域集群三个维度来看，我国战略性新兴产业的发展基础良好，规模不断壮大。

1. 创新引领

我国部分领域具有国际竞争力。新能源发电装机量、新能源汽车产销量、工业机器人产量、海洋工程装备接单量等均位居全球第一。我国在新一代移动通信、核电、光伏、高铁、互联网应用、基因测序、纳米技术等领域也具备世界领先的研发水平和应用能力。海洋资源利用中的海水提碱居于世界领先地位,海水淡化综合利用跟国际是同一水平;部分军工材料技术、超大规模集成电路关键配套材料、大截面预拉伸铝合金、钛锆合金、钽铌钋合金、磁致深缩材料、高性能纤维等生产技术已达到国际先进水平。

新一代信息技术和生物产业保持了快速增长,成为国民经济的支柱产业。一大批新兴数字行业快速兴起,互联网、移动互联网、大数据、物联网、云计算、人工智能、机器人等发展尤其显著。5G 进入大规模商用阶段。生物医药和生物育种技术成熟度高,许多品种已经规模化生产。在产业升级需求和技术创新的引领下,高端装备制造业平稳较快增长。航空装备、卫星及其应用、智能制造等不断提升。新能源产业快速增长,在装机量不断攀升的同时,产业化技术水平逐渐提高。新能源汽车由示范阶段进入快速普及阶段。随着上游原材料需求的快速增长,新材料产业较快发展。伴随着节能环保政策的推进落实,绿色低碳产业实现快速增长。

2. 产业景气

多数领域保持良好势头,战略性新兴产业发展企稳。位于整个产业链上游的高端装备、新材料两个产业在 2022 年一季度率先回暖,新材料产业已重新回到“较强景气”区间;新能源汽车和节能环保两个“双碳”相关产业的景气度稳定在“较为景气”区间。就战略性新兴产业整体而言,发展形势在经过连续三个季度持续回落后初步企稳。

3. 区域集群

2019 年,国家发改委公布了第一批 66 个国家级战略性新兴产业集群名单。从地区分布来看,战略性新兴产业在山东、广东、北京、上海、湖南、湖北、河南、福建等地区已有良好基础;从领域布局来看,生物医药、新型功能材料、信息技术服务、智能制造等领域的集群数量相对较多,在多个省市已形成诸多国家级战略性新兴产业集群,呈现领跑经济之势。

2022 年,国内外发生了很多超预期事件,经济增速不及预期,预计全年增速略低于 3%，即便如此，中国的战略性新兴产业仍然取得了相当快速的进展。国家统计局数据显示，2022 年 1—11 月，规模以上高技术制造业增加值同比增长 8.0%，其中，航空航天器及设备制造业、电子及通信设备制造业分别增长 10.7%和 13.5%；智能绿色产品增长较快，1—11 月，风力发电机组、民用无人机、移动通信基站设备、光纤、工业控制计算机及系统产量同比分别增长 39.0%、30.4%、22.2%、21.0%、16.8%。

未来较长一段时间内我国战略性新兴产业规模仍将保持较快增长，平均增速有望继续高于经济总体，产业发展支柱性引擎作用将越发突出。《"十四五"规划和 2035 年远景目标纲要》指出，要推动战略性新兴产业增加值占 GDP 的比重超过 17%。

领军企业具有国际影响力，一批具有较强国际竞争优势的企业形成了。一些创新引领型巨头企业入围世界 500 强，在 5G、电子商务、平台经济、高铁等领域具有国际竞争力。

2022 全球独角兽企业 500 强发布，中国上榜企业数量连续四年第一。12 月 22 日，中国人民大学中国民营企业研究中心和北京隐形独角兽信息科技院(BIHU)联合发布《2022 全球独角兽企业 500 强发展报告》。报告基于 BIHU 独角兽企业数据库，按照独角兽企业评估标准，采用人机共融智能技术(human machine intelligence)，从全球范围内遴选出估值排名前 500 家的独角兽企业，形成"2022 全球独角兽企业 500 强排行榜"。自 2019—2022 年，中国已连续四年成为全球独角兽企业 500 强数量 TOP 1，实现四连冠。2022 年，中国独角兽企业已达到 227 家，同比增长 12 家，估值达到 10.7 万亿元，同比增长 19.3%。2022 全球独角兽 500 强企业数量排名前十的城市分别是北京、上海、旧金山、深圳、纽约、杭州、伦敦、班加罗尔、青岛、首尔。

在大飞机领域，2022 年中国商飞制造的国产大型客机 C919 首次交付使用；同时，国产支线飞机 ARJ21 也首次交付国外航空公司。商飞作为集成技术的平台，对中国整个工业体系的带动作用将更加明显。

但要看到，战略性新兴产业发展仍然面临不少问题与挑战，关键、核心技术储备不足，尖端技术、核心部件制造与美、欧、日差距较大；核心技术和工艺受制于人，关键材料、核心零部件、基础软件等依赖进口，核心技术层面多个领域存在“卡脖子”风险。随着产业、消费升级步伐加快，国际竞争加剧，部分问题会凸显，需要着力予以解决。

我国战略性新兴产业各细分行业中普遍存在产业链条关键环节缺失、各环节之间缺乏有效的联动问题，因此，必须进行产业链有效整合，从而占据产业链的高端地位。在产业链整合过程中，我国重点发展产业链条的薄弱环节及未来有可能成为“瓶颈”的产业链，使我国战略性新兴产业链条各环节间实现平衡、协调发展，进而形成完善的产业体系。

造成战略性新兴产业产业链、供应链自主可控的“卡点”因素复杂，包括基础研究能力和存量积累不足，引领全球科技进步方向和趋势的高水平创新型企业数量少。后发国家改变已形成的全球产业链、供应链格局具有较大难度。现阶段，增强战略性新兴产业产业链、供应链自主可控能力，应摸清“卡点”，想方设法补齐短板和缺项，最大限度地筑造产业链的局部优势，持续完善产业发展生态。

（五）民营企业在战略性新兴产业中的半壁江山

2022 年 9 月 6 日，中国企业联合会、中国企业家协会（简称中国企联）在京举办新闻发布会，发布“2022 中国战略性新兴产业领军企业 100 强”榜单。华为以 8 588 亿元战略性新兴业务收入排名第一，前五名还包括三大运营商和苏宁。

2022 中国战略性新兴企业 100 强中国有、民营企业各为 50 家。国有企业共实现战略性新兴业务收入 5.04 万亿元，占比 54.02%，其中有 13 家企业战略性新兴业务收入超千亿元；50 家民营企业共实现战略性新兴业务收入 4.29 万亿元，占比 45.98%，其中有 10 家企业战略性新兴业务收入超千亿元。

国有、民营在企业经营效率方面表现各有优势。入围国有企业战略性新兴业务平均收入利润率为 8.98%，人均实现战略性新兴产业业务收入 234.55 万元，人均实现战略性新兴业务利润 21.07 万元；入围民营企业战略性新兴业务平均收入利润率为 7.32%，人均实现战略性新兴业务收入 376.35 万元，人均实现战略性新兴业务利润 27.56 万元。

过去通过发挥举国体制，实现追赶的主要是在垄断程度和技术成熟度较高、规模效应要求不明显的领域。在技术进步快、开放程度和竞争程度高的领域，通过建立传统的举国体制，实现“并跑”“领跑”的难度较大。从我国的实践看，在电子信息、医药、新材料等市场开放度较高、竞争激烈的领域，传统的举国体制模式发挥作用还较为有限。

当一个国家科技发展逐步进入“并跑”“领跑”阶段后，通过发挥举国体制实现跨越的更是少见，更多的是需要大量中小企业去试错，建立以创新型企业为主体、产学研联合协作的新型举国体制。

帕维特等人曾研究了 1945—1985 年英国制造业中的 4 000 多个创新，分析表明，尽管小公司仅占有 3.3%的正式研究与开发经费，却占 20 世纪 70 年代所有重大创新的 1/3。德国工业 60%的核心技术掌握在中小企业手中。所以，加大支持民营企业在战略性新兴产业中发挥创新作用，意义重大。

民营经济在中国国民经济体系中具有重要地位，在发展战略性新兴产业中，以及增强中国产业的国际竞争力中也发挥着重要作用。正如中央经济工作会议所提出，要切实落实两个“毫不动摇”，从制度和法律上把对国有企业和民营企业平等对待的要求落下来，从政策和舆论上鼓励支持民营经济和民营企业在战略性新兴产业中发展壮大，发挥特殊的作用。

二、增强供应链自主可控能力

中国进入了以壮大发展国内大循环为主体、打造国内国际双循环为统领的新发展格局。在此背景下，战略性新兴产业供应链自主可控能力的提升，是中国参与世界经济大循环的竞争力所在，更是打造中国商业版图和产业版图必备的强大竞争力的内在要求。

《中华人民共和国国民经济和社会发展第十四个五年规划和 2035 年远景目标纲要》提出，“坚持经济性和安全性相结合，补齐短板，锻造长板，分行业做好供应链战略设计和精准施策，形成具有更强创新力、更高附加值、更安全可靠的产业链、供应链”。

战略性新兴产业事关国家全局和长远发展，其发展水平代表一国或地区的科技综合实力和产业核心竞争力。近年来，国际形势风云变幻，使全球科技产业经济合作模式发生趋势性逆转，叠加新冠疫情、俄乌战争、中美对抗等因素，我国战略性新兴产业发展中的“卡点”凸显。提升战略性新兴产业供应链的自主可控能力，是确保我国战略性新兴产业高质量、可持续发展的重点，也是构筑产业体系新支柱、积蓄新动能、构建新格局、实现经济行稳致远的关键所在。

战略性新兴产业供应链自主可控能力的强弱关键取决于三个要点：一是链条是否完整健全；二是链条“缺项”是否短期可替代、长期可弥补；三是链条“长板”是否突出。

总体上，我国战略性新兴产业链条基本健全，部分环节缺失，薄弱情况普遍存在，若干细分领域在部分环节有一定的长板优势，但总体来说优势并不突出，在全球产业链分工格局中还不能达到无可替代、享有话语权甚至与优势方形成制衡关系的程度。因此，我国战略性新兴产业供应链自主可控能力仍处于亟待提升阶段。

影响我国战略性新兴产业供应链的自主可控能力，除国际因素外，还有国内因素：

一是基础研究能力和存量不足。战略性新兴产业具有明显的知识技术密集度高、科技含量高等特点，发展高度依赖一国或地区的基础研究积累、前沿科技水平、技术创新能力等科技综合实力，这也是决定一国和地区战略性新兴产业供应链自主可控能力高低的最核心要素。我国原创实力、科技沉淀和存量积累等方面仍落后于美国、德国、日本等传统科技强国。

二是引领全球科技进步方向和趋势的高水平创新型企业数量少。

三是后发国家改变业已存在的全球产业链、供应链具有较大难度。以美国为代表的先发优势国家或地区，往往在产业发展初期就利用前期科学基础、技术壁垒、标准制定话语权等主导全球产业链、供应链格局的排布，导致后进入国家和地区只能在其规划版图中遵循其制定的“游戏规则”发展，难以保证自主可控。战略性新兴产业从全球化的角度构筑供应链体系，面临很多不确定因素，使得它在诸多环节、诸多因素中存在风险。

(一)突破基础理论“瓶颈”，形成从理论到实操的全过程建设

中国被“卡脖子”的关键技术，根本上都是因为基础研究薄弱所致，从产品“卡脖子”往下一层看，是技术“卡脖子”和基础理论研究的“瓶颈”。在专利技术方面，世界专利组织的 PCT 专利数据显示，中国专利技术的发展现状有几个特

点：底子薄，进步神速，核心专利占比少，或者说存在一定的专利泡沫，行业结构上存在着偏科。比如，当我们发现芯片被“卡脖子”而向源头追溯时，会发现芯片之上还有造芯片的机器、原料、控制软件，再往上是精密的光学、机械组件；再往上，则是物理、化学等学科理论和操作方面的开创性突破。因此，中国真正要面对的短板不是芯片，甚至也不是民间广为流传的光刻机，而是从理论到实操的整个过程。

习近平总书记于2021年5月28日在中国科学院第二十次院士大会、中国工程院第十五次院士大会的讲话中指出：“加强基础研究是科技自立自强的必然要求，是我们从未知到已知、从不确定性到确定性的必然选择，要加快制定基础研究十年行动方案。基础研究要勇于探索、突出原创，推进对宇宙演化、意识本质、物质结构、生命起源等的探索和发现，拓展认识自然的边界，开辟新的认知疆域。基础研究更要应用牵引，突破‘瓶颈’，从经济社会发展和国家安全面临的实际问题中凝练科学问题，弄通‘卡脖子’技术的基础理论和技术原理。”

完善、支持、鼓励基础研究、应用研究的制度安排，是提升整体创新能力的基础，是解决“卡脖子”问题、搞出独门绝技的前提。基础研究是创新的源头活水，具有很强的正外部性（效应）。政府通过有效的制度安排，完善政府创新激励体系，优化科技规划和资源，通过一系列科技规划、专项项目，重点布局一批基础学科研究中心，支持有条件的地方建设国际和区域科技创新中心，建立国家实验室等支持基础研究、应用研究，并通过加强产业技术研发和创新领域的国际合作，创造条件，更多更好地利用国际上最优秀的创新和研发资源。

我国应针对产业薄弱环节，选择关键核心技术攻关工程，尽快解决一批“卡脖子”问题，努力构筑“安全可靠有韧性，动态平衡有活力”的现代化产业链、供应链；强化产业链上下游之间的利益绑定与战略合作，以科研院所和领军企业为主导，联合产学研用及产业链上下游企业，加快攻克基础材料、基础零部件、关键装备、工业软件等领域的“卡脖子”技术。

《科技日报》曾于2018年4月报道了我国当时尚未掌握的35项关键技术。4年后，当时中国被“卡脖子”的技术清单中有过半技术已实现国产自研，打破了被国外长期垄断的局面。国产自研的 OceanBase 数据库等技术更是走到全球技术前沿。

(二)构建产业技术、供应链的备份系统

我国应在断供风险较大的“卡脖子”技术领域构建必要的产业技术备份系统，梳理我国供应链的高风险区间，进行重点布局；依据技术门槛高低与国产化情况，系统梳理我国重点产业链、供应链的风险情况，在产业链的上游打造一批掌握关键技术、独有设计和商业秘密的“隐形冠军”，形成必要的产业备份系统，特别是在重要产品和供应链渠道上至少要有一个替代性来源，确保在外部突发性冲击下能够实现自我循环以及在极端情况下的经济运转；同时，应以锻造颠覆性、非对称的“撒手锏”技术作为我国提升产业链现代化水平的重要突破口，在“长板”领域夯实与全球产业链上下游的相互依存关系。

对于关键供应链环节要有多方竞争、多点备份、多种替代，使重要产品和供应渠道至少有一个替代来源，推动产业链、供应链多元化和增强弹性、韧性，确保在关键时刻可以做到自我循环，在极端情况下经济能够正常运转，保障我国产业安全。

(三)全球布局补短行动，实现国际替代

全球化情境下，各国都深度嵌入分工合作的产业链、供应链之中，彼此取长补短。这个体系高效运转要求国与国之间互信与合作，现代产业体系数量很多，彼此交织。每个国家都在很多领域存在技术短板，这正是全球贸易和合作的价值所在，各国互通有无、优势互补，以实现各自的利益最大化。技术短板在绝大多数情况下不会演化为“卡脖子”问题。

事实上，一个国家无论实力多大、追赶多长时间，也不可能穷尽所有技术短板，在每个产业的各个环节性价比都很好。比较可行的是在某些领域形成自己的长项，以对冲其他国家对自己短板的掣肘，这样彼此都可拥有安全感，也可长久地保持商贸和科技交流合作。自给自足是农耕社会现象，那是一个一去不返的简单技术世界。在全球化大趋势下，新时代创新既需要有全人类的积累，又需要有多元文化与思维方式的碰撞，还需要全球更广阔范围的资源和市场。

“卡脖子”现象背后是国与国之间信任不足的政治问题。坚持开放的态度，充分调动全球创新资源，共同参与我国产业链、供应链的补短行动，特别对于技术门槛高、我国短期内难以实现国产替代的“卡脖子”关键领域进行长期攻坚，

并与国际领先供应商密切合作，多路径推动技术突破；加大引进力度，发挥我国市场宏大、应用场景多、产业链配套完整等七大优势，支持跨国企业在我国持续扩大投资，吸引外国先进技术、团队来我国，持续稳固拓展我国战略性新兴产业供应链全球区域布局。

技术上具有非对称优势的国家，将更有可能同时实现产业链的发展与安全。如果两个国家在不同关键领域都有各自的非对称优势，就容易形成互相“卡脖子”的均衡，这类似于“核恐怖均衡”。从这个角度看，锻长板比补短板更重要，因此我们要通过发现优势、强化优势来锻长板。如果充分挖掘比较优势，并在某些关键领域锻长板，可能会比在各个领域全面补短板更经济、更有效率。

从经济学视角、从容易达成共识的国际合作规则视角，将自主创新和新全球化结合起来，将国内循环和国际循环结合起来，对于特殊垄断资源或特殊领域，寻找可以交换的差异“卡脖子”垄断环节，以此垄断交换彼垄断，相互制衡。

我国应依托国际产业合作园区等模式，加强与“一带一路”沿线国家或地区在高铁、能源、数字经济等优势领域和高端装备、5G 等新基建领域的合作；鼓励国内领军企业组团开拓国际市场，支持中国企业在海外建立产业园区，支持有条件的企业积极稳妥开展跨国投资、并购和重组；加强开放合作，注重与国外供应商在组织上构建战略协同，在市场上加强利益融合，在技术上强化国内国际合作研发，提高供应链伙伴关系的稳定性。

（四）发挥新型举国体制优势

中国过去依靠市场主体的发展模式面临挑战，因为它们都比较弱小，能够获取的资源较少，行业资源碎片化比较严重。市场竞争环境下，市场主体自负盈亏，承担着较高运营成本的同时还承担市场风险。在这种状态下，它们参与科技创新和转型升级的积极性会受到影响。当其他技术领先国家的企业在政府的支持下获取更多资源投入创新竞争时，中国如果不改变目前资源散乱、主体弱小的格局，差距则将会逐渐拉大。

新型举国体制的优势不仅是整合资源、加大资源投入的优势，而且是能够形成国家整体创新体系能力、突破关键核心技术的优势，具体表现为：完善政府对基础性、战略性、前沿性科学研究和共性技术研究的长期稳定支持，健全从基础研究到应用转化的贯通式创新的政策安排，支持原始创新和对重大科研基础设施及其平台的建设，推动重大科研设施、基础研究平台等创新资源开放共享，引导支持市场主体对工业信息化及数字化基础设施的投资等。

（五）强化企业创新主体地位，营造创新生态环境

企业是创新的主体，具有直接面向市场的灵敏机制与实现自主创新的条件和把科技成果转化为生产力的先天优势。因此，我国应加快构建以企业为主体的创新机制，打破企业和高校、科研机构的界限，促进产学研用贯通，推进产业链、创新链融合，加快创新成果转化为现实生产力。

我国应发挥企业在科技创新中的主体作用，支持领军企业组建创新联合体，带动中小企业创新活动，引导企业增加研发投入，突破关键核心技术。我国同国际先进水平在核心技术上仍存在差距，一个很突出的原因是我们的骨干企业没有像微软、英特尔、谷歌、苹果那样形成协同效应。在核心技术研发上，强强联合比单打独斗效果要好，要在这方面拿出办法来。

为此，我国应支持一批大型企业建设企业创新中心，推动企业实施专利战略，鼓励企业进行全球专利布局，引导科技型中小企业增加研发投入，持续培育一批专注于核心基础零部件（元器件）、关键基础材料和先进基础工艺、高端装备等细分领域的科技型中小企业或“隐形冠军”。中小企业深入市场末端的敏感触角，能够快速识别创新需求和创新方向，帮助大企业以较低成本获得对核心产品持续改进创新的能力，完成在新兴产业、前沿领域的提前布局。同时，我国要营造有利于创新的良好生态环境，形成各类企业实施创新的土壤，促使创新的苗圃、孵化器、加速器不断产出新技术、新产品；要不断完善容错机制，鼓励创新，允许试错，宽容失败。无论是应用基础研究，还是重大技术、产品的创新，不可能百分百成功，如果在制度设计上只准成功，不准失败，则将会扼杀创新的激情，丧失创新的土壤，让企业止步不前。

三、从被分工到自主全域链整合

我国培育发展战略性新兴产业，更多的是以实现产业转型升级换代、助力经济高质量发展为战略考量。与之相适应的发展模式，一以贯之地以融入全球

创新产业链为主。政策工具也在尽力维护全球产业链的和谐、共赢、互利发展生态。在此模式目标导引下，企业更倾向于遵循先发优势国家或地区主导的国际产业链分工安排。

目前，很多发展中国家存在"技术引进"—技术差距展示缩小—技术水平停留在原引进的水平上—差距再次拉大—再次引进的轮回现象。相比汽车的"市场换技术"，高铁并未重蹈其覆辙，反倒挣脱了"越引进越落后"的怪圈，在技术上实现"赶超"。

中国高铁，这是一个被写入美国斯坦福大学教科书的经典案例。中国集中力量办大事，从一开始就举国家市场经济的大旗，不仅塑造南车、北车等大央企，后合并为中国中车，而且让前铁道部代表高铁整个产业链进行谈判。由此，短短几年中国就从"引进、消化、吸收"的起步阶段，进化到向外输出阶段。数据显示，目前，中国铁路总公司对高铁技术具有完全的自主知识产权，并已获得900多项国际专利。

中国从无到有、从弱到强，用短短十几年时间走完了其他国家几十年都未必能走完的路。体系完整、结构合理、先进科学的高速动车组技术标准体系，标志着我国高速动车组技术全面实现自主化、标准化和系列化，打破了高铁技术的全球垄断格局，由日、法、德"三国演义"正演变成中、日、法、德"四强争霸"。这种技术突围极大地增强了我国高铁的国际话语权和核心竞争力。高铁成为此背景下唯一"中国制造"的一张响当当的名片。

通过高铁和汽车工业的对比，我们可以看到市场换技术的核心问题：一个是被国际分工，嵌入西方主导的产业链、供应链、价值链，成为其中的一个环节；一个是以我为主导的组链，在全球范围进行全域链整合。

四、从错位竞争到正面竞争

随着中国制造业转型升级的不断推进，低端已经处于饱和状态，正在向中高端冲击，尤其是在电动汽车、太阳能发电设备、高铁、5G通信设备、电网技术等高端制造方面，中国已经从过去的跟跑发展到现在的并跑，某些领域甚至处于领跑优势。此时，中国与欧美国家之间的经济合作，就由过去的"互补关系"变成了"竞争大于互补"的关系。当前，美国已经将中国视为"体系性竞争者"和

"制度性竞争者",要与中国展开长期的"大国竞争",这是中国今后必须面对的国际环境。西方国家为了与中国竞争,压制我国在高端制造领域的进步,一方面开始收窄对我国许多领域的技术授权和零部件供给;另一方面,又把它们所能控制的许多低端制造业转移到越南和印度,防止在进口上过度依赖中国。

除外部因素外,还有内部因素。人口红利和劳动力成本过去曾经是中国参与全球竞争的重要推动力,但是这些传统优势正在消失。事实上,目前部分制造业企业的外迁,就是劳动力成本的比较优势所造成的结果。20 世纪 80—90 年代,中国劳动力成本是东南亚国家劳动力成本的 1/5、1/3,现在已经反转,我国的成本是越南的 3—5 倍,老挝的成本则更低,所以我国一些劳动密集型企业大多已移至东南亚和印度等国。一些周边国家已将疫情看作吸引产业转移的一个重要机遇。2020 年新冠疫情的暴发,促使外资加快了进入东南亚国家的步伐,而越南、印度尼西亚、柬埔寨和印度等国,则利用国际经贸规则及廉价劳动力的优势,与我国争夺跨国直接投资。

随着传统成本型竞争优势的逐渐消退,发达国家与新兴国家间的国际竞争正越来越从错位竞争向正面竞争转变。断链,已经不是仅存在于风险评估和预警阶段,而是事实。断链,意味着融入的道路被阻断。

五、构建全球供应链网络

过去,我国主要是通过合同制造、外包代工、外包组装、贴牌生产、跨国采购等方式嵌入全球供应链,被分工。"以市场换技术""两头在外"的加工模式是当时条件下合适的模式,但只能获得价值链最低的部分。发达经济体的跨国公司,依然是全球供应链的主导者。我国企业长期处于全球价值链的中低端和低附加值环节,融入被西方主导的全球供应链之中。我国战略性新兴产业的发展道路的选择,以市场换技术,过去传统产业走不通,今天的战略性新兴产业也走不通,从错位竞争到正面竞争的转变,以融入方式参与全球化的道路已被阻断。战略性新兴产业的发展,必须采取以我为主的全域链整合,在全球范围内组链。

我国已经具备了整合战略性新兴产业全域链的七大优势:举国体制优势、超大规模市场优势、产业优势、基础设施优势、国际贸易优势、移动通信技术优势、北斗优势,涵盖了构筑战略性新兴产业全域链的各种要素条件,形成了以我为主组联的比较优势，例如，充分发挥中国超大规模的市场优势，成为“以我为主全域链整合”的武器。中国高铁，从市场垄断的角度来看，就是充分发挥了中国市场的威力，进行了以我为主的全域链整合。各个地方为了竞争，纷纷出台优惠政策，外资肯定是优先考虑对自己要求少的地方投资建厂，所以付出的技术成本越来越少，不但没有发挥市场的优势，而且市场被分割、被出让。

未来，超大规模市场优势将进一步增强。在此基础上，超大规模的国内市场对于全球资源、要素的吸引力将进一步增强。同时，欧洲受困于能源危机，生产成本将持续居于过高位置，而美国将继续面临劳动力成本上升、资金成本上升等挑战，一般发展中国家的经济和金融秩序也将受到全球经济衰退的影响。

在此全球大变局之际，我国要围绕战略性新兴产业，以我为主，充分发挥中国打造全球供应链的七大优势，从前端的资源要素、生产制造到后端的市场规模进行全域链的设计，构建属于自己的全球供应链分工网络，实施补链、扩链和强链，实现更高层次的水平分工和垂直整合。

从构建属于自己的全球供应链分工网络角度，补链、扩链、强链：以我为主，即在全球范围内整合资源。从资源要素到设计、技术等短板，以镶嵌的形式纳入我国的全球供应链分工网络之中。过去以镶嵌的方式加入全球化，不得不被分工；但是，今天中国已经具备了打造全球供应链的七大优势，供应链竞争场景已经发生了变化。过去是没有技术、没有设计，就无法开展生产制造；今天，换一个角度来看，资源、技术、设计等离不开中国完整的工业体系，生产出的产业也离不开中国超大规模市场，中国以七大优势强势开展补链、扩链、强链工程，实现国家间的合作共赢，构成以我为主的全球供应链分工网络。

第四节　全球供应链整合

“离岸经营”和“全球供应链整合”被称为碾平世界的十大力量之中的两项。经济全球化的发展，尤其是全球市场日益发展，全球竞争加剧，迫使企业必须将战略眼光着眼于全球而不是局限于国内或部分国家，促进了全球供应链的形成与发展。经济全球一体化的趋势，同样为全球供应链中节点企业与核心企业形成紧密合作的战略合作伙伴关系、采用新的组织形式提供了有利的条件，二者相互促进。

发达国家的国际化企业为了更充分地利用全球的资源优势，尤其是发展中国家的劳动力优势，将国际分工从产品间扩大到产品内，把自己不具比较优势、附加价值低的工序或生产环节如加工与装配等向发展中国家转移，自己则专注于具有比较优势、擅长的如研发、设计、销售等核心业务，从而提高企业的竞争优势与核心竞争力，以获得在全球竞争中的领先优势，这是全球供应链产生和发展的重要原因。

国际供应链的产生和发展是国际分工深化的必然结果。分工理论是经济学中的一个重要理论，其对供应链的出现更具有决定性作用。国际分工包括：行业间分工——这种分工格局形成了以垂直分工为特征的国际分工合作体系；行业内分工，即不同国家同一产业内部的专业化分工；产品内分工，是指特定产品在生产过程中根据产品工序的不同或者零部件对资本、劳动、技术等生产要素比例的投入要求的差异，将不同的零部件或工序在空间上分散到不同的区域或国家进行，各个区域或国家按照工序的不同或零部件的不同进行专业化生产或供应，其突破了产品的界限，深入产品生产过程，是国际分工的新形式，是国际经济化的展开结构，其近似的概念有全球外包、海外外包、转包零散化等。

国际分工的深化与发展，尤其是产品内分工的出现和发展，是全球供应链产生和发展的基础。可以说，没有产品内分工的出现和发展，就不可能有供应链的出现。但是，产品内分工只是供应链现象的必要条件，而非充分条件。有产品内分工并不意味着一定会出现供应链这种表现形式。为什么会出现供应链，或者说企业为什么要用供应链这种形式来参与和利用产品内分工，其背后必然有着经济学上的原因。

交易成本经济学认为，为了节约现有的和潜在的通过市场进行交易的费用，企业间就要实现纵向联合。其实，解释跨国公司对外直接投资的内部化理论及理论根基也是来自交易成本经济学。从企业的产业性质看，节点生产企业是提供相似或相近产品或服务的，因此有人把供应链称作“横向一体化”，而从工序的前后或产品流动方向看，也可以称作“纵向一体化”，不过是按时间先后而不是按企业所处行业的纵向。根据交易成本经济学影响交易成本因素的三个维度，供应链就能够节约交易费用。

一、全球供应链与民营企业的发展

"十四五"时期产业链、供应链的现代化建设迫在眉睫，民营企业要在双链现代化建设中有大作为，需增强民营企业在全球供应链中的整体实力和竞争优势。改革开放 40 多年来，一批批民营企业通过商业模式的创新、技术的进步、产品的颠覆，推动着时代发展，引领行业及社会变革。特别是在制造业领域，民营企业更是实实在在的"主力军和突击队"。我国民营企业不仅数量规模巨大，而且已成为科技创新的生力军。在产业链、供应链中，民营企业发挥着配套协作的重要功能，不仅成为国内市场的翘楚，而且越来越多地出现在国际市场上，参与全球竞争，其中部分大型民营企业已居于"链主"地位。

民营企业在产业链、供应链建设中也发挥着重要的补链、强链、延链的特殊作用，尤其是在制造业领域，民营企业的作用不可忽视。从 2020 年中国民营企业 500 强入围榜单来看，制造业企业高达 288 家，继续占主导地位，且行业分布广泛，其中，黑色金属冶炼和压延加工业、房地产业、建筑业位居前列，表明中国民营企业产业结构不断优化。另外，民营企业的发展质量与我国制造强国战略的实施高度相关。近年来，以华为投资控股有限公司、恒力集团、正威国际集团等为代表的一批民营制造业企业，不仅在稳增长、惠民生、促创新等方面发挥着重要作用，而且部分排名前列的中国民营企业已成为中国先进生产力的典型代表，其掌握的先进技术正在成为引领"中国制造"到"中国智造"的重要突破口和风向标。

中美贸易战、新冠疫情、俄乌冲突，导致供应链中断，全球制造业企业开始对供应链进行大规模调整。随着经济全球化和区域经济一体化程度加深，中国民营企业积极"走出去"，从布局全国转向布局全球，主动走出国门，配置资源和拓展市场，开展全球供应链资源配置，在利用中国生产能力和市场机遇的同时开展全球供应链资源布局，为供应链赋予新的内生发展机遇。

全球市场的驱动来自海外竞争者的挑战和海外消费者所提供的机会。即使是一家没有海外业务的公司，也会受到外国公司出现在本土市场上所造成的影响。为了成功地捍卫本土市场，进军海外市场也许是公司的必然选择。在当前的国际环境下，不主动走出去，就是拱手让出全球生产网络的主导权。在这样的背景下，民营企业更应该走出去，主动进行海外布局，通过掌握海外的供应链的主导权，提升民营企业在价值链上的位置。

(一)构筑全球供应链，提高创新能力

1. 通过布局全球，构筑民营企业全球供应链，提高整个产业链的创新能力

“十四五”规划和2035年远景目标纲要提出，坚持创新在我国现代化建设全局中的核心地位。这意味着，今后我们要通过供应链的创新能力形成新的供给，通过新的供给形成新的消费、新的需求、新的市场，最终形成新的价值。

2. 通过布局全球，构筑民营企业全球供应链，推进现代产业体系的形成

供应链创新不是为了供应链本身，而是为了推进整个产业体系的形成。从某种意义上说，供应链是魂，任何一个产业都离不开供应链；产业链是根，民营企业在全球布局中推进供应链创新，就是要形成现代化的产业体系；价值链是本，通过产业链形成新的价值链。企业只有通过推进供应链的创新与应用，突破产业边界，与上下游的产业进行融合，才能够真正形成现代化的产业体系，进而形成更稳定的产业链。

3. 通过布局全球，构筑民营企业全球供应链，形成产业链、供应链的安全体系

产业链、供应链安全应该有三个层面：经济层面、自然灾害层面、政治层面。应对经济层面的风险，需要有较好的管控模式；应对自然灾害层面的风险，更多地需要运用先进技术解决；应对政治层面的风险，则要求有全面的、更高格局的应对模式。

(二)增强产业链、供应链的可持续性

1. 通过布局全球，构筑民营企业全球供应链，增强产业链、供应链的可持续性

一个产业最大的可持续性，是与自然的发展规律相协同。现阶段的可持续是绿色、低碳。企业在供应链创新过程中不仅要通过对上游产业进行节能减排，更要从产业链的角度推进绿色、低碳发展。

2. 通过布局全球，构筑民营企业全球供应链，提高供应链效率

制造业越发达，受益就越直接、越明显。最直接的受益者就是上下游相关

企业，即以全球地域为空间布局，打造某些优势产业的"微笑曲线"。现代供应链具有极强的控制能力，传统的生产制造企业转型发展、新兴企业扩张发展均需要谋求创新的全球现代供应链，通过现代供应链横向一体化和纵向一体化来提升全球综合竞争力。现代供应链围绕组织原料、中间品与终端消费品的流通，实现商品供应链深度全球化，整合全球资源，可以丰富原材料来源，提高供应链效率，增强产业链的全球竞争力。

（三）加强市场规避和反击的机制

通过构筑民营企业全球供应链，全球协调弹性供应链能够形成全球工厂与全球市场。例如，工厂分布在世界各地，从而具有市场规避和反击的机制。由于不同的宏观经济条件在不同时期一些地区的工厂盈利较高，一些地区则较低，可以规避单个工厂出现巨额亏损的风险。如果竞争对手攻击其中一个工厂，则可以调动其他市场的资源进行有效的协作反击。同时，全球市场资源的协调，避免了区域市场需求的疲软带来的风险。

二、民营企业在"一带一路"中的作用

作为国际多边合作的一部分，"一带一路"倡议致力于维护全球自由贸易体系和开放型世界经济，推动沿线各国实现经济政策协调，开展更大范围、更高水平、更深层次的区域合作。自"一带一路"倡议提出以来，全世界共有 160 多个国家（或地区）和国际组织积极参与，在顶层设计、互联互通、重大项目、企业行动等方面不断取得新的发展成果。

（一）"一带一路"对民营企业的意义

"一带一路"实现陆海连接，双向平衡，以点带面，从线到片，逐步形成区域大合作，推动欧亚大陆与太平洋、印度洋和大西洋完全连接的陆海一体化，形成陆海统筹的经济循环，使欧亚大陆经济联系更加紧密，从而有力推动区域经济增长，并为全球经济增长提供新引擎。"一带一路"，为民营企业的国际化提供了广阔的空间和舞台。这个空间和舞台与一般意义的全球化不一样，它是以国家背书、国家主导、国家推动的国际化进程。民营企业国际化的背后是国家力量。

1. 打破了长期以来陆权和海权分立的格局

从“一带”看,“丝绸之路经济带”的建设向广阔的西部地区大力拓展,必将推进亚欧大陆经济的整合,拉动中国与东盟、南亚、西亚、中亚以及海湾国家与欧洲国家的经济聚力,建立连接五大洲、覆盖全球的现代供应链体系。从“一路”看,“21 世纪海上丝绸之路”的建设将使中国超越西太平洋海域,向南深入南太平洋,这将有利于中国开辟两洋出海大通道的运输线。

“一带一路”影响范围触及欧洲、非洲、东南亚、阿拉伯半岛等地区,并向西方进一步扩展,将部分欧洲国家或地区也纳入辐射影响范围之内,形成了一个横跨亚欧大陆的经济贸易纽带。“一带一路”提供了一个新的发展契机,极大地优化了“一带一路”沿线经济发展空间布局,促进了区域经济协调发展的新实践。“一带一路”发展到目前,已成为一个依托亚欧大陆发展中国家的经济复兴来提振世界经济的全球计划。

2.“一带一路”建设加快全球现代供应链发展的进程

“一带一路”的实施将深化中欧、中俄合作,推进亚欧大陆的一体化进程,塑造中国全球现代供应链体系的格局。区域一体化发展应该是大势所趋,中国需要加强和周边国家的联系,加强对外开放。通过“一带一路”建设,中国将构建开放型经济新格局,推进新一轮高水平对外开放,拓展纵深,增添改革的新动力。

3. 主导现代供应链体系的中国力量

“一带一路”价值链形成后,中国和“一带一路”相关国家或地区将逐渐形成合力,增加中国地缘博弈优势。“一带一路”而且已经得到发展中国家的回应。不仅局限于“一带一路”,而且中国作为消费大国必将受到各国企业的青睐,中国市场的开放性将持续为中国参与全球现代供应链助力。同时,这种合作会为全球注入新的利益分配理念。这种均衡分配的利益观得到了更多国家的认可,从而增加了主导全球现代供应链体系的中国力量。

(二)民营企业成为共建“一带一路”的生力军

根据中国发展网 2023 年 3 月 2 日报道,由中国社会科学院中国产业与企业竞争力中心和社会科学文献出版社共同发布的《产业蓝皮书:中国产业竞争力报告(2022—2023)No.11——提升产业链供应链韧性和安全水平》研究指出,当前,全球产业链、供应链正处于加速重构的时期。结合共建"一带一路"国家或地区的产业链发展情况,全球产业链重构对共建"一带一路"国家赖以生存的出口导向型工业、能源产业和发展中国家参与国际贸易都带来相当程度的挑战。蓝皮书指出,重点项目建设有利于在国内培养一批具有国际竞争力的一流企业,带动民营企业和中小企业"走出去",实现共建"一带一路"整体的产业链、供应链韧性的提升。

随着"一带一路"倡议的深入实施,中国民营企业坚持以市场需求为导向,以项目合作为载体,逐步发展成为高质量共建"一带一路"的重要主体。根据全国工商联发布的《中国民营企业500强调研分析报告》,2014年,在"一带一路"倡议提出初期,中国民营企业500强中参与"一带一路"建设的企业数量为65家;2021年,有195家企业参与了"一带一路"共建,较2020年增加4家。民营企业500强在"一带一路"沿线的投资主要集中在制造业。根据全国工商联的调研报告,民营企业500强在"一带一路"沿线的投资涉及41个细分行业,主要集中在制造行业、建筑业与综合行业。

(三)民营企业属性和制度优势

随着中国经济的快速发展,以国有企业为代表的中国资本"大动作"不断,在国际上开展规模较大的投资与兼并收购,成为国际市场的新进入者。有的国家,不适应中国的快速崛起,对中国资本产生"敌视"心理,这不利于我国"一带一路"建设的长期发展。相对于国有企业,民营企业具有属性和制度优势,更容易被东道国所接受,可以合理规避部分东道国出于国家安全立场进行的安全审查,在当地展开生产经营活动。此外,我国民营企业进入高质量发展的新阶段,能敏感地察觉出市场需求变化,灵活地制定国际战略,挖掘潜在市场空间,促进自身发展。民营企业通过深化体制机制改革、不断提高创新能力、提高产品质量等方面的高质量建设,促进"一带一路"的高质量发展,成为构建"双循环"新发展格局的重要支撑力量。

(四)构筑国际供应链,扩大市场规模

"一带一路"可加强地区性经济合作。在当今世界经济形势下,中国需要在

中东、中东欧、非洲及周边国家开拓新的国际市场。尽管有些地区经济发展水平相对落后，购买力较弱，销售额相对较小，但未来发展潜力巨大，有可能成为新兴市场。

“一带一路”沿线65个国家或地区总人口为44亿，GDP规模达到21万亿美元，分别占世界的63%和29%，是世界跨度最长的经济走廊，也覆盖了世界经济最具活力和最具发展潜力的地区。民营企业在创造中国超大规模市场上做出了突出的贡献。在此基础上，通过“一带一路”供应链的建立，将中国超大规模市场扩大到“一带一路”沿线65个国家或地区，形成中国新的市场规模优势。

三、抢占高端

抢占技术制高点，彻底改变被分工的地位。从全球价值链的收益来看，各国发展极不平衡。发展中国家处于低附加值环节，发达国家处于高附加值环节，这种二元格局使发展中国家长期处于“低端锁定”困境。我国长期被锁定在价值链的中低端。为打破不公平的国际分工困境、提高中国在国际分工中的地位，我国应加快制造业向“微笑曲线”中两端的价值链转型升级。

（一）国际分工的变化

在新技术革命与经济全球化的浪潮席卷下，国际产业经历了由劳动密集型产业到资本、技术甚至知识密集型产业的梯度转移。与此同时，国际分工也经历了一系列变化：由产业间分工到产业内分工，再到产品内分工的演进。在当代，国际分工呈现出多层次、多样化的特征，不仅有产业间分工、产业内分工，而且有产品内分工；不仅有产品内分工，而且有要素分工；不仅有有形产品的生产分工，而且有无形产品——服务的生产分工；不仅有垂直分工和水平分工，而且有混合形态的分工。这一系列分工的新变化不仅涵盖了不同国家或地区、不同产业与产品，而且涵盖了同一产品内的不同工序与不同增值环节。

1. 边界变化

如果说古典国际分工的边界是产业的话，那么当代国际分工的边界则更在于价值链。建立在价值链上的国际分工已成为当代国际分工变化的新特点。

这里的价值链是指设计、制造、分销、服务等一系列相互关联的增值活动，其分工的基础是生产活动和其他功能性活动更加专业化的细分，从而导致国际分工从最终产品的分工进一步向价值链中不同活动之间的分工发展，由产业间的分工、产业内的分工向产品内分工转化，逐渐形成以价值链为边界的产品内分工模式。

而信息技术尤其是互联网及电子商务的应用，使跨国公司全球化布局的生产网络得以形成和发展。跨国公司根据世界各国的资源禀赋、市场条件等状况，基本实现了技术研发、产品设计、零部件生产、产品组装、组织订货、商品销售等各环节的全球配置。各个环节分别在不同国家进行，那么相应的所生产出来的商品的总价值构成也就表现为来自不同国家和地区的价值构成。国际分工边界由产业转变为价值链，使商品的国际价值构成更凸显国际化特点。

2. 生产要素范围扩大与重新组合

新型的国际分工导致直接生产过程的生产要素发生了新的变化，即范围扩大与重新组合。从客观生产要素看，电脑控制的自动化生产线、机器人、机械手等新的劳动资料和合成材料、工程塑料等一系列新的劳动对象出现了。而作为客观生产要素人的劳动，其含义也已扩展到科学与技术、管理、研究与开发、咨询与服务等领域。

生产要素范围的扩大尤其是现代生产要素的组合与运用，极大地提高了劳动生产率，进而影响商品国际价值的形成。从国际上看，现代生产要素在生产过程中的组合与运用，可减少单位商品所耗费的资源和劳动时间，进而降低单位商品的国际价值量，而在原有资源不变的条件下，现代生产要素的组合与运用，则会增加世界商品及其价值的总量；从一国视角看，如果现代生产要素的组合与运用带来的生产效率提高领先于他国，则该国就能在国际市场上交换到更多的商品价值。

3. 要素及分工的变化

从以产业和产品为边界的国际分工发展为以生产要素为边界的国际分工，使分工由最终产品交换领域发展到产品生产过程、生产环节。一方面，科学技术的发展使一个完整产品的生产过程不断细化为众多的生产环节，产品生产的迂回环节增多、过程延长，而国家间交易成本的降低使迂回生产环节的全球布局成为可能;另一方面,经济全球化的发展使国际竞争日趋激烈。为在竞争中获胜,跨国公司纷纷实行全球一体化战略,借助信息技术在全球范围内设置价值链中的各个环节,充分利用各个国家或地区在各个环节上的要素优势,从而使以要素为界限的产业内或产品内的环节、工序分工成为当今国际分工的重要形式。

4. 催生的服务贸易发展

在国际分工的催生下,国际服务贸易快速发展,其增长速度高于国际货物贸易。在一般情况下,货物商品只有经过运输,使商品发生位移,克服了生产者与消费者之间的距离之后,才具备实现其价值的前提;在货物商品贸易中,其所有权和使用权往往不能分离,在转让使用权的同时,所有权也让渡给对方,即通常只能参与一次国际贸易。但国际服务贸易则不同,它不必经过运输即可在消费者那里实现其价值,其贸易对象的两权往往可以分离。如在技术贸易和知识产权贸易中,服务的出口者可以凭借其所有权,通过契约关系,在同一时期或不同时期分别向不同的进口者转让使用权,使产品的使用权得以多次转让。由于同一服务的使用权可以多次转让、多次参与国际贸易,这就使得同一服务所能实现的国际价值量亦更多。

5. 价值规律调节手段的变化

国际分工新发展导致商品价值构成国际化,使价值规律的作用跨越国界。在当今的产品内分工的格局下,国别价值虽然仍旧存在,但已经失去了原有的意义,不再是对产成品意义上的国别价值,而是针对全球生产过程中具体环节的中间产物而言的。价值链上不同节点的产物的价值相应地就是该节点所在国的国别价值,而产成品的价值则取决于价值链上所有国别价值之和,在此基础上取得的世界劳动平均单位,是衡量商品国际价值的依据。与此相应,价值规律对生产的调节作用也就超越了一国的范围,遍及产品价值链上的所有国家。这种国际分工新发展导致的商品构成国际化和价值规律作用的跨越国界,使国际价值规律的作用范围更广、调节作用更强。

与此同时,国际价值规律的调节手段也发生了新变化,利率、汇率成为调节世界市场的重要经济杠杆。“这些经济杠杆会从不同角度、以不同的组合方式对世界市场的投资方向、投资规模、投资结构以及货币流量产生影响,进而影响世界市场生产要素资源的配置和世界总劳动量在各个不同生产领域的分配。”

(二)构建新型国际分工体系

国际分工是连接各国经济从而实现全球协同发展的重要机制。从国际分工演进和经济全球化变迁的历史长河看，这个变局绝非“后向倒退逻辑”，即“逆全球化”和单边主义、贸易保护主义可能引致的倒退，而是更为宏大的“前向发展逻辑”，即依托科技进步、制度变革和文明交流互鉴的发展逻辑重塑，以及在此基础之上的产业体系、国际秩序再造。从这个意义上讲，百年未有之大变局的深邃内涵，即在于人类社会发展共识下国际分工和经济全球化演进的动力格局出现历史性变化，即以新一轮科技和产业革命为背景的全球发展动力机制重塑。

近年来，美欧等发达国家已率先启动面向新一轮科技和产业革命的发展战略，包括美国的“先进制造业”战略、德国的“工业 4.0”战略、英国的“高价值制造”战略、法国的“新工业法国”战略等。其主要目的在于依托新兴技术和新兴产业建构新的全球价值链，谋求或巩固全球价值链链主地位，由此推动以发达国家利益诉求为动机的发达国家之间以及发达国家与发展中国家之间经济关系的重构。

中国改革开放四十多年来，我国经济持续高速增长，但在国际分工格局中处于较低层次，接近 U 型价值链的底端，集中表现在劳动密集型产业如纺织、服装、日用品等轻纺工业领域以及劳动密集型和技术密集型相结合的加工业领域。尽管这些工业制成品产量相当大，源源不断地向世界市场输出，但所获得的经济利益并不高。从产业发展历程看，我国大部分工业及产品与发达国家占据具有垄断地位的战略环节、获得价值链上最多增加值相比，还有相当的距离。

从当前应对国际经济新局势、破解结构性失衡难题、推动构建面向新一轮科技和产业革命的全球经济体系使命看，中国与全球经济的新一轮协同发展从根本上来说不取决于特定国家与中国的经贸关系，而取决于中国携手世界构建新型国际分工体系，为此，要着力推动面向新型国际分工的三大转化：将要素禀赋优势转化为市场、技术、制度和资源“四位一体”系统集成优势，将要素参与型分工合作转化为创新驱动型分工合作，将数量增长型协同转化为质量发展型协同。

（三）提高要素比较优势，占据价值链上的有利位置

在要素分工、环节分工已成为当今国际分工主要形式的情况下，特定要素的比较优势在产业链或生产工序所处的地位十分重要。任何国家或地区国际分工地位的提升，主要表现在凭借特定要素的比较优势参与产业链或产品工序上所处地位及增值能力的提升上。一个国家如果资本、技术、人力资本等高级要素丰富，在国际环节分工中就能处于价值链的高端，从而在国际价值的创造和分配中就能处于有利地位；相反，如果一个国家拥有的是简单劳动力等一般的低级要素，则只能被动地处于价值链低端而接受国外高级要素的整合，在国际价值的分配中必然处于不利的境地。为此，我国应积极把握国际分工格局的变化，通过政府、部门、企业等多方努力，积极培育要素优势，不断改善我国参与国际分工的要素结构，提升我国企业在产业链或产品工序上所处的位置及增值能力，使我国企业在国际价值链中处于更有利的地位。在这一过程中，我国亟须实行积极的科技创新战略，增强企业的自主研发和科技创新能力。

（四）利用国际价值规律，优化出口产品结构

1. 突破比较优势陷阱

目前，我国的出口产品结构依然以资源型和劳动密集型产品为主导，二者占总出口额的70%左右，而资本、技术密集型的产品只占出口总额的30%左右，这种出口产品结构存在着诸多弊端。贸易结构的稳定性不足，很容易进入比较优势的陷阱中，形成对国际地位稳固性的负面影响。因此，面对国际市场激烈的竞争和我国经济的可持续发展，很有必要利用国际价值规律的作用机制对现有的出口产品结构进行调整与优化，突破比较优势陷阱的限制，即由资源型、劳动密集型产品为主逐渐向技术、资本密集型产品为主的出口产品结构转化。

2. 改变出口商品结构

中国对外贸易出口结构中存在着出口商品结构过于集中的现象，严重威胁着外贸安全。一个国家若是过度依赖出口商品中的某种或少数几种，一旦受到国内外不利因素的影响和冲击，就会导致对外贸易出口商品缺少抗衡能力、国

际竞争力不足，甚至导致企业大量破产，增加了失业人数，国内经济萧条，进入低迷状态，对国家的稳定、可持续发展产生不利影响。中国出口商品主要集中在工业制成品方面，包括纺织原料、纺织制品、机器、机械器具、电气设备、零件、电视等设备和零件。过度依赖外资企业，也是我国对外贸易出口结构中出现的问题，我国出口主体以外资企业为主，导致我国面临着严峻的外贸安全问题。

尤其是中国在外资企业的主导作用下，外贸出口活动很容易在面对更具竞争力的生产市场和基地时发生产业转移，甚至导致我国对外贸易体系受到严重的损坏。因此中国要在对外贸易出口结构的调整中改变这一现状，不再过于集中出口商品结构，降低对外资企业的依赖程度，而是发展本地企业，促进我国企业综合实力的提升，加大对本地企业的扶持力度。

3. 改变出口地区结构

过度集中国际出口地区结构，会导致国际贸易摩擦的发生风险增加、次数增加。我国目前就存在着出口国际地区结构过度集中的问题，面临着日益严重的国际贸易摩擦现象。我国在发展对外贸易时以美国、欧盟、墨西哥、南非、巴西、澳大利亚、日本、新加坡、加拿大作为主要的出口国。在全部地区中，北美自由贸易区和北美洲地区出现了出口商品结构失衡的现象，美国和欧盟始终是我国对外贸易最多的两个地区。在出口量日益增长的发展背景下，我国在增加与传统发达国家市场出口的同时也增加了新兴市场国家。特别是一些发展中国家的出口量逐渐递增，形成了和世界各国之间难以缓解的贸易摩擦问题，推进了越发明显的贸易摩擦趋势，这在很大程度上都是由于我国出口国际地区结构过于集中以及出口量增加导致的。在过去一段时间内，中国曾经连续十年成为遭遇反倾销调查最多的国家之一，多个国家和地区发起了对我国出口产品的调查活动，在反倾销、反补贴保障措施和特保的调查中严重影响了我国的出口额，并且还将引发一系列反倾销连锁反应，形成了对我国出口地区和出口企业严重的负面影响。

我国应加快改进步伐，将出口的国际地区结构分散开来，降低国际贸易摩擦问题的发生风险，避免出现反倾销连锁反应等一系列的负面影响，维护我国出口地区和企业的稳健发展，增强出口地区的经济实力，为出口企业的发展拓展更广阔的空间，打破原有的出口国际地区结构限制，扩大发展范围。

4. 改变国内外贸活动地区结构

中国的对外贸易活动过度集中在国内的某些地区，出现了出口的国内地区结构过度集中的现象，形成了地区间经济不平衡的问题。在过去一段时间内，我国主要将出口商品的国内地区结构集中在东部沿海地区的省市，例如，上海、广东、江苏、北京、浙江、天津、河北、辽宁、山东、福建，上述省市在全国出口总额的份额中占比九成以上。

日益集中的出口国内地区结构形成了地区结构的不平衡性和经济发展的不平衡性，这在一定程度上使我国的省、自治区、直辖市之间的经济差距大大被拉开。地区间的经济失衡，导致中国的经济发展出现了明显的不平衡问题，南快北慢的现象越发普遍，从东部看，南北发展有着不平衡的问题；站在全国视角看，东西部的发展仍旧处于东高西低的不平衡状态，形成了经济失衡的问题。在经济增长中，贸易作为“发动机”，给我国的经济发展带来了新的契机，因此，要有效地解决地区结构的不平衡性和经济发展的不平衡性，缩小地区之间的差距，从失衡走向平衡。

(五)优化服务贸易结构

在新技术革命的带动下，服务行业在国际经济中的地位迅速提高。与此相联系，服务贸易作为新兴行业，在国际贸易中所占的比重也不断提高，其重要性也日益凸显。

第四届“一带一路”服务贸易合作论坛发布的《2020 中国服务贸易行业发展研究报告》显示，服务贸易已成为全球贸易和经济增长的新动力，我国以货物贸易为主，向服务贸易为重点的开放转型成基本趋势，数字技术创新驱动服务贸易新变革。报告显示，服务贸易新业态、新模式蓬勃发展，数字化服务出口占比超过 50%，数字内容出口迅速扩大。我国国际服务外包增速快于服务出口增速，稳居全球服务外包第二大承接国。知识密集型服务进出口为 2 947.6 亿美元，占服务贸易总额的比重达 44.5%，年均增长 8%左右。报告预测，到 2025 年我国服务业增加值占 GDP 的比重将达到 60%。我国服务业发展潜力巨大。

为推动服务贸易高质量发展，商务部等 24 个部门制定了《“十四五”服务贸易发展规划》(以下简称《规划》)，阐明了“十四五”时期我国服务贸易发展的目标，并对 2035 年远景目标进行了展望，提出深化改革开放、加快数字化进程、优化行业结构、完善区域布局、壮大市场主体、深化对外合作六项重点任务。

2021 年中国服务贸易进出口总额达 52 982.7 亿元，其中，出口为 25 435 亿元，进口为 27 547.7 亿元，出口增幅高出进口 26.6 个百分点，并带动服务贸易逆差下降 69.5%，至 2 112.7 亿元，达到过去 10 年来的最低值。2021 年，服务出口已占到全球份额的 7.4%，位居世界第四。

全球服务贸易整体趋势是知识、技术和数据密集型服务占比越来越高。服务贸易在中国国际贸易中的占比是 15%左右，但服务业对国内生产总值(GDP)的贡献是 51%。而从全球来看，这两个数字分别是 25%和 69%。

我国服务贸易在快速发展的同时仍与发达国家有一定的差距，具体表现为传统产业占比偏高，层次较低，规模需进一步扩大。数据显示，过去 10 年中国服务贸易 TC 指数在－0.16 至－0.36 之间波动，表明中国服务贸易尤其是服务出口总体上还处于比较劣势。目前来看，中国服务贸易逆差已经存续 20 多年之久。在全球范围内服务贸易呈现出快速扩张的趋势下，中国要通过扩大服务出口进而扭转服务贸易逆差，需要相应政策的进一步加码与用力。

要提升我国服务贸易竞争实力，一是放宽服务领域市场准入，扩大外资准入领域。除了压缩服务贸易的外商投资准入负面清单以及放宽外资进入领域外，开放坐标应当对准制度型开放，包括对标国际高标准，在充分竞争、有限竞争类重点服务领域和自然垄断类服务领域的竞争环节，推动取消或放宽对服务贸易的限制措施；对标国际一流营商环境标准，全面实施自由企业制度，建立严格的产权保护与知识产权保护制度；率先在服务贸易领域实行制度化“早期安排”，如对医疗健康、文化娱乐、旅游、教育、科技研发、会展等服务业行业发展所需原材料、基础设施配套的用品设备的进口实施零关税，并免除进口环节增值税；探索放宽特定服务领域自然人移动模式下的服务贸易限制措施，允许境外专业人才按照有关要求取得国内职业资格和特定开放领域的就业机会，并按照对等原则推动职业资格互认。

二是提高跨境服务贸易开放水平，建立健全跨境服务贸易负面清单管理制度，促进服务要素跨境流动。通过扩大数字贸易构造，带动服务出口。数字贸易不仅可以丰富传统货物贸易形式，即从线上走到线下，由此产生数字营销、数字订购、数字对接以及数字结算等新的服务贸易形态，而且意味着传统服务贸易中出版、影视、演艺、艺术展览、动漫游戏以及创意设计等都可折叠成数据，由此生成的数字产品贸易流动效率更高，并拥有更广的范围经济效应。不仅如此，数据作为数字经济中最重要的内容也可以独立形成服务，在此基础上诞生出由软件、社交媒体、搜索引擎、云计算以及卫星定位等信息技术服务组成的数字技术贸易，同时工业互联网、智能制造、物联网等数据流平台生成的数据也可以被广泛应用于研发、生产、运营、服务等价值链环节，由此产生出数据服务贸易和跨境数据流动贸易。

三是打造高水平的改革开放平台，推进服务贸易创新发展试点建设，发挥对外开放平台引领作用。继续深耕与扩大服务业空间，有必要在服务贸易创新发展试点地区放宽服务市场准入，全面清理服务业领域妨碍公平竞争的产业政策，减少行政力量对市场资源的直接配置，全面实施普惠化的产业政策，同时在京津冀、粤港澳大湾区、长三角地区推动服务产业集群以及服务贸易集聚发展，造就更多特色服务出口基地与平台梯队；另外，要加快制造业服务化进程，推动生产性服务通过服务外包等方式融入全球价值链，以此带动寄递物流、仓储、研发、设计、检验检测测试、维修维护保养等新兴服务贸易。

从连接中国与世界的国际分工纽带看，新时代的改革开放应面向新一轮科技和产业革命，顺应全球发展和包容性增长大势，聚焦新型国际分工体系建构，培育和释放大国特有的市场、技术、制度、资源“四位一体”价值系统集成优势，重塑制造业新的国际竞争优势，使中国制造业从高消耗、低效益的粗放型、低水平扩张转向精益、清洁、高效的速度与质量并重的可持续发展模式，实现工业增长动力由简单劳动和物质要素总量投入驱动向知识、技能等创新要素驱动转型，在中国形成一批具有国际影响力的全球价值链旗舰企业、一批在细分市场领域做到极致的“隐形冠军”企业和一批具有蓬勃生机、创新活跃的中小微企业，实现中国由制造大国向制造强国的转变，全面提升在全球价值链中的控制力和国际产业分工地位。

推动科技创新和产业再造，从而促进高质量发展维度的中国与全球经济同频共振。从国际分工演进方向看，中国必须实现从传统分工体系中的要素参与者向新型分工体系中的创新驱动者、产业建构者的角色转换。在这一过程中，中国要致力于打造面向全球先进要素的价值创享平台，努力成为面向全球辐射高质量发展红利的国际分工中心，携手建构全球创新链、产业链、价值链“三链合一”的新型国际分工体系和演进机制。

四、构筑全球供应链的路径

中国已明确以“一带一路”建设为重心的全球供应链战略。下一阶段，中国国家供应链战略的重心是以提升竞争优势和建立长期稳定的全球供应链体系为主，积极主动参与并调整全球化参与方式。要主动调整供应链全球化参与方式，民营企业需积极加入这一进程，进行国际供应链的海外布局，以供应链服务水平提升与效率提高为突破口，推动贸易结构升级，全面提升配置全球资源的能力和竞争力；在全球供应链公共产品领域和全球供应链治理中发挥积极的建设性作用，逐渐形成有中国特色的、开放创新、优势升级、内外协调、互利共赢的全球供应链体系。

作为“一带一路”建设的重要载体，境外经贸合作区在中外经贸合作中正扮演着越来越重要的角色。境外经贸合作区的建设，不仅带动了一大批中国企业走出国门，而且促进了东道国税收、就业和经济增长，成为观察中国对外开放与中外互利共赢的一个重要窗口。境外经贸合作区在促进包容性、可持续的基础设施发展和工业化方面发挥关键作用，也创造可观的就业和收入。

商务部国际贸易经济合作研究院和联合国开发计划署驻华代表处联合发布的《中国“一带一路”境外经贸合作区助力可持续发展报告》显示，截至 2018 年 9 月，中国企业在 46 个国家共建设粗具规模的境外经贸合作区 113 家，累计投资 366.3 亿美元，入区企业为 4 663 家，总产值为 1 117.1 亿美元，上缴东道国税费 30.8 亿美元。报告还显示，中国境外经贸合作区严格遵守当地的劳动法和安全标准，88％的中国境外经贸合作区要求其公司为当地雇员提供社会和健康保险并确保工作安全，93％的通过入区企业雇用当地员工的方式，加强与社区的联系，79％的向当地社区的发展项目捐资。

白俄罗斯是中欧班列通向欧洲的必经之国。在基础设施项目建设中，中国机械工业集团有限公司与 GE、西门子、ABB 这些大型跨国公司共同合作开发，实现多赢。中白工业园汇聚了来自德、美、奥、以等国企业，彰显国际化特色。

被称作“丝路明珠”的中白工业园，开发主体是中白工业园区开发股份有限公司，中方占股68%、外方占股32%。其中，中方股权主要以中国机械工业集团有限公司(占45.7%)、招商局集团(20%)为主。截至2019年5月，入园企业总数已达44家，协议投资总额近11亿美元。其中，中方27家，白方9家，其余8家为德国、美国、奥地利、立陶宛、以色列等国企业。

经济发展的主要矛盾之一是供应链打通的矛盾，应有效整合物流资源，将全球资源以高效的方式引入需求领域。创新将制造业活动延伸至商务环节，组成并优化链路，使资源供应速度加快，通过生产销售环节使产品增值，并送到终端客户手中，缩短需求被满足的时滞，以增加整个供应链价值。

从中白工业园的开发建设中可以明确地体现出：一是以我为主的中方主导权明确，在境外进行国际化的产业集群，为企业带来全球配置资源要素的良机。二是促进双向贸易的优势，中国企业把更多的白俄罗斯当地优质产品销往中国，充分地利用了国内和国外两个市场。三是境外经贸合作区将有效盘活当地资源要素，并涵盖了工业、商贸、加工等多个领域，将制造业活动延伸至商务环节，组成并优化链路。四是提升所在地工业化水平及其在全球产业分工体系中的参与度，为打造国际供应链创造了条件。

依托国家供应链战略，参与“一带一路”、境外开发区的投资建设，是民营企业打造国际供应链的一个重要路径，既可利用中国的经济优势和市场引力重构全球现代供应链布局，又可以利用全球现代供应链优势，拉动中国重点行业相关企业，实现资源整合、流程优化和协同发展；既有利于推进重点产业转型升级、供给侧结构性改革和上下游产业融合发展，又有利于协同推进实体企业发展。

在“一带一路”沿线国家和境外开发区，民营企业通过直接投资的方式，以我为主地进行全球供应链的整合，是民营企业通过投资，将商权、产权进行国际化延伸。投资境外开发区，持有开发区的股权，使民营企业通过投资，成为产业集群的组织者，以我为主地进行产业链、供应链的全球整合，将产权、商权沿着“一带一路”在境外开发区延伸。

以我为主地进行供应链的国际布局，紧紧依托国家供应链战略，抓住“一带一路”建设和国际产能合作发展的机遇，民营企业要积极加入这一进程，进行现代供应链的海外布局，推动企业深度参与全球产业链、价值链的竞争、合作与分工，从全球布局的角度努力构造以中国为中心的跨国的、独特的国际供应链体系。

（一）打造资源供应链，形成新的资源、要素供给平台

供应链主要涉及两种商业关系：一是投资，二是贸易。全球供应链是国际贸易和投资的重要载体，其核心企业通过国际贸易、国际投资和电子商务平台等整合不同国家和地区的有效资源，在世界范围内进行原材料和零部件的采购，实现全球供应链的有效运转。

"一带一路"沿线国家和地区有着丰富的资源要素禀赋，并有着明显的地理差异。东南亚地区劳动力要素禀赋优势显著；蒙俄地区技术要素禀赋、资源禀赋具有相对优势；南亚地区技术、资源要素明显；以印度为例，其重视科技投入，劳动力成本低，同时拥有丰富的煤、锰等矿产资源；南西亚地区资本要素禀赋与自然资源要素禀赋优越；中东欧地区具有独特的劳动力要素禀赋和自然资源禀赋；中亚国家自然资源要素禀赋具有绝对优势。对于民营企业来说，在"一带一路"沿线国家和地区构筑现代供应链，凭借"一带一路"沿线国家和地区廉价的劳动力降低生产成本。从资源要素看，中国资源有限，民营企业在"一带一路"沿线国家和地区构筑现代供应链，打造成国际资源要素平台，通过合作共赢，获取战略资产，形成经济发展新的资源、要素供给，从资源价格到资源丰富程度，远远超出国内。

（二）打造科技供应链，培育供应链创新能力

科技创新、技术进步是推动国际供应链发展的前提。"一带一路"将点燃全球现代供应链，创新的驱动引擎发动起来。全球现代供应链竞争说到底是创新的竞争，国力竞争说到底也是创新的竞争。

民营企业通过积极参与"一带一路"沿线国家和地区及境外开发区的投资建设，通过国际化的产业集群，实现超越国家和地区的科技创新和技术融合。在全球创新指数排名中，沿线国家中的新加坡、以色列的科学技术高于中国。民营企业从供应链的角度，要充分利用"一带一路"沿线国家或地区的技术资源优势，进行技术融合，组成跨国技术兵团，形成新的技术优势，在此基础上，依托

国际化的产业集群，创建开放性的创新中心，吸引全世界的科技人才在新的创新平台集聚；通过供应链，形成整个产业链的创新能力，创新能力形成新的供给；通过新的供给，形成新的消费、新的需求、新的市场，最终形成新的价值；推动“一带一路”沿线各国由产业合作向合作研发、联合设计等全球价值链中高端环节延伸，以获得在全球竞争中的领先优势。

（三）全域链的国际整合

前端有产业集群支撑，新的技术、新的产品可以即时进行生产，并迅速进行量产；后端有国内、国际两个市场支撑，迅速实现市场销售，并通过庞大市场，进行柔性化的产品设计和研发，从资源要素的起点、创新研发、产品设计、生产制造、市场销售，形成了供应链的全域链的国际整合。

“一带一路”由物流通道连接，构建起一个内部高效运转、外部通达主要国家目标市场的全球现代供应链体系，形成“一带一路”沿线国家和地区国际区联合市场，与国内超大规模的统一大市场叠加，形成了国际市场规模的新优势。

民营企业应紧紧抓住推进“一带一路”建设的有利机遇，充分利用两个市场和两种资源，增强国内产业和海外产业之间的供应链联系，提升供应链的地位，保障供应链安全；建立更符合供应链全球布局发展的“走出去”制度框架，创造便利条件，实现内外联动发展，释放供应链全球布局红利。

（四）借助“一带一路”多项资金，搭建民营企业资金供应链

“一带一路”建设基础设施的资金需求量达数万亿美元，靠国内资金供给，一是不能满足要求，二是不符合项目双方伙伴共享利润的国际市场交易准则，因此，必须建立起多方位的融资渠道。

资金“瓶颈”一直是困扰民营经济发展的问题。民营企业参与“一带一路”投资，构筑跨国供应链，需要大量的资金支持、资金供给，更是供应链中的缺环。“一带一路”动员了国际各项资本、多项投资的进入，已成为支撑“一带一路”建设的重要金融力量。通过引导各方资金“输血”至项目中，资金融通使市场化投融资体制迎来破题。依托“一带一路”国家或地区的供应链战略，充分利用国内、国际多项资金优势，成为民营企业发展壮大、补齐资本供应链短缺的重要契机。

由中资银行金融机构共同出资400亿美元成立的丝路基金于2014年年底正式启动。丝路基金投资覆盖了"一带一路"沿线国家或地区，涵盖金融、基础设施、开发、产业合作四大领域，为"一带一路"建设"走出去"的企业提供金融支持。此外，丝路基金出资20亿美元，设立了中哈产能合作基金，切实为"一带一路"建设提供高质量的金融服务和金融支持。

2014年9月，中国—欧亚经济合作基金启动，主要发起人为中资银行，基金规模达50亿美元，是推进"一带一路"建设的股权投资平台之一。另外，中欧共同投资基金、中国—中东欧投资合作基金、亚洲区域合作专项资金、中国—东盟海上合作基金等都是"一带一路"资金平台，其资金量可达700亿美元。

由中国进出口银行等平台共同出资100亿美元成立的中非产能合作基金，批准投资项目6个，批准投资额为5.42亿美元。另外，中非产能合作基金立项11个，备案项目近60个，参与投资36.8亿美元的埃塞俄比亚—吉布提石油天然气重点项目。此外，还有一些开发性金融项目，主要集中于交通基础设施、能源资源和装备制造及出口方面。来自21个"一带一路"沿线国家或地区的55家银行已经在中国设立了机构。

2019年3月4日，中国出口信用保险公司与交通银行股份有限公司签署了《全面业务合作协议》和《服务"一带一路"建设支持企业"走出去"专项合作协议》。双方将继续加强各类业务合作，共同服务好"一带一路"建设，采取有效措施，扩大出口信用保险保单融资规模，为中国企业"走出去"提供更加有力的金融支持。

参考文献

1. 霍建国、齐冠钧:《大重构:全球产业链供应链变局》,中译出版社 2022 年版。

2. 彼得·弗兰科潘:《丝绸之路——一部全新的世界史》,邵旭东,孙芳,译,浙江大学出版社 2016 年版。

3. 马歇尔·麦克卢汉:《谷登堡星汉璀璨:印刷文明的诞生》,杨晨光,译,北京理工大学出版社 2014 年版。

4. 约翰·达尔文:《帖木儿之后》,黄中宪,译,中信出版集团 2021 年版。

5. 彭慕兰:《大分流》,北京日报出版社 2021 年版。

6. 韩森:《公元 1000 年:全球化的开端》,孙建党,译,北京日报出版社 2021 年版。

7. 约翰·霍布森:《西方文明的东方起源》,孙建党,译,山东画报出版社 2009 年版。

8. 赫尔曼:《中国与叙利亚之间的古代丝绸之路》,霞関书房 1944 年(民国日译本 古代绢街道 汉代绘绢贸易路考)。

9. 帕拉格·康纳:《超级版图:全球供应链、超级城市与新商业文明的崛起》,中信出版社 2016 年版。

10. 贾雷德·戴蒙德:《枪炮、病菌与钢铁》,王道还,廖月娟,译,上海译文出版社 2006 年版。

11. 沙畹:《西突厥史料》,上海社会科学院出版社 2016 年版。

12.《三杉隆敏对海上丝绸之路研究的探索与奉献》,毓秀史学讲坛第 100 讲,2023 年 6 月 2 日。

13. 约翰·迈克:《海洋——一部文化史》,冯延群,冯淑英,译,上海译文出版社 2018 年版。

14. 李约瑟:《中国科学技术史》,科学出版社 1990 年版。

15. 加文·孟席斯:《1421:中国发现了世界》,师研群,译,京华出版社 2005 年版。

16. 蓝莉:《请中国作证:杜赫德的〈中华帝国全志〉》,许明龙,译,商务印书馆 2015 年版。

17. 杰弗里·萨克斯:《全球化简史》,王清辉,译,湖南科学技术出版社 2022 年版。

18. 马克·莱文森:《全球化简史》,方宇,译,浙江文艺出版社 2022 年版。

19. 乌延玉:《隋唐时期的国际贸易》,《历史教学》,1957 年第 2 期。

20. 乌延玉:《中国读本:隋唐史话》,中国国际广播出版社 2009 年版。

21. 管彦波:《论唐代内地与边疆的互市和朝贡贸易》,《黑龙江民族丛刊》,2007 年第 4 期。

22. 宁欣:《唐代对外开放与经济繁荣》,《魏晋南北朝隋唐史》,2008 年第 5 期。

23. 肖海波:《丝绸之路与中国的世界地位》,上海人民出版社 2018 年版。

24. 段飞:《隋唐时期的海上丝绸之路》,山东大学出版社 2009 年版。

25. 李忠:《隋唐时期丝绸之路与中亚的贸易》,中国社会科学出版社 2007 年版。

26. 王海燕:《隋唐时期对外贸易的变迁及其影响》,北京大学出版社 2014 年版。

27. 高洪波:《丝路与海路——中国古代贸易史》,中华书局 2013 年版。

28. 姚曦:《中国对外开放 40 年的总体收益》,中国社会科学院世经政所 2020 年版。

29. 王灵桂:《"一带一路":理论构建与实现路径》,中国社会科学出版社 2017 年版。

30. 许一力:《美国民营银行的生存之道》,《时代周刊》,2014 年第 7 期。

31. 窦含章:《四论金融危机之一:美元是否正在崩溃》,《新浪财经》,2008 年 9 月 23 日。

32. 周志:《过剩经济学》,哈尔滨出版社 2009 年版。

33. 保罗・克鲁格曼:《经济萧条学的回归和 2008 年经济危机》,中信出版社 2009 年版。

34. 保罗・克鲁格曼:《美国怎么了——一个自由主义者的良知》,刘波,译,中信出版社 2008 年版。

35. 约翰・梅纳德・凯恩斯:《就业、利息和货币通论》,商务印书馆 1999 年版。

36. 李江涛:《产能过剩——问题、理论及治理机制》,中国财政经济出版社 2006 年版。

37. 李慎明:《美元霸权与经济危机》,社会科学文献出版社 2009 年版。

38.《2023 年民营企业调研报告》,界面新闻,2023 年 11 月 13 日。

39. 李开孟、申海燕:《全球产业链重构和我国现代产业体系构建的战略性思考》,中咨研究,2022 年 6 月 1 日。

40. 伊曼纽尔・莫里斯・沃勒斯坦:《现代世界体系》,高等教育出版社 1998 年版。

41. 阿里夫・德里克:《后革命时代的中国》,上海人民出版社 2015 年版。

42. 莱斯利・斯克莱尔:《资本主义全球化及其替代方案》,梁先严,译,中国科学院 2012 年版。

43. 尤尔根・哈贝马斯:《超越民族国家——论经济全球化的后果问题》,《马克思主义与现实》,1999 年第 5 期。

44. 托马斯・弗里德曼:《世界是平的》,何帆,尚莹莹,郝正非,译,湖南科学技术出版社 2006 年版。

45. 托马斯・弗里德曼:《世界又热又平又挤》,湖南科技出版社 2009 年版。

46. 扬・阿特・肖尔特、罗兰・罗伯逊:《全球化百科全书》,译林出版社 2011 年版。

47. 安东尼・吉登斯:《第三条道路:社会民主主义的复兴》,北京大学出版社 2000 年版。

48. 保罗・克鲁格曼:《经济萧条学的回归和 2008 年经济危机》,中信出版社 2009 年版。

49. 拉斯·特维德:《逃不开的经济周期》,董裕平,译,中信出版社 2008 年版。

50.《2019 年全球财富迁移报告》,新世界财富(New World Wealth),2019 年 4 月。

51.《2022 年亨利全球公民报告》,Henley & Partners,2022 年。

52. 王玉哲:《商族的来源地望试探》,《江西地名研究》,2021 年 12 月 7 日。

53. 王玉哲:《中华民族的早期源流》,天津古籍出版社 2010 年版。

54. 马欢:《瀛涯胜览》,福建人民出版社 2016 年版。

55. 范文澜:《中国通史简编》,江苏人民出版社 2020 年版。

56. 管彦波:《论唐代内地与边疆的互市和朝贡贸易》,《黑龙江民族丛刊》,2007 年第 4 期。

57. 宁欣:《唐代对外开放与经济繁荣》,《魏晋南北朝隋唐史》,2008 年第 5 期。

58. 肖海波:《丝绸之路与中国的世界地位》,上海人民出版社 2018 年版。

59. 段飞:《隋唐时期的海上丝绸之路》,山东大学出版社 2009 年版。

60. 李忠:《隋唐时期丝绸之路与中亚的贸易》,中国社会科学出版社 2007 年版。

61. 王海燕:《隋唐时期对外贸易的变迁及其影响》,北京大学出版社 2014 年版。

62. 高洪波:《丝路与海路——中国古代贸易史》,中华书局 2013 年版。

63. 王灵桂:《"一带一路":理论构建与实现路径》,中国社会科学出版社 2017 年版。

64. 威廉·曼彻斯特:《光荣与梦想》,海南出版社 2006 年版。

65. 李江涛:《产能过剩——问题、理论及治理机制》,中国财政经济出版社 2006 年版。

66. 李慎明:《美元霸权与经济危机》,社会科学文献出版社 2009 年版。

67. 迈克尔·詹森:《企业理论:治理、剩余索取权和组织形式》,童英,译,上海财经大学出版社 2008 年版。

68. 约拉姆·巴泽尔:《产权的经济分析》,费方域,等译,上海人民出版社

1997 年版。

69. W. 布鲁斯:《社会主义的政治与经济》,何作,译,中国社会科学出版社1981 年版。

70. 路德维希·冯·米塞斯:《社会主义》,王建民,冯克科,崔国义,译,中国社会科学出版社 2008 年版。

71. 奥斯卡·理沙德·兰格:《社会主义经济理论》,何作,译,中国人民大学出版社 2008 年版。

72. 安格斯·麦迪森:《世界经济千年史》,伍晓鹰,许春樵,叶燕斐,译,北京大学出版社 2003 年版。

73. 丹尼·罗德里克:《全球化的悖论》,廖丽华,译,中国人民大学出版社2011 年版。

74. 道格拉斯·诺斯:《制度、制度变迁与经济绩效》,杭行,译,上海三联书店、上海人民出版社 1994 年版。

75. 道格拉斯·C. 诺斯:《经济史上的结构和变革》,商务印书馆 1992 年版。

76. 罗纳德·哈里·科斯:《企业的性质》,商务印书馆 2010 年版。

77. 罗纳德·哈里·科斯:《社会成本问题》,高建伟,牛小凡,译,经济科学出版社 2019 年版。

78. 曼瑟尔·奥尔森:《集体行动的逻辑》,陈郁,郭宇峰,李崇新,译,格致出版社 2019 年版。

79. 吉恩·M. 格罗斯曼、埃尔赫南·赫尔普曼:《特殊利益政治学》,朱保华,等译,上海财经大学出版社 2009 年版。

80. 弗里德里希·奥古斯特·冯·哈耶克:《通往奴役之路》,王明毅,冯兴元,等译,中国社会科学出版社 1997 年版。

81. 弗里德里希·奥古斯特·冯·哈耶克:《致命的自负》,冯克利,等译,中国社会科学出版社 2022 年版。

82. 陈云:《经济形势与经验教训》,1980 年 12 月 16 日在中共中央工作会议上的讲话,《陈云文选》第 3 卷,人民出版社 1995 年版。

83. 弗朗西斯·福山:《历史的终结及最后之人》,李永炽,译,中国社会科学出版社 2003 年版。

84. 弗朗西斯·福山:《跨越断层——人性与社会秩序重建》,杜默,译,广西师范大学出版社 2015 年版。

85. 郑永年、黄彦杰:《制内市场:中国国家主导型政治经济学》,浙江人民出版社 2021 年版。

86. 郑永年:《中国的当下与未来:读懂我们的现实处境与 30 年大趋势》,中信出版集团 2019 年版。

87. 郑永年:《大趋势:中国下一步》,东方出版社 2019 年版。

88. 郑永年、杨丽君:《中国崛起不可承受之错》,中信出版集团 2016 年版。

89. 郑永年:《大汇合与大分流:大变局下的中国现代化》,浙江人民出版社 2023 年版。

90. 郑永年:《大变局中的机遇:全球新挑战与中国的未来》,中信出版集团 2021 年版。

91. 拉塞尔·柯克:《美国秩序的根基》,江苏凤凰文艺出版社 2018 年版。

92. 习近平:《毫不动摇坚持我国基本经济制度 推动各种所有制经济健康发展》,《习近平著作选读》第一卷(普及本),人民出版社 2023 年版。

93. 习近平:《在民营企业座谈会上的讲话》(单行本),人民出版社 2018 年版。

94. 王一鸣:《中国特色社会主义制度是当代中国发展进步的根本保证》,《光明日报》,2019 年 11 月 18 日。

95. 孙立平:《既得利益集团对改革的挑战还没有真正到来》,光明网一改革内参,2014 年 4 月 22 日。

96. 贾康:《影响民企信心有两个关键问题:错误思潮冲击和实务歧视》,《新经济学家》,2023 年 4 月 26 日。

97. 史晋川:《改善民营经济发展的制度环境》,澎湃新闻,2023 年 12 月 12 日。

98. 吴晓波:《中国进入政商博弈新周期》,新浪财经微博,2015 年 2 月 3 日。

99. 吴晓波:《激荡三十年:中国企业 1978—2008》(十年典藏版),中信出版社 2017 年版。

100. 吴晓波:《大败局》(修订版),浙江大学出版社 2017 年版。

101. 吴晓波:《历代经济变革得失》,浙江大学出版社 2013 年版。

102. 吴晓波:《浩荡两千年:中国企业公元前七世纪—1869 年》,中信出版社 2017 年版。

103. 罗伯特·K. G. 坦普尔:《中国,发明与发现的国度》,陈养正,陈小慧,李耕耕,等译,21 世纪出版社 1995 年版。

104. 钱穆:《中国历代政治得失》,生活·读书·新知三联书店 2012 年版。

105. 费尔南·布罗代尔:《文明史纲》,广西师范大学出版社 2003 年版。

106. 费正清:《中国与美国》,世界知识出版社 1999 年版。

107. 刘小怡:《莱宾斯坦的 X 效率理论》,《武汉金融高等专科学校学报》,1999。

108. 弗朗茨·S. 罗杰:《X 效率——理论、论据和应用》,费方域,译,上海译文出版社 1993 年版。

109. 屠新泉:《中国的市场经济地位和 WTO 的未来》,民智国际研究院,2020 年 9 月 9 日。

110. 秦朔:《王亥之死:中国商人何时走出 3800 年的宿命》,"秦朔朋友圈"网易号,2017 年 3 月 13 日。

111. 林毅夫:《金融支持不足 中小企业融资难亟待破题》,中财网,2006 年 6 月 2 日。

112. 吴敬琏:《中国改革三部曲》,中信出版社 2017 年版。

113. 吴敬琏:《计划经济还是市场经济》,中国经济出版社 1993 年版。

114. 厉以宁:《论加尔布雷思的制度经济学说》,商务印书馆 1979 年版。

115. 厉以宁:《非均衡的中国经济》,经济日报出版社 1990 年版。

116. 樊纲:《发展民间金融 推动金融改革》,《金融博览》,2000 年第 10 期。

117. 爱德华·肖:《经济发展中的金融深化》,中国社会科学 1989 年版。

118. 宋鲁郑:《从东西方对比看西方的民主制度危机》,《人民论坛·学术前沿》,2017。

119. 布赖恩·卡普兰:《理性选民的神话》,上海人民出版社 2010 年版。

120. 汤姆·福迪:《美国的体制如何不适合于抗击致命疾病爆发》,《今日俄罗斯》,2021 年 2 月 19 日。

121. 保罗·R. 克鲁格曼:《预期消退的年代》,王松奇,译,中国经济出版社 2000 年版。

122. 保罗·R. 克鲁格曼、茅瑞斯·奥伯斯法尔德:《国际经济学——理论与政策》,黄卫平,译,中国人民大学出版社 2011 年版。

123. 约瑟夫·斯蒂格利茨:《增长的方法:学习型社会与经济增长的新引擎》,陈宇欣,译,中信出版社 2017 年版。

124. 弗雷德·伯格斯滕:《平等的伙伴关系:华盛顿应如何应对中国的经济挑战》,《外交》,2008 年 8 月。

125. 威廉·佩塞克:《新世界经济秩序:中国+美国=两国集团》,彭博新闻,2006 年 9 月 22 日。

126. 尼尔·弗格森、莫利兹·舒拉里克:《从 G2 到贸易战:不愿任由摆布的中国》,《亚太经济时报》,2018 年 4 月 12 日。

127. 林善浪:《面对全球产业链重构,中国仍有 4 大优势》,《财经》,2022 年 6 月。

128. 国际技术经济研究所:《中国应对全球产业链重构的破局之策》,全球技术地图,2022 年 5 月。

129. 世界经济论坛:《全球增长面临风险》,2008。

130. 约瑟夫·E. 斯蒂格利茨:《不平等的代价》,张子源,译,机械工业出版社 2013 年版。

131. 约瑟夫·E. 斯蒂格利茨:《中国世纪从 2015 年开始》,《名利场》(美),2015 年 1 月号刊。

132. 约瑟夫·E. 斯蒂格利茨:《全球化逆潮》,李扬,唐克、章添香,译,机械工业出版社 2019 年版。

133. 世界经济论坛:《2020 年全球风险报告》,2020 年 1 月。

134.《能源转型中重大挑战:我们在太阳能领域对中国过于依赖》,《法兰克福评论报》,2023 年 5 月 16 日。

135.《欧盟如何能赢回太阳能产业》,《德国焦点杂志》,2023 年 6 月 2 日。

136.《中国光伏往事:首富跌落,光伏永生》,商隐社,2023 年 4 月 25 日。

137.《市场份额增长了三倍:欧洲对华电动车进口量激增》,《德国明镜周刊》,2023 年 5 月 12 日。

138.《汽车市场的巨变:中国的机遇》,《德国法兰克福汇报》,2023 年 5 月 11 日。

139. 屠新泉:《全球产业链重构与全球贸易治理体系变革》,《当代世界》,2023 年第 7 期。

140. 詹姆斯・汉森:《地球变暖在加速,1.5℃升温将比预计更早突破》,澎湃新闻,2023 年 12 月 26 日。

141. 中金研究院、中金公司研究部:《碳中和经济学》,中信出版社 2021 年版。

142. 国际能源署(IEA):《2023 年全球能源投资报告》,2023 年 5 月 26 日。

143.《全球能源包容公正韧性转型——方案与实践》,全球能源互联网发展合作组织,2023 年 12 月 5 日。

144. 丁仲礼:《中国碳中和框架路线图研究》,澎湃新闻,2021 年 7 月 9 日。

145. 麦肯锡全球研究院:《转型中的全球化:贸易和价值链的未来》,澎湃新闻,2019 年 1 月 28 日。

146. 世界贸易组织:《2019 年世界贸易报告》,2019 年 10 月 9 日。

147. 王子先:《服务业全球化发展五大趋势》,《经济日报》,2011 年 9 月 1 日。

148. 查尔斯・P. 金德尔伯格、罗伯特・Z. 阿利伯:《疯狂、惊恐和崩溃——金融危机史》,朱隽、叶翔、李伟杰,译,中国金融出版社 2014 年版。

149. 盛朝迅:《从产业政策到产业链政策:“链时代”产业发展的战略选择》,《改革》,2022 年第 2 期。

150. 倪红福、张志达:《全球价值链重构与提高产业链供应链稳定性》,《清华金融评论》,2022 年第 10 期。

151. 倪红福:《构建中国产业链竞争新优势》,《中国经济评论》,2021 年第 11 期。

152. 黄群慧:《以高质量经济循环推进中国式现代化》,《经济导刊》,2022

年第12期。

153. 王培洲:《中国梦凝聚着几代中国人的夙愿》,《刊授党校》,2018年8月27日。

154. 马建峰、赵田明娣:《全球价值链分工地位对中国制造业全要素生产率的影响——基于行业出口与技术双重异质特征视角的实证研究》,《国际商务研究》,2022(4)。

155. 任泽平、马家进:《落花有意——当前民企生存环境及建议》,《金融界》,2019年10月7日。

156. 刘轩:《日本国有企业民营化与制度创新》,社会科学文献出版社2020年版。

157. 索尔斯坦·邦德·凡勃伦:《有闲阶级论》,李风华,译,中国人民大学出版社2017年版。

158. 黄孟复:《中国民营企业发展报告》,社会科学文献出版社2005年版。

159. 格雷厄姆·艾利森:《注定一战:中美能避免修昔底德陷阱吗?》,陈定定、付强,译,上海人民出版社2019年版。

160. 王辉耀、苗绿:《21世纪的中国与全球化》,中信出版集团2022年版。

161. 托马斯·皮凯蒂:《21世纪资本论》,巴曙松、陈剑、余江,等译.中信出版社2014年版。

162. 贝广宁:《大变革时代中国经济》,中国人民大学出版社2015年版。

163. 黄树东:《大国兴衰:全球化背景下的路线之争》,中国人民大学出版社2012年版。

164. 黄金辉、魏倩:《中国共产党对私营企业主阶层的政治吸纳与整合——改革开放以来中国政治稳定的一个解释视角》,《教学与研究》,2017年第12期。

165. 戴维·S.兰德斯:《国富国穷》,门洪华,等译,新华出版社2007年版。

166. 亨利·基辛格:《论中国》,胡利平、林华、杨韵琴,等译,中信出版社2012年版。

167. 亨利·基辛格:《世界秩序》,上海外语教育出版社2021年版。

168. 周贵川:《民营企业创新驱动发展战略支持系统研究》,四川大学出版社2016年版。

169. 王燕国:《民营企业海外投资支持政策镜鉴》,中国法制出版社 2017 年版。

170. 比尔·盖茨:《气候经济与人类未来》,中信出版集团 2021 年版。

171. 约瑟夫·尤金·斯蒂格利茨:《全球化及其不满》,李扬、章添香,译,机械工业出版社 2010 年版。

172. 弗雷德里克·米什金:《下一轮伟大的全球化:金融体系与落后国家的发展》,姜世明,译,中信出版社 2007 年版。

173. 让·雅克·卢梭:《社会契约论》,崇明,译,浙江大学出版社 2018 年版。

174. 理查德·尼克松:《领导者》,尤勰,等译,世界知识出版社 1997 年版。